Marion Etti | Claudia Behrens-Schneider (Hg.)

Excellent Office

Marion Etti | Claudia Behrens-Schneider (Hg.)

Excellent Office

Praxisbuch für modernes Informations- und Büromanagement

Bibliografische Information der Deutschen Nationalbibliothek
Die Deutsche Nationalbibliothek verzeichnet diese Publikation in der Deutschen Nationalbibliografie.
Detaillierte bibliografische Daten sind im Internet über http://dnb.d-nb.de abrufbar.

Für Fragen und Anregungen:
etti@mi-wirtschaftsbuch.de
behrens-schneider@mi-wirtschaftsbuch.de

1. Auflage 2011

© 2011 by mi-Wirtschaftsbuch, Münchner Verlagsgruppe GmbH, München,
Nymphenburger Straße 86
D-80636 München
Tel.: 089_651285_0
Fax: 089_652096

Alle Rechte, insbesondere das Recht der Vervielfältigung und Verbreitung sowie der Übersetzung, vorbehalten. Kein Teil des Werkes darf in irgendeiner Form (durch Fotokopie, Mikrofilm oder ein anderes Verfahren) ohne schriftliche Genehmigung des Verlages reproduziert oder unter Verwendung elektronischer Systeme gespeichert, verarbeitet, vervielfältigt oder verbreitet werden.

Redaktion: Christine Behle, Pastetten
Umschlaggestaltung: Jarzina Kommunikations-Design, Holzkirchen
Satz: HJR, Jürgen Echter, Landsberg am Lech
Druck: GGP Media GmbH, Pößneck
Printed in Germany

ISBN 978-3-86880-092-0

Weitere Infos zum Thema:

www.mi-wirtschaftsbuch.de

Gerne übersenden wir Ihnen unser aktuelles Verlagsprogramm.

Inhalt

Geleitwort	11
Einleitung	13
Teil I Zeitmanagement	17
1 Des einen Lust, des anderen Last: Zeitmanagement ist Selbstmanagement	19
1.1 Was verbindet Zeitmanagement und Excellent Office?	19
1.2 Einblick: Was ist Zeit- und Selbstmanagement?	20
1.3 Durchblick: Wessen Zeit und Aufgaben managen Sie?	21
1.4 Überblick: Wo bleibt die Zeit?	25
1.5 Ausblick: Zehn Tipps für einen schnellen Anfang	27
2 Grundlegende Organisationsprinzipien	31
2.1 Die drei Erfolgsfaktoren im Umgang mit Zeitfressern	31
2.2 Das ABC der Prioritäten	35
2.3 Erstellen Sie Ihren Arbeitsplan	38
2.4 Zeit planen mit dem effektiven 6-Stufen-Modell	39
2.5 Kommunikationsprozesse	43
2.6 Die tödlichen Drei: Papier, E-Mail und Termine	47
2.7 Richtig delegieren	53
3 Machen – letzte Zielkontrolle und los!	57
3.1 Das richtige Gleichgewicht finden	57
3.2 Stress unter Kontrolle bringen: Vorbeugung, Umgang und Bewältigung	60
Teil II Projekt- und Informationsmanagement	67
1 Projektmanagement – jenseits des Tagesgeschäftes und doch mittendrin	69
1.1 Was verbindet Projektmanagement und Excellent Office?	69
1.2 Projekt + Management = Projektmanagement	70
1.3 Immer wieder anders und doch viele Gemeinsamkeiten: Projektarten	76

	1.4 Aus der Vogelperspektive: Phasen eines Projektes im Überblick	77
	1.5 Projektplanungstechniken: Sie haben die Wahl – oder der Plan vom Plan	84
	1.6 Schritt für Schritt in die Umsetzung und Steuerung	92
	1.7 Effiziente Projektsteuerung	98
	1.8 Die Dokumentation Ihres Projektes	101
2	Vieles steht und fällt mit den Menschen	103
	2.1 Umgehen mit Widerständen	103
	2.2 Phasen der Teamentwicklung – wir wachsen zusammen	104
	2.3 Was motiviert, was demotiviert?	107
3	Umgang mit Fehlern im Assistenzalltag	109
	3.1 Tatsächliche Fehler	109
	3.2 Methodische Fehler	110
	3.3 Verhaltensfehler	110
	3.4 Sprachliche Fehler	111
	3.5 Handlungstipps für zwei typische Situationen im Office	112
4	Die Office-Infothek – ein Konzentrat an Wissen im Excellent Office	115
	4.1 Was genau ist die Office-Infothek?	115
	4.2 SOS-Ordner in Ihrem Bereich: spezielles Wissen im Office	123
	4.3 Von der Planung zur Umsetzung Ihrer Office-Infothek	125
5	Informationsmanagement und Excellent Office	131
	5.1 Informationen strukturieren	131
	5.2 Kompetenzprofil im Informationsmanagement	134
	5.3 Von der Fähigkeit des Recherchierens	136
	5.4 Wenn die Katze aus dem Haus ist, tanzen die Mäuse auf dem Tisch	143
	5.5 Empfehlungen zu Ihrem E-Mail-Management	146

Teil III Technisch fit mit Outlook 151

1	Was verbindet Microsoft® Outlook™ und Excellent Office?	153
2	Diese Standardeinstellungen sollten Sie einrichten	155
3	Mit Outlook-Funktionen die Arbeit erleichtern und strukturieren	159
	3.1 Nutzen Sie die AutoText- und AutoKorrektur-Funktion	159
	3.2 So strukturieren Sie Outlook-Elemente mit Kategorien	160
	3.3 Mit Tastenkombis schneller zum Ziel	163
	3.4 Gewinnen Sie mehr Übersicht durch eigene Ansichten	163

4	Postein- und ausgang optimal organisieren	167
	4.1 Eingang – was kommt?	167
	4.2 Ausgang – was geht?	172
	4.3 Arbeiten mit Regeln	179
5	Kontakte und Outlook	183

Teil IV Foliengestaltung: Wie aus ein paar Stichworten eine gute Präsentation wird 193

1	Was verbindet Foliengestaltung und Excellent Office?	195
2	Grundlagen	197
	2.1 Hinterfragen Sie den Auftrag	197
	2.2 Bieten Sie solide Unterstützung bei den Vorarbeiten	198
	2.3 Bieten Sie solide Unterstützung bei der Präsentation	199
3	Vorbereitung	201
	3.1 Berücksichtigen Sie die Rahmenbedingungen	201
	3.2 Denken Sie an die Zuhörer	204
	3.3 Setzen Sie sich ein Ziel	204
4	Stoffsammlung	209
	4.1 Stellen Sie Fragen	209
	4.2 Grenzen Sie den Inhalt ein	210
	4.3 Recherchieren Sie nur das Nötige – und ein bisschen mehr	213
5	Ausarbeitung	215
	5.1 Formulieren Sie Ihre Kernbotschaft	215
	5.2 Bieten Sie gute Argumente	217
	5.3 Machen Sie etwas aus Ihren Argumenten	218
	5.4 Fangen Sie stark an	220
	5.5 Sorgen Sie für einen offensichtlichen roten Faden	223
	5.6 Hören Sie stark auf	225
	5.7 Bauen Sie das Gerüst, nicht das Haus	226
6	Gestaltung	229
	6.1 Wählen Sie ein Programm	229
	6.2 Geben Sie dem Foliensatz eine Struktur	230
	6.3 Geben Sie der Folie ein Gesicht	232
	6.4 Geben Sie Ihren Texten Prägnanz	234
	6.5 Optimieren Sie die Lesbarkeit	235
	6.6 Spielen Sie mit Farben	238
	6.7 Veranschaulichen Sie Ihre Argumente	241
7	Präsentation	245
	7.1 Erstellen Sie zusätzliche Unterlagen	245
	7.2 Prüfen Sie die Rahmenbedingungen	247

Teil V Kommunikation und Konfliktlösung 249

1 Was verbindet Kommunikation/Konfliktlösung
  und Excellent Office? 251
2 Grundsätzliches zur Kommunikation 253
  2.1 Wie Menschen in besonderen Zeiten kommunizieren 253
  2.2 Worauf Sie bei der Kommunikation achten bzw.
      sich konzentrieren sollten 255
  2.3 Was Meinungen und Aussagen prägt 259
  2.4 Auf nonverbale Kommunikation (Körpersprache) achten .. 261
  2.5 Kommunikation im Team 266
  2.6 So kommen Sie gut bei Ihrem Chef und Ihren Kollegen an 268
3 Konflikte im Assistenzalltag 273
  3.1 Mit diesen Konflikten müssen Sie in Ihrem Assistenzalltag
      rechnen 273
  3.2 Richtiger Umgang mit dem Chef 278
  3.3 Umgang mit permanenten (Über-)Forderungen 286
  3.4 Typische Konflikte mit Kollegen – und Lösungshilfen 292
4 Sieben schwierige Situationen aus dem Assistenzalltag 295

Teil VI Zielorientiertes Networking 311

1 Was verbindet Networking und Excellent Office? 313
2 So werden Sie zum Networking-Profi 315
  2.1 Raus aus der Komfortzone – rein in die Panikzone! 315
  2.2 Die Vorbereitung – weg von der Einbahnstraße 316
  2.3 Ihr Wirkungskreis 317
  2.4 Ihr Wirken: Geben, Nehmen und Pflegen 318
  2.5 Online-Netzwerke – ja oder nein? 318
  2.6 Be different and unique! 319

Teil VII Betriebswirtschaftslehre 321

1 Einführung BWL und Rechnungswesen 323
  1.1 Was verbindet BWL und Excellent Office? 323
  1.2 Unternehmensziele 323
  1.3 Das Rechnungswesen als Spiegelbild der Geld-
      und Güterströme 325
  1.4 Die Aufgabenbereiche des Rechnungswesens im Überblick 325
  1.5 Das externe Rechnungswesen – Grundbegriffe
      der Bilanzerstellung 328

2	Das interne Rechnungswesen: Kosten- und Leistungsrechnung	347
	2.1 Aufgaben der Kosten- und Leistungsrechnung	347
	2.2 Aufbau der Kosten- und Leistungsrechnung und Kostenarten	350
	2.3 Kostenrechnungssysteme	359
	2.4 Projektkostenkalkulation und Budgetkontrolle	364
3	Controlling	371
	3.1 Ursprünge und Entstehung von Controlling	371
	3.2 Was ist »Controlling«?	371
4	Kennzahlen und Kennzahlenanalyse	379
	4.1 Ausgewählte Kennzahlen	380

Literatur **387**

Register **389**

Autoreninformation **395**

Geleitwort

Ein Buchtitel, der viel verspricht und einen hohen Anspruch darstellt. Gemeint ist jedoch weniger das perfekte Ergebnis, sondern der Weg zum exzellenten Büro der Zukunft.

Es ist ein Buch, das sich an die wichtigsten Mitarbeiterinnen und Mitarbeiter in den Büroetagen richtet – an die Sekretärinnen, Assistentinnen, heute gerne auch als Office Managerinnen bezeichnet. Angesprochen sind natürlich auch alle Assistenten, Sekretäre und Office Manager, auch wenn diese zurzeit noch eine Minderheit darstellen.

Ohne diese »Leistungsträger« wären viele Vorgesetzte recht hilflos und die Leistung wäre lange nicht so glänzend, wie sie von den Chefs gerne nach außen präsentiert wird.

Excellent Office ist es ein Buch für Praktiker, die ihre Arbeit meist gut kennen, aber weiterhin optimieren und zukunftsorientiert gestalten wollen. Die vielen praxisnahen Beispiele und Tipps werden diese Praktiker begeistert aufgreifen und umsetzen – und was will man mehr von einem exzellenten Ratgeber!

Der Titel steht stellvertretend auch für den hohen Anspruch der beiden Herausgeberinnen Marion Etti und Claudia Behrens-Schneider an ihre eigene Arbeit. Seit vielen Jahren unterstützen sie in ihren Trainings, Beratungen und Coachings Menschen auf dem Weg zu einer exzellenten Performance im Office! Sie haben ihre Methoden und Instrumente immer weiter verfeinert und können aus einem riesigen Erfahrungsschatz schöpfen. *Excellent Office* ist ein exzellentes Konzentrat dieser Erfahrungen.

Ich wünsche daher allen Leserinnen und Lesern viel Spaß bei dieser anregenden Lektüre und noch mehr Freude bei der erfolgreichen Umsetzung im exzellenten Office!

Dr. Markus Weingärtner

Stv. Geschäftsführer

IHK-Akademie München-Westerham

Einleitung

Ertappt! – »Excellent Office« heißt es, und ein »Praxisbuch« soll es sein. Theoretischer Anspruch und Hilfe für den Arbeitsalltag von Praktikern zugleich. Wie soll das gehen? Mit Exzellenz assoziieren wir absolute Perfektion und höchste Maßstäbe. Schwer vorstellbar, wie das Tag für Tag zu schaffen ist. Aber *Excellent Office* beschreibt keinen Endzustand, sondern das bewusste Streben danach, unsere Arbeit kontinuierlich zu optimieren. Einmal verinnerlicht, lässt sie uns nicht mehr los – die täglich neue Herausforderung, die Ressourcen Mensch, Zeit und Kosten sinnvoll und effektiv auszuschöpfen. Das ist die Vision.

Unsere Kunden, Geschäftspartner und Seminarteilnehmer haben uns zu diesem Werk inspiriert. Darin geht es nicht um bloße Effektivitätssteigerung durch diese oder jene Methode, sondern vielmehr um einen neuen Ansatz, in einer Zeit der ständigen Veränderungen die eigene Arbeit kontinuierlich zu reflektieren und neu auszurichten.

Die Vielzahl der Themen, die zu *Excellent Office* vorstellbar sind, würde den Rahmen dieses Buches sprengen. Daher haben wir wichtige Themen ausgewählt, die einen großen Schritt hin zur Optimierung der Büroarbeit ermöglichen. Denn zunächst geht es darum, sich auf den Weg zu begeben.

Für wen ist das Buch interessant?

Excellent Office ist für Mitarbeiter und Mitarbeiterinnen in der Administration, im Office, Sekretärinnen, Assistenten und Assistentinnen und Office Managerinnen geschrieben. Es dient alten Hasen zur Selbstkontrolle und Newcomern als qualitativer Einstieg. Auch Chefs schadet die Lektüre nicht.

Was bedeutet Excellent Office?

Excellent Office ist eine Einstellung zur eigenen Arbeit. In ihr ist verankert: Keine Arbeit ist so gut, dass sie nicht doch noch verbessert werden kann. Excellent Office ist der bewusste Blick auf unsere Arbeit, ein Qualitätsprädikat, dem wir uns verpflichtet fühlen. Wir stellen uns dem Wandel, betrachten ihn als Normalität. Auch den kontinuierlichen Wandel im eigenen Arbeitsbereich. Sich auf diese Herausforderung immer wieder neu einzustellen, schafft die Balance zwischen Fremdbestimmung und Selbstbestimmung. Eine Balance, die selbstbestimmtes Arbeiten für andere ermöglicht, damit diese den Unternehmenserfolg vorantreiben können.

Excellent Office basiert auf sieben Grundprinzipien:

1. Excellent Office steht für Produktivität. Gekoppelt mit Effektivität und Effizienz bestimmt sie das Streben nach Wirtschaftlichkeit in unserer Arbeit.
2. Excellent Office steht für den Sinn unserer Arbeit. Die Identifikation mit unserem Tun lässt uns zu einer verlässlichen Größe im Team werden und motiviert uns, unsere Leistung kontinuierlich zu steigern.
3. Excellent Office steht für den Spaß bei der Arbeit. Es schafft kreative Freiräume und damit die Chance, die Arbeit mit Freude zu erledigen.
4. Excellent Office steht für aktive und konsequente Auseinandersetzung mit unseren Kunden und deren Bedürfnissen. Es leitet unser Handeln zum richtigen Maß an Qualität und Quantität.
5. Excellent Office steht für Nachhaltigkeit in der täglichen Arbeit. Kontinuierliches Überprüfen unseres Tuns unter diesem Gesichtspunkt ist ein Baustein zum Unternehmenserfolg.
6. Excellent Office steht für die Qualität unserer Arbeit im Einzelnen wie auch im Ganzen, sowohl in der Dienstleistung als auch in der Kommunikation.
7. Excellent Office steht für Transparenz. Nur das Weitergeben von Wissen und Erfahrung verhindert kurzsichtige Insellösungen.

Excellent Office stärkt Sie in Ihrer Rolle als »Kleinunternehmer« auch in einem großen Unternehmen. Ihr Office-Bereich ist Ihr unternehmerischer Bereich, in dem Sie verantwortungsbewusst agieren. Den methodischen Rahmen stellen die Themen Zeitmanagement, Projektmanagement, Präsentationstechniken und Umgang mit Outlook. Dabei geht es darum, Ihre Arbeit systematisch zu reflektieren und Ihnen Werkzeuge zur Optimierung an die Hand zu geben. Hier finden sich hilfreiche Checklisten, Vorlagen und Formulare.

Der Erfolg Ihrer Arbeit steht und fällt allerdings mit Ihrer kommunikativen Fähigkeit, Mitarbeiter, Kollegen, Chefs, Geschäftspartner und Kunden für sich zu gewinnen. Daher wird das Thema Kommunikation in diesem Buch umfassend behandelt.

Grundsätzlich liegt uns Autoren sehr daran, dass wir uns bewusst machen, es heißt nicht exzellent im Office, sondern Excellent Office. Es geht in diesem Buch also nicht um Sie als exzellente Person (eine Bewertung der Person schließen wir aus), sondern um Ihr exzellentes Büromanagement und um den Weg, wie Sie dies realisieren können.

Das Buch proklamiert keine Wunder. Das Wunder beispielsweise, dass interne und externe Kunden zwangsläufig zufrieden sein werden. Zufriedenheit entsteht dann, wenn der Kunde unsere Leistungen wertschätzt. Das Buch schließt ein Versprechen aus: Buch gelesen, alles klappt. Folgende Handhabung des Buches empfehlen wir generell: Nehmen Sie sich einzelne Kapitel vor und arbeiten Sie damit. Konzentrieren Sie sich auf einzelne Bereiche Ihrer Arbeit, um diese zu verbessern. Greifen Sie die Grundprinzipien auf und diskutieren Sie diese mit Ihren Kolleginnen und Kollegen. Nehmen Sie die Grundprinzipien als Grundlage für das Entwickeln eines Leitbildes im gesamten Assistenzbereich in Ihrem Unternehmen.

Praktische Erfahrung in tagtäglicher Büroarbeit und eine Leidenschaft für die Prinzipien des Excellent Office – das bringen die Autoren mit. Sie freuen sich über Ihre Anregungen zu Themen, Inhalten und Umsetzungsmöglichkeiten. Schreiben Sie ihnen unter excellent@office.de. Nähere Informationen zu den Autoren finden Sie am Ende des Buches.

Die Autoren haben sich für dieses Buch auf die Ansprache beider Geschlechter mit dem Wort »Mitarbeiter« geeinigt.

Teil I

Zeitmanagement

1 Des einen Lust, des anderen Last: Zeitmanagement ist Selbstmanagement

1.1 Was verbindet Zeitmanagement und Excellent Office?

Das Berufsbild der Assistenz hat sich in den letzten Jahren stark gewandelt. Das ist bekannt – damit sollte dieses Kapitel nicht beginnen. Kurzum: Hier geht es um die moderne Assistenz, die Ihren Chef aktiv entlastet und im Office immer »up to date« ist. Als Assistent sind Sie in Ihrem Büro Organisator und Kommunikator und erledigen alle anfallenden Aufgaben ziel- und erfolgsorientiert.

Dabei halten Sie Ihrem Chef – oder sogar mehreren Chefs – den bzw. die Rücken frei, koordinieren Abläufe, repräsentieren Sie Ihr Unternehmen sowie die Unternehmensphilosophie gegenüber Kunden und Mitarbeitern, organisieren Sie Projekte wie Veranstaltungen, Geschäftsreisen, Messen o.Ä., entwerfen Sie Korrespondenz und Unternehmensbroschüren, arbeiten Sie mit externen Dienstleistern zusammen, schulen Sie Kollegen, sind Sie technisch versiert und handwerklich geschickt und gehen Sie selbstverständlich diskret mit den Ihnen anvertrauten Informationen um.

Und das alles in einem Acht-Stunden-Tag. Wenn Sie sich in der Mehrheit der genannten Punkte wiederfinden, dann fragen Sie sich bestimmt: Ist das möglich? An manchen Tagen schon. Aber an anderen Tagen, genau dann, wenn es wieder »Land unter!« heißt, reichen acht oder zehn Stunden bei Weitem nicht aus.

Auf der anderen Seite werden in deutschen Büros etwa 13 Prozent der Arbeitszeit für das Suchen von Unterlagen verschwendet. Dabei könnte man durch ein effizientes Zeit- und Selbstmanagement ca. 35 Prozent der Arbeitszeit einsparen und die eigene Leistungsfähigkeit steigern.

Deshalb sollten Sie Ihren Arbeitsalltag auf Effizienz durchleuchten. Dieses Kapitel hilft Ihnen dabei, Kenntnisse über sich selbst zu erlangen, und gibt Ihnen Hilfestellungen an die Hand, mit denen Sie Ihren Büroalltag zukünftig spielend meistern können.

TEIL I   Zeitmanagement

> **Orientierungsfragen**
>
> - Was bedeutet Zeit- und Selbstmanagement?
> - Wie können Sie Zeit- und Selbstmanagement in Ihre Arbeit einfließen lassen?
> - Welche Potenziale sehen Sie in Ihrem Büroalltag?
> - Wo sehen Sie in Ihrem Arbeitstag zeitliche Engpässe?
> - Wessen Zeit und Aufgaben managen Sie eigentlich?
> - Wie gehen Sie sinnvoll mit Stress und Stresssituationen um?

1.2   Einblick: Was ist Zeit- und Selbstmanagement?

Vielleicht kennen Sie folgendes Sprichwort:

> »Verschwendete Zeit ist Dasein. Gebrauchte Zeit ist Leben.«
> Edward Young, 1683–1765

Jeder von uns hat täglich Zeit: 24 Stunden = 1.440 Minuten = 86.400 Sekunden. Und das Tag für Tag, Woche für Woche, Monat für Monat, Jahr für Jahr. Der entscheidende Faktor jedoch ist, wie wir mit dieser Zeit umgehen oder wie wir diese Zeit nutzen.

Will ich wirklich mehr Zeit?

In der heutigen Gesellschaft wirkt derjenige wichtig, der immer beschäftigt ist. Viele Menschen sind es auch gar nicht mehr gewohnt oder es ist ihnen unheimlich, viel Zeit für sich selbst zu haben und über sich nachdenken zu können.

Die Entscheidung für angewandtes Zeitmanagement sollte eine bewusste Entscheidung dafür sein, dass man wirklich mehr Zeit haben will. Ist das nicht der Fall, helfen alle Techniken des Zeitmanagements nichts.

> **Definition des Zeitmanagements:**
>
> Zeitmanagement ist die bewusste Kontrolle der für Arbeitsaufgaben aufgewendeten Zeit mit dem Ziel der Maximierung persönlicher Effizienz.

Aber bedenken Sie, dass Sie am Lauf der Zeit nichts ändern können: Sie können Zeit weder verschenken noch sparen (wie Geld). Sie können Zeit weder verlieren noch gewinnen (wie einen Preis). Sie können Zeit weder steuern noch organisieren (wie eine Führungskraft ihren Mitarbeiter). In all diesen Punkten verhält sich Zeit ausgesprochen unkooperativ: Sie vergeht einfach nur!

Zeitmanagement macht nur dann Sinn, wenn Sie darunter »zeitbewusst managen« oder »zeitorientiert managen« verstehen. Das heißt, Sie managen nicht Ihre Zeit, sondern die Tätigkeiten, mit denen Sie Ihre Zeit verbringen. Sie managen Ihren Umgang mit und Ihre Einstellung zu Zeit. Mit anderen Worten: Sie managen sich selbst.

Zum Zeitmanagement gehören außerdem die Analyse, wie Zeit eingesetzt wird, und das Festlegen von Prioritäten bei den verschiedenen Arbeitsaufgaben.

Handlungen können reorganisiert werden, sodass man sich auf die wichtigsten Aufgaben konzentrieren kann. Hierbei können verschiedene Methoden unterstützend wirken, Aufgaben schneller und effizienter auszuführen, wie etwa mündliche und schriftliche Kommunikationstechniken, das Delegieren sowie die tägliche Zeitplanung.

Es ist wichtig, dass Sie diese Methoden auf Ihre persönliche Situation, Ihre Aufgabenstellung und die Arbeitsumstände anpassen, ergänzen, erweitern und vermischen. Ähnlich einem Puzzle, bei dem Sie erst beim Setzen des letzten Puzzleteils den Blick auf das Gesamtbild erhalten.

Und hier können Sie schon den Bezug zu Ihrem Arbeitsumfeld erkennen, denn auch Sie müssen diesen Gesamtblick haben. Für die Personen, mit denen Sie arbeiten, für Ihre Aufgaben und für Ihre Ziele, für die Ziele der Abteilung und für die Ziele des Gesamtunternehmens.

1.3 Durchblick: Wessen Zeit und Aufgaben managen Sie?

Natürlich sind Sie als Assistenz nicht nur für die Organisation Ihrer eigenen Arbeit verantwortlich, sondern Sie organisieren auch für andere. Vorgesetzte, Kollegen und Kolleginnen, Kunden und Ansprechpartner – viele verlassen sich auf Sie und erwarten, dass Sie Termine koordinieren, den Informationsfluss steuern und rechtzeitig auf Fristen aufmerksam machen.

Je nach Arbeitsbereich und Aufgaben wird das Termin- und Aufgabenmanagement manchmal mehr, manchmal weniger an Sie delegiert. Stellen Sie sich in jedem Fall immer diese Fragen:

- Für wen organisiere ich?
- Wessen Zeit manage ich?
- Für wen möchte ich Lösungen und Vorschläge nutzen?

Gerade die Frage, für wen Sie organisieren, ist wichtig, da es nicht »das« Zeitmanagement an und für sich gibt, sondern viele verschiedene Wege, es umzusetzen.

Hierfür ein Beispiel: Ihre Kollegin Frau Müller benötigt einen aufgeräumten und beinahe leeren Schreibtisch, um sich konzentrieren zu können. Kollege Schneider wiederum kann nicht denken, bevor nicht alles um ihn herum ausgebreitet ist. Das heißt aber konsequenterweise nicht, dass jemand, der – wie Herr Schneider – in seinem Umfeld zunächst alles ausbreitet, zwangsläufig einen unorganisierten Schreibtisch haben muss!

Damit Sie einen Überblick erhalten, für wen Sie eigentlich arbeiten, sollten Sie folgende Tabelle für alle Personen ausfüllen, deren Zeitmanagement Ihnen aktuell am Herzen liegt. Und: Vergessen Sie dabei nicht sich selbst!

1. In der Spalte »Ziele« notieren Sie stichwortartig, was Sie durch Veränderungen erreichen möchten.
2. In der Spalte »Maßnahmen« sammeln Sie, was bei dieser Person hilfreich sein könnte (z. B. Arbeiten mit Farben, klare Regeln, Lob, Kontrolle …?).
3. Überlegen Sie sich auch, was bisher gut gewirkt hat.

Name	Ziele Was möchte ich erreichen?	Maßnahmen Was ist hilfreich?

Achtung!

Bitte halten Sie sich auch Folgendes vor Augen:
Manche Menschen benötigen gar kein bestimmtes System, sondern vor allem immer wieder Veränderungen im System. Sonst wird ihnen langweilig und sie hören auf, die Hilfsmittel diszipliniert zu nutzen! Neues ist oftmals die beste Motivation für die effiziente Arbeit.
Andere brauchen dagegen sehr lange, bis sie sich an Neues gewöhnen. Sie hängen an ihren Strukturen und Mitteln. Vielleicht kennen Sie folgenden Satz: »Das haben wir früher schon so gemacht!« Wenn sie sich allerdings erst darauf eingestellt haben, trennen sie sich nur ungern wieder von Neuem und nutzen es diszipliniert und konsequent. Seien Sie also geduldig in der Zeit der Umstellung.

So viele Gedanken Sie sich auch machen: Am Ende hilft nur Ausprobieren! Wenn Sie dann feststellen, dass etwas nicht funktioniert: Probieren Sie etwas anderes. Wenn das auch nicht funktioniert: Ändern Sie es wieder. Das gilt sowohl für die Organisation der anderen als auch für Ihre eigene.

Wie managen Sie Zeit?

Bevor Sie beginnen, irgendetwas zu verändern, sollten drei wichtige Fragen beantwortet sein:

- Was ist da?
- Was sollte bleiben?
- Was sollte sich ändern?

Wahrscheinlich sind Sie bereits in vielen Bereichen hervorragend organisiert: Das sollten Sie auf keinen Fall ändern! Einige Punkte sind Ihnen bestimmt wichtiger als andere, einige Bereiche können Sie vielleicht leichter beeinflussen als andere. Um das zu beurteilen, brauchen Sie zunächst einen Überblick über Ihre jetzige Organisation.

Wenn Sie Ihre Selbst- und Arbeitsorganisation analysieren, empfiehlt es sich, bei den Hilfsmitteln anzufangen: Was (be)nutzen Sie, um sich zu organisieren? Die Antwort darauf ist leicht zu finden, wenn Sie sich an Ihren Schreibtisch setzen und sich einfach umsehen!

Damit Sie anschließend mit dieser Arbeitsplatzanalyse weiterarbeiten können, sollten Sie sich die Ergebnisse auf jeden Fall notieren. Versuchen Sie es mal mit der Mindmap-Methode.

Was steckt hinter Mindmapping?

Mindmapping hilft dabei, Gedanken und Ideen zu strukturieren, ohne durch allzu strenge Regeln eingeschränkt zu werden.

Die Grundidee des Mindmapping besteht darin, dass von einem zentralen Thema, welches als Stichwort in der Mitte dargestellt wird, verschiedene Unterthemen – sogenannte Hauptäste – nach außen abzweigen. Diese Hauptäste verzweigen sich wiederum in Unterkategorien oder -themen, in sogenannte Nebenäste. Von diesen Nebenästen zweigen dann weitere Details ab. So wird ein komplexes Netz von Gedanken und Stichwörtern übersichtlich abgebildet, ohne dass Sie sie von Anfang an in der richtigen Ordnung und Reihenfolge notieren müssten. Nichts geht verloren oder wird aus dem Zusammenhang gerissen. Sie können jederzeit zu jedem Ast etwas notieren und dann wieder an einer anderen Stelle des Bildes weiterarbeiten.

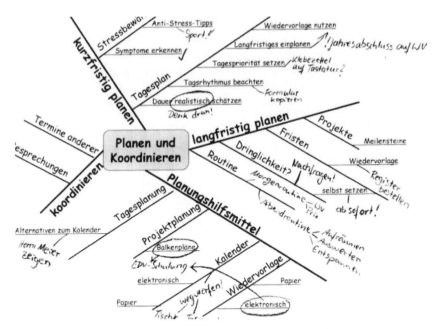

Abbildung 1: Beispiel für eine Mindmap – Planen und Koordinieren

Diese Technik eignet sich sehr gut für eine erste Arbeitsplatzanalyse. Eine Mindmap Ihrer Arbeitsorganisation könnte zum Beispiel so aussehen:

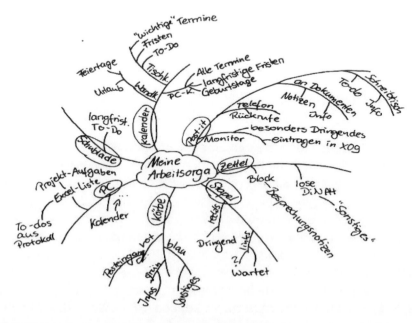

Abbildung 2: Mindmap für die eigene Arbeitsorganisation

Übung: Erstellen Sie eine Mindmap Ihrer aktuellen Arbeitsorganisation!

So gehen Sie bei der Erstellung einer Mindmap vor!

Benutzen Sie dafür ein möglichst großes Blatt, welches Sie quer vor sich legen bzw. hängen, und arbeiten Sie mit Bleistift und Radiergummi. Versuchen Sie nicht, einen Ast erst zu Ende zu bearbeiten, bevor Sie einen neuen Ast anfangen: Springen Sie ruhig hin und her. Radieren Sie, streichen Sie durch oder ziehen Sie Verbindungslinien. Auf Schönheit kommt es nicht an, sondern auf Vollständigkeit.

1. Notieren Sie, welche Mittel Sie einsetzen, um sich zu organisieren. Auch Mittel wie »Kollegen« oder »Schreibtischoberfläche« sollten nicht fehlen!
2. Notieren Sie am Ende jedes Mittelastes, was Sie damit organisieren.
3. Analysieren Sie nun Ihre Mindmap, indem Sie kritische und unkritische Punkte markieren:
- Fragen Sie sich: Womit sind Sie zufrieden? Womit sind Sie unzufrieden? Fügen Sie Ihrer Mindmap entsprechende Symbole hinzu.
- Kreisen Sie wichtige Stellen ein ergänzen Sie diese z. B. mit Smileys, Ausrufe- oder Fragezeichen.

In unserer Beispielabbildung stecken zahlreiche gefährliche Organisationsmethoden: unübersichtliche Stapel, eine Flut von Zetteln, Termine in drei verschiedenen Kalendern, Aufgaben, die in der Schublade verschwinden, etc.

Fragen Sie sich nun:

- Wo ist Ihre Organisation unübersichtlich oder zu aufwendig?
- Worüber ärgern Sie sich?
- Was funktioniert nicht (so) gut?

Fällt Ihnen vielleicht bereits das ein oder andere auf, für das Sie die Lösung schon kennen? Etwas, das Sie eigentlich nur noch tun müssten? Notieren Sie diese Ideen in Ihrer Mindmap.

1.4 Überblick: Wo bleibt die Zeit?

Es gibt zahlreiche Möglichkeiten, wo Ihre Zeit »stecken« könnte. Daher sollten Sie sich als Erstes anschauen, womit Sie Ihre Zeit verbringen, um dann das zu ändern, was unnötig Zeit stiehlt. Überlegen Sie sich, wie Sie den Umgang mit Ihrer Zeit verbessern können.

Danach sollten Sie sich klarmachen, in welche verschiedenen Bereiche sich das eigene Leben aufteilt und wie viel Zeit man für den jeweiligen Bereich verwendet (Haushalt, Freunde, Sport etc.).

Und zum Schluss sollten Sie sich auch noch darüber Gedanken machen:

- Gibt es Hilfsmittel oder Werkzeuge, die Ihnen helfen könnten, Ihre Zeit möglichst effektiv zu nutzen? Das heißt, Sie arbeiten an Ihrer »Hardware«.
- Gibt es bessere Methoden oder Strategien? Das heißt, Sie arbeiten an Ihrer »Software«.
- Haben Sie bereits die richtigen Hilfsmittel und Methoden, aber setzen Sie sie noch nicht optimal ein? Das heißt, Sie arbeiten an Ihrer »Performance«.

Dieser Vergleich passt sehr gut, weil – genau wie bei Ihrem Computer – auch bei Ihrer Organisation Hard- und Software »kompatibel« sein müssen: Nicht jedes Werkzeug passt zu jeder Arbeitsweise, nicht jede Strategie benötigt das gleiche Hilfsmittel. Und beides passt nicht zu jedem Menschen und in jeder Situation.

Wenn Sie herausfinden möchten, wo Ihre Zeit »bleibt«, ist ein Zeitprotokoll sehr hilfreich. Fertigen Sie demnächst eine Woche lang ein Zeitprotokoll an und notieren Sie genau, wie viel Zeit Sie für welche Tätigkeiten verwenden – beginnend mit dem Aufstehen bis zum Schlafengehen. Dabei sollte möglichst eine Woche gewählt werden, die den Alltag repräsentiert (also z. B. nicht in der Urlaubszeit).

So gehen Sie vor:

- Schreiben Sie sofort nach Abschluss einer Handlungssequenz (z. B. Besprechung) stichwortartig die Aktivität auf (hier: Besprechung mit X) und tragen Sie die Uhrzeit (Beginn) ein.
- Registrieren Sie nur Aktivitäten von mindestens 15 Minuten Dauer. Falls Handlungssequenzen kürzer sind, bilden Sie sinnvolle Kategorien/Zusammenfassungen. Wählen Sie Zeiteinheiten nicht zu groß (z. B. Vormittagsgespräch mit X).
- Machen Sie die Aufzeichnungen selbst.

Dieses Zeitprotokoll wird dann analysiert:

- Wofür wird die meiste Zeit verwendet und inwiefern entspricht dies den eigenen Vorstellungen und den Anforderungen des Büroalltages?
- Gibt es Hinweise darauf, welche Arbeiten und Aufgaben effizienter durchgeführt oder delegiert werden könnten?

So ist es möglich zu erfahren, wie Sie Ihren Tagesablauf einerseits möglichst produktiv gestalten und andererseits Ihre eigenen Bedürfnisse und Wünsche verwirklichen können. Auf jeden Fall sind die Erkenntnisse aus einer solchen Analyse oft überraschend, denn im Rückblick schätzen Sie Ihre Zeiteinteilung vielleicht ganz anders ein, als sie tatsächlich war: Da hilft nur ein zeitnahes Protokoll. Der Erfahrung nach helfen diese Analysen auch, wenn es darum geht, andere zu überzeugen – sei es den Vorgesetzten oder die Kollegen. Eine Statistik über die Zeit, die Sie für einzelne Aufgaben brauchen, ist immer ein schlagkräftiges Argument!

Nach einer solchen Analyse können Sie genauer (und auch nachvollziehbarer) definieren, welche Aufgaben Sie generell zu viel Zeit kosten und in welche Sie zu wenig Zeit investieren. Das erleichtert die Auswahl neuer Techniken, die Anschaffung neuer Hilfsmittel und die Suche nach neuen Wegen, mit beiden Situationen umzugehen. Mithilfe einer Zeitanalyse werden Sie die richtige »Soft- und Hardware« schneller finden und Ihre »Performance« gezielter verbessern können.

1.5 Ausblick: Zehn Tipps für einen schnellen Anfang

Dauernder Wandel braucht Zeit und es fällt einem nicht immer leicht, die Motivation aufrechtzuerhalten. Darum ist es wichtig, schon gleich zu Anfang ein paar gute Ergebnisse zu erzielen. Man braucht das Gefühl, dass sich die Mühe lohnt. Wer ein bedeutendes Ziel erreichen will, muss allerdings auch seine Bequemlichkeit hinter sich lassen! Erfolgserlebnisse verschaffen Ihnen das Gefühl, etwas erreicht zu haben, und motivieren Sie, auch größere Veränderungen in Angriff zu nehmen.

Hier zehn Tipps, die Ihnen zu schnellen Erfolgserlebnissen verhelfen.

1. **Entlasten Sie Ihren Kopf**
2. Erstellen Sie Listen mit all den losen Enden, die in Ihrem Geist herumschwirren, egal, ob klein oder groß. Sich ständig an all das erinnern zu müssen kostet Zeit und Energie. Das können Sie verhindern, indem Sie alles notieren und so Ihren Kopf vollständig entlasten.

Nehmen Sie sich dazu alle Zeit, die Sie brauchen. Hier ein paar Beispiele:
- Liste laufender Projekte
- Tätigkeitenliste – die nächsten Schritte (rubriziert) aller laufenden Projekte
- Warteliste – alle Dinge, die andere erledigen müssen
- Zeitliste – Zeitpunkte bestimmter Tätigkeiten
- Irgendwann-/Vielleicht-Liste – alles, was Sie irgendwann erledigen wollen

3. Wenn Ihnen später noch mehr einfällt: Tragen Sie es ein. Machen Sie sich keine Sorgen um Prioritäten. Es geht hier nur darum, sich mental Platz zu schaffen. Wenn Sie die Sache auf die »Entlastungsliste« geschrieben haben, brauchen Sie sich nicht mehr darum zu kümmern, bis Sie Zeit dafür haben.
4. **Arbeiten mit dem Wiedervorlagesystem**
5. Eignet sich für offene Vorgänge, wenn Informationen fehlen, Nachfassaktionen und Überwachungstermine, regelmäßig wiederkehrende Termine, Einladungen und Unterlagen für einen bestimmten Termin.
6. **Ordnen Sie Ihren Schreibtisch**
7. Sehen Sie sich alle Unterlagen, die auf Ihren Schreibtisch kommen, kurz an. Lesen Sie aber nicht alles durch, sonst kommen Sie nie zu einem Ende. Ein kluger Mensch sagte einmal: »Wer liest, schafft es nie, seinen Schreibtisch in Ordnung zu bringen.«
8. Wenn Sie aufgrund einer Notiz handeln müssen, entscheiden Sie, wann Sie das tun werden, notieren Sie das Datum oben rechts und ordnen Sie es in die Wiedervorlage ein. Lässt es sich noch nicht einordnen, legen Sie es in den »Noch ordnen« Korb (nicht in den Eingangskorb). Sollte es besser auf dem Schreibtisch eines Kollegen liegen, bringen Sie es dorthin.
9. **Trennen Sie Archivmaterial von Unterlagen, die Sie noch lesen wollen**
10. Gut möglich, dass Sie beispielsweise nicht dazu kommen, die ganze Fachpresse zu studieren. Legen Sie daher alles, was Sie nicht in Ihrer »Lesen«-Mappe haben wollen, gleich als Archivmaterial ab.
11. **Entfernen Sie den Eingangskorb von Ihrem Schreibtisch**
12. Sie sollten ihn nicht dauernd sehen müssen; am besten deponieren Sie ihn in einem Regal hinter Ihrem Rücken.
13. Halten Sie sich an die Zwei-Minuten-Regel.
14. Jedes Mal, wenn Sie auf etwas stoßen, das Sie in zwei Minuten regeln können, tun Sie das sofort.
15. **Telefonieren Sie im Stehen**
16. **Tun Sie das Wichtigste zuerst**

17. **Analysieren Sie Ihre produktivsten Zeiten und lassen Sie sich dann keinesfalls stören**
18. **Achten Sie auf Stress**
19. Achten Sie darauf, dass Ihr Adrenalinpegel nicht ungebührlich steigt. Hier ein paar Maßnahmen, wie Sie Stress vorbeugen können:

- Schauen Sie hin und wieder aus dem Fenster. Menschen, die in der Nähe eines Fensters sitzen, klagen zu 23 Prozent weniger über Kopfschmerzen, Rückenschmerzen und Müdigkeit.
- Machen Sie in Ihrer Freizeit Fitnesstraining an der Frischluft. Untersuchungen haben gezeigt, dass Leute, die in geschlossenen Räumen trainieren, weniger lang durchhalten.
- Absolvieren Sie ein leichtes Fitnesstraining. Es gibt keinerlei Verbindung zwischen der Intensität des Trainings und der mentalen Wirkung.
- Legen Sie sich nach dem Training hin, schließen Sie die Augen und entspannen Sie sich. Die Endorphine werden Sie etwa 20 Minuten lang in einem Alphazustand halten. Wenn Sie sich dann wieder dem Alltag widmen und in den Betazustand wechseln, haben Sie bedeutend mehr Energie.
- Ändern Sie Ihre Denkweise. Es ist wenig hilfreich, über Probleme nachzudenken, wenn man sie nicht lösen kann – das steigert nur den Stress. Akzeptieren Sie, was Sie nicht ändern können, und machen Sie weiter. Lachen Sie über die Eigenarten des Lebens. Denken Sie immer daran:

> »*Humor ist der Knopf, der verhindert, dass uns der Kragen platzt!*«
> Joachim Ringelnatz, 1883 - 1934

Diese Vorschläge reichen sicherlich nicht, um alles in den Griff zu bekommen. Aber ein guter Anfang sind sie allemal.

2 Grundlegende Organisationsprinzipien

Zeitfresser eliminieren und Ihre Effektivität steigern?

- Wie und mit welchen Techniken können Sie den Überblick über Ihre Tagesplanung behalten?
- Warum ist es wichtig, dass Sie Prioritäten richtig kommunizieren können?
- Was müssen Sie beachten, wenn Sie Aufgaben an andere delegieren dürfen?

2.1 Die drei Erfolgsfaktoren im Umgang mit Zeitfressern

Sie lauern überall, die Zeitfresser: Das Telefon frisst Zeit, die Kollegen fressen Zeit, der Chef frisst Zeit, der Computer frisst Zeit … Aber sind das wirklich Zeitfresser? Was ist das eigentlich, ein Zeitfresser?

Mit vier einfachen Fragen können Sie Ihre Zeitfresser enttarnen! Die erste Frage lautet:

Muss das überhaupt sein?

Natürlich sollten Sie diese und die folgenden Fragen nicht gegenüber anderen aussprechen, denn dann ist die Antwort in der Regel ein eher ärgerliches »Ja, natürlich!«. Zunächst fragen Sie sich das nur selbst: Ist diese Tätigkeit nützlich? Bringt sie irgendwelche Vorteile? Was würde geschehen, wenn Sie das einfach lassen würden? Mit dieser Frage »fangen« Sie auffällige Zeitfresser, nämlich die Tätigkeiten, die Sie schlicht wegrationalisieren sollten.

Ganz bestimmt gibt es bei Ihnen auch zeitraubende Arbeiten, die zwar grundsätzlich erledigt werden müssen, aber diese Zeitfresser können mit der zweiten Frage »gestellt« werden:

Muss ich das selbst tun?

Vielleicht gibt es Kollegen, die mehr Zeit haben als Sie? Vielleicht gibt es jemanden, der diese Aufgabe schneller oder besser erledigen könnte? Leider ist die Situation meist so, dass Sie wenig oder keine Möglichkeiten haben, an andere zu delegieren. Trotzdem sollten Sie es zumindest versuchen. Oft hilft ein Handel: »Wenn du das für mich machst, übernehme ich das für dich.« Oder auch ein Grundsatzgespräch mit dem Vorgesetzten über das Thema »Womit ich meine Zeit derzeit verbringe, anstatt sie für andere Dinge sinnvoller einzusetzen.« Nützlich ist in diesen Fällen die Zeitanalyse aus Kapitel 1.4 »Überblick: Wo bleibt die Zeit?«, denn damit können Sie besser argumentieren.

Nachdem nun nur noch Tätigkeiten übrig sind, die Sie tatsächlich und persönlich erledigen müssen, bleibt trotzdem die nächste Frage:

Muss das jetzt sein?

Diese Frage bedeutet nicht, dass Sie alles erst einmal aufschieben sollten, so lange, bis es nicht mehr aufschiebbar ist. Stattdessen geht es darum, für jede Tätigkeit den richtigen Zeitpunkt zu finden, das heißt Prioritäten zu setzen. Viele Aufgaben werden allein dadurch zu Zeitfressern, weil sie andere Tätigkeiten unterbrechen, weil sie zu spät (und somit meist hektisch) oder zu früh (und somit vielleicht vergeblich) erledigt werden. Vielleicht gibt es einen besseren Zeitpunkt, diese Aufgabe zu erledigen? Vielleicht sollten Sie noch damit warten?

Nun sind nur noch die Tätigkeiten übrig, die Sie jetzt selbst tatsächlich erledigen müssen. Und trotzdem gibt es noch eine letzte Frage:

Muss das so sein?

Gibt es vielleicht einen schnelleren oder effektiveren Weg, die Aufgabe zu erledigen? Gehen Sie vielleicht umständliche Wege oder verwenden Sie die falschen Hilfsmittel? Haben Sie sich schon einmal Gedanken darüber gemacht, wie das Ganze in kürzerer Zeit durchgeführt werden könnte? Oder wüssten Sie eigentlich einen Weg, sind jedoch zu festgefahren in Ihren Gewohnheiten?

Kennen Sie Ihre Zeitdiebe?

Die nachfolgende Checkliste soll Ihnen helfen, Ihre persönliche Arbeitssituation zu überprüfen und die Störfaktoren zu identifizieren.

Mögliche Ursachen für Zeitverluste	fast immer	häufig	manchmal	fast nie
Meine Gespräche am Telefon sind unnötig lang.				
Durch Besucher von außen oder aus dem Hause komme ich nicht zu meiner eigentlichen Arbeit.				
Die Besprechungen dauern zu lange und das Ergebnis von Sitzungen ist für mich unbefriedigend.				
Große, d. h. zeitintensive Arbeiten schiebe ich vor mir her.				
Es fehlen mir klare Prioritäten und ich versuche, zu viele Aufgaben auf einmal zu erledigen.				
Meine Zeitpläne und Fristen halte ich nur unter Termindruck ein.				
Ich habe zu viel Papierkram auf meinem Schreibtisch, Korrespondenz und Literatur brauchen überdurchschnittlich viel Zeit.				
Die Kommunikation mit anderen ist verbesserungswürdig. (Missverständnisse/Informationsdefizite)				
Die Delegation von Aufgaben klappt nicht und ich erledige Dinge, die andere auch hätten tun können.				
Das Neinsagen fällt mir schwer, wenn andere etwas von mir wollen.				
Eine klare Zielsetzung, sowohl beruflich wie privat, fehlt in meinem Lebenskonzept.				
Mir fehlt die nötige Selbstdisziplin, um das, was ich mir vorgenommen habe, auch durchzuführen.				

Machen Sie einen Selbstcheck!

Man kann vieles tun, um die eigene Arbeit zu organisieren. Wichtig ist aber vor allem, dass Sie sich kontinuierlich um eine Optimierung bemühen. Zwischendurch hilft dabei eine einfache Überprüfung der eigenen Gewohnheiten. Kreuzen Sie die Stichpunkte an, die Ihnen bekannt vorkommen.

Checkliste: Überprüfung der eigenen Gewohnheiten

- Unklare Zielsetzung
- Keine Prioritäten
- Will alles selbst machen
- Fehlende Übersicht über anstehende Aufgaben
- Schlechte Tagesplanung
- Chaos auf dem Schreibtisch
- Viel Papierkram zum Lesen
- Unordentliche Ablage
- Suche nach Notizen, Merkzetteln, Adressen, Telefonnummern
- Negative Einstellung zum Arbeitsplatz
- Wenig Teamwork
- Telefonische Unterbrechungen
- Unangemeldete Besucher
- Schwierigkeit, Nein zu sagen
- Verzettelung bei Internet-Recherchen
- Fehlende Selbstdisziplin
- Aufgaben nicht zu Ende führen
- Lärm
- Mangelnde Vorbereitung auf Aufgaben und Gespräche
- Unpräzise Anweisungen
- Privatgespräche
- Zu viel Kommunikation
- Zu viele Aktennotizen
- Alles wissen wollen
- Wartezeiten
- Ungeduld
- Zu wenig Delegation
- Mangelnde Kontrolle delegierter Arbeiten
- Eigene Ergänzungen:
-

Beispiele für Lösungsansätze:

- Klare Zielvorgaben
- Prioritäten richtig setzen
- Klare Kompetenzen festlegen
- Mehr delegieren
- Lernen, Nein zu sagen
- Effiziente Terminplanung
- Arbeitsblöcke bilden

- Ordnung am Arbeitsplatz
- Geeignete Archivierungssysteme
- Schlüsselqualifikationen gezielt einsetzen (z. B. Pünktlichkeit, Belastbarkeit etc.)
- Unerledigte Arbeiten nicht vor sich herschieben
- Nicht immer und überall erreichbar sein
- Arbeiten nicht nur halb erledigen
- Keinen unnötigen Aktionismus an den Tag legen
- Diszipliniert telefonieren
- Kommunikation verbessern
- Auf die Organisationsstruktur – so weit möglich – Einfluss nehmen
- Besprechungszeiten kritisch beobachten und eventuell reduzieren

2.2 Das ABC der Prioritäten

Das ABC-Prinzip dient Ihnen als Instrument, Ihre Arbeit zu analysieren und zu kategorisieren. Hiermit können Sie einschätzen, wie wichtig und dringlich Ihre Aufgaben sind. Es zeigt Ihnen auf, von welcher Art von Aufgaben Sie zu viel haben. Sie sehen sofort, welche Aufgaben Sie erledigen müssen, welche warten und welche delegiert werden können.

A-Aufgaben	B-Aufgaben	C-Aufgaben
- A-Aufgaben sind die wichtigsten Aufgaben. Sie bringen Ihnen den größten Arbeitserfolg. Diese haben oberste Priorität. - Durch mangelnde Planung und Aufschieben können viele wichtige Aufgaben auch dringend werden.	- B-Aufgaben sind wichtig, aber weniger dringlich. Dazu gehören z. B. langfristige Planungen. - Steuern Sie B-Aufgaben geschickt und Sie werden nie in Stresssituationen geraten. - Achten Sie immer auf die B-Aufgaben. Denn wenn Sie diese ignorieren, dann werden sie zu A-Aufgaben. Stress und Überforderung sind vorprogrammiert.	- C-Aufgaben sind dringlich, aber nicht wichtig. - Diese Aufgaben gaukeln Ihnen vor, dass sie dringend erledigt werden müssen. Hierbei handelt es sich meist um Routine-Aufgaben wie Verwaltung, Lektüre oder Ablage. - Oder die Aufgaben sind für Dritte wichtig, z. B. Anrufer oder Zufallsbesucher bzw. für Besprechungen.

• Sie sind nicht delegierbar und für die Erfüllung der ausgeübten Funktion von größtem Wert. **Beispiele:** Kündigungen, Genehmigungen, Endkontrollen, evtl. Terminsachen. Mit A-Aufgaben verbringen Sie ca. 15% Ihrer Arbeitszeit.	• Diese Aufgaben sind teilweise delegierbar. Sie besitzen nur noch mäßige Wichtigkeit für die Erfüllung der ausgeübten Funktion/die Erreichung von Zielen. **Beispiele:** Kundenbriefe, Präsentationen, Meetings, Verträge Mit B-Aufgaben verbringen Sie ca. 20% Ihrer Arbeitszeit.	• C-Aufgaben sind grundsätzlich delegierbar. **Beispiele:** Erstellen von Statistiken, Ablage, Telefonate. Mit C-Aufgaben verbringen Sie ca. 65% Ihrer Arbeitszeit.

Diese Fragen helfen Ihnen, A-Aufgaben zu erkennen

- Welche Aufgaben müssen Sie erfüllen, um Ihren Hauptzielen (Jahres-, Monats-, Wochen- oder Tagesziel) am nächsten zu kommen?
- Können Sie durch die Erledigung einzelner Aufgaben gleich mehrere andere mit erledigen?
- Welche Aufgaben sind am ehesten geeignet, Ihre persönlichen Gesamtziele oder die der Arbeitsgruppe zu erreichen?
- Welche Aufgaben bringen Ihnen lang-, mittel- oder kurzfristig den größten Nutzen?
- Bei welcher Aufgabe haben Sie im Falle der Nichterfüllung mit negativen Folgen zu rechnen?

Diese Fragen helfen Ihnen, B-Aufgaben zu erkennen

- Ist die Aufgabe wichtig, muss aber nicht unbedingt von Ihnen selbst erledigt werden?
- Steht die Aufgabe nicht direkt mit einer Ihrer Hauptaufgaben in Verbindung?

Diese Fragen helfen Ihnen, C-Aufgaben zu erkennen

- Für welche Aufgabe bin ich eigentlich überbezahlt?
- Welche Aufgabe könnte von einem Mitarbeiter kostengünstig erledigt werden?

- Hilft mir die Erledigung der Aufgabe in irgendeiner Weise bei der Erfüllung einer Hauptaufgabe?

In der Praxis hat sich folgende Vorgehensweise bewährt:

- Planen Sie nur ein bis zwei A-Aufgaben pro Arbeitstag ein.
- Sehen Sie weitere zwei bis drei B-Aufgaben vor.
- Reservieren Sie den Rest der Zeit für C-Aufgaben.

Auf diese Weise arbeiten Sie nur noch an wichtigen und notwendigen Arbeiten, bearbeiten Sie die Tagesaufgaben nach ihrer Dringlichkeit, konzentrieren Sie sich jeweils nur auf eine Aufgabe, erledigen Sie die Aufgaben in der festgelegten Zeit effektiver und erledigen Sie Aufgaben, an denen Sie gemessen werden.

Gehen Sie bei der Bearbeitung der Aufgaben wie folgt vor:

- **Erledigen Sie A-Aufgaben** (sehr wichtig, können Sie nur selbst erledigen) **sofort**.
- **Terminieren** Sie **B-Aufgaben** (wichtig, aber weniger dringlich; müssen in die Terminplanung übernommen werden).
- **Delegieren Sie C-Aufgaben** (weniger wichtiger, aber doch dringend; können unter Umständen reduziert werden).

Und jetzt sind Sie dran: Welche Ihrer Aufgaben gehören in die A-, B- oder C-Kategorie? Als kleine Übung vorweg könnten Sie in folgender Liste zehn typischen Aufgaben jeweils einen der drei Buchstaben als Priorität zuordnen.

Arbeitsblatt: Prioritäten zuweisen (A, B, C)

Aufgaben	Priorität

Beobachten Sie einmal, was im Laufe der Zeit mit C-Prioritäten geschieht: Sie erlangen entweder eine höhere Priorität oder fallen ganz weg, weil jemand anders sich darum kümmert oder weil sie eigentlich überflüssig waren.

Manche Aktivitäten verdienen keine Priorität: Nur weil man Ihnen etwas anträgt, heißt das noch lange nicht, dass Sie sich auch darum kümmern müssen.

Nach diesem Beispiel füllen Sie nun das nachfolgende Arbeitsblatt aus. Tragen Sie zunächst alle Projekte und Aktivitäten ein, die Sie heute erledigen wollen. Weisen Sie ihnen anschließend ein A, B, oder C zu. Wenn notwendig, generieren Sie noch D-, E- und F-Prioritäten, aber nicht zu viele, sonst wird es unübersichtlich. Haben Sie an alle Aufgaben gedacht? Ergänzen Sie sie im Laufe einer Woche/eines Monats. Überlegen Sie anschließend: Sind tatsächlich alle korrekt zugeordnet oder gibt es Optimierungsbedarf?

Nachdem Sie alle Eintragungen nach A, B, C kategorisiert haben, schreiben Sie Ihre Tagesliste nach Prioritäten geordnet neu. Aber lassen Sie bei alledem Vernunft walten – werden Sie kein Sklave Ihrer Liste! Sie soll Ihnen lediglich dabei helfen, zu entscheiden, was Sie wann tun sollten und warum.

Ein Beispiel: Ein Anruf auf Ihrer Tagesliste dauert vermutlich nur etwa zehn Minuten, hat aber keine A-Priorität. Da die betreffende Person jedoch nur von 8:30 bis 9:00 zu erreichen ist, sollten Sie sie in dieser Zeit auch anrufen.

Nicht nur Prioritäten beeinflussen die Erledigung der Aufgaben auf Ihrer Tagesliste. Die Tageszeit und andere Umstände spielen eventuell auch eine Rolle. Ohne Prioritätenzuordnung trifft man jedoch leicht falsche Entscheidungen, daher ist sie der erste Schritt. Bedenken Sie immer: Bei der Prioritätssetzung geht es darum, dass Sie die Kontrolle über Ihre Aktivitäten behalten – und nicht umgekehrt. Allerdings hilft Ihnen dieses Instrument, anderen Ihre Prioritäten besser zu vermitteln, um gegebenenfalls Nein sagen zu können, wenn man Ihnen neue Aufgaben aufhalsen will.

2.3 Erstellen Sie Ihren Arbeitsplan

Nutzen Sie den unten abgebildeten Arbeitsplan, besonders dann, wenn Sie Ihren Tagesplan erstellen. Die Spalte *Erledigt* erlaubt Ihnen, die Dinge abzuhaken, die Sie bereits abgeschlossen haben. Die Spalte *Beste Zeit* lässt sich auf verschiedene Weise verwenden: Sie können dort eintragen, welche Aufgabe Sie in der entsprechenden Periode erledigen wollen und welcher Energiepegel dafür nötig wäre – hoch, mittel oder niedrig. Sie können dort Tageszeiten eintragen (wie die Zeit für das Telefongespräch im Beispiel weiter oben); oder Sie können eintragen, wie viel Zeit die Erledigung, realistisch betrachtet, in Anspruch nehmen wird.

Arbeitsplan			
Aktivität	Priorität A, B, C	Beste Zeit	Erledigt

Prioritätencheck

1. Haben Sie sich nach der Analyse Ihrer Tätigkeiten und Zeitnutzung auf bestimmte Ziele verpflichtet?
2. Auf welche persönlichen Aktivitäten verwenden Sie zu wenig Zeit? Auf welche zu viel?
3. Welche beruflichen Tätigkeiten lassen sich standardisieren? Welche delegieren? Welche bündeln?
4. Welches Projekt oder welche Aufgabe hat morgen A-Priorität?

Erstellen Sie einen Plan für die nächsten 30 Tage. Überprüfen Sie nach Ablauf dieser Zeit Ihre Erfolge und passen Sie ihn gegebenenfalls an.

2.4 Zeit planen mit dem effektiven 6-Stufen-Modell

Die ABC-Methode hilft Ihnen, Ihre Aufgaben zu kategorisieren. Für eine noch bessere Planung können Sie das 6-Stufen-Modell einsetzen. Es dient vornehmlich der Einschätzung Ihrer einzelnen Aufgaben, damit Sie die Kategorisierung noch transparenter und konsequenter durchführen können.

Nimmt Ihnen die komplizierte Planung von Aufgaben Ihre Spontanität und werden Sie dadurch eingeengt? Sicherlich werden Sie diese Frage mit einem Nein beantworten. Und darin können Sie sich auch bestätigt fühlen, denn eine angemessene Planung macht Sie im Kopf frei. Mit Planung behalten Sie den Überblick und können wesentlich entspannter auf Unvorhergesehenes reagieren.

> **Praxisfall**
>
> Frau Müller, Vorstandsassistentin bei einem renommierten Aktienunternehmen, ist am Ende des Tages wieder einmal frustriert. Sie arbeitet mehr als zwölf Stunden pro Tag und sieht am Ende des Tages, dass sie ständig Arbeiten aufschiebt und immer in den nächsten Tag mitnimmt. Sie fragt sich: »Woran liegt das denn?«
> Die Antwort ist meist simpler, als wir uns das vorstellen. Denn es liegt in der Regel daran, dass wir den Arbeitsaufwand für manche Aufgaben falsch einschätzen. Vor allem ihren zeitlichen Bedarf.

Und so behalten Sie Ihre Arbeit im Griff:

1. Schreiben Sie Ihre Aufgaben auf

- Halten Sie die Aufgaben möglichst detailliert fest, sodass auch andere daran arbeiten können.
- Übertragen Sie Unerledigtes vom Vortag.
- Ergänzen Sie neu hinzukommende Tagesarbeiten.
- Integrieren Sie periodisch wiederkehrende Tätigkeiten.
- Gliedern Sie nach arbeitsintensiven Tätigkeiten.
- Vergessen Sie nicht Termine »mit sich selbst«.

2. Schätzen Sie den zeitlichen Aufwand

- Treffen Sie diesbezüglich Absprachen mit Kollegen oder Ihrem Chef.
- Kommunizieren Sie die Dauer der Aufgabe in notwendigen Fällen.
- Überlegen Sie, ob es sich um eine Routineaufgabe handelt – oder um eine aufwendigere.

3. Planen Sie Pufferzeiten ein

- Geben Sie sich zeitlichen Spielraum.
- Korrigieren Sie unter Umständen Ihre Zeitplanung.
- Informieren Sie andere Beteiligte über den Stand der Aufgaben.

4. Setzen Sie Prioritäten

- Nehmen Sie sich Zeit für das Festlegen Ihrer Prioritäten, sie sind die Orientierungshilfe für Ihre Tages- und Wochenarbeit.
- Verwenden Sie ein einheitliches Prioritätensystem (z. B. ABC-Prioritäten oder 123-Priorität).
- Kommunizieren Sie Ihre Prioritäten an für Sie wichtige Kollegen.
- Kontrollieren Sie Ihre Prioritäten auf ihre Aktualität hin.
- Streichen Sie unter Umständen weniger wichtige Aufgaben.
- Delegieren Sie rechtzeitig Aufgaben, wenn erforderlich.

5. Denken Sie an die Nachkontrolle

- Achten Sie kontinuierlich darauf, welche Aufgaben erledigt sind, welche offen sind, was kommuniziert werden muss.
- Kontrollieren Sie delegierte Aufgaben.
- Überprüfen Sie die Qualität der erledigten Aufgaben.

Wenn Sie bei der Nachkontrolle feststellen, dass Sie die Aufgaben nicht planmäßig erledigt haben, dann fragen Sie sich selbst nach dem »Wieso? Weshalb? Warum?«. Durch diese Selbstreflexion lernen Sie, zukünftig besser Ihre Zeit für Aufgaben einzuteilen.

»Die Lernfähigkeit ist eine Angelegenheit der geistigen Haltung und nicht des Alters.«
Emil Oesch, 1894 - 1974

6. Prioritäten richtig kommunizieren

Seine Prioritäten darzulegen und die eigene Position zu vertreten gehört zu den schwierigsten Aspekten des Prioritätenmanagements überhaupt. Am besten gelingt es mit einer tiefen Einsicht und einem unbeugsamen Engagement für die eigenen Entscheidungen. Folgende zwischenmenschliche Fähigkeiten sind wichtig:

- Die Fähigkeit, klar, präzise, vollständig und direkt zu kommunizieren.
- Die Fähigkeit, anderen gut zuzuhören.
- Die Fähigkeit, andere dazu zu bewegen, den eigenen Prioritäten zuzustimmen.

Teil I Zeitmanagement

Analyse: Kommunikationsfähigkeit

	Stimmt 3 Punkte	Weiß nicht 2 Punkte	Stimmt nicht 1 Punkt
Ich verstehe Gesprächspartner, denen ich zuhöre, immer richtig.			
Ich gebe immer ausreichend verbales Feedback, wenn ich zuhöre.			
Menschen reden gern mit mir, weil ich so gut zuhöre.			
Andere bestätigen mir, dass ich klar und deutlich spreche.			
Kollegen bitten mich nur selten, näher zu erklären, was ich sage.			
Es fällt mir leicht, Menschen dazu zu bewegen, zu tun, was ich von ihnen will.			
Es fällt mir leicht, mich nicht ausnutzen zu lassen.			
Ich kenne die persönlichen Ziele meines Vorgesetzten.			
Im Moment stimmen meine Ziele mit denen meines Chefs überein.			
Ich treffe mich regelmäßig mit meinem Vorgesetzten, um die Prioritäten durchzusprechen.			
Es gibt nur selten Konflikte mit meinem Vorgesetzten darüber, was wichtig ist.			
Es fällt mir leicht, andere zu motivieren, sich auf meine Pläne einzulassen und mich zu unterstützen.			
Ich nehme nie etwas in meine Liste auf, ohne mich zu fragen: »Warum ich?«			

Auswertung:
29 Punkte oder mehr: Sie haben ausgezeichnete Kommunikationsfähigkeiten. Sie sind auf dem besten Weg zur Spitze!
28 bis 18 Punkte: Manchmal gelingt die Kommunikation nicht. Keine Sorge, das geht uns allen so.
Weniger als 18 Punkte: Kann denn die ganze Welt gegen Sie sein?

2.5 Kommunikationsprozesse

Solange Sie keinen konkreten Plan im Kopf haben, ist natürlich auch dessen Vermittlung schwer. Aber auch unklare Erläuterungen Ihres Plans könnten zu Un- und Missverständnissen führen. In jeder verbalen Interaktion finden zeitgleich acht Kommunikationsprozesse statt:

- Was Sie sagen wollen.
- Was Sie tatsächlich sagen.
- Was Ihr Gegenüber hört.
- Was Ihr Gegenüber zu hören meint.
- Was Ihr Gegenüber sagen will.
- Was Ihr Gegenüber tatsächlich sagt.
- Was Sie hören.
- Was Sie vermeintlich gehört haben.

Verlaufen diese Prozesse nicht synchron, herrscht Verwirrung, Bemühungen schlagen fehl und es entstehen Spannungen, was sich negativ auf z. B. ein Projekt auswirkt.

Die Frage »Haben Sie verstanden, was ich meine?« löst das Problem nicht. Die meisten Menschen antworten mit Ja, auch wenn sie die Situation nur zu 60, 70 oder 90 Prozent erfasst haben. Die restlichen 10 bis 40 Prozent an Missverständnis können jedoch enormen Aufwand und Zeitverlust bereiten. Hier ein paar Tipps, wie eine klarere Kommunikation möglich wird:

- *Kurz und knapp formulieren:* Vermitteln Sie zunächst das Wesentliche und erläutern Sie erst dann die Details, so zieht der Zuhörer keine falschen Schlüsse. Bereiten Sie mental »Einzeiler« zu wesentlichen Themen und neuen Vorschlägen vor. Formulieren Sie Ihre Position und fassen Sie sie in einem klaren Satz zusammen.
- Werbeleute wissen, dass sie höchsten 15 bis 30 Sekunden haben, um ihre Botschaft zu vermitteln, also packen sie lauter klare, knappe Bilder und Aussagen in diese Zeit, um im Kopf des Zuschauers oder Zuhörers ein Bild zu schaffen, das »tausend Worte wert ist«.
- *Klar und einfach sprechen:* Achten Sie auf Ihre Worte – nutzen Sie solche, die Ihr Gegenüber kennt und versteht. Verfallen Sie nicht in Fachchinesisch! Raten Sie nicht, wie viel Ihr Gesprächspartner bereits über das Thema weiß. Stellen Sie spezifische Fragen. Erklären Sie das Ganze noch einfacher, sofern das für Ihren Gesprächspartner notwendig zu sein scheint. Die meisten Leute wissen weniger, als sie meinen.

- *Direkt sein:* Sagen Sie, was Sie meinen, und fragen Sie, was Sie wissen wollen. Bleiben Sie präzise. Meiden Sie Allgemeinplätze und Annahmen. Nennen Sie die Dinge (also nicht »Zeug« oder »Dings«) oder Personen (nicht »er, sie, die«) beim Namen und fassen Sie in Zahlen (nicht »wenig oder viel«), was immer möglich ist. Unklare Sprache ist Ausdruck einer unklaren Haltung.

Hier ein Beispiel dafür:

Allgemein	Direkt
Wir müssen einen Zahn zulegen.	Alle Mitarbeiter an diesem Projekt müssen die Leistung um 5 Prozent steigern.
Ich störe Sie nur ungern, aber wir müssen ein paar Dinge besprechen.	Ich weiß, dass Sie am Schmidt-Bericht arbeiten. Ich muss Ihnen aber jetzt unbedingt folgende Informationen geben.

Direktheit erfordert Assertivität (Fähigkeit, sich selbstsicher und selbstbewusst zu verhalten). Sich assertiv zu äußern heißt allerdings nicht, aggressiv aufzutreten. Aggressivität nimmt keine Rücksicht auf andere. Assertivität schon, ist allerdings auch keine passive Haltung. Passive Menschen treten im Vergleich zu assertiven Menschen nie für ihre Projekte oder Meinungen ein, auch wenn es eigentlich um ganz triviale Dinge geht.

Assertivität steht zwischen Aggressivität und Passivität. Wer sich assertiv äußert, sagt: »Ich habe ein Problem. Dies und jenes geschieht. Dies bewirkt das bei mir. Folgendes muss geschehen. Und dies oder jenes will ich.« Zum Beispiel: »Sie stehen auf meinem Fuß. Das schmerzt. Bitte treten Sie einen Schritt zurück.«

Mit gut durchdachtem Tagesplan und einer Prioritätenliste können Sie beispielsweise so vorgehen: »Ich verstehe, was Sie von mir wollen. Wo soll ich das in meiner Prioritätenliste einordnen? Ist dieses neue Projekt wichtiger als das, mit dem ich derzeit beschäftigt bin? Wenn ich das Projekt übernehme, von welcher Verantwortung befreien Sie mich dafür? Welche Frist kann verlängert werden?«

Auch bei Assertivität macht Übung den Meister. Es ist anfangs vielleicht nicht leicht. Bedenken Sie jedoch, dass es auf Dauer besser für Sie und Ihr Wohlsein ist. Assertive Aussagen sind nie aggressiv und konfrontativ, sondern direkt. Wenn Sie sich bereits Zeit genommen haben,

Ihre Arbeit zu planen und entsprechende Prioritäten zu setzen, dann ist assertive Kommunikation der Schlüssel dazu, sie effektiv durchzuführen.

Kollision der Prioritäten: Ihr Chef ist anderer Meinung als Sie!

Planen und Prioritätensetzen wäre ganz einfach, sofern man a) unabhängig von anderen wäre oder b) offene und regelmäßige Gespräche mit seinen Vorgesetzten führen könnte und c) immer Übereinstimmung herrschte, was in welcher Reihenfolge zu geschehen hat. Aber leider ist das nur äußerst selten der Fall.

Nichts ist schwerer zu ertragen als die Änderung der eigenen Pläne oder Prioritäten, insbesondere durch schlecht organisierte oder machtversessene Kollegen oder Vorgesetzte, die einen vor nicht verhandelbare Forderungen stellen. Man würde dann am liebsten aufgeben.

In dieser Situation brauchen Sie Ihre Kommunikationsfähigkeit mehr denn je. Und Sie müssen wissen, was Ihnen und Ihrer Firma wirklich wichtig ist. Dazu müssen Sie die Prioritäten Ihrer Vorgesetzten in Erfahrung bringen. (Arbeiten Sie für jemanden, der diese klar und deutlich kommuniziert, dann können Sie den nun folgenden Abschnitt überspringen.)

Schreiben Sie Ihrem Chef eine kurze Notiz:

- Vermitteln Sie ihm darin Ihr neues Engagement für Ihre Prioritäten und deren effektives Management.
- Teilen Sie ihm eine oder zwei neue Gewohnheiten mit, die Sie auf der Basis der Ideen in diesem Handbuch entwickeln wollen.
- Listen Sie Ihre drei wichtigsten Prioritäten für den kommenden Tag oder die nächste Woche auf.
- Beenden Sie die Notiz mit einem Statement wie diesem: »Falls diese Prioritäten nicht mit Ihren übereinstimmen, geben Sie mir bitte Bescheid.«

Feedback – damit Sie aufeinander zukommen

Auf diese Weise sorgen Sie für Feedback. Sie klären nicht nur die Gedanken, Gefühle, Meinungen und fördern das gegenseitige Verständnis, sondern – und das ist das Wichtigste – Sie klären auch, wie es weitergehen soll. Ist Ihr Chef einverstanden, dann wissen Sie, was zu tun ist. Ist er nicht einverstanden, wird er Ihnen mitteilen, was er für wichtig hält. Im besten Fall bekommen Sie also grünes Licht für Ihre Prioritäten und schlimmstenfalls kommen Sie zu der Entdeckung, dass diese Lichtjahre von denen Ihres Vorgesetzten entfernt sind. Aber selbst dann haben Sie die Kommunikationskanäle geöffnet und Sie sollten auf jeden Fall in Erwägung ziehen, dies regelmäßig zu tun.

Vielleicht denken Sie jetzt: »Sie kennen meinen Chef nicht. Mein Chef schiebt die Dinge ewig vor sich her. Wenn ich ihm so einen Zettel schreiben würde, läge der in drei Wochen noch unbeantwortet auf irgendeinem Stapel auf seinem Schreibtisch.« In diesem Fall fügen Sie folgende abschließenden Worte Ihrer Notiz hinzu: »Sofern ich nicht bis (geben Sie hier eine Frist an, mit der Sie leben können) von Ihnen gehört habe, gehe ich von Ihrem Einverständnis aus und halte mich an die oben erwähnten Prioritäten.«

Das ist assertiv – keine Drohung. Sie zeigen lediglich Optionen auf.

Ist erst einmal ein effektiver Kommunikationskanal wie der geschilderte etabliert, können Sie ihn aufrechterhalten, indem Sie Ihren Chef um ein regelmäßiges 8-minütiges Meeting bitten.

Das 8-minütige Meeting

Wenn Sie mit Ihrem (Ihren) Vorgesetzten im Team arbeiten müssen, sollten Sie ein regelmäßiges Meeting einführen, in dem Sie die Prioritäten, das Controlling und die Planung abklären, insbesondere wenn diese stark von den Aufgaben Ihres Chefs abhängen.

Warum acht und nicht fünf oder zehn Minuten? Weil Menschen die Zeitlänge von fünf oder zehn Minuten eher für ungenau halten – es klingt wie »ein paar Minuten« – während man bei acht Minuten an eine feste Zeitdauer denkt und Sie als straff durchorganisierte Person sehen wird.

> **In diesem Meeting können Sie und Ihr Vorgesetzter ...**
> - Ihre Terminplanung durchgehen und koordinieren,
> - prüfen, was schon erreicht wurde (Sie können so auch zeigen, wie viel Sie erfolgreich erledigen),
> - die Prioritäten für den nächsten Tag/die nächsten Tage festlegen,
> - anstehende Events besprechen,
> - Frühwarnzeichen bereden. Schlechte Nachrichten sollten so früh wie möglich geäußert werden; falls Sie eine Frist nicht schaffen, teilen Sie das rechtzeitig mit. Vielleicht finden Sie gemeinsam eine Lösung – jemand hilft Ihnen oder die Frist ist doch nicht so strikt, wie Sie dachten.

Der Erfolg des Meetings liegt bei Ihnen. Wenn es effektiv ist, wird es wohl zu einer festen Einrichtung. Regelmäßige Planungsgespräche mit Personen, mit denen Sie eng zusammenarbeiten, sind sehr wertvoll. Nicht vergessen! Denken Sie nur immer daran, zunächst Ihre eigenen Prioritäten zu klären.

2.6 Die tödlichen Drei: Papier, E-Mail und Termine

Wohin mit Dokumenten, Papieren, Broschüren, die Sie aktuell brauchen? Es gibt immer Unterlagen, die Sie noch nicht endgültig ablegen können: Sie arbeiten gerade mit bzw. an ihnen, Sie warten noch auf eine Information dazu oder Sie brauchen sie immer in Griffweite. Im schlimmsten Fall landen diese Unterlagen in Stapeln auf dem Schreibtisch oder um den Schreibtisch.

Stapel machen nicht nur einen sehr schlechten Eindruck auf andere, sondern haben auch viele direkte Nachteile. Dokumente in Stapeln verschwinden aus dem Blickfeld, sobald der Stapel wächst. Stapel müssen regelmäßig durchgesehen werden: Das ist ein Zeitfresser! Stapel verursachen ein schlechtes Gewissen: Je höher der Stapel, desto mehr haben Sie den Eindruck, mit der Arbeit nicht nachzukommen. Stapel sind sehr unkomfortabel, sobald Sie etwas Bestimmtes suchen, müssen Sie den ganzen (oder alle?) Stapel komplett durchgehen. Besonders riskant sind Stapel, die befristete Aufgaben enthalten: In einem Stapel liegt das älteste Dokument meistens unten – das älteste Dokument kann jedoch nach einer Weile gleichzeitig das dringendste sein!

Ablagekörbchen sind oft getarnte Stapel!

Ablagekörbe (oder auch Fächerboxen) werden häufig dafür verwendet, einem Stapel mehr Halt und einen gemütlichen Aufenthaltsort zu geben. Dulden Sie Ablagekörbe nur für folgende vier Verwendungszwecke:

Eingang von Unterlagen

Der Eingangskorb enthält alles, was Sie neu bekommen und noch nicht angesehen haben. Dort wird die eingehende Post abgelegt, aber auch alles, was Sie von Kollegen oder von Vorgesetzten erhalten. Ein Eingangskorb ist allein schon deshalb sinnvoll, weil dann nicht alles einfach mitten auf Ihrem Schreibtisch »notlandet«, wo es Ihr persönliches Ablagesystem stört. Außerdem empfiehlt es sich, Kollegen dazu zu erziehen, nicht jedes Mal zu fragen: »Wo soll ich Ihnen das hinlegen?« Dafür ist ein Eingangskorb die beste Lösung!

Der Eingangskorb sollte immer nach oben offen sein. Wenn Sie mehrere Körbe aufeinanderstellen, dann ist der Eingangskorb der oberste!

Ausgang von Unterlagen

Der Ausgangskorb enthält alles, was Ihr Büro verlassen soll: sowohl den Postausgang als auch alles, was Sie intern weitergeben wollen. Falls Sie viel in Ihrem Ausgangskorb haben, macht manchmal auch eine Trennung in verschiedene Körbe Sinn (zum Beispiel ein separater Korb für den externen Postausgang).

Ablage von Unterlagen

Der Ablagekorb enthält alles, was abgelegt werden muss, aber nicht sofort abgelegt werden kann: zum Beispiel Dokumente, die Sie in einem anderen Raum ablegen, oder etwas, für das Sie durch den ganzen Raum gehen müssten (wofür Sie gerade keine Zeit haben). Grundsätzlich sollte gerade der Ablagekorb nach oben geschlossen sein, damit sich kein zu hoher Stapel darin anhäuft! Die einfachste Lösung ist, einen anderen Korb daraufzustellen (zum Beispiel den Eingangskorb).

Ablage von Formularen, Vordrucken oder Papier

Sinnvoll ist ein Korb auch, um einen Stapel Papier mit identischen Blättern zu lagern. Zum Beispiel ein Korb, in dem nur leere Blätter sind, oder ein Korb mit einem Stapel Gesprächsnotizformularen oder ein Korb mit einem Stapel Informationsblättern, die Sie täglich herausgeben. Im Handel gibt es auch Körbe mit Einteilungen, um DIN-A5- oder noch kleinere Formate zu sortieren, oder Korbeinteilungen für Utensilien wie Büroklammern, Schere, Klebstoff oder Briefmarken.

Aber: Was tun mit den Stapeln, die nun noch übrig bleiben? Ganz einfach: Geben Sie allem, was Sie zwischendurch ablegen müssen, einen Platz, wo es hingehört! Dieser Platz ist eben kein Stapel und auch kein Ablagekorb. Schlecht eignen sich auch Aktenordner, selbst wenn sie direkt auf dem Schreibtisch stehen, denn Ordner müssen immer wieder umständlich auf- und zugeklappt und die Dokumente gelocht werden. Der Ordner nimmt eher viel Platz ein. Wo Sie welche Art von Dokumenten am besten unterbringen, zeigt folgende Übersicht.

Übersicht: Was ordne ich womit?

Art von Dokumenten	Tipps zur Zwischenablage
Dokumente mit oder ohne Termin	Legen Sie diese Dokumente in Ihrer Wiedervorlage auf den Tag, an dem sie wieder gebraucht werden, oder an dem sie wieder kontrolliert werden sollten.
Unterlagen für andere	Sammeln Sie Dokumente für andere in einer Ordnungsmappe (Postmappe) – eine Mappe pro Person. Falls Sie mehrere Personen betreuen, unterscheiden Sie die Mappen am besten auch farblich. Denken Sie auch an die Möglichkeit, für jeden zwei Mappen anzulegen: Dann brauchen Sie die Dokumente bei der Übergabe nicht herauszunehmen, sondern tauschen nur die alte Mappe gegen die neue.
Unterlagen mit einer Aufgabe für mich verbunden	Falls es sich um eine Aufgabe handelt, die Sie an einem bestimmten Tag erledigen sollten: Wiedervorlage! Falls es sich um eine unbefristete Aufgabe handelt, benutzen Sie eine Ordnungsmappe. Mappen sind vor allem für Aufgaben zu empfehlen, die viel bzw. unbegrenzt Zeit haben, denn wenn die Mappe erst einmal zugeklappt ist, könnte es sein, dass Sie die Aufgabe darin erst einmal vergessen! Für alle anderen Aufgaben ist es besser, sie nicht aus den Augen zu verlieren.
Mehrere zusammengehörige Dokumente	Benutzen Sie ein sogenanntes »Desktop-File«. Das ist ein Kasten, in den Sie Mappen mit Dokumenten hineinstecken und so auf dem Schreibtisch platzsparend lagern können. Die einzelnen Mappen können mit Reitern versehen werden, sodass Sie von außen immer sehen, was drin ist.

Wie gehen Sie mit der E-Mail-Flut um?

Im Grunde gelten für den Umgang mit Ihren E-Mails die gleichen Regeln wie für den Umgang mit der Papierpost. Dazu hier ein paar grundsätzliche Tipps:

- Schreiben Sie nur, wenn es unbedingt erforderlich ist, und nicht einfach mal eben so (weil es ja keine Arbeit macht) – Sie erhalten doch meistens wieder eine Antwort.
- Antworten Sie in der Regel nicht, wenn Sie »nur« im Verteiler stehen und nicht der direkte Adressat sind.
- Versenden Sie Anhänge und große Dateien nur, wenn Sie das Dokument nicht sowieso mit der Post versenden oder dem Kollegen ins Fach legen.

- Gehen Sie sparsam mit der »Cc-Funktion« um – nur verwenden, wenn es für diese Personen auch wirklich von Interesse ist.
- Lassen Sie sich bei allen Newslettern aus dem Verteiler streichen, die Sie nicht unbedingt benötigen.
- Fragen Sie sich: Wie groß ist der Informationsgewinn wirklich?
- Geben Sie nicht unüberlegt auf Internetseiten Ihre E-Mail-Adresse ein.
- Schreiben Sie keine Mail, wenn sich eine Sache mit einem kurzen Griff zum Telefonhörer klären lässt.
- Lesen Sie E-Mails nur zu genau festgelegten Zeiten und lassen Sie sich nicht bei jedem Eintreffen einer Mail (akustisches Signal!) ablenken.

Ablage und Wiedervorlage in Outlook

Auch hier gilt das Prinzip der Platzablage und der Bereichsablage. Richten Sie drei Hauptordner ein:

Ordner Platzablage

Für E-Mails, die Sie für Ihre Arbeit noch benötigen, richten Sie am besten eine Platzablage ein. Sie enthält nur E-Mails zu laufenden Arbeiten und nur so lange, bis diese abgeschlossen sind. Legen Sie sich hierfür Projektordner an – so können Sie Ihre Mails sofort wiederfinden und müssen nicht den ganzen Posteingang »durchforsten«.

Ordner Bereichsablage

E-Mails zu abgeschlossenen Vorgängen archivieren Sie in der Bereichsablage. Auch hier erhalten Sie durch Unterordner mehr Übersicht. Zu einem späteren Zeitpunkt können Sie diese Bereichsablage in den Archivordner überführen und in Outlook löschen.

Ordner »Wartet«

Dieser Ordner entspricht der Wiedervorlage. Ziehen Sie die markierte E-Mail mit der Drag-&-Drop-Funktion über die Ordnerliste in die E-Mail-Platzablage unter Aktionen/Wartet und überwachen Sie diese täglich. Oder Sie kennzeichnen diese E-Mail mit dem Nachverfolgungsfähnchen und geben ein Fälligkeitsdatum ein. So werden Sie rechtzeitig erinnert.

Eine weitere Wiedervorlagemöglichkeit ist das Ziehen der E-Mail per Drag & Drop in den Aufgabenordner. Aus der Mail wird eine Aufgabe. Legen Sie eine Fälligkeit fest und stellen Sie eine Erinnerung ein. Als Kategorie geben Sie »Wartet« an. Die E-Mail selbst bleibt im Posteingang. Achtung: Sie werden nur erinnert, wenn die E-Mail im Posteingang liegt!

Ebenfalls können Sie in Outlook nach Aufgaben suchen lassen und die Aufgaben mithilfe der Kategoriefunktion gruppieren. Diese können Sie sich in Listen anzeigen lassen. Beispiel:

- Kategorie: Telefonate
- Kategorie: Besprechungen
- Kategorie: private Aufgaben etc.

Geschäftliche E-Mail-Korrespondenz unterliegt den gesetzlichen Aufbewahrungsfristen und darf nicht einfach nach einer gewissen Zeit gelöscht werden. Löschen Sie Ihre E-Mails, ist natürlich auch die Möglichkeit des Ausdruckens und Ablegens nicht mehr gegeben. Deshalb: Strukturieren Sie Ihre E-Mail-Ablage wie Ihre Papierablage und machen Sie regelmäßig ein Outlook-Backup auf ein anderes Laufwerk.

Wie planen Sie Termine richtig?

Achten Sie bei Ihrer Terminplanung auf diese Empfehlungen:

Zeitdauer kalkulieren

Die Dauer der einzelnen Tätigkeiten oder Veranstaltungen muss nicht nur realistisch, sondern auch individuell und situativ angemessen eingeschätzt werden. Planen Sie Pufferzeiten, abhängig von der Art der Aktivität und den Wünschen anderer, ein. Prüfen Sie dazu die Einhaltbarkeit des Zeitrahmens (Anfang und Ende) und reservieren Sie Zeit für Unvorhergesehenes.

Tagesrhythmus beachten

Planen Sie beispielsweise wichtige Gespräche in einem Zeitraum ein, in dem Sie sich gut konzentrieren können. Behalten Sie aber auch das Tagesgeschäft im Auge: Wann wird meistens nach Ihnen verlangt – persönlich oder auch am Telefon? Zu diesen Zeiten wäre es nicht günstig, einen anderen Termin zu vereinbaren.

Denken Sie auch an Ihre Mittagspause. Eine halbe Stunde sollte die Pause dauern. Pausen sind Pflicht für die Erhaltung der Konzentration.

Prioritäten klären

Stellen Sie sich immer folgende Fragen, wenn Sie einen Termin festlegen:

- Wie wichtig ist der Termin?
- Was kann dafür zurückgestellt werden?
- Wie groß ist der Aufwand?
- Welche Folgetermine sind zu beachten?
- Warten Kollegen oder Vorgesetzte auf Ergebnisse?

Informationsfluss sicherstellen

Sofern Sie Termine nicht nur für sich, sondern auch für andere planen, müssen Sie wissen, wer welche Vorstellung hat und in welchem Zusammenhang die Termine stehen.

Vereinbaren Sie mit ihnen nach Möglichkeit einmal täglich einen festen Besprechungstermin, um Informationen auszutauschen und abzugleichen. Bester Zeitpunkt ist der Morgen. Ist dies nicht möglich, sollte zumindest zwei- bis dreimal in der Woche eine Besprechung stattfinden, da sonst Missverständnisse entstehen können.

In manchen Fällen hat ausschließlich die Assistenz die Terminhoheit – der Vorgesetzte vereinbart dann Termine nur nach Rücksprache mit dem Sekretariat. In anderen Fällen liegt diese ausschließlich beim Vorgesetzten – die Assistenz lässt sich für Terminanfragen höchstens Vorschläge geben. Bei beiden Regelungen treten meist keine Überschneidungen auf.

Einigen Sie sich gemeinsam auf angemessene Hilfsmittel für die Zeit- und Terminplanung sowie den Informationsaustausch. Am besten dafür geeignet ist ein elektronischer Kalender. Sein Vorteil ist, dass der andere sofort sieht, dass sich ein Termin geändert hat oder dass Neues eingetragen wurde.

> **Achten Sie darauf, dass alle Termine die sieben Ws erfüllen:**
>
> WESHALB findet der Termin statt (Anlass)?
> WER kommt zu dem Termin (Gesprächspartner)?
> WANN findet der Termin statt (genaue Zeitangabe)?
> WO findet der Termin statt (Örtlichkeit)?
> WELCHES ZIEL hat der Termin (Zielsetzung)?
> WIE lange dauert der Termin (Dauer)?
> WELCHE MITTEL werden benötigt (Sachmittel)?

Schwachstellen der Terminplanung:

- Schlechte Koordination und Abstimmung
- Mangelnde Vor- und Nachbereitung
- Kurzfristige Terminplanung – zu wenig Infos, zu spät erhalten
- Gleichzeitige Vergabe von Terminen
- Keine definitiven Zu- oder Absagen
- Nichtteilnahme wegen eines höher priorisierten Termins
- Nicht alle benutzen ein professionelles Kalendersystem
- Unpünktlichkeit
- Termin vergessen
- Zu wenig Pufferzeit eingeplant

Lösungsansätze:

- Verbindliche Terminvereinbarungen werden nur von einer Person getroffen.
- Ihre Kollegen verweisen alle Terminanfragen an Sie.
- Informieren Sie sich regelmäßig gegenseitig über neue Termine, Verschiebungen oder evtl. Überschneidungen.
- Sie kennen die Prioritäten für die Terminplanung und erhalten alle wichtigen Hintergrundinformationen.
- Feststehende Termine wie Jubiläen, besondere Festtage sowie regelmäßig stattfindende Termine, zum Beispiel quartalsmäßige Controlling-Sitzungen, sollten frühzeitig eingetragen werden.
- Halten Sie den Terminkalender immer aktuell.
- Neue Termine oder Änderungen sollten Sie sofort eintragen.
- Kennzeichnen Sie auch sämtliche Terminreservierungen sofort als gebucht, damit andere bei Terminanfragen sehen, dass der Termin nicht verfügbar ist.

2.7 Richtig delegieren

Eine Besonderheit an der Assistenz ist, dass Ihnen oft niemand zur Verfügung steht, an den Aufgaben delegiert werden können: In der Regel sind Sie eher derjenige, an den andere delegieren.

Wie aber sollten Aufgaben an Sie delegiert werden, damit Sie effektiv arbeiten können, ohne ständig nachfragen zu müssen? Zur vollständigen Delegation einer Aufgabe gehören immer auch die Information zum Ziel der Aufgabe und die Übertragung von Kompetenzen und Verantwortung.

Ziel (Ergebnis)	Kompetenz (Mittel)	Verantwortung
• Was ist das Ziel der Aufgabe? (Wozu?) • Welches Ergebnis soll die Tätigkeit haben? (Was?) • Welche Konsequenzen entstehen daraus? (Wofür?) • Welche Priorität hat die Aufgabe? (Wie wichtig, wie dringend, wie aufwendig?) Damit werden alle Informationen gegeben, um zielorientiert arbeiten zu können (Wohin?), um die Bedeutung der Aufgabe im Zusammenhang zu verstehen (Weshalb?) und das gewünschte Ergebnis zu kennen (Wie?).	• Der andere verfügt über die notwendigen Mittel, um die Aufgabe erledigen zu können (Womit?), über die Macht bzw. die Entscheidungsbefugnisse, die er dafür benötigt (Wer entscheidet?). • Dem anderen bleibt die Entscheidung über die Art und Weise, wie das gewünschte Ergebnis erreicht werden soll (Wie?), und über alle Mittel, die er für die Bearbeitung benötigt (Womit?), überlassen.	Mit der Tätigkeit wird auch die Verantwortung für • das Ergebnis, • den Weg zum Ergebnis und • die benötigten Ressourcen delegiert: Wer steht für das Ergebnis ein? Wer ist verantwortlich für die Konsequenzen?
Notwendig, weil **sonst der andere** • **nicht motiviert** ist, die Aufgabe zu erledigen, • in die **falsche Richtung** denkt, • das **Ergebnis nicht** wie **gewünscht** ausfällt oder • der dafür betriebene **Aufwand nicht angemessen** ist.	**Notwendig**, weil **sonst der andere** • **nicht motiviert** ist, die Aufgabe zu erledigen, • **nicht in der Lage** ist, die Aufgabe zu erledigen oder • **nicht selbstständig** mitdenkt und entscheidet, sondern immer wieder **rückfragen** oder ständig **kontrolliert** und unterstützt werden muss.	**Notwendig**, weil **sonst der andere** • **nicht motiviert** ist, die Aufgabe zu erledigen oder • der andere **nicht selbstständig** arbeitet, sondern immer wieder nachfragt und sich rückversichert.

Übung zur Selbstreflektion

Stellen Sie sich diese Fragen bei Aufgaben, die an Sie delegiert werden:

- Was funktioniert bereits gut?
- Wobei treten Probleme meist auf?
- Was können Sie in Zukunft tun, um die Delegation zu erleichtern? Welche Fragen sollten Sie stellen? Welche Informationen einfordern?
- Worüber müssen Sie eventuell ein Grundsatzgespräch führen?

3 Machen – letzte Zielkontrolle und los!

3.1 Das richtige Gleichgewicht finden

Gerade dieses Ziel, das richtige Gleichgewicht zu finden, vernachlässigen wir in unserem Alltag. Auf der einen Seite wollen wir Erfolg im Beruf, aber bitte nicht auf Kosten des Privatlebens. Ist das wirklich realistisch?

Die Balance zwischen Arbeitsleben und Familie zu finden ist nicht einfach. Besonders berufstätige Frauen stehen aufgrund einer Doppelbelastung häufig unter hohem Leistungsdruck und benötigen ein gutes Zeitmanagement, um alle Aufgaben zu schaffen.

Um ein glückliches und erfülltes Leben zu führen, ist es wichtig, zwischen den folgenden vier Lebensbereichen die richtige Balance zu finden und mit den eigenen Planungen abzustimmen:

- Beruf
- Gesundheit und Fitness
- Soziales Umfeld
- Lebensinhalt

Der Beruf stellt bei den meisten Frauen und Männern die zeitlich wichtigste Komponente dar. Hier steht klar der Leistungsaspekt im Vordergrund. Der Wunsch nach Erfolg steckt in uns drin. Das ist auch gut so. Er bildet eine Grundvoraussetzung dafür, den immer größer werdenden Anforderungen gerecht zu werden.

Der zweite Bereich »Gesundheit und Fitness« umfasst nicht nur körperliches und seelisches Wohlbefinden, sondern auch Ernährung, Erholung und Entspannung. Längere Druckphasen können zu heftigen Reaktionen führen: Kopf-, Magen- und Rückenschmerzen, oft gepaart mit innerer Leere und Depressionen. Die Folgen sind Reduktion der Leistung und der Arbeitsqualität. In jungen Jahren sind wir bereit, die Gesundheit für den Erfolg zu opfern. Später würden wir gerne unseren materiellen Reichtum gegen die verlorene Gesundheit eintauschen.

In Druckphasen leidet das soziale Umfeld oft zuerst. Die Pflege von Freundschaften, sozialen Kontakten und der eigenen Familie kommt zu kurz. Dies führt zu einer zunehmenden Isolation und zum Rückzug aus dem gewohnten Umfeld. Zudem verändert sich unser Kommunikations- und Konfliktverhalten: Zynismus, Gereiztheit oder Einigelung sind typische Anzeichen dafür, dass dieser Lebensbereich vernachlässigt wird.

Die Komponente »Lebensinhalt« nimmt im Alltag häufig einen bescheidenen Raum ein. Ein Übermaß an Ablenkungsmöglichkeiten, die dauernde Berieselung von allen Seiten, das Streben nach materieller Sicherheit und den Absicherungen gegen Unvorhergesehenes, drängt die Frage nach Sinn und Werten in den Hintergrund. In Zeiten der Überforderung und der Angst, sich selbst und den Ansprüchen anderer nicht gerecht zu werden, rückt dieses Element aber zunehmend ins Blickfeld:

- Was soll das Ganze?
- Weshalb tue ich mir das eigentlich an?
- Was ist aus den Träumen meiner Jugend geworden?

Stellen Sie sich die vier Bereiche bildlich wie eine Waage vor, die aus vier Schalen besteht:

Zeitlich wird die erste Waagschale, der Beruf, mit 60 bis 80 Prozent der aktiven Zeit das größte Gewicht erhalten. Das ist okay. Die Frage ist aber, wie viel Zeit für die anderen Komponenten bleibt:

- Beansprucht die Arbeit die gesamte aktive Zeit und damit auch praktisch die gesamte Energie, die Sie zur Verfügung haben?
- Oder bleiben genügend Zeit und Energie übrig, die auch in die anderen drei Bereiche investiert werden kann?

Falls Letzteres der Fall ist, befinden sich die vier Elemente im Gleichgewicht.

Wenn die Waagschale zugunsten eines Bereiches für kurze Zeit aus dem Gleichgewicht gebracht wird, bewirkt das keine langfristigen Schäden. Gefährlich wird es aber, wenn einer der Bestandteile über einen größeren Zeitraum vernachlässigt wird.

Machen Sie den Selbsttest!

Gehen Sie locker und entspannt, ohne voreingenommene Gedanken, an folgende Übung heran. Analysieren Sie erst am Schluss die Ergebnisse.

Es ist wichtig, dass Sie die folgenden vier Teile des Selbsttests spontan durchführen: Beachten Sie dabei Ihre ersten Reaktionen, nachdem Sie die

Fragen gelesen haben, und zeichnen Sie diese sofort und ohne zu überlegen auf.

Hören Sie auf Ihr Bauchgefühl!

Wie sieht Ihre Ist-Situation aus?

- Zeichnen Sie ein Kuchendiagramm mit den Hauptbereichen, die Ihren üblichen Tagesinhalt von Montag bis Freitag bestimmen. Gehen Sie von einem 16-Stunden-Tag (ohne Schlafenszeit) aus. Wie viel Zeit nehmen die verschiedenen Teile an einem durchschnittlichen Tag in Anspruch? Mögliche Inhalte sind: Job, Weiterbildung, Partnerschaft, Familie/Kinder, Freizeit, Hobbys und Freunde.

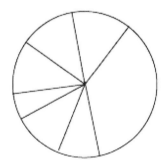

Ist-Aufteilung

Erkennen Sie Ihre Stressfaktoren

Betrachten Sie Ihre Ist-Situation und stellen Sie sich folgende Fragen:

- Wo liegen meine Stressfaktoren?
- Gibt es Bereiche, die stressbehaftet sind?

Wie sieht meine Wunscheinteilung aus?

Zeichnen Sie ein neues Kuchendiagramm mit Ihrer Wunscheinteilung.

Was sind Ihre persönlichen Work-Life-Balance-Maßnahmen?

Entwickeln Sie zum Schluss persönliche Maßnahmen, die Sie dabei unterstützen, von Ihrem Ist-Zustand in den gewünschten Soll-Zustand zu kommen.

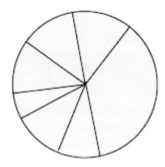

Soll-Aufteilung

Die Maßnahmen sollten einfach und leicht umsetzbar sein. Priorisieren Sie Ihre Maßnahmen und starten Sie noch heute mit der Umsetzung Ihrer höchsten Priorität. Fragen zur persönlichen Reflexion:

- Was fällt mir zu meiner Work-Life-Balance ein?
- Was sind meine persönlichen Ziele im Bereich Work-Life-Balance?
- Was ist mir wirklich wichtig in meinem Leben?
- Wenn ich meine Ist-Situation mit meiner Wunscheinteilung vergleiche, was werde ich ab heute ändern?
- Für welche Bereiche nehme ich mir ab heute mehr Zeit?
- Welche Wunschvorstellungen sind realisierbar?
- Welche Maßnahmen unterstützen mich dabei, zu meiner Wunscheinteilung zu gelangen?

3.2 Stress unter Kontrolle bringen: Vorbeugung, Umgang und Bewältigung

Trotz aller Planung und Organisation wird es in der Assistenz immer wieder Situationen geben, in denen die Zeit drängt: Jemand hat etwas zu spät abgeliefert, mehrere dringende Aufgaben kommen auf einmal, in letzter Minute versagt die Technik oder ändern sich die Vorgaben etc. Für die einen bedeutet so eine Situation unangenehmen Stress, für andere nicht – woran liegt das?

Jeder versteht etwas anderes unter »Stress«: Manche verstehen darunter eher »viel zu tun zu haben«, für andere bedeutet Stress »etwas nicht zu schaffen« und für Dritte »Kopfschmerzen am Abend«.

Jeder Mensch verfügt über ein ähnliches biologisches Stressmuster, über eine körperliche Stressreaktion, die uns angeboren ist. Wann und wie stark diese Reaktion eintritt, hängt nicht nur von der objektiven Situation ab, sondern wesentlich von den subjektiven Gefühlen und Gedanken des Einzelnen. Trotz individueller Unterschiede sind uns die meisten Symptome jedoch gemeinsam.

Die Stressreaktion ist normal und natürlich. Unser Körper ist darauf eingestellt, dass der Energielevel im Laufe des Tages schwankt. Allerdings ist er nicht darauf eingestellt, dass der Level ständig hoch bleibt! Je nach Typ, nach Tagesform, nach körperlicher Verfassung sind die einzelnen Symptome bei Ihnen mehr oder weniger bemerkbar. Vielleicht erkennen Sie sie auch erst im Nachhinein, wenn zum Beispiel die ständige Muskelanspannung zum Spannungskopfschmerz geworden ist oder wenn am Wochenende bzw. im Urlaub Ihr Immunsystem zusammenbricht.

Viele Auswirkungen von Dauerstress zeigen sich auch erst nach einiger Zeit: Embolien oder Schlaganfälle, Herz- und Gefäßkrankheiten, erhöhter Blutdruck, Haltungsschäden, Durchblutungsstörungen, Krebs, Magengeschwüre etc.

Chronischer Stress macht krank!

Etwas Stress und Aufregung ab und an ist nicht ungesund – im Gegenteil: Vieles weist darauf hin, dass Stress in Maßen sogar besser ist als gar kein Stress. Stress im Übermaß allerdings wird sich früher oder später auf Ihre Gesundheit auswirken. Wichtig ist, dass der Stress nicht zu häufig und nicht zu lange auftritt und dass Sie sich danach erholen und entspannen können. Positiver Stress ist gelegentlicher, kurz andauernder und zu bewältigender Stress.

Selbst wenn Sie Ihren Stress im Nachhinein betrachtet gut bewältigen, bleibt das Problem, dass Sie unter Druck in der Regel nicht mehr genügend planvoll und kreativ denken können.

Stress ist ein Zeitfresser!

Wenn Sie etwas gegen Stress und Hektik tun möchten, können Sie im Wesentlichen an drei Stellen ansetzen: Vorbeugung gegen Stress, Umgang mit Stress und schließlich Stressbewältigung.

Die 5 besten Anti-Stress-Tipps

Die folgenden Tipps sind der Start einer stabilen Work-Life-Balance und sie helfen Ihnen, dem Stress den Kampf anzusagen. Egal was Sie tun, denken Sie immer daran:

Wenn jemand an Ihrer persönlichen Situation etwas ändern kann, dann sind Sie es.

Vorbeugung	• Zeitmanagement und Selbstorganisation optimieren (zum Beispiel Zeiten realistischer planen, Neinsagen üben, Aufgaben besser organisieren ...)! • Tätigkeiten bewusst anfangen und bewusst abschließen! • Nach Möglichkeit immer nur eine Aufgabe gleichzeitig erledigen! • Auf Stresssymptome achten und rechtzeitig etwas unternehmen: zum Beispiel durch eine kurze Unterbrechung der Arbeit (Toilette, Botengänge, Tee kochen, Telefonat ...), nach Möglichkeit kurz die Umgebung wechseln! • Weniger Kaffee und schwarzen Tee, mehr Wasser oder zum Beispiel grünen Tee (sanft anregend) oder Rotbuschtee (beruhigend) trinken! • Regelmäßig kleine Pausen machen! • Körperlich fit halten (Sport, Bewegung, gesunde und regelmäßige Malzeiten ...)! • Eine positive Einstellung zur Arbeit haben (Überlegen Sie sich, warum Sie Ihren Beruf gerne mögen, was für Vorteile er hat; erleben Sie schöne Momente bewusst)! • Sich die eigenen Stärken und Leistungen bewusst machen (Überlegen Sie sich, was Sie gut können und was Sie gut gemacht haben)! • Probleme angehen, statt sie zu verdrängen!
Umgang	• Positiv denken: Statt »Das schaffe ich nie« lieber »Mal sehen, wie weit ich komme«. Statt »Das darf nicht sein« lieber »Das ist nun mal so«. Statt »Nicht aufregen« lieber »Ruhig bleiben«. Statt »Schnell, schnell ...« lieber »Eins nach dem anderen«. • Überblick verschaffen: Arbeiten Sie nicht sofort drauflos, sondern ordnen Sie erst einmal Aufgaben und Gedanken! • An etwas Schönes denken (Urlaub, Feierabend ...) oder ein beruhigendes Bild betrachten! • Aus dem Fenster schauen, lüften oder sogar kurz an die frische Luft gehen! • Bewusst langsam und tief atmen (nach Möglichkeit frische Luft statt Nikotin!)! • Langsam arbeiten: Versuchen Sie für ein paar Minuten, alles etwas langsamer statt etwas schneller zu tun! • Reden: Reden Sie sich Probleme im Gespräch mit anderen von der Seele oder plaudern Sie zwischendurch einmal über etwas ganz anderes! • Dehnübungen, Gähnen, Kauen und Lächeln helfen gegen Stress!

	- Zwischendurch aufstehen und sich bewegen! - In Stresssituationen eher etwas »Leichtes« essen! - In Stresssituationen Nahrung und Getränke mit Säure oder Koffein meiden! (Kaffee, schwarzer Tee, aber auch Obst und Früchtetees sind ungünstig – lieber Gemüse und Wasser)
Bewältigung	- Bewegung, Bewegung, Bewegung (Sport, spazieren gehen, etwas körperlich Anstrengendes erledigen ...) – auf keinen Fall resigniert auf dem Sofa zusammensacken: Das macht alles noch schlimmer! - Etwas Angenehmes tun (alles, was Ihnen besonders viel Spaß macht, womit Sie sich selbst eine Freude machen können)! - Etwas für den Körper tun: Sauna, heißes Bad, Schlafen, ...! - Gedanklich mit dem Problem abschließen (mit jemandem darüber reden, es aufschreiben, ...)! - Entspannungstechniken erlernen und anwenden (Autogenes Training, Yoga, progressive Muskelentspannung ...)! - Nach einer Stresssituation eine Pause machen (am besten mit Bewegung!), bevor es weitergeht! - Alkohol und Medikamente helfen nur scheinbar – auf lange Sicht vergrößern sie nur das Problem!

1. Setzen Sie sich beruflich und privat Ziele

Langfristziele sind die Leitplanken für den Weg in die Zukunft und bestimmen Ihr weiteres Vorgehen, kurzfristige Ziele zeigen Ihnen auf, welches Ihre nächsten Schritte sind, welche Dinge Sie heute tun sollten. Schreiben Sie diese Ziele auf, behalten Sie sie nicht nur im Kopf!

2. Nutzen Sie diese Ziele, um Prioritäten festzulegen

Sie haben nie genug Zeit, es allen recht zu machen. Prioritäten helfen Ihnen, Nein zu sagen. Überlegen Sie sich regelmäßig: Bringt mich diese Tätigkeit meinem Tages- und letztendlich meinen Langfristzielen einen Schritt näher? Ist sie also wichtig oder nur dringend? Berücksichtigen Sie bewusst alle vier Lebensbereiche.

3. Arbeiten Sie mit einem Tätigkeitsplan

Schreiben Sie am Vorabend den Tätigkeitsplan für den nächsten Tag auf. Nehmen Sie sich dafür fünf bis zehn Minuten Zeit. Als Basis dienen dabei ein bis drei Tagesziele, mehr nicht. Und bringen Sie am Freitag, vor dem Start ins Wochenende, den Tätigkeitsplan für die kommende Woche zu Papier. Dafür reichen 20 Minuten aus. Die Grundlage dafür bilden maximal drei Wochenziele. Beachten Sie sowohl berufliche wie private Angelegenheiten in derselben Agenda und stellen Sie sicher, dass schon in der Planung alle vier Lebensbereiche ihren Platz haben.

4. Seien Sie in der Umsetzung diszipliniert
Versuchen Sie möglichst konsequent und so weit wie möglich, Ihren Tätigkeitsplan am nächsten Tag oder in der kommenden Woche umzusetzen. Lassen Sie sich durch Fehlplanungen nicht aus dem Konzept bringen. Lieber ein schlechter Plan als gar kein Plan!

5. Kontrollieren Sie regelmäßig die Resultate
Stellen Sie sich immer wieder diese Fragen:

- Was lief gut?
- Wo gibt es Verbesserungspotenzial?
- Und wie kann ich dieses zunehmend besser ausschöpfen?

»*So seht nun sorgfältig darauf, wie ihr euer Leben führt, nicht als Unwissende, sondern als Weise, und kauft die Zeit aus.*«
Epheser 5, 15+16

Best Practice

- Wenn Sie Ihre Prioritäten ordnen und managen wollen, müssen Sie zunächst lernen, sich selbst zu managen.
- Seine Planung, Organisation und Prioritätensetzung als Selbstverpflichtung zu verstehen hilft, die schwierigsten Dinge als Erstes zu tun.
- Suchen Sie nach Mitteln und Wegen, regelmäßige Tätigkeiten zu standardisieren, zu delegieren oder zu bündeln.
- Gut geordnete Prioritäten erleichtern den Entscheidungsprozess und helfen einem, die Zeit produktiv zu nutzen.
- Aufgaben bis zum Ende durchzuführen, bevor man mit der nächsten anfängt, ist eine erfolgversprechende Gewohnheit.
- Lernen Sie, Prioritäten von Aufgaben effektiv an andere zu kommunizieren bzw. Aufgaben in Hoch-Zeiten an andere zu delegieren.
- Fangen Sie an, eventuellen »Papierwust« zu ordnen, die E-Mail-Flut zu bewältigen und Termine geschickt zu koordinieren.
- Klüger statt härter zu arbeiten bringt Produktivität und zugleich mehr Entspannung.
- Erfolgreiches Selbstmanagement resultiert aus der Entwicklung guter Gewohnheiten, die Ihnen mehr Freiraum verschaffen. Sprechen Sie in stressigen Zeiten über Ihren Leistungsdruck mit dem Partner oder mit Freunden!

- Achten Sie auf eine ausgewogene Ernährung – Junk Food schadet dem Körper und setzt unsere Leistungsfähigkeit herab!
- Denken Sie immer daran: Gesundheit ist unser wichtigstes Gut. Opfern Sie es nicht!
- Pflegen Sie Freundschaften und die Beziehung zu Ihrem Partner!
- Stimmen Sie Ihre innere Einstellung auf die äußere Situation ab!
- Machen Sie Ihren persönlichen Stress-Check. Manchmal nehmen wir Stress als unabänderliche Selbstverständlichkeit wahr.
- Ergreifen Sie die passenden Maßnahmen für Ihr inneres Gleichgewicht. Jeder geht anders mit Stress um, daher gibt es auch kein Allgemeinrezept. Bewegung an der frischen Luft, gedankliche Fantasiereisen zur mentalen Entspannung, ein gutes Buch oder Musik können helfen. Tun Sie das, worauf Sie Lust haben!
- Setzen Sie sich erreichbare Lebens- und Berufsziele und ordnen Sie ihnen Prioritäten zu!
- Erfüllen Sie sich auch eigene Wünsche!
- Seien Sie immer diszipliniert in der Umsetzung und in der Erfolgskontrolle!

Teil II

Projekt- und Informationsmanagement

1 Projektmanagement – jenseits des Tagesgeschäftes und doch mittendrin

1.1 Was verbindet Projektmanagement und Excellent Office?

Allein der Titel offenbart alles: Projekte in Ihrer Arbeit laufen parallel zum normalen Tagesgeschäft. Da lauert die Herausforderung. Sind Sie dabei? Damit diese Herausforderung Sie motiviert und weiterbringt, gilt es einiges zu beachten. Darauf konzentrieren wir uns in diesem Kapitel. Am Ende steht der Erfolg und bekanntlich kommt im Vorfeld der »Schweiß«.

Das Jonglieren zwischen Projekten und dem Alltagsgeschäft schreit geradezu danach, ein waches Auge auf effektives und effizientes Handeln zu werfen. Schieben wir Projekte an und legen sie später wieder auf Eis, entgleitet uns die Effektivität. Wenn wir den Sinn unserer Projekte, vornehmlich Veränderungsprojekte, nachvollziehen können, spiegelt sich das im Ergebnis wider. Unsere internen und externen Kunden quittieren unser strukturiertes und qualitatives Handeln mit Zufriedenheit. Und wo bleibt der Spaß? Der stellt sich individuell unterschiedlich ein, wenn wir durch unser Wirken andere überzeugen und begeistern. Wir freuen und konzentrieren uns mehr auf unseren Erfolg, wenn wir nicht ständig mit Rettungsaktionen beschäftigt sind.

Die Arbeitswelt ist komplexer denn je, der digitale Fortschritt fordert uns heraus, in einem begrenzten Zeitrahmen, am besten sofort und gestern, schnell und agil den Anforderungen unserer Kunden zu entsprechen. Sind wir im Projektwahn? Fehlgeschlagene Projekte können wir uns allesamt nicht leisten.

Dieses Kapitel unterstützt Sie in Ihren Ideen, bei der Herangehensweise, der Planung, der Umsetzung und der Steuerung Ihrer potenziellen Projekte. Auch die Lust auf Projekte soll durch diesen Rundgang in der Projektwelt geweckt und unterstützt werden. Das Gefühl, den Wald vor lauter Bäumen nicht mehr zu sehen, ist ein denkbar schlechter Begleiter, wenn es darum geht, Neues auf den Weg zu bringen, Verbesserungen für das Unternehmen möglich zu machen.

> **Orientierungsfragen**
>
> - Wie gehe ich ein neues Projekt an?
> - Was ist ein Muss für die einzelnen Projektschritte?
> - Welche Unterschiede gibt es bei bestimmten Projektarten?
> - An welchem Beispiel kann ich mich orientieren?
> - Welche Vorlagen und Checklisten setze ich ein?
> - Wie behalte ich den Überblick?
> - Wie schließe ich ein Projekt erfolgreich ab?

1.2 Projekt + Management = Projektmanagement

Projekte anstoßen und realisieren ist längst kein Privileg der Großunternehmen mehr. Projekte sind überall anzutreffen: national, international, in Non-Profit-Unternehmen, in klein- und mittelständischen Unternehmen, rein digital-virtuell, direkt vor Ort, in Form einer One-Man-Show oder schlicht im privaten Bereich.

Nun stellt sich die Frage: Wie gelangen Sie schnell und solide zu einem guten Fundament der Projektkompetenz? Im Folgenden fokussieren wir uns auf Ihre Projekte, Ihre Routine- und Veränderungsprojekte. Da Sie aber ebenso Ihren Chef in seinen Projekten unterstützen, verlieren wir auch diese Perspektive nicht aus den Augen. Wenn Ihr Chef viel in Besprechungen und auf Geschäftsreisen ist, ist es ein Muss, dass Sie die Zusammenhänge im Projektmanagement verstehen und das Handwerkliche beherrschen.

Wenn Sie tief im Tagesgeschäft stecken, ist ein neues Projekt oft eine willkommene Abwechslung. Auf den ersten Blick ein feines Unterfangen. Haben Sie aber sehr viele Projekte zu bewältigen, stellt sich eine andere Frage: Wie bekomme ich alles unter einen Hut? Vielleicht haben Sie schon genügend Projekte gemanagt und der Begriff als solches hat an Faszination verloren. Sie wissen bereits, nicht jede Aufgabe, die unseren Schreibtisch findet, ist automatisch ein Projekt, auch wenn die Auftraggeber die Aufgabe gerne damit schmücken.

Bevor Sie ein neues Projekt annehmen, sollten Sie sich gleich zu Beginn eine grundsätzliche Frage stellen: Habe ich im Augenblick die zeitliche Kapazität, dieses Projekt anzunehmen? Wenn nicht, welche Aufgaben oder anderen Projekte könnte ich delegieren oder auf der Zeitachse nach hinten schieben?

Nehmen Sie ein Projekt nicht gänzlich ohne Kommentar an, denn in diesem Fall könnte Ihr Gegenüber zu der Schlussfolgerung kommen, dass Sie immer noch ausreichend zeitliche Ressourcen haben. Es geht weniger um eine grundsätzlich ablehnende Haltung als vielmehr um ein klares

Abgrenzen und um das Aufzeigen, wie es um Ihre zeitlichen Ressourcen bestellt ist. Verhandeln Sie rechtzeitig. Am Ende werden Sie am Erfolg gemessen. Fehler dann auf zu wenig zeitliche Ressourcen zu schieben klingt immer wie eine Ausrede.

Was ist ein Projekt?

Jeder spricht von Projekten, viele sprechen über Projekte: Haben wir deshalb die gleiche Vorstellung davon? Was ist ein Projekt? Ein Projektprofi beantwortete die Frage so: »Ein Projekt ist ein außerhalb des Alltäglichen liegendes Vorhaben, durch das am Ende nach einer begrenzten Zeit etwas Neues entsteht. Idealerweise ist es das, was man sich vorgestellt hat.« Klären wir die Frage des Weiteren über die Bedingun-

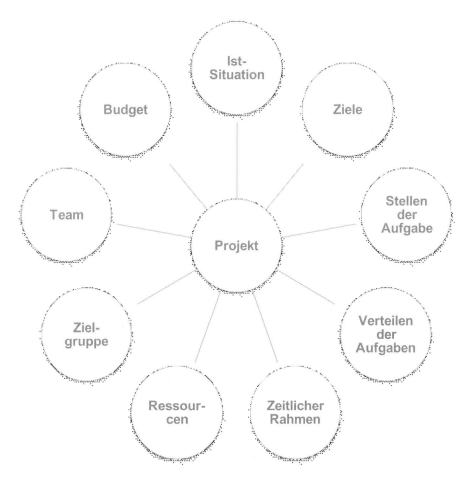

Abbildung 3: Bedingungen eines Projektes auf einen Blick

gen eines Projektes: Können Sie bei einem Vergleich Ihrer einzelnen Projekte Gemeinsamkeiten feststellen? Tauchen bestimmte Bedingungen immer wieder auf? Wenn ja, welche? Jedes Projekt ist anders und dennoch gibt es grundlegende Übereinstimmungen. Der Projektprofi lässt sich immer wieder auf das Neue ein und ignoriert diese Gemeinsamkeiten nicht.

Jede Bedingung wirft Fragen zum eigenen Projektvorhaben auf und sucht nach Antworten. Die Fragen sind gleichzeitig eine Checkliste dafür, welche Informationen Sie zu den einzelnen Bedingungen bereits haben.

Bedingungen	Im Vorfeld zu klärende Fragen
Ist-Situation	• Wovon gehen Sie tatsächlich aus? • Welches Problem wollen Sie lösen? • Was ist typisch für Ihre augenblickliche Situation? • Wie schätzen das die Projektbeteiligten ein? • Wo besteht der intensivste Druck zum Handeln?
Ziel	• Was genau wollen Sie erreichen? • Welche Erwartungshaltung verbinden Sie mit dem Ziel? • Wie ist die Akzeptanz des Zieles? • Was passiert, wenn Sie das Ziel nicht erreichen?
Zielgruppe	• Wer genau profitiert von diesem Projekt? • Wen sollten Sie in das Projekt einbeziehen? • Wer stützt das Vorhaben?
Aufgabenstellung	• Welche Arbeitspakte lassen sich ableiten? • Welche Arbeiten lassen sich outsourcen? • Auf welche bestehenden Leistungen können Sie aus ähnlichen Projekten zurückgreifen? • Wer hat ein ähnliches Projekt durchgeführt?
Aufgabenverteilung	• Wer kann welche Aufgaben bis wann auf welche Art erledigen? • Wer soll informiert werden? • Ist grundsätzlich genügend zeitliche Kapazität für das Projekt frei? • Welche Aufgaben können Sie abgeben?
Projektstart	• Wann ist es sinnvoll, das Projekt zu starten? • Welche Projekte laufen parallel dazu? • Wer wird über den Start informiert?

Projektschluss	• Bis wann spätestens soll das Projekt abgeschlossen sein? • Wie viel zeitlichen Puffer können Sie einräumen? • Welche Konsequenzen sind zu erwarten, wenn sich der Schluss verzögert?
Budget	• Wie viel Geld steht für das Projekt zur Verfügung? • Wie sieht die Budgetierung im Detail aus? • Wer kontrolliert das Budget? • Wer trägt die Verantwortung für das Budget?
Ressourcen	• Auf welche Hilfe im Unternehmen können Sie zurückgreifen? • Welche Räume stehen zur Verfügung? • Welches Team kann noch einen inhaltlichen Input geben?
Projektteam	• Wer stemmt das Projekt? • Wer kann mit welchem Know-how das Projekt unterstützen? • Wer hat Projekterfahrung? • Wer hat die höchste Motivation?

Zugegeben, eine Menge Fragen für den Einstieg. Sie dienen der Reflexion, sie müssen nicht alle gleich zu Beginn eines Projektes abschließend geklärt sein. Dennoch lohnt sich jede Zeitinvestition vor dem Projektbeginn, erste Antworten einzufordern. Diese Investition führt zu einer anfänglichen Klarheit, die sich auszahlt.

Was ein Projekt auszeichnet, ist umrissen, allein das Management fehlt noch. Project meets Management: Management bedeutet in diesem Fall, mit geeigneten Techniken Ziele zu erreichen. Dabei bieten sich folgende Fragestellungen an:

- Wo stehen wir, was ist das Problem?
- Was wollen wir erreichen?
- Wie kommen wir dort am besten hin?
- Welcher Plan ist am besten?
- Wie setze ich diesen sinnvoll um?
- Wie gut hat die Umsetzung funktioniert?

Sie erkennen die Logik in der Abfolge der Fragen? Diese spiegelt später der Phasenplan wider. Warum diese Annäherung an das Thema Projekt-

Abbildung 4: Abbildung 4: Hinzufügen des Managementzyklus

management? Ganz einfach, es geht um den geschärften Blick darauf, wie Sie mit Ihren Projekten einen angemessenen Erfolg erzielen.

Und immer wieder lockt das Projekt ...

Sensibilisieren wir uns für die allzu menschlichen Verhaltensweisen, die vor allem dann zum Tragen kommen, wenn uns der arbeitsintensive Alltag an einem sinnvollen Start in das Projekt hindert. Kennen Sie diese Reaktionen auf das Neuland in Form eines Projektes?

- Einfach loslegen: Sie sind begeistert von Ihrer Idee, haben gleichzeitig aber im Hinterkopf, wie wenig Zeit Ihnen zur Verfügung steht. Vorsicht ist geboten, denn von der Konzeption gleich in die Durchführung zu starten kann fatale Folgen haben.

- Kennen wir: Ein neues Projekt ist schon in ähnlicher Form durchgeführt worden. Auf eine erneute Planung können wir daher verzichten. Vorsicht, kontrollieren Sie genau, was sich doch geändert haben könnte.
- Planung einfach überspringen: Je extremer Sie unter Zeitdruck stehen, desto wichtiger ist es, sorgfältig und sinnvoll zu planen.
- An die Arbeit: Wenn Sie zu einem neuen Team dazustoßen, nehmen Sie sich die Zeit, um Folgendes zu klären: Konzeption und Ziel. Finden Sie heraus, ob vielleicht etwas übersehen wurde, noch haben Sie den neutralen Blick von außen.
- Auf und davon: Ein neues Projekt steht an, das alte scheint zu laufen. Schließen Sie das alte Projekt ab, damit Sie bewusst auf die Erfahrungen daraus zurückgreifen können. Feiern Sie ein abgeschlossenes Projekt.

Achten Sie speziell im Office-Bereich darauf, dass die folgenden Situationen nicht eintreten, denn diese sind das Zünglein an der Waage für den Erfolg Ihres Projektes. Erreicht ein Projekt nicht den gewünschten Erfolg, sind es immer wieder die gleichen Gründe, die ursächlich dazu führen. Genau diese wollen wir hinter uns lassen:

- Schlüsselpersonen und Entscheider werden nicht rechtzeitig und ausreichend in das Projekt einbezogen.
- Das Ziel ist schwammig umrissen und daher kann am Ende nicht festgestellt werden, ob das gewünschte Resultat erreicht wurde.
- Klare Aussagen darüber, wie die Rollen und die Verantwortung im Team verteilt sind, fehlen.
- Die Zeitpläne sind ungenau und unrealistisch und die Abhängigkeiten der einzelnen Aufgaben voneinander werden nur ungenügend berücksichtigt.
- Wichtige Informationen werden nicht schriftlich weitergegeben, Vereinbarungen nur mündlich getroffen und nicht schriftlich bestätigt.
- Eine gewissenhafte Überwachung der einzelnen Projektfortschritte fehlt und die Beteiligten werden nicht regelmäßig informiert.
- Der Kommunikationsfluss innerhalb des Teams ist nicht ausreichend bzw. nicht vollständig und Informationen werden zu spät weitergegeben.

Lassen Sie uns nun einen wichtigen Schritt weitergehen, um den Erfolg Ihrer Projekte zu sichern.

1.3 Immer wieder anders und doch viele Gemeinsamkeiten: Projektarten

Überlegen Sie gleich zu Beginn, in welche Richtung Sie sich bewegen werden: Ein Projekt gleicht nicht einem anderen. Eine Erfahrung, die Sie sicher auch schon gemacht haben. Projekte unterscheiden sich durch ihre Größe, ihre Bedeutung, ihren zeitlichen Aufwand, ihre Inhalte, ihre Aufgabenstellung und ihre Tragweite. So kann z. B.

- die Aufgabenstellung entweder offen oder geschlossen sein:

Die offene Aufgabenstellung bietet viele Möglichkeiten für Inhalte und Vorgehensweisen, das ist z. B. bei dem Thema »Verbesserung der Organisation in einer Abteilung« der Fall. Die geschlossene Aufgabenstellung dagegen hat klare Vorgaben, z. B. gilt das für Veranstaltungen jeder Art, Tagungen oder Events.

- die Tragweite gering oder gravierend sein:

Projekte von geringer Tragweite haben z. B. nur Auswirkungen auf einen kleinen Bereich des Unternehmens, während Projekte von gravierender Tragweite für das gesamte Unternehmen von großer Bedeutung sind. Eine geringe Spannweite bedeutet wenig Interessenunterschiede, also die Beteiligten ziehen an einem Strang. Mehr Reichweite deutet auf unterschiedliche Nutzerinteressen und unterschiedliche Ziele.

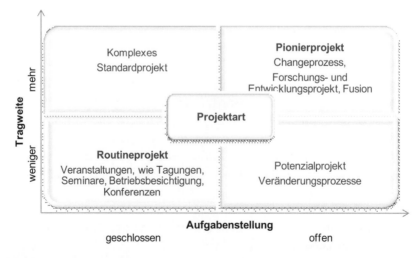

Abbildung 5: Projektarten

Auf unserem Weg zum Projekterfolg konzentrieren wir uns zum einen auf Routineprojekte, denn deren selbstständige Durchführung wird von Ihnen erwartet. Zum anderen erweitern wir unser Spektrum auf die Projekte, bei denen es um Veränderungsprozesse geht, da Sie bei dieser Art von Projekten häufig involviert sind und als Mitarbeiter im Office eine besondere Leistung einbringen können.

1.4 Aus der Vogelperspektive: Phasen eines Projektes im Überblick

Schon bei den Projektarten wird deutlich, wie unterschiedlich Projekte sein können. Die erste einfache Variante des Phasenmodells (Abbildung 6) bringt Sie schnell in strukturierte Bahnen. Sie ist oft ausreichend für Routineprojekte, schmälert diese aber in keinster Weise. Ausführlichere Unterpunkte sehen Sie in den grauen Kästen (Abbildung 7). Die detaillierte Version zeigt, wie vielschichtig schon zu Beginn ein Projekt an den Start gehen kann.

Abbildung 6: Erste Aufteilung in Projektphasen

Die informelle Phase – aller Anfang ist schwer und wichtig

Lassen Sie uns die allgemeinen Phasen 1 bis 5 in Abbildung 6 näher beleuchten. Der Impuls für ein Projekt kann von außen an Sie herangetragen werden oder resultiert aus einer Problemstellung in Ihrem Unternehmen. In der informellen Phase geben Sie dem Gedanken der ersten Idee entscheidenden Nährboden.

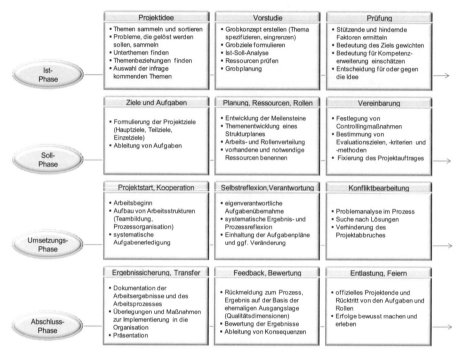

Abbildung 7: Projektphasen im Detail

Kriterien der informellen Phase	Orientierungsfragen und erste Überlegungen
Erste Idee, Impuls von außen	Wie ist Ihr Verhalten gegenüber neuen Ideen? In welchem Netzwerk können Sie Ideen austauschen?
Ideengespräche, Brainstorming	Erste Ideengespräche sind meist formlos, achten Sie darauf, dass Sie für sich ein finales Protokoll erstellen, damit im Kopfkino sich Ihre Ideen fortsetzen.
Erste Recherchen	Hier können Sie Ihre Informationsquellen anzapfen: in puncto Machbarkeit, vergleichbare Projekte, Wirtschaftlichkeit und Risiko. Diese Informationen liefern eine wichtige Vorlage für die spätere Definitionsphase.

Überlegungen zur Projektleitung	Trauen Sie sich die Projektleitung zu? Diese Frage beantworten Sie sich vor dem Hintergrund: Wie sieht Ihr tägliches Arbeitspensum aus? Was können Sie delegieren? Trauen Sie sich das Projekt zu?
Abschluss der informellen Phase	Die Projektidee nimmt Konturen an, Sie erstellen einen Projektantrag.

Die Definitionsphase – Klarheit gewinnt

Die Definitionsphase ist eine wichtige Vorstufe zur Planung selbst. Ist die Entscheidung gefallen, sich mit einem neuen Projektfeld auseinanderzusetzen, gilt es, einige Faktoren zu klären.

Kriterien der Definitionsphase	Orientierungsfragen und erste Überlegungen
Problembestimmung	Was genau ist das zu bewältigende Problem? Handelt es sich um eine komplexe Problemstruktur? Welche anderen Probleme hängen damit zusammen?
Zielbestimmung	Was genau wollen Sie erreichen? Beschreiben Sie Ihre Zielvorstellung exakt. Grenzen Sie Wünsche oder Utopien aus.
Durchführbarkeitsanalyse	Nicht jedes Projekt, welches wir beginnen, muss zum Erfolg führen. Prüfen Sie kritisch die Chance auf Erfolg, z. B. mithilfe von vergleichbaren Projekten, Expertengesprächen etc.
Projektmitglieder festlegen	Wählen Sie die Projektmitglieder nach Fachkompetenz, Erfahrung und Teamkompetenz aus. Erfragen Sie, ob die neue Projektaufgabe im täglichen Arbeitsprozess zu bewältigen ist.
Projektauftrag	Sobald die Ampeln auf Grün stehen, benötigen wir einen offiziellen Projektauftrag. In diesem ist geklärt, welches Ziel, unter welchen Bedingungen, mit welchen Mitteln, bis wann zu erreichen ist.

Die Planungsphase – Kopfarbeit ist angesagt

»Zeige mir, wie du dein Projekt geplant hast, und ich sage dir, ob du erfolgreich sein wirst.« So oder ähnlich könnte die Wichtigkeit der Planung in der Projektarbeit vermittelt werden. Die Kopfarbeit des Planens dient zur Wegbereitung der Durchführung. Akzeptieren Sie keine Ausreden wie »Habe keine Zeit, so detailliert vorzugehen« oder »Das geht alles viel zu langsam«. Kein Mensch plant, zu versagen – die meisten aber versagen beim Planen. Sie nicht!

Kriterien der Planungsphase	Orientierungsfragen und erste Überlegungen
Vom Groben zum Feinen	Aus der Grobplanung leiten wir die Details ab. In dieser Phase sind die Projektmitglieder gefordert, ihre Ideen zur Zielerreichung, zur Lösung, sprich Feinplanung, beizutragen.
Arbeitsschritte definieren und Verantwortlichkeiten festlegen	Die Arbeitsschritte sind klar definierte Teilaufgaben. Sie beinhalten unter anderem das Kostenziel und eine Zeitvorgabe. Die Auseinandersetzung mit anderen Projektmitgliedern ist wichtig, denn die einzelnen Arbeitspakete sind nicht als isolierte Arbeitsschritte zu betrachten. Klären Sie, wer für welche Aufgabe verantwortlich ist.
Meilensteine setzen	Die Meilensteine sind Zwischenstopps oder Etappenziele. Sie zeigen uns, wie weit das Projekt bereits fortgeschritten ist, sie lassen uns den Überblick behalten. Erreichte Meilensteine bieten oft Energie und Motivation für eine neue Etappe.
Projektplan erstellen	Mit dem Projektplan schließen Sie die Planungsphase ab. Der Plan kann jederzeit modifiziert werden, er stellt nichts Allgemeingültiges und Unabänderliches dar.

Die Umsetzungsphase – es geht los

In dieser Phase erfolgt der Test für unsere Planung. Jetzt zeigt sich, ob und wie wir unser Gedankenkonstrukt umsetzen können. Praxiserfolg oder

Praxisschock, das ist hier die Frage. Die Realisierung des Projektes fordert uns nicht nur innerhalb des Projektes, sondern darüber hinaus auch in der Koordination mit anderen Aufgaben des Arbeitsalltags. Kompetenter Umgang mit persönlichen Arbeitstechniken und Zeitmanagement sind daher ein Muss.

Kriterien der Umsetzungsphase	Orientierungsfragen und erste Überlegungen
Arbeitsschritte umsetzen und Meilensteine erreichen	Wir sind gefordert, die Arbeiten nah an der Planung auszuführen, ohne blind für das Machbare zu werden. Die Projektverfolgung und Projektsteuerung sind hilfreiche Methoden der erfolgreichen Umsetzung.
Projektverfolgung	Führen Sie zur Projektverfolgung eine Soll-Ist-Analyse an bestimmten Stichtagen durch. Entwickeln Sie daraus die LOPs, Liste der offenen Punkte. Holen Sie die entsprechenden Informationen von allen Mitgliedern.
Planung aktualisieren	Neue Erkenntnisse über den Stand oder auch Rückstand des Projekts müssen in die Planung einfließen. Nur so können Sie entsprechend handeln und andere Mitglieder informieren. Abweichungen von der Planung dürfen nicht unterschlagen werden.
Abschluss der Umsetzung	Der offizielle Abschluss der Umsetzungsphase wird durch den Projektleiter vorgenommen.

Die Abschlussphase – Ende gut, alles gut

Ein Projekt ist erst dann vollkommen beendet, wenn die Abschlussphase abgewickelt ist. Einem Projekt, welches über einen längeren Zeitraum erfolgte, werden wir nicht gerecht, wenn wir nach Erledigung der Aufgaben einfach wieder zur Tagesordnung übergehen. Ein Blick zurück kann den Blick auf ein neues Projekt in der Zukunft schärfen.

Kriterien der Abschlussphase	Orientierungsfragen und erste Überlegungen
Projektabschlussbericht	Vergleichen Sie: Wie lautete das Ziel, welcher Auftrag wurde Ihnen genau übertragen? Überlegen Sie: Was ist besonders gut gelaufen? Was könnte wie verbessert werden? Welche Maßnahmen könnten Sie auch für zukünftige Projekte übernehmen?
Dokumentation	Was soll dokumentiert werden? Wie soll dokumentiert werden? Wer betreut die Dokumentation? Für wen werden Unterlagen gesammelt? Wo werden die Unterlagen aufbewahrt? Wer hat Zugriff auf die Unterlagen? Welche gesetzlichen Anforderungen werden an die Projektunterlagen gestellt?
Projekterfolg	Feiern und genießen Sie den Erfolg Ihres Projekts. Damit erzeugen Sie neue Energie für weitere Vorhaben. Außerdem sollten Sie die Gelegenheit der Erfolgsdarstellung auch in Ihrem Sinne nicht versäumen.

Projektziel

Den Auftraggeber des Projektes zufriedenzustellen bedeutet: Auftraggeber und Auftragnehmer haben im Vorfeld abzuklären, was am Ende erreicht werden soll. Wie soll das funktionieren, wenn der Chef viel unterwegs ist, von Besprechung zu Besprechung eilt? Der elementare Kunstgriff im Projektmanagement besteht darin, zwei oder mehrere Vorstellungen hinsichtlich des zu erreichenden Zieles so auszuloten, dass die Vorstellung in Ihrem Kopf die richtige für den Start ist. Lassen Sie sich deshalb auf ein schnelles Briefing zwischen Tür und Angel nicht ein. Signalisieren Sie die Notwendigkeit für ein klares Briefing und drücken Sie dadurch Ihre Qualitätsansprüche aus.

Projekte befinden sich in einem Spannungsdreieck von Sachziel, Kostenziel und Terminziel und diese müssen in Einklang gebracht werden. Das Sachziel beantwortet die Frage: »Was soll geplant und erreicht werden?« Das Kostenziel beantwortet die Frage: »Welches Budget ist für das Projekt vorgesehen?« Das Terminziel beantwortet die Frage: »Bis wann muss das Projekt abgeschlossen sein?«

Das Ziel oder die Ziele Ihres Projekts beschreiben das Resultat, welches Sie durch die Leistung im Projekt erreichen wollen. Unter einem Ziel verstehen wir also das gedankliche Vorwegnehmen eines zukünftigen Zustandes, den wir bewusst anstreben und durch aktives Handeln erreichen wollen. Daraus schließen wir: Je klarer und präziser Sie Ihr Ziel formulieren, desto größer ist die Wahrscheinlichkeit, dass Sie den Erfolg für Ihr Projekt herbeiführen können.

Das Festlegen von Zielen erfüllt mehrere Funktionen:

- Präzisierungsfunktion: Es zwingt uns, Farbe zu bekennen.
- Orientierungsfunktion: Es bietet uns in turbulenten Zeiten eine Leitlinie.
- Motivationsfunktion: Es setzt Energie und Engagement frei, wenn wir uns damit identifizieren.
- Kontrollfunktion: Am Ende können wir festhalten, ob wir tatsächlich dort angekommen sind, wo wir hin wollten.

Damit Ziele eine Richtschnur für ein Projekt sind, heißt es, diese angemessen und zweckmäßig zu formulieren. Was ist darunter zu verstehen? Die Ziele sind verständlich, klar und positiv formuliert, erreichbar, objektiv messbar, nehmen keine Lösungswege vorweg und sind schriftlich dokumentiert.

Orientierungshilfe für Ihre Zielformulierung

- Fassen Sie sich kurz. Eine ausufernde Zielformulierung findet wenig Interesse und lässt zu viel Interpretationsspielraum zu. Außerdem lädt diese nicht zum Lesen ein.
- Verzichten Sie auf Fachausdrücke und Abkürzungen sowie übertriebene Anglizismen. Es verwässert das Bild.
- Formulieren Sie Ihr Ziel **SMART**:

Spezifisch
bedeutet eine klare und detaillierte Beschreibung, um Fehlinterpretationen zu vermeiden. Ein »Nein« und ein »Nicht« führen zur Vermeidung von etwas.
Verwenden Sie Formulierungen, die das gewünschte Ergebnis ausdrücken.

Messbar
bedeutet, Sie legen fest, woran Sie das erreichte Ziel festmachen wollen. Ist es tatsächlich quantifizierbar?

Attraktiv
bedeutet, ein Ziel ist eine Herausforderung, ein Magnet, damit es sich lohnt, sich anzustrengen. Ein Ziel ist die Entwicklung hin zu einem Ergebnis und nicht eine Bewegung weg von einem Zustand. Vermeiden Sie Negationen.

Realistisch
bedeutet, ein Ziel so zu formulieren, dass es den Beteiligten auch erreichbar und umsetzbar erscheint. Überlegen Sie sich, welchen Einfluss Sie tatsächlich auf das Erreichen des Ziels haben.

Timing
bedeutet die Überlegung, wann Sie das Ziel erreichen wollen, in welchem Zeitraum. Sensibilisieren Sie die Teilnehmer auf die zeitliche Komponente. Achten Sie darauf, dass die Zielvorgabe allen Beteiligten auch beeinflussbar erscheint. Entsteht der Eindruck, jede Anstrengung, egal welcher Qualität, bewegt nichts, dann ist das kontraproduktiv. Die Zielbestimmung braucht außerdem eine schriftliche Fixierung, die allen Beteiligten zugänglich ist.

In einigen Fällen müssen Sie mit Widerständen rechnen. So könnte von den Teilnehmern z. B. der Einwand kommen, dass ein zu konkretes Ziel ihre Kreativität einschränkt. Antworten Sie ihnen, dass das nicht der Fall sein wird, denn Sie geben lediglich den Rahmen für die kreativen Perspektiven vor. Außerdem könnte die Frage auftauchen: Was passiert, wenn sich die Interessen und Bedürfnisse ändern? Erklären Sie den Teilnehmern diesbezüglich, dass ein Ziel eine Momentaufnahme ist, die zeigt, was heute erwartet wird, was wir heute wissen, wovon wir heute ausgehen. Ziele können sich ändern und dann ist es unsere Aufgabe, diese wieder anzupassen.

1.5 Projektplanungstechniken: Sie haben die Wahl – oder der Plan vom Plan

»Ich habe den Plan im Kopf« – dort gehört er anfänglich auch hin. Dann aber muss er in Form gegossen werden, auf Papier oder digital. Die Vorteile liegen auf der Hand: Sie bringen Klarheit in Ihre Gedanken, Sie können sich selbst kontrollieren, Ihr Werk ist durch andere nachvollziehbar, Fehler sind leichter zu entdecken und Sie bekommen ein Feedback zu Ihren Planungsgedanken. Damit Sie in Ihrem Projekt oder Ihren Projekten den Überblick nicht verlieren, ist es auch sinnvoll, einzelne Vorgänge und Arbeitsschritte zu visualisieren. Die Methode ist einfach und bewährt – wir arbeiten uns vom Groben zum Detail vor.

Die Kunst der Planung besteht darin, sich gedanklich auf den Ablauf zu konzentrieren. Das schließt das Abdriften in das Machen aus. Die Planung soll uns nicht knebeln, ganz im Gegenteil, sie soll die anschließende Umsetzung, die Kontrolle und natürlich den Erfolg erleichtern.

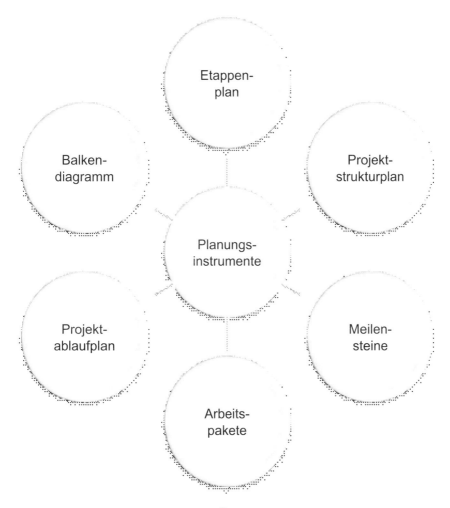

Abbildung 8: Planungsinstrumente im Überblick

Der Etappenplan

Im Etappenplan werden die Hauptschritte eines Projektes dargestellt. Diese Methode empfiehlt sich für den ersten groben Überblick, zudem entwickeln sich oft aus den einzelnen Etappen später die Meilensteine. Damit erhält das Projekt erste Konturen. Der Etappenplan ist in vielen Fällen hilfreich, muss aber nicht zwingend aufgestellt werden.

1. Schritt: Tragen Sie die Etappen des Projektverlaufes ein.

Geleitet durch die W-Fragen, z. B.:

Wann?	Was?	Wo?
Terminabstimmung	Veranstaltungsart	Räumlichkeiten
Für wen?	Welches Programm?	Einladung

Nehmen Sie in einer Liste sämtliche Aufgaben auf, die zu Ihrem Projekt gehören. Dabei können Sie Überschneidungen und Detaillierungsgrad unberücksichtigt lassen. Die Details stehen nicht zur Diskussion, ebenso wenig die Beurteilung einzelner Aufgaben. Es wird alles notiert. Ordnen Sie anschließend die Projektaktivitäten in Hauptkategorien, also in die einzelnen Stufen oder Etappen.

An diesem Punkt der Projektplanung geht es keineswegs darum, perfekt alle Aufgaben zu bündeln. Im Projektstrukturplan haben Sie die Möglichkeit der Vervollständigung.

2. Schritt: Brainstorming – Tragen Sie alle Gedanken zu den einzelnen Etappen ein.

Terminabstimmung	Veranstaltungsart	Externe Räume
• Ferien berücksichtigen • Messetermine • Internationale Termine • ...	• Event • Tagung • ...	• Hotel • Flughafen • ...
Zielgruppe	**Programmideen**	**Einladung**
• Neukunden • Bestandskunden • Eigenschaften der Zielgruppe • ...	• Musik • Vorträge • Informationsstände • ...	• Teilnehmer • Text • Antwortkarte • ...

Der Projektstrukturplan

Der Projektstrukturplan stellt die Aufgaben grafisch in einem Baum dar und ist die Basis für den Projektablaufplan. Dazu später mehr. Welche Vorteile bringt der Projektstrukturplan? Gleich zu Beginn hält er die grob beschriebenen Aktivitäten aus dem Etappenplan in überschaubarer und logischer Reihenfolge fest. Ihre Zuordnung zu bestimmten Personen zeigt eine mögliche Aufteilung. Sie können flexibel auf Änderungen reagieren und behalten das Ziel trotzdem im Auge.

Die Arbeitspakete samt den jeweils Verantwortlichen werden nun in den Projektstrukturplan eingefügt. Es gibt keine verbindliche Regel, wie umfangreich oder ausführlich ein Arbeitspaket beschrieben sein muss. Darüber entscheiden oft persönliche Vorlieben oder Erfahrungswerte. Für die Gliederung eines Projektstrukturplanes bieten sich zwei Möglichkeiten an.

Beim objektorientierten Projektstrukturplan wird der Projektgegenstand in seine einzelnen Komponenten, Baugruppen und Einzelbestandteile zerlegt. Das Zuordnen der Arbeitspakete wird dadurch erleichtert.

Abbildung 9: Beispiel für einen objektorientierten Projektstrukturplan

Die funktionsorientierte Projektstrukturplanung differenziert die Teilprojekte nach Abläufen.

Abbildung 10: Beispiel für einen funktionsorientierten Projektstrukturplan

In vier Schritten können Sie den Projektstrukturplan zügig erstellen:

1. Schritt: Übernehmen Sie die Etappen aus dem Etappenplan.
2. Schritt: Bringen Sie diese in eine logische Reihenfolge.
3. Schritt: Legen Sie die Arbeitspakete fest.
4. Schritt: Stellen Sie den Ablauf grafisch dar.

Arbeitspakete definieren

Die Arbeitspakete sind die einzelnen Aufträge, in denen Sie festlegen, welches Ergebnis Sie erwarten und welche Aufgaben zu erfüllen sind. Ein Arbeitspaket ist in sich geschlossen und von anderen abgegrenzt. Um dies zu gewährleisten, sind folgende Informationen darin enthalten:

- Konkretes und kurzes Beschreiben der Aufgabe
- Erwartetes Ergebnis der Aufgabe
- Verantwortliche Person
- Terminvorstellung: variable Termine und fixe Termine
- Schnittstellen zu anderen Arbeitspaketen
- Informationen für andere Mitarbeiter

Die Basis für diesen Planungsabschnitt ist die Ermittlung aller erforderlichen Aktivitäten. Diese werden in Arbeitspaketen zusammengefasst. Die Arbeitspakete als überschaubare Teilaufgaben können dann für sich gesteuert und kontrolliert werden. Stellt sich die Frage: Wie ermitteln Sie die einzelnen Aufgaben/Aufgabenpakete? Bei umfangreichen Projekten sind sie das Ergebnis gemeinsamer Besprechungen, bei denen oft Kreativitätstechniken wie Brainstorming und das Mindmapping eingesetzt werden. Die Arbeitspakete werden einer Person oder einem Arbeitsteam zugewiesen, die bzw. das für das termingerechte Erledigen des Arbeitspaketes verantwortlich ist.

Die Arbeitspakete sind Grundlage für:

- die systematische und überschaubare Gliederung des gesamten Projektes
- das Ermitteln der logischen Abhängigkeiten zwischen den einzelnen Arbeitspaketen
- das Vorgeben von Zeiten für die Erledigung der einzelnen Arbeitspakete, sprich die Terminplanung
- das Zuordnen personeller und sachlicher Ressourcen zu den Arbeitspaketen und das Ermitteln der Projektkosten

- das Entwickeln von Qualitätsmaßstäben und Qualitätssicherungsmaßnahmen

Am Ende steht der Meilenstein

Nun steht fest, wer macht was, wie und bis wann. Ein Meilenstein umfasst ein Bündel von Arbeitspaketen, die zusammengehören. Mit dem Abschluss eines Meilensteins wird signalisiert, dass der entsprechende Bereich gänzlich abgeschlossen ist. Der Keller steht, die Mauerarbeiten können beginnen. Die Einladung steht, die Versandaktion kann beginnen.

3. Schritt: Übertragen Sie die Etappen als Meilensteine in die zeitlich richtige Reihenfolge.

Meilensteine (MS)	Jan	Feb	März	oder	KW1	KW2	KW3
MS 1 Terminabstimmung	•						
MS 2 Hotel abklären		•					
MS 3 Räume extern			•				

Zugegeben, es klingt nicht nur nach viel Arbeit, es ist auch viel Arbeit – Kopfarbeit, die sich lohnt.

Projektablaufplan

Der Projektstrukturplan zeigt auf, welche Aufgaben zum Ziel führen. Die zeitliche Komponente ist integriert. Der Projektablaufplan führt das Ganze weiter und zeigt auf, in welcher Reihenfolge wer bis wann was erledigt.

Die Zeiteinschätzung wird vermutlich nicht immer eine Punktlandung sein, denn oftmals wird der Zeitbedarf für Unvorhergesehenes unterschätzt, werden Zeitverluste infolge von Kommunikations- und Abstimmungsaktivitäten außer Acht gelassen und der zeitliche Aufwand für das Managen des Projektes nicht berücksichtigt.

Das Balkendiagramm

Das Balkendiagramm ist eine einfache Methode, den Ablauf des Projektplans darzustellen. Es leistet einen anschaulichen Überblick über die einzelnen Aktivitäten. Ihre erste Aufgabe besteht nun darin, die Abfolge

Phase	Inhaltliche Punkte	Termine	Info, Fragen erledigt
Themenauswahl	Brainstorming: Themen finden		
	Themeneingrenzung		
	Themen festlegen		
	Absprache mit Personalverantwortlichem		
	Ideen für Projekttitel sammeln		
Meilenstein 1	Themenauswahl abgeschlossen		
Inhaltliche Recherche	Internetrecherche		
	Recherche im Unternehmen		
	Literaturrecherche		
	Zeitungen und andere Medien		
	Persönliche Beobachtungen		
	Interviews		
Meilenstein 2	Inhaltliche Recherche abgeschlossen		
Informationssammlung	Informationsstrukturierung		
	Informationsbewertung		
	Grundstruktur für Projektarbeit festlegen		
Meilenstein 3	Abschluss der Informationssammlung		
Inhaltliche Umsetzung	Inhaltsangabe		
	Erstellen der einzelnen Kapitel		
	Vorwort/Einleitung		
	Hauptteil/Kern		
	Schlussteil		
	Quellenangaben		
	Bildelemente		
	Fertigstellen der Inhalte		

Meilenstein 4	Abschluss der inhaltlichen Umsetzung
Erste visuelle Gestaltung	Bilder
	Grafiken
	Darstellungen
Meilenstein 5	Abschluss der visuellen Gestaltung
Korrektur	Korrekturplan erstellen
Erste Korrektur	Inhalt und Bilder zusammenfügen
	Mögliche Fremdkorrektur
	Fertigstellen der Projektarbeit
Endgültige visuelle Gestaltung	Fertigstellen der visuellen Elemente
	Einband
	Deckblatt
Endgültige Korrektur	Rechtschreibkorrektur
Meilenstein 6	Korrekturen abgeschlossen
Fertigstellung	Fertigstellen des Buches
	Kopieren
	Binden
	Abgabetermin beachten
Meilenstein 7	Abschluss der Projektarbeit

aus dem Projektablaufplan zu übernehmen. Dabei tragen Sie folgende Informationen zusätzlich ein:

- Eine horizontale Zeitachse
- Eine vertikale Auflistung der Aktivitäten
- Einen horizontalen Balken für die Aktivitäten, mit dem notwendigen Zeitrahmen

Wo Sie gerade mit Ihrem Projekt stehen, diese Antwort erhalten Sie über den Balkenstrahl innerhalb des Balkendiagramms. Die kontinuierliche Aktualisierung ist oberstes Gebot. Anhand des Balkendiagramms können Sie Ihr Projekt ausgezeichnet überwachen und bei Abweichungen entsprechend reagieren. Sie sehen, wie Sie in der Zeit liegen und welche zusätzlichen Ressourcen notwendig sind. Tragen Sie die Meilensteine als festgesetzte Zwischenziele in das Balkendiagramm ein.

Zeit Vorgang	Kalenderwochen					
	1	2	3	4	5	6
A						
B						
C						
D						

1.6 Schritt für Schritt in die Umsetzung und Steuerung

Unsere Planungsaktivitäten geben das wieder, wovon wir glauben, dass es sich in einem bestimmten Zeitraum unter bestimmten Bedingungen umsetzen lässt. Mit anderen Worten, unsere Pläne spiegeln unsere Erwartungen an das Projekt wider. Das Auseinanderklaffen von Erwartungen und Umsetzungserfolg im Alltag lässt sich gering halten, wenn diese Umsetzungsinstrumente angewendet werden.

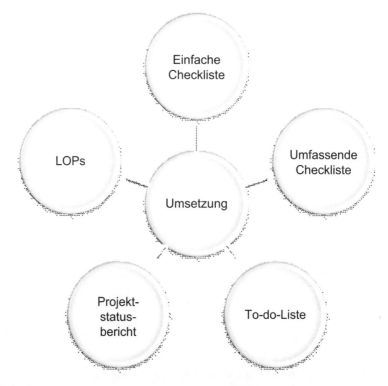

Abbildung 11: Umsetzungsinstrumente im Überblick

Einfache Checkliste: Prüfen einer Zeitarbeitsfirma

Bei einer einfachen Checkliste geht es lediglich darum, am Ende eines Vorgangs kontrollieren zu können, ob alles erledigt wurde. Grundsätzlich können Sie für jeden wiederholbaren Vorgang in Ihrem Bereich eine Checkliste erstellen. Für das Aufbewahren der Checklisten bietet sich die Office-Infothek (siehe Kapitel Office-Infothek weiter hinten) an. Bei bestimmten Vorgängen nehmen Sie sich die jeweilige Checkliste zur Hand und arbeiten sie Punkt für Punkt ab, delegieren gegebenenfalls bestimmte Aufgaben an andere und kontrollieren am Ende anhand der Checkliste, ob auch alles erledigt ist. Somit kann Ihnen kein Detail verloren gehen. Hier ein Beispiel für eine Checkliste.

Prüfen einer Zeitarbeitsfirma

- Unbedenklichkeitsbescheinigung des Finanzamtes, der Berufsgenossenschaft sowie der Sozialversicherungsträger
- Nachweis der Zeitarbeitsfirma über eine unbefristete Erlaubnis zur gewerblichen Arbeitnehmerüberlassung durch Arbeitsagentur
- Referenzen der Zeitarbeitsfirma
- Auskunft der Hausbank des Zeitarbeitsunternehmens; bei der erstmaligen Zusammenarbeit ist eine Bankbürgschaft über Sozialversicherungsbeiträge vorzulegen
- Vergleichsangebote anderer Anbieter einholen
- Zeitarbeitsfirma seit mindestens drei Jahren am Markt
- Entleiher ist zertifiziert
- Geeignete Mitarbeiter: Facharbeiter- oder Gesellenbriefe, Zeugnisse, Lebenslauf
- Unternehmen hält Arbeitsschutzvorschriften ein
- Büro der Zeitarbeitsfirma ist regelmäßig besetzt
- Spezieller Ansprechpartner (Disponenten) im Zeitarbeitsunternehmen
- Vertragsklauseln, die eine etwaige Übernahme eines Arbeitnehmers behindern

Umfassende Checkliste am Beispiel einer Messevorbereitung

Die umfassende oder qualifizierte Checkliste integriert mehr Informationen als die einfache Checkliste und strukturiert den Vorgang. Ein Projektplan und eine umfassende Checkliste haben mitunter eine ähnliche Struktur. Dieser Auszug ist ein Beispiel für eine Messevorbereitung.

Checkpunkte	Termin	wer	Info an
1. Vorbereitung der Teilnahme			
Messedaten Vorjahr/letzte Messe			
intern: Messeauswertungen			
extern: Messedaten			
Messeziele definieren:			
• quantitativ			
• qualitativ			
Kalkulationserstellung:			
Grobkalkulation als Entscheidungsgrundlage			
Exponatenauswahl und Inhalte			
Einbindung von Agenturen			
Technische Projektleitung:			
• Exponatentwicklung			
• Exponatverantwortung			
2. Anmeldung und Messestandplanung			
Messeanmeldung:			
• Standflächen-Anmeldung, Größe, Platzierung			
• Kalkulation: Standflächenmiete			
Zuschlag »offene Seiten«			
Zuschlag »doppelstöckiger Messestand«			
Mitausstellergebühr			
Nach Standzuteilung:			
• exakte Standflächenvermaßung			
• Vermaßung/Verlauf Versorgungskanäle			
• Vermaßung/Position Hallenstützen			
• max. Bauhöhe, Deckenkonstruktion			
• Standgrenzenbebauung			
• Standnachbarn			
• Wettbewerbsstände			
Messestandversicherung (Sache und Personen)			

3. Technische Anschlüsse Messestand

Bei Messedienstleistern:
Angebotseinholung, Prüfung, Detailplanung, Auftragsvergabe, Detailorganisation, Überwachung

Stromanschluss: Verteiler (ein-/mehrfach)
    Elektroleitungen
    Leitungsplan

Wasseranschluss: Anschlusspunkte
    Wasserleitungen
    Leitungsplan

Luftanschluss: Anschlusspunkte
    Druckluftleitungen
    Leitungsplan

Gasanschluss: Anschlusspunkte
    Gasleitungen
    Leitungsplan

Telefonanschluss: ein-/mehrfach
    Haupt-/Nebenstellen
    Funktionsfestlegung
    Gerätebestellung

Faxanschluss: Positionsfestlegung
    Gerätebestellung
    Modem/ISDN/Datenleitung(en)
    Positionsfestlegung
    Leitungsplan

Sprinkleranlage bei Doppelstock-Messestand
    Positions-/Leitungsplan

4. Messestandgestaltung

- Umsetzung der Messeziele:
- Messestandgestaltung
- Exponat-/Produktpräsentation
- Firmenpräsentation

Besucherbetreuung, Ablauforganisation nach Corporate Identity

Teil II   Projekt- und Informationsmanagement

Präsentation auf dem Messestand:				
• grundsätzliche Flächenverteilung				
• Themenschwerpunkte				
• Materialeinsatz				
• Beschriftung Messestand (Logos, Messemotto)				
• Exponatbeschriftung(en)				
• Schautafeln, Animationen, 3D				
• Grafische Gestaltung (produktbezogen, dienstleistungsbezogen, imagefördernd)				
Video-/Filmpräsentation:				
Hardware:				
• Großleinwand/-wände				
• Projektoren				
LCD-/Plasmamonitore:				
• Rückprojektion/Videowand				
Technikraum:				
• audiovisuelle Rechner, Regie				
• technische Anschlüsse				
• Umgebungseinflüsse, Lichtverhältnisse, Einsehbarkeit, Nah- und Fernwirkung				
»Software«:				
• Konzeptionsfestlegung				
• Drehbuch				
• Film-/Videoerstellung				
• Tontechnik				
• Zeit-/Ablaufplan				
Moderation:				
• Zielsetzung, Planung Inhalte				
• Personaleinsatz, Moderator(en)				
• Interviewpartner				
• Drehbuch, Festlegung der Stationen				
• Tagesplanung, Ablaufplanung, Timing				
• Kameraführung				
• Projektion				

- Ton- und Lichttechnik
- spontane Interviewsituationen (VIPs)

Dokumentation zu Präsentationen/Applikationen:

- Technische Unterlagen
- Spezifikationen
- Datenblätter
- Prospekte
- Anwendungsbeispiele, Referenzen
- Messespezifische Dokumentation

Bereitstellung Visitenkarten

To-do-Liste

Für die To-do-Liste bieten sich die Empfehlungen in »Kapitel Outlook« an. Übertragen Sie all Ihre Aufgaben in das Outlook-Aufgabenformular und versehen Sie diese mit einem Termin. Auch im Kapitel Zeitmanagement wurde darauf eingegangen.

Beispiel für einen Projektstatusbericht

Mithilfe einer Exceltabelle können Sie die Beteiligten über den aktuellen Stand des Projektes informieren. Diese kann auch in einem für Berechtigte zugänglichen Downloadbereich abgespeichert sein, sodass sich alle unabhängig voneinander einen Überblick verschaffen können. Die folgenden eingeteilten Bereiche sind beispielhaft und können Ihrem Projekt entsprechend angepasst werden.

Lfd. Nr.	☑ am	Status	TOP	Inhalt	Ist-Zustand	Soll-Zustand	Maßnahmen	Termin	Verantwortlich
123	☑ 18.10.	☺☹☻	123						

1.7 Effiziente Projektsteuerung

Die Planung eines Projektes in der Hektik des Alltags konsequent durchzuziehen ist eine Herausforderung. Wie gut Ihre Planungsarbeit war, zeigt sich spätestens in der Umsetzung und somit der Steuerung des Projektes. Projektsteuerung ist nichts anderes als die konsequente Fortführung der Projektplanung in der Umsetzungsphase. Je besser die Planung ist, umso weniger müssen Sie später improvisieren, um das Projekt wieder auf den richtigen Kurs zu bringen.

Der gesamte Steuerungsprozess besteht aus drei Phasen:

- Erfassung des Ist-Zustandes
- Analyse und Interpretation von Soll-Ist-Abweichungen
  Eine gute Planung und die Akzeptanz des Projektes machen sich hier bezahlt.
- Einleitung von Korrekturmaßnahmen

In der Praxis werden Sie diese drei Phasen kontinuierlich durchlaufen, da es zu Ihren Aufgaben gehört, Erledigtes zu kontrollieren. In regelmäßigen Team- und Gruppenleiterbesprechungen informieren sich die Projektmitglieder über die laufende Projektentwicklung, werden Probleme angesprochen sowie Lösungen gefunden und wird gegebenenfalls die Verteilung von Aufgaben angepasst.

Die beste Projektplanung kann allerdings nicht verhindern, dass im Laufe der Projektdurchführung nicht vorher absehbare Probleme, veränderte Prioritäten und Risiken auftreten. Deshalb ist es auch wichtig, dass Sie während des gesamten Projektes Kontakt zum Auftraggeber, z. B. Ihrem Chef, halten. Dafür spricht, dass Ihr Chef stets über den Projektfortschritt informiert ist und meist er es ist, der nachträgliche Änderungen/Ergänzungen des Projektauftrages wünscht.

Abweichungen von den ursprünglichen Plänen sind keine Seltenheit, aber kein Grund, nicht sorgfältig mit der Planung umzugehen. Abweichungen können sich aus den unterschiedlichsten Gründen ergeben, z. B. durch:

- Verzögerungen bei der Durchführung einzelner Arbeitspakete
- Nachgeschobene Änderungswünsche des Auftraggebers des Projektes
- Auftreten unvorhergesehener Ereignisse
- Ständige Informationsverbesserung über den Projektfortschritt im Laufe des Projektes
- Fehlplanung

Grundsätzlich führen Planabweichungen entweder zu einer Korrektur des ursprünglichen Projektplans oder zu einer Anpassung der Arbeitspakete; in der Praxis finden sich selbstverständlich auch Mischformen.

Der Kontakt zwischen Ihnen und der Projektleitung besteht aus regelmäßigen Feedback-Gesprächen, in denen Arbeitszufriedenheit und Anregungen aus dem Projektteam im Mittelpunkt stehen. Projektmitarbeiter werden, so weit möglich, in den Planungsprozess einbezogen, um so die Identifikation mit dem Projekt zu erreichen. Konflikte innerhalb des Projektteams und zwischen Projektteam und Projektleitung werden geklärt, ernst genommen und einer konstruktiven Lösung zugeführt.

Für die Projektsteuerung ist ein effektives Informationsmanagement notwendig. Was bedeutet dies? Der Projektleiter hat dafür zu sorgen, dass jeder die für ihn wichtigen Informationen – mündliche Informationen, Unterlagen, Aktennotizen – zeitgerecht erhält. Der Nutzen eines guten Informationsmanagements ist:

- Zeitersparnis, da kein Leerlauf entsteht
- Aktualität, da Wichtiges sofort weitergeleitet wird
- Übersichtlichkeit, da nicht jeder alles bekommt
- Schnittstellenklarheit, da es keine Informationsdefizite gibt.

Um diesem Anspruch gerecht zu werden, ist es empfehlenswert, dass Sie sich für Ihre Aufgaben ein Ablaufschema entwickeln, welches darstellt, wie Sie mit eingehenden Informationen verfahren wollen.

Egal, wie gut Sie geplant haben, die Dinge laufen manchmal anders, als erwartet. Was kann passieren? Aufgaben werden zu spät oder überhaupt nicht erledigt, Kosten werden überschritten oder der Auftraggeber erteilt Zusatzaufträge. In solchen Situationen ist ein effektives Konfliktmanagement wichtig, um den Einfluss der unerwarteten Probleme auf den Erfolg des Projektes abschätzen zu können. Beantworten Sie daher diese Fragen:

- Worauf ist das Problem zurückzuführen?
- Ist eine Lösung des Problems möglich?
- Welche Auswirkungen hat das aktuelle Problem auf die anderen Aktivitäten?
- Sind Projektsteuerungsmaßnahmen möglich?
- Kann das aufgetretene Problem in der Zukunft vermieden werden?

Projektkontrolle und -überwachung: Wo stehen wir?

Alle Beteiligten sind am Arbeiten, das Projektziel wird angestrebt, die Umsetzung ist in vollem Gange. Sie haben zwar die zu erledigenden Aufgaben festgelegt und verteilt, aber Sie haben noch kein Feedback darüber, wie und ob die Aufgaben tatsächlich erledigt sind. Folgende Möglichkeiten bieten sich an:

Kontrolle durch Meilensteine: Den Fortschritt Ihres Projekts können Sie an den vereinbarten Meilensteinen festmachen. Sie sind eine einfache Möglichkeit, den Status des Projektes aufzuzeigen. Anhand der Meilensteine können Sie überprüfen: Wird der Zeitrahmen eingehalten? Wird die Abfolge der Aufgaben berücksichtigt? Wird der Kostenrahmen eingehalten?

Stichtagskontrolle: Die Stichtagskontrolle kann in unregelmäßigen Abständen und zu nicht offiziell festgelegten Zeitpunkten erfolgen. Auch hier richtet sich Ihr Augenmerk auf die Ergebnisabweichung, Terminabweichung und Kostenabweichung. Sobald Sie eine merkliche Abweichung im Projekt erkennen, wäre es fatal, den nächsten Meilenstein abzuwarten, ohne etwas zu unternehmen.

Projektmeetings: Das Projektmeeting bietet sich an, um die Ergebnisse und Ereignisse im Team zu erörtern. Ein gut vorbereitetes Meeting dient der sachorientierten Führung und ist auf das Erreichen von Ergebnissen ausgerichtet. Die Transparenz des Projektstandes ist auch für die Projektmitglieder wichtig. Allein um sich besser als Teil eines Ganzen zu sehen und zu fühlen.

Die LOPs – die Liste der offenen Punkte: In die Liste offener Punkte tragen Sie für sich selbst und für andere ein, welche Aufgaben noch nicht erfüllt wurden und noch ausstehen.

Nr.	Aktivität Kurzbeschreibung	Datum		verant- wortlich	Konsequenz
		Soll	Ist		

Die Termin- und Ablaufkontrolle untersucht und analysiert projektbegleitend, ob der Projektablaufplan eingehalten wird. Es werden primär die Soll- und Ist-Zustände der Arbeitspakete und der Meilensteine verglichen. Eine besondere Form des Soll-Ist-Vergleichs ist die Meilenstein-Trendanalyse. Diese stellt in einer Grafik die ursprünglich geplanten

Meilensteine sowie deren spätere zeitliche Verschiebung im Projektablauf dar.

1.8 Die Dokumentation Ihres Projektes

Die Projektdokumentation ist eine Zusammenstellung aller wichtigen Projektinformationen. In ihr sind alle bedeutsamen Rahmen-, Planungs-, Beschluss- und Ergebnisdaten nachvollziehbar erfasst. Für eine gut strukturierte und übersichtliche Dokumentation spricht: Sie erleichtert die Nachvollziehbarkeit von Entscheidungen, erlaubt einen schnellen Zugriff auf benötigte Unterlagen, enthält aktuelle Belege zum Stand der Arbeiten und ist eine umfassende Informationsmöglichkeit für die Bearbeiter. Außerdem kann bei ähnlichen Projekten auf wichtige Vorlagen oder Erfahrungen, die in der Dokumentation festgehalten sind, zurückgegriffen werden.

Sinnvollerweise legen Sie von Anfang an einen Ordner an. Hier sammeln Sie in strukturierter Weise alle wichtigen Informationen.

2 Vieles steht und fällt mit den Menschen

Sofern Sie Ihr Team selbst zusammenzustellen können, sollten Sie als Projektleiter bei der Teambildung psychologische Gesichtspunkte berücksichtigen. Zu den wichtigsten Punkten gehören das Umgehen mit Widerständen, die Phasen der Gruppenentwicklung und die Förderung der Teamentwicklung, wobei hier besonders auf die Motivation im Team zu achten ist.

2.1 Umgehen mit Widerständen

Beschäftigen wir uns zunächst mit den Widerständen. Wenn Sie selbst schon einmal an einem Projekt teilgenommen haben, kommen Ihnen folgende Verhaltensweisen wahrscheinlich bekannt vor:

- Zurückhalten wichtiger Informationen
- Ausstreuen falscher Informationen
- Nichteinhalten wichtiger Termine
- Ausreden und Meckern
- Dienst nach Vorschrift
- Intrigieren gegen andere Mitarbeiter
- Übertriebener Formalismus
- Passivität bei der Umsetzung neuer Richtlinien
- Sabotage

Welche Möglichkeiten haben Sie, um mit eventuellen Widerständen umzugehen? Am besten ist, Sie sorgen dafür, dass sie erst gar nicht entstehen können, indem Sie die gute Zusammenarbeit der Beteiligten von Anfang an fördern. Informieren Sie zum Beispiel alle Teammitglieder rechtzeitig über die augenblickliche Ist-Situation, geplante Veränderungen, Konsequenzen für die Mitarbeiter. In solchen Fällen bietet sich das persönliche Gespräch an, weniger eine schnelle E-Mail. Achten Sie darauf, dass Sie offen, rechtzeitig, umfassend und kontinuierlich informieren, das schafft Vertrauen.

2.2 Phasen der Teamentwicklung – wir wachsen zusammen

Die Weichen für Ihren Projekterfolg sind gestellt. Die Strukturen und Voraussetzungen für einen umsetzbaren Ablauf sind gegeben. Der Erfolg der Projekte hängt sicher vom richtigen Einsatz der Methoden ab. Eine noch größere Rolle spielt jedoch der Mensch. Tatsache ist: Wenn wir die Menschen nicht einbeziehen, berücksichtigen und wertschätzen, greifen unsere methodischen Kompetenzen nicht.

Der Entwicklungsprozess in einer Gruppe hin zu einer arbeitsfähigen und belastbaren Arbeitsgruppe, einem Team, dauert seine Zeit und läuft in unterschiedlichen Phasen ab. Berücksichtigen Sie die typischen Kennzeichen und Merkmale der einzelnen Phasen für Ihre Projektarbeit.

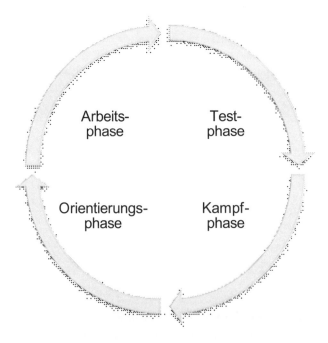

Abbildung 12: Phasen der Teamentwicklung im Überblick

Phase 1: Testphase oder Forming – Kennenlernen

Typische Kennzeichen der Testphase, in der sich die Mitglieder erst einmal kennenlernen müssen, sind die folgenden Verhaltensweisen:

- Antenne ausfahren und Beziehung zu den Kollegen suchen
- Höflicher, teilweise distanzierter Umgang
- Unpersönlich und tendenziell sachlich
- Gespannt und erwartungsvoll
- Vorsichtig, abwägend und teilweise unsicher
- Mitglieder wollen Einstellungen, Werthaltungen und Kontaktbereitschaft von den anderen erfahren

Diese Phase dauert so lange, bis jedes Teammitglied in etwa weiß, wie es die anderen einzuschätzen hat. Zuvor handelt das Team nur scheinbar effektiv, weil es sich vorwärts bewegt. Es entwickelt sich so etwas wie freundliche Kollegialität. Erstrebenswert ist aber eine vertiefte Beziehung der einzelnen Mitglieder. Ein Teamleiter hat in dieser Phase die Aufgabe, den Austausch unter den Mitgliedern möglich zu machen, bis jeder seinen »Platz« gefunden hat. Dafür benötigt das Team Zeit und Spielraum.

Phase 2: Kampfphase oder Storming – Konfrontieren

In der zweiten Phase, der Kampfphase, gehen manche Mitglieder auf Konfrontationskurs. Sie ist gekennzeichnet durch folgende Verhaltensweisen:

- Erste Konflikte können sich anbahnen
- Konfrontation einzelner Personen ist möglich
- Cliquenbildung erkennbar
- Eher schleppendes Vorankommen
- Gefühle der Sinnlosigkeit können sich einschleichen
- Kräftemessen und Armdrücken

Zum Wachstumsprozess eines Teams gehört, dass sich die Mitglieder Macht und Einfluss verschaffen. Die Mitglieder vertiefen einzelne Beziehungen, gehen Bündnisse ein.

In dieser Phase entscheidet sich, wie in Zukunft zusammengearbeitet wird. Die Diskussion dreht sich um Fragen der Kontrolle, um Regeln innerhalb des Teams und um das, was passiert, wenn gegen diese Regeln verstoßen wird. In der Praxis zeigt sich diese Art der Auseinandersetzung oft in Form von versteckten Andeutungen und wenig offener Kommunikation. Werden diese zentralen Fragen offen geklärt, kann sich das Team weiterentwickeln.

Die Teamführung hat die besondere Aufgabe, dafür zu sorgen, dass das Team diese Phase gut und sicher besteht. Sie ermutigt zum Engagement und zur Offenheit. Konflikte dürfen nicht unter den Teppich gekehrt werden. Sie offen anzusprechen bietet Chancen und Möglichkeiten zur Konfliktbewältigung. Es ist wichtig, das Verbindende innerhalb des Teams herauszustellen und eine gemeinsame und arbeitsfähige Basis zu schaffen.

Phase 3: Organisationsphase oder Norming – Konsensfindung

In der Organisationsphase geht es um die Konsensfindung innerhalb des Teams. Ihre typischen Kennzeichen sind:

- Es entwickeln sich neue Umgangsformen.
- Neue Verhaltensweisen etablieren sich.
- Feedback wird gegeben.
- Konfrontation der einzelnen Standpunkte findet statt.
- Die zeitliche Dimension kommt ins Spiel, sprich der Zeitdruck.

Wenn die Probleme und Konflikte der Stormingphase geklärt sind, ist das Team daran interessiert, funktionsfähig zu werden. In der Organisationsphase ist nun das Engagement aller Mitglieder gefragt. Fehlt dieses Engagement, kann die Gruppe sich nicht zum Team entwickeln. Die Mitglieder messen die Qualität ihrer Gruppe an der Exaktheit ihrer Arbeit, sie bewerten und diskutieren die Leistung der Einzelnen. Die Fähigkeit des Zuhörens verbessert sich im Vergleich zu der vorherigen Phase.

In der Organisationsphase lernt die Gruppe, mit Problemen kreativ, flexibel und effektiv umzugehen. Diese Phase braucht viel Zeit. Der Teamleitung kommt in dieser Phase die Aufgabe zu, das Ziel noch einmal zu prüfen. Die Aufgaben- und Rollenverteilung, die nun etabliert ist, muss die Interessen, Bedürfnisse und Stärken eines jeden Einzelnen berücksichtigen. Erst dann kann in die intensive Arbeitsphase übergegangen werden.

Phase 4: Arbeitsphase oder Performing – Kooperieren

Die Arbeitsphase ist geprägt von Kooperation und weist die folgenden typischen Kriterien auf:

- Ideenreiches Arbeiten
- Hohe Flexibilität der einzelnen Mitglieder
- Offene Atmosphäre
- Leistungsfähiges Vorankommen

- Solidarisches Verhalten
- Hohe Hilfsbereitschaft

In einem wirklich gereiften Team zeigen die einzelnen Mitglieder Geschlossenheit und pflegen einen engen Kontakt miteinander. Alle sind bereit, sich für den anderen einzusetzen. Typische Kennzeichen dieser Phase sind der zwanglose Umgang miteinander und die bestehende gegenseitige Hochachtung. Die Funktion der Mitglieder ist klar festgelegt und jeder hat seinen eigenen, unverwechselbaren Beitrag zu leisten. Die Teamleitung kann sich nun etwas zurückziehen.

2.3 Was motiviert, was demotiviert?

Das Durchführen von Projekten ist ein kommunikationsintensiver Vorgang. Er bietet allen motivierten Beteiligten die Chance, etwas Neues und Positives zu kreieren. Überlegen Sie sich anhand der folgenden Übersichten, inwieweit Sie wichtige Motivatoren in Ihrer Projektarbeit bereits berücksichtigen bzw. welche demotivierenden Faktoren Ihre Projektarbeit negativ beeinflussen und deshalb unterbunden werden sollten.

Motivation	Motivatoren im Projekt
Selbstverwirklichung	• Erfolgserlebnisse haben • Leistung und Gestaltung beeinflussen können • Den Arbeitsinhalt als eine Herausforderung erfahren • Vollendung eines überschaubaren Ganzen möglich • Selbstständiges Arbeiten
Soziale Geltung	• Feedback zur Arbeit erhalten • Anerkennung für Leistung bekommen • Sichere und gerechte Beurteilung • Gerechtes Einkommen
Zugehörigkeit und Gemeinschaft	• Kontakt entsteht und baut sich auf • Kommunikative Elemente werden gepflegt • Kooperation besteht • Der Führungsstil ist adäquat • Das Betriebsklima ist arbeitsfördernd
Sicherheitsbedürfnisse	• Der Arbeitsplatz ist sicher • Die damit verbundene Kontinuität ist gewahrt • Die Organisationsstrukturen sind eindeutig
Physiologische Bedürfnisse	• Ergonomische Voraussetzungen stimmen

Motivation	Demotivatoren im Projekt
Selbstverwirklichung	• Routinearbeit im Projekt nimmt überhand (Was kann delegiert werden?) • Sinnlose Aufgaben und Doppelarbeiten • Unterforderung durch die Aufgabe
Soziale Geltung	• Kritik und Ignoranz bremsen den Projektverlauf • Teile des Projekts werden demontiert und nicht ausgeführt • Bezahlung spiegelt die Leistung nicht wider
Zugehörigkeit und Gemeinschaft	• Mangelnde Information und Kommunikation bremsen den Arbeitsrhythmus • Autoritäres Führungsverhalten erstickt Potenziale und schadet dem Betriebsklima
Sicherheitsbedürfnisse	• Unklarheit in der Zielvorstellung und in der Umsetzung lähmen • Permanente Umorganisation frisst Kapazitäten • Personalabbau verringert die notwendige Stabilität
Physiologische Bedürfnisse	• Überlastung führt zu Fehlern, Entlastung ist nicht möglich • Eustress (positiver Stress) wandelt sich in Disstress (negativer Stress)

Die Auseinandersetzung mit den Motivatoren und möglichen Demotivatoren in einem Projekt schärfen Ihren Blick für das Ganze. Die menschliche und psychologische Komponente in der Projektarbeit kann nicht hoch genug eingeschätzt werden.

3 Umgang mit Fehlern im Assistenzalltag

Ohne Fehler gibt es keinen Fortschritt! Das klingt paradox, doch gerade in einem Arbeitsfeld mit starken Veränderungen und einer hohen Kommunikationsdichte gehören sie offensichtlich dazu. Es drängen sich deshalb folgende Fragen auf: Wann ist ein Fehler ein Fehler? Was muss getan werden, wenn wir einen Fehler erkennen? Welche Konsequenzen erwarten wir, wenn ein Fehler gemacht wurde? Der Begriff »Fehler« verleitet zu der Meinung, dass es meist nur eine richtige und eine falsche Arbeitsweise gibt. Dem ist nicht so. Ihr Alltag beweist, wie oft Handlungen unterschiedlich interpretiert werden.

Typische Fehler im Assistenzalltag lassen sich in unterschiedliche Kategorien gliedern:

1. Tatsächliche Fehler: z. B. falsches Datum, falscher Betrag, falsche Telefonnummer
2. Methodische Fehler, d. h. die Art und Weise wie ein Arbeitsvorgang erledigt wird
3. Verhaltensfehler: Unser Verhalten oder unsere Reaktionen werden als falsch eingestuft
4. Sprachliche Fehler: Sprachliche Doppeldeutigkeit oder Ungenauigkeit wird als Fehler angesehen

Wie gehen Sie am besten mit Fehlern um? Dazu im Folgenden ein paar Beispiele und Handlungsempfehlungen.

3.1 Tatsächliche Fehler

Beispiele: Sie haben in einer Excel-Tabelle eine falsche Formel eingesetzt, was zur Folge hat, dass das Ergebnis nicht stimmt. Die Tabelle wird in einer Besprechung verwendet und das Ergebnis angezweifelt. Oder Sie haben einen Termin kommuniziert und sich im Datum geirrt. Der jeweilige Fehler ist eindeutig auf Sie zurückzuführen.

Empfehlung: Geben Sie den Fehler ohne große Erklärungen zu, korrigieren Sie ihn und entschuldigen Sie sich bei den betreffenden

Personen. Prüfen Sie Ihre eigene Genauigkeit und achten Sie künftig darauf, noch sorgfältiger zu arbeiten.

Diese Art von Fehlern lässt sich einfach klären und sie sind schnell wieder vergessen, wenn eine schnelle und nachhaltige Verbesserung erfolgt.

3.2 Methodische Fehler

Beispiele: Methodische Fehler sind meist Fehler in der Planung, mangelnde Prioritätensetzung oder falsche Zeiteinteilung. Beispielsweise haben Sie für eine Fachtagung die Stornogebühren mit dem Hotel nicht abgeklärt. Oder das Hotel, das Sie für Ihr Seminar gebucht haben, hat eine schlechte Verkehrsanbindung. Für den Tag der offenen Tür haben Sie nicht berücksichtigt, dass der Besucheransturm auf dem Parkplatz zu erheblichem Unmut Ihrer Gäste führen kann. Diese Fehler sind entstanden, weil Sie entweder falsche oder keine Prioritäten gesetzt haben. Das kann zu Stress und aufreibenden Ad-hoc-Handlungen führen. Die Frage nach der richtigen Vorgehensweise und der richtigen Planung hilft in diesem Fall weiter.

Empfehlung: Je komplexer ein Projekt oder ein Arbeitsauftrag ist, desto stärker sind wir bei der Planung und der Planungskontrolle gefordert. »Plan your work, then work your plan.« Nehmen Sie sich mehr Zeit für Planungsaufgaben und lassen Sie sich nicht zu einer überschnellen Umsetzung hinreißen. Mit qualifizierten Checklisten und transparenten Projektplänen vermeiden Sie Fehler in Ihren eigenen Abläufen und bei der Erledigung Ihrer Aufgaben. Bei komplexen Projekten empfiehlt es sich, den »Tunnelblick« vom Chef oder einem Kollegen weiten zu lassen. Seien Sie an der Stelle offen für Manöverkritik und setzen Sie entsprechende Maßnahmen beim nächsten Projekt um. Die Suche nach geeigneten Lösungen ist für eine effektive und effiziente Arbeit am wichtigsten.

3.3 Verhaltensfehler

Beispiele: Ein Kollege kritisiert unser Verhalten gegenüber einem Kunden, wir helfen den Kolleginnen zu viel und verlieren dadurch kostbare Zeit. Oder wir haben unseren Unmut geschluckt und nicht rechtzeitig unsere eigenen Bedürfnisse klargemacht. Infolge von Verhaltensfehlern kommt es oft zu Unsicherheit, zu mangelnder Klarheit und fehlender Glaubwürdigkeit in der Interaktion.

Empfehlung: Hören Sie sich die Kritik anderer an und stellen Sie dann die eigene Sichtweise und die Beweggründe für Ihre Verhaltensweise knapp dar. Räumen Sie unterschiedliche Wahrnehmungsmöglichkeiten ein und sprechen Sie Handlungsalternativen an. Wichtig dabei ist: Wenn der Vorfall geklärt ist, sollten Sie nicht immer wieder darauf zurückkommen. Rechtfertigungen rücken Sie in ein schlechtes Licht. Absprachen und Lösungen wertschätzend und ergebnisorientiert festzuhalten ist das Zugpferd einer partnerschaftlichen Zusammenarbeit. Schweigen und Ungeklärtes unter den Teppich kehren sind schlechte Berater und destabilisieren sie auf Dauer.

3.4 Sprachliche Fehler

Beispiele: Unpräzise Absprachen am Telefon, unklare Arbeitsanweisungen beim Delegieren und mangelhafte Fragetechnik führen oft zu fehlerhaften Ergebnissen. Es gehört zu den Aufgaben der Assistenz, durch eine klare und eindeutige Sprache Inhalte und Aufgaben auf den Punkt zu bringen. Aber auch die Chefs durch eine gute Fragetechnik bei oberflächlichen und schnellen Arbeitsaufträgen in die Pflicht zu nehmen.

Empfehlung: Nehmen Sie sich Zeit für die Kommunikation mit anderen. Sichern Sie das Ergebnis durch Wiederholen der wichtigsten Eckdaten ab. Fragen Sie nach offenen Punkten und reagieren Sie geduldig bei Missverständnissen. Übernehmen Sie Verantwortung für Ihr gesprochenes Wort, gegebenenfalls fixieren Sie schriftlich wichtige Punkte.

Generelle Überlegungen zu möglichen Fehlern in unserer Arbeit:

- Sobald in der Arbeit Neuland betreten wird, ist die Wahrscheinlichkeit, dass Fehler auftreten, groß. Hier sind eine sorgfältige Arbeitsweise und ein Sich-ausreichend-Zeit-Nehmen kluge Verhaltensweisen.
- Bei häufigen Routineaufgaben und sich einschleichender Langeweile sowie Überdruss schleichen sich gerne Fehler ein. Verstehen Sie sie als Chance und lassen Sie sich von ihnen wachrütteln.
- Kontrollieren Sie Aufgaben, die Sie von anderen übernehmen, sonst gehen deren Fehler möglicherweise auch auf Ihr Konto.
- Fehler zu verleugnen, zu verharmlosen oder zu karikieren verstärkt den durch sie hervorgerufenen Mangel oft mehr, als uns lieb ist. Schnelles und aktives Handeln dagegen kürzt derartige Situationen oft erfolgreich ab.
- Unser Verhalten gegenüber Fehlern anderer zeigt häufig, wie wir möchten, dass generell mit Fehlern umgegangen wird. Verhalten Sie sich hier bewusst kooperativ.

- Grundsätzlich ist ein vertrauensvolles Miteinander die wichtigste Basis, um Fehler als das zu sehen, was sie eigentlich sind: nämlich ein Mangel in einer bestimmten Situation, den es zu beheben gilt.

3.5 Handlungstipps für zwei typische Situationen im Office

Ihr Chef kann mit Fehlern nur schwer umgehen

Zur Situation: Was passiert, wenn Sie mit Ihrem Chef über einen durch Sie verursachten Fehler sprechen? Erleben Sie ein offenes Ohr? Ist die Reaktion angemessen? Haben Sie den Eindruck, der Fehler wird zu hoch aufgehängt? Ist Ihr Vorgesetzter an einer Lösung interessiert? Oder wertet er den Fehler emotional? Wenn dies der Fall ist, empfehlen sich folgende Verhaltensweisen:

- Den Fehler möglichst knapp und sachlich darstellen.
- Signalisieren Sie, dass Sie seine Hilfe und seine Erfahrung brauchen.
- Zeigen Sie, dass Sie sich schon im Vorfeld Gedanken über eine Lösung gemacht haben. Bieten Sie, wenn möglich, Lösungsalternativen an und lassen Sie ihn entscheiden.
- Bedanken Sie sich für seine professionelle Hilfe und die schnelle Klärung.
- Tritt doch der Fall einer Überbewertung des Fehlers ein, bietet sich für ein persönliches und ruhiges Gespräch Folgendes an: Erklären Sie, was aus Ihrer persönlichen Sicht zu dem Fehler geführt hat. Machen Sie deutlich, was in dieser Situation für Sie beobachtbar ist und wie Sie die Situation wahrnehmen. Benennen Sie Ihre Vorstellung, wie Sie gerne mit Fehlern, wenn diese Ihnen passieren, in Zukunft umgehen wollen, damit Sie weiterhin produktiv und vertrauensvoll für Ihren Chef arbeiten können.

Ihr Chef kann eigene Fehler schlecht zugeben und schiebt sie anderen in die Schuhe

Zur Situation: Ihr Chef greift einen Fehler auf und diskutiert mit Ihnen, wie so etwas passieren konnte. Die Stimmung ist schlecht. Sie wissen aber genau, dass der Fehler durch Ihren Chef verursacht wurde. Reaktionen wie Schuldzuweisungen und Anklagen anderer sind typisch für sein

Verhalten. Wenn dieser Fall in Ihrem Alltag eintritt, empfehlen wir Ihnen folgende Verhaltensweisen:

- Zeigen Sie, dass Sie generell mit Fehlern professionell umgehen können. Die Lösung und eine schnelle und fehlerfreie Weiterarbeit sind das Wichtigste.
- Der Gesichtsverlust für den Chef ist ein K.o.-Kriterium in solchen Situationen. Klären Sie deshalb zügig die weitere Vorgehensweise, damit die Sache vom Tisch ist.
- Bringen Sie Ihre Meinung zum Ausdruck, dass es für die Zukunft wichtig ist, bei Fehlern die Lösung anzugehen und die Sache genau zu benennen, dagegen Anklagen die Situation lediglich verschärfen.

4 Die Office-Infothek – ein Konzentrat an Wissen im Excellent Office

Als Ansprechpartner für viele Kolleginnen und Kollegen beantworten Sie Fragen rund um betriebliche Abläufe, geben Auskunft zu Aktuellem und Veränderungen und vieles mehr: tagein, tagaus, geduldig und bestmöglich. Frei nach dem Motto: Des einen Freud, des anderen Leid. Zu Ihrer Funktion und Ihrem Anspruch gehört es, dieses Wissen zu haben und zu teilen. Was passiert aber, wenn Ihr eigener Arbeitsbereich darunter leidet und die Anfragen überhand nehmen? Dann schlägt die Stunde der Office-Infothek. Kurz gesagt, die Office-Infothek hilft, die Kommunikation innerhalb des Unternehmens zu verbessern, Ihr Wissen zu bündeln und es für den Assistenzbereich zugänglich zu machen.

Ein Blick auf die in Abbildung 13 dargestellte Ausgangssituation ohne Office-Infothek verdeutlicht, dass hier einige Grundprinzipien des Excellent Office vernachlässigt sind.

4.1 Was genau ist die Office-Infothek?

Wie können wir uns diese vorstellen? Die Office-Infothek ist ein Nachschlagewerk, eine Bibliothek für alle wichtigen und notwendigen Informationen im Assistenzbereich. Sie ist für alle Assistenten und dazu berechtigten Mitarbeiter eines Unternehmens einsehbar. Leider ist es immer noch gelebte Praxis in den Unternehmen, dass Informationen eine Holschuld und weniger eine Bringschuld sind. So gesehen enthält die Office-Infothek das gesamte Wissen eines Unternehmens für den Assistenzbereich. Selbstverständlich gelten die nun folgenden Ausführungen auch für die Office-Infothek im Einzelsekretariat.

Jeder entwickelt!

- Jeder erstellt seine eigenen Vorlagen, Präsentationen etc. und benötigt dafür entsprechend mehr Zeit

Jeder sammelt!

- Vorlagen jeder Art
- Fotos
- Präsentationen
- Informationsquellen
- Adressen
- ...

Jeder speichert!

- Jeder speichert nach seinem eigenen System und nach eigenen Schlagwörtern
- ...

Jeder sucht!

- Zeit geht verloren durch aufwendiges Fragen
- Arbeitsunterbrechungen anderer Mitarbeiter
- Informationsdefizite
- ...

Jeder geht seinen Weg!

- Keine einheitlichen Informationsquellen
- Demotivation durch aufwendiges suchen
- Konfliktpotenzial durch Infoflut

Abbildung 13: Ausgangssituation ohne Office-Infothek

Welche Arten von Infotheken gibt es?

Infotheken gibt es in drei möglichen Varianten:

1. als Papiersammlung, was jedoch in Zeiten der Papierflut nicht mehr empfehlenswert ist
2. als digitaler Ordner auf der Festplatte, was sicher geeignet ist für Unternehmen bis zu 100 Mitarbeitern
3. als Intranetportal, was sich für größere Firmen anbietet

Auf den nächsten Seiten geht es nun darum, wie Sie das Wissen rund um das Management Ihres Projektes oder Ihrer Projekte in einer Office-Infothek hinterlegen können. Beim Anlegen einer Office-Infothek handelt es sich im Übrigen um ein komplexes Standardprojekt, es sei denn, Sie ziehen hier das Informationsmanagement erstmalig auf, dann ist es ein Changeprojekt (siehe Projektarten).

Wir wissen nun, welchen »Problemzustand« wir hinter uns lassen wollen. Welchen Zustand aber wollen wir erreichen – wie lautet unser Ziel? Wenn Sie mit Ihren Kollegen eine Office-Infothek ins Leben rufen wollen, dann nehmen Sie sich ausreichend Zeit, um das Ziel so zu formulieren, dass Sie sich alle damit identifizieren können. Verwenden Sie die »SMART-Formel« (siehe Zielformel aus Projektmanagement) und fixieren Sie das Ziel schriftlich.

Argumente für das Projekt »Office-Infothek«

»Organisation ist ein Mittel, die Kräfte des Einzelnen zu vervielfältigen«, sagte Peter Ferdinand Drucker, US-amerikanischer Unternehmensberater und Managementtheoretiker. Klingt gut, ist jedoch in herkömmlichen Assistenzbereichen noch nicht gelebte Praxis. Immer noch werden in den Büros wertvolle Arbeitsstunden darauf verwendet, die richtige Präsentationsvorlage zu finden oder den geeigneten Ansprechpartner ausfindig zu machen. Vor allem in den international agierenden Unternehmen sammeln viele nur ihr persönliches Know-how, anstatt ihr Wissen allen Mitarbeitern zur Verfügung zu stellen.

Folgendes betrifft Sie in Ihrer Funktion als Assistenz ebenso wie Ihre Kollegen. Stellen Sie sich vor: In allen Büros werden dieselben Informationen angefragt und die Mitarbeiter geben jedes Mal die entsprechende Auskunft. Welches Einsparpotenzial könnte ausgeschöpft werden, wenn ein Großteil der Informationen durch die Office-Infothek selbst abrufbar wäre?

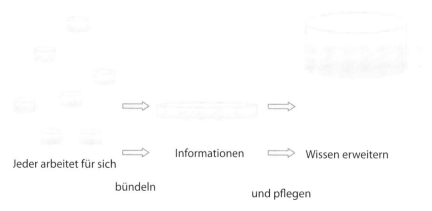

Abbildung 14: Bündeln der Kräfte

Eine Office-Infothek aufzubauen setzt eine gute Grundstruktur des Projekts, die Zustimmung der Chefs und die Unterstützung durch das Team voraus. Denn das ist keine Arbeit für Einzelkämpfer. Ganz im Gegenteil. Sie benötigen für die Umsetzung zeitliche Ressourcen und finanzielle Mittel. Somit liegt es auf der Hand: Machen Sie ein Projekt daraus und suchen Sie Verbündete mit Pioniergeist und Engagement.

Was spricht für die Office-Infothek, welche Argumentation können Sie gegenüber Ihrem Chef vorbringen? Durch die Office-Infothek

- vermeiden wir Informations- und Datenredundanz, das heißt: keine Doppelungen und kein Mehraufwand beim Verändern oder Anpassen einer Information,
- sparen wir Zeit für den eigenen Arbeitsbereich, denn wir werden nicht mehr als Wissenspool von Kollegen in Beschlag genommen,
- sichern wir einen beständigen Informationsfluss
- zwischen neuen und »alten« Mitarbeitern,
- steigern wir die Effizienz in unserem Handeln,
- optimieren wir die Arbeitsabläufe in unseren Arbeitsbereichen,
- stellen wir unser Wissen allen Mitarbeitern im Assistenzbereich zur Verfügung,
- verwenden wir einheitliche Vorlagen, was der Corporate Identity zugutekommt,
- sind Arbeitsprozesse transparenter,
- verbreiten sich Innovationen schnell und flächendeckend,
- sichern wir wertvolles Wissen, wenn Mitarbeiter aus dem Unternehmen ausscheiden,
- optimieren wir die Urlaubsvertretung.

Ein beeindruckendes Konzentrat an Argumenten, ganz im Sinne der Grundprinzipien des Excellent Office.

Welche Inhalte bieten sich für die Office-Infothek an?

Inhaltlich sind der Office-Infothek nahezu keine Grenzen gesetzt. Wir sollten lediglich folgende Qualitätskriterien im Auge behalten:

- Übersichtlichkeit
- logische Struktur
- Lesefreundlichkeit
- gebündelte Informationen
- keine Doppelung der Information – geeignete Querverweise einsetzen

Am besten legen Sie sich zuerst die Hauptordner an, damit Sie die Informationen entsprechend schnell wieder finden. Gehen Sie dabei logisch vor. Hauptordner können sein:

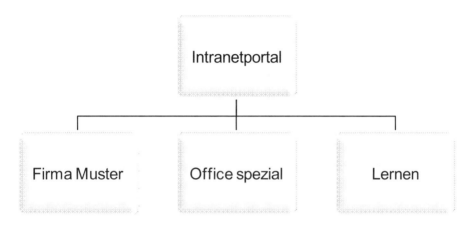

Abbildung 15: Hauptgliederungspunkte der Office-Infothek

Allgemeine Informationen zum Unternehmen – Firma Muster

Gehen Sie bei der Sammlung dieser Informationen so vor, als wären Sie ein neuer Mitarbeiter, der die wichtigsten Informationen für seine Arbeit recherchiert. Werden Sie zum Informationsdetektiv und sammeln Sie alle Informationen, die für eine solche Office-Infothek relevant sein könnten. Es können nie zu viele Informationen sein, eher zu viel nicht gut strukturierte.

Bei den allgemeinen Informationen zum Unternehmen reduzieren Sie Ihre Informationssammlung auf das Wesentliche. Nehmen Sie die unten aufgeführten Beispiele als Grundlage und ergänzen Sie diese Inhalte um Ihre eigenen. Behalten Sie immer die Übersichtlichkeit der Office-Infothek im Auge. Es geht zudem nicht darum, hier das Rad neu zu erfinden, im Gegenteil, greifen Sie Bestehendes auf und integrieren Sie Neues.

Beispiele für die Inhalte

Allgemeine Informationen zum Unternehmen

- Firmenhistorie
- Firmenbroschüre (zum Download)
- Produkte/Dienstleistungen des Unternehmens
- Adressen der Standorte mit Anfahrtsskizzen
- Parkplatz

- Stellenmarkt
- Brancheninformationen

Organisation des Unternehmens

- Abteilungsbezeichnungen
- Organigramme
- Unterschriftenberechtigte
- Unterschriftenregelung
- Abkürzungen
- Telefonbuch
- Postverteilung
- Fuhrpark
- Mitgliedschaften des Unternehmens

Personalgrundsatzfragen

- Betriebsvereinbarungen
- Betriebsrat
- Richtlinien
- Arbeitsordnung
- Pensionsordnung
- Reisekosten
- Dienstfahrten
- Aus- und Weiterbildung
- Interne Bewerbungen
- Steuerliche Regelungen

Sozialleistungen

- Kantine
- Werkswohnungen
- Betriebliche Sportgruppen
- Kindergarten
- Gesundheitsangebote
- Beihilfe

Kooperationen/Rahmenverträge

- Werbegeschenke
- Druckerei

- Hotelkooperationen
- Materialbestellung

Notfälle

- Sanitäter
- Schadensfälle

Presse und PR

- Umgang mit Presse
- Präsentationsfolien
- Messetermine

Vorlagen

- Musterbriefe
- Checklisten
- Formulare

Spezielles Wissen im Office – Office spezial

Als Assistent besitzen Sie ein breites Spezialwissen in Ihren vielfältigen Aufgabenbereichen und Projekten. Machen Sie dieses Spezialwissen transparent und tauschen Sie es mit Ihren Kollegen aus. Sie werden Ihnen bestimmt dankbar sein, zum Beispiel für einen Hoteltipp für die nächste Geschäftsreise ihres Chefs.

Wenn Sie im Ordner »Office spezial« gemeinsam mit Ihren Kollegen das im Unternehmen bestehende Wissen zusammentragen, werden Sie feststellen, wie vielfältig das schon bestehende Wissen ist und wie unterschiedlich sich im Laufe der Zeit das individuelle Wissen entwickelt hat. Insidertipps sind die Kostbarkeiten in den Office-Bereichen. Orientieren Sie sich auch hier an den folgenden Beispielen.

Beispiele für die Inhalte

Vorlagen und Formulare

- Geschäftsbriefe
- Aktenvermerke/Interne Vermerke
- Aushänge

- Kondolenzbriefe
- Glückwunschschreiben
- Textbausteine für Briefe bei Geburten und Hochzeiten
- Belege für die Bewirtung von Gästen
- Checklisten (z. B. Veranstaltungsorganisation)
- Sprachauskunft
- Formular für Zahlungsanweisungen
- Formular für Materialbeschaffung

Externe Dienstleister

- Catering-Service
- Beschaffung von Büromaterial
- Anbieter für Kaffee, Kekse & Co.
- Chauffeurdienste
- Taxifahrer
- Blumenservice
- Geschenkservice
- Büroservice
- Übersetzungsprogramme
- Kurierdienste

Reiseplanung

- Reisebüro
- Hotelbuchungen
- Hotelvereinbarungen
- Restauranttipps/Restaurantführer
- Übernachtungstipps
- Tagungshotels
- Fluganforderung
- Flughafen-Lounges
- Messetermine
- Routenplaner
- Reisekostenabrechnung
- Visa-Antrag

EDV

- Computertipps
- Anwendertipps für Word, Excel, PowerPoint

Vertretungsregelung

- Checklisten
- Organigramme

Standardisierte Abläufe im Unternehmen

- Büromaterialbestellung
- Bewirtungsauftrag
- Zahlungsanweisung

Wissenswertes

- Internetlinks zu Assistenz- und Sekretariatsplattformen
- Personal-Know-how
- Betriebswirtschaftliches Know-how
- Zeitschriften online
- Besonderheiten einzelner Sekretariate, z. B. Mitarbeiter, Zusammenarbeit mit dem Chef, Aufgabenbereiche

Lernen

In den Ordner »Lernen« gehören zum Beispiel: Externes Wissen, nützliche Arbeitstipps und Links, Lehrvideos, YouTube-Filme, Lernportale, webinar, E-Learning, webbasiertes Wissensforum, Vorträge, Unterlagen oder Zusammenfassungen aus Seminaren. Achten Sie an dieser Stelle auf Datenschutz und Bildrechte.

4.2 SOS-Ordner in Ihrem Bereich: spezielles Wissen im Office

Ein SOS-Ordner ist die schnelle Hilfe im Notfall. Dieser ist digital und in Papierform angelegt. Der SOS-Ordner enthält Informationen, keine Originaldokumente, die Sie im Notfall schnell griffbereit haben müssen. Das Rückenschild des realen Ordners ist beschriftet mit den Lettern SOS, geschrieben mit einem dicken roten Stift. Ganz wichtig ist ein übersichtliches Inhaltsverzeichnis ganz vorne im Ordner. In der Not soll ja alles schnell gehen.

Folgende Inhalte gehören in einen Notfall-Ordner:

- Notfall-Rufnummern von Polizei, Feuerwehr, Notarzt
- In größeren Betrieben die eigene interne Notfall-Rufnummer

- Werksarzt/Sanitäter
- Verhalten im Brandfall
- Plan mit den Notausgängen
- Anleitung im Fall einer Bombendrohung
- Adressliste mit Telefonnummern von zu informierenden Personen
- Informationen für die ärztliche Behandlung – Erste Hilfe
- Namen der Mitarbeiter, die in Erster Hilfe ausgebildet sind
- Reisezusatzversicherung für Mitarbeiter, die im Ausland arbeiten (Rücktransportversicherung)

Informieren Sie Ihre Kollegen über die Existenz des SOS-Ordners für den Fall, dass Sie nicht im Büro sind oder selbst Hilfe brauchen.

Urlaubsvertretung – Vertretung: doppelter Boden

Der Gedanke an den nächsten Urlaub ist verlockend und beflügelt. Diese Vorfreude soll nicht überschattet werden durch organisatorische Wolken am Horizont. Auch Sie haben Anspruch auf Ihren Urlaub. Existieren Funktionsbeschreibungen in Ihrem Unternehmen, dann ist auch Ihre Urlaubsvertretung offiziell geregelt. Allerdings könnte die Urlaubsvertretung aufgrund von Krankheit oder Mitarbeiterfluktuation entfallen. Auch ist in kleineren Unternehmen oft eine Urlaubsvertretung nicht möglich. Das bedeutet, dass sich Ihr Chef auch in Ihrem Arbeitsbereich auskennen muss, wenn Sie nicht da sind.

Eine Urlaubsvertretung stellt immer auch eine hohe Stressbelastung für die Person dar, die die Vertretung übernimmt. Überlegen Sie deshalb, welche Arbeiten dringend während Ihrer Abwesenheit erledigt werden müssen, welche liegen bleiben können und inwiefern es sinnvoll wäre, die Aufgaben auf verschiedene Kollegen zu übertragen.

Damit Sie einen unbekümmerten Urlaub verbringen können, brauchen Sie die Sicherheit, dass die Büroarbeit auch ohne Sie fortgeführt wird. Behalten Sie daher Ihr Wissen nicht für sich, sondern organisieren Sie Ihren Arbeitsplatz so transparent, dass sich jeder zu jeder Zeit zurechtfinden kann – in Ihrem Excellent Office.

Bevor Sie Ihren wohlverdienten Urlaub antreten, gilt es, eine perfekte Urlaubsübergabe zu organisieren. In diesem Fall greifen ebenfalls die guten Argumente für eine Office-Infothek. Sinnvollerweise ist hier eine Vorlage oder eine Checkliste hinterlegt, die eine Vertretung in Ihrer Abwesenheit erleichtert. Beschreiben Sie Ihre Arbeitsabläufe und halten Sie Zusammenhänge schriftlich fest. Machen Sie Ihren Arbeitsplatz transparent. Seien Sie unbesorgt, Ihre Kollegen schätzen es sehr, dass Sie so weitsichtig, professionell und geschickt Ihre Unterlagen strukturiert haben. So macht es Ihrem Kollegen sogar Spaß, die Vertretung zu übernehmen, weil alles so perfekt geplant und mühelos zu bewältigen ist. Und Sie können beruhigt in den Urlaub fahren, weil Sie mit Ihrer Kompetenz und Ihrem Engagement alles vorausschauend organisiert haben.

4.3 Von der Planung zur Umsetzung Ihrer Office-Infothek

Die Vorteile, eine Office-Infothek entsprechend den Ansprüchen und Besonderheiten Ihres Unternehmens auf die Beine zu stellen, sind offensichtlich. Auch dass Sie das Informationsmanagement in Ihrem Bereich optimieren können, ist unumstritten. Nun geht es an die Umsetzung – hier scheitern oft viele gute Ideen und Vorhaben. Deshalb erhalten Sie im Folgenden einen Leitfaden für die Planung und Umsetzung Ihrer Office-Infothek.

Abbildung 16: Entstehung einer Office-Infothek

Das Bilden der Projektgruppe

Von einer Office-Infothek profitieren viele, deshalb ist es naheliegend, sich auch unterschiedliche Helfer ins Boot zu holen. Dabei spielt die Zusammensetzung der Projektgruppe eine wichtige Rolle. Kein Bereich sollte ausgeschlossen sein, damit nicht anschließend Ihr Unterfangen boykottiert wird. Beachten Sie Folgendes bei der Gründung der Projektgruppe:

- Sorgen Sie dafür, dass in der Projektgruppe mindestens ein Mitarbeiter mit Leidenschaft und anhaltender Begeisterung mit von der Partie ist.
- Suchen Sie mindestens eine Führungskraft, die für den Nutzen des Projektes auf Führungsebene eintritt und für das Projekt Pate steht. Wir gehen an dieser Stelle davon aus, dass Ihr Projekt genehmigt ist. Das heißt, Sie haben schon grundsätzlich Rückendeckung durch den Geschäftsführer oder eine Führungskraft in entsprechender Position.

- Involvieren Sie aus den entscheidenden Bereichen Mitarbeiter aus dem Office-Bereich. Denken Sie dabei an die Personalabteilung, die Marketingabteilung, den Vertrieb, die Technik etc.
- Binden Sie Mitarbeiter aus den unterschiedlichen Hierarchiestufen ein. Damit gewinnen Sie in allen Bereichen und auf allen Hierarchieebenen Befürworter für Ihr Projekt.
- Sorgen Sie dafür, dass diejenigen, die sich in der Projektgruppe engagieren, auch den nötigen Freiraum haben.
- Seien Sie zurückhaltend bei der Einbeziehung von Mitarbeitern, deren operativer Alltag keine zusätzliche Projektarbeit zulässt, ansonsten haben Sie es schnell mit Ausreden und einem unnötig schleppenden Vorankommen zu tun. Leider wird dieser Umstand zu oft als Bestätigung für das Überflüssigsein der Innovation gesehen.
- Wenn Sie bei der Zusammensetzung der Projektgruppe die Möglichkeit haben, Mitarbeiter mit unterschiedlichen Arbeitsstilen an den Tisch zu bekommen, kann dies nur von Vorteil sein. Wir denken dabei an Mitarbeiter, die gut präsentieren können, und ebenso an diejenigen, die auf konkrete Ergebnisse und Strukturen achten.
- Betreiben Sie in der Gründungsphase noch nicht allzu viel Werbung für Ihr Projekt. Dadurch vermeiden Sie einerseits überzogene Erwartungshaltungen und geben andererseits Gegnern keine Gelegenheit zur Widerrede.

Wer schreibt, der bleibt

Begeisterndes Reden, nicht fixierte Ideen verflüchtigen sich schnell, vor allem dann, wenn der Arbeitsalltag uns wenig Spielraum für Neues lässt. Deshalb gilt das Prinzip der Schriftlichkeit. In zweierlei Hinsicht: Erstens fassen Sie kurz den Ist-Zustand zusammen. Hier geht es auch darum, später den Führungskräften und Entscheidern deutlich zu machen, welche Problematik der Ist-Zustand im Alltag aufwirft. Zweitens erfassen Sie den Ziel-Zustand, die Vorteile sind hinreichend bekannt. An dieser Stelle zeigt sich, ob die Vorstellungen von der Dimension des Unterfangens in den Köpfen aller Beteiligten ähnlich sind. Hier kristallisiert sich das Magnethafte eines Zieles heraus.

Das Planen

Jedes Unternehmen hat seine eigenen Abläufe und Strukturen, deshalb ist es notwendig, möglichst unternehmensspezifisch vorzugehen. Eine Kanzlei hat andere Anforderungen oder Bedürfnisse als ein Handelsunternehmen oder ein Pharmaunternehmen. Damit Ihr Vorhaben möglichst schnell durch konkrete Vorschläge gewinnt, geht jeder Mitarbeiter der Projektgruppe zunächst für sich wie folgt vor:

- Notieren Sie im Vorfeld Aufgaben oder immer wiederkehrende Arbeitsschritte, die Ihnen im Alltag auffallen.
- Sammeln Sie nach und nach Ideen, die erst einmal unbewertet den Arbeitsschritten und Arbeitsaufgaben zugeordnet werden.
- Visualisieren Sie diese Ideen mithilfe der Mindmap-Methode oder einfach an einer Pinnwand.
- Gehen Sie mit diesen Ideen und Vorschlägen in Ihr erstes offizielles Treffen.
- Bündeln und bewerten Sie dann im nächsten Schritt Gemeinsamkeiten und verwerfen Sie Punkte, die Ihnen nicht haltbar erscheinen.
- Stellen Sie den Nutzen für das Unternehmen, den Kunden, die Führungskräfte und die Beteiligten heraus.

Das Ziel sollte sein, ein Grobkonzept zu erstellen, das Sie im Anschluss der Führungskraft präsentieren und damit die Unterstützung für das Projekt sicherstellen.

Bei Ihrem ersten Projekttreffen greifen Sie auf die Strukturierungsmöglichkeit in Abbildung 17 zurück. Die Arbeitsplatz- und Aufgabenanalyse im Sekretariats- und Assistenzbereich sichert schnell den Helikopterblick auf die einzelnen Assistenzbereiche.

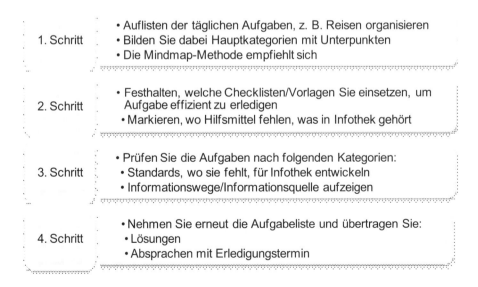

Abbildung 17: Arbeitsplatz- und Aufgabenanalyse

Nutzen Sie für Ihre Arbeitsplatz- und Aufgabenanalyse die nachfolgende Tabelle. Hier können Sie die Aufgaben Ihres eigenen Arbeitsplatzes und die der Kollegen eintragen.

Arbeitsplatz- und Aufgabenanalyse im Sekretariats- und Assistenzbereich					
Aufgaben aus dem Office auflisten	Checkliste Vorlage	Infothek	Standards	Lösungen	Bis wann Info an

Nehmen Sie sich für diesen Abschnitt Zeit, denn damit steht und fällt die Akzeptanz seitens der Führungsebene. Hier ist es wichtig, keine Luftschlösser zu verkaufen, sondern konkrete und umsetzbare Vorschläge für sich sprechen zu lassen. Unterfüttern Sie Ihren Entwurf durch einen realistischen Zeitplan. Führungskräfte interessieren sich immer auch für den Aufwand, der hinter dem Unterfangen steckt. Spätestens an diesem Punkt gilt es, einen Verantwortlichen in der Projektgruppe zu benennen. Damit haben Sie einen Ansprechpartner für Interessierte ebenso wie für die Führungskräfte.

Finden von Verbündeten

Liegt das Konzept für die Office-Infothek vor, heißt es jetzt, die Werbetrommel zu schlagen, damit Sie die Anwender und Nutzer aus anderen Assistenzbereichen auf Ihre Seite ziehen. Sicher haben Sie auch schon die Erfahrung gemacht, dass eine Idee brillant sein kann, wenn sie aber nicht richtig und konsequent beworben wird, verläuft sie irgendwann im Sand.

Für das Bewerben der Office-Infothek stehen folgende Fragen im Vordergrund:

- Wer sind die Adressaten? Wer genau wird in das Projekt einbezogen? Wer genau sind die Nutzer bzw. Anwender der Office-Infothek?
- Wer soll darüber hinaus über Ihr Vorhaben informiert werden?
- Wer profitiert von der Office-Infothek?
- Wie ist der Aufbau? Wer hat Zugriff?
- Wann genau ist der Starttermin?
- Welche Informationen geben Sie im ersten Schritt heraus?
- Wollen Sie ein Feedback zu Ihrem Projekt erhalten? Was geschieht mit dem Feedback? Können Wünsche, Vorschläge oder Bedenken aufgenommen werden?

Die Office-Infothek steht und fällt mit der Glaubwürdigkeit der Inhalte und dem eingehaltenen Zeitplan. Reagieren Sie zeitnah.

Die Umsetzung

Bei der technischen Umsetzung Ihres Projektes, entweder im Intranet oder auf einem Internet-Portal, sind folgende Fragen zu klären:

- Wie kann ein kontinuierlicher Zugriff auf die Daten ermöglicht werden?
- Ist es sinnvoll, für die einzelnen Bereiche einen speziellen Ansprechpartner anzugeben?
- Wie kann die Sicherheit der Daten gewährleistet werden?
- Welche Informationen sind sowohl in der Office-Infothek wie auch in anderen Quellen zu finden?
- Hat Ihre Office-Infothek einen speziellen Namen?
- Benötigen Sie einen Zugangscode?
- Wie werden neue Informationen aufgenommen? Wer ist verantwortlich dafür? Wie werden Neuigkeiten kommuniziert?

Kontinuierliche Pflege

Ist die erste Euphorie über die neue Office-Infothek im Alltag wieder auf dem Boden der Tatsachen angekommen, können Sie durch eine kontinuierliche Datenpflege bestechen. Des Weiteren sollten Sie den Nutzern eine Liste mit den Regeln für die Handhabung der Office-Infothek aushändigen.

Um eine kontinuierliche Datenpflege zu gewährleisten, empfiehlt es sich, folgende Fragen zu beantworten:

- Gibt es einen hauptverantwortlichen Ansprechpartner für die Office-Infothek?
- Wollen Sie ein rollierendes System einführen, damit die Verantwortung nicht dauerhaft bei einer Person liegt? Soll es eine Vertretungsregelung geben?
- Sollen feste Zeiten festgelegt werden, um für Fragen und Anregungen ein offenes Ohr zu signalisieren?
- Welche Anreize bieten Sie, damit die Anwender ihr Know-how in das neue Projekt einbringen?
- Sind in nächster Zukunft Treffen vereinbart, um einen gemeinsamen Erfahrungsaustausch zu ermöglichen?

- In welcher Form können Informationen, Vorschläge und Anregungen entgegengenommen werden? Oft ist gerade zu Beginn zu beobachten, dass eine Flut von Vorschlägen eingeht und den Rahmen des Erfassbaren sprengt. Nicht jeder Vorschlag kann sofort in die Office-Infothek eingepflegt werden. Wir empfehlen, neue Inhalte erst einmal zu sammeln.
- Wie wollen Sie die Nutzer der Office-Infothek über neu Hinzugekommenes informieren? Soll dies durch eine Sammelmail geschehen?
- Welche Maßnahmen ergreifen Sie, wenn Sie beobachten, dass Ihr Projekt schleppend vorangeht?

Die Office-Infothek ist ein strukturiertes und nachhaltiges Informationsinstrument. Der Aufwand, dieses zu installieren und mit Leben zu füllen, ist ganz im Sinne des Excellent Office.

5 Informationsmanagement und Excellent Office

Das Recherchieren, Bearbeiten und Archivieren von Informationen gehört zu den Kernaufgaben im Office. Büroarbeit ist Informationsverarbeitung. Büros sind Orte der Informationsverarbeitung, ganz gleich, ob Informationen elektronisch oder auf Papier verarbeitet oder telefonisch eingeholt bzw. weitergegeben werden. Arbeiten wir den Posteingang, ob per E-Mail oder Papier, nicht routiniert ab, entsteht Bürochaos. Das Gleiche passiert, wenn die Arbeitsergebnisse nicht tagesaktuell hinausgehen oder wenn die Ablage Staub ansetzt, weil dafür die geeignete Systematik fehlt.

5.1 Informationen strukturieren

Der sinnvolle und zielgerichtete Umgang mit Informationen ist wesentlicher Bestandteil unserer Arbeit. Dies als Dienstleistung gegenüber internen wie externen Kunden zu sehen ist das Ziel. Die zunehmende Komplexität der Aufgaben, die Gleichzeitigkeit der Vorgänge, die Vielseitigkeit der Themen erschweren die Arbeit im Büro, das ist bekannt. Aus diesen Gründen finden wir immer wieder diese Realität vor:

- Umständliche Wege, um an Informationen zu gelangen
- Doppelte oder mehrfache Informationen mit denselben Inhalten
- Veraltete oder nicht auffindbare Informationen
- Informationsberge oder Informationswust
- Unstrukturierte und schwer lesbare Informationen

Darüber hinaus stehen Sie täglich vor dem Dilemma: Einerseits steigt die auf Sie einstürmende Informationsflut stetig und andererseits fehlen Informationen, um die Arbeit sinnvoll erledigen zu können. Damit müssen Sie immer wieder aufs Neue umgehen, hierin liegt die Herausforderung, die an Sie gerichtet wird. Mithilfe des unten abgebildeten Informationskreises können Sie die bei Ihnen eingehenden Informationen einschätzen. Überlegen Sie anhand der einzelnen Bausteine, welchen Bereich Sie noch optimieren können.

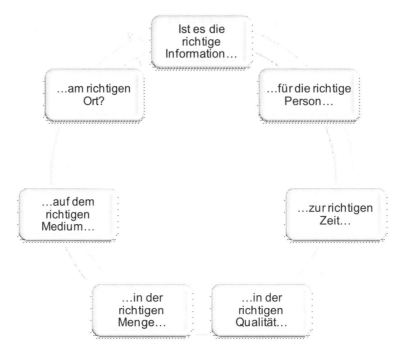

Abbildung 18: Informationskreis

Was verstehen wir unter der richtigen Information?

Information muss bedarfsgerecht sein, das ist die Antwort auf die Informationsüberflutung, der wir ausgesetzt sind. Es muss die richtige Information sein, die vom Empfänger verstanden und tatsächlich benötigt wird. Eine zentrale Aufgabe ist es, Informationen so zu filtern und zu bewerten, dass sie für unsere Chefs und Kunden einen Vorteil darstellen und deren Handeln weiter unterstützen. Die Orientierungsfrage dazu: Welche Informationen benötigt der Chef für Termine, Reisen, Kunden, Projekte intern und extern, Mitarbeiter und Prozesse im Unternehmen?

Was bedeutet zur richtigen Zeit?

Eine Information benötige ich jetzt und nur jetzt erfüllt sie ihren Zweck. Wie aber kommen Sie am schnellsten zur gesuchten Information? Denken Sie einmal daran, wie oft Kollegen oder Assistenten in deren Arbeit unterbrochen werden, weil wir sie als Informationsquelle nutzen. Hier geht Zeit verloren. Daher ist der kürzeste Weg zur benötigten Information die Office-Infothek. So kommen Sie unabhängig von anderen Personen und unabhängig von der Zeit an einen großen Teil Ihrer Informationen.

Das Hin und Her der Bring- und Holschuld ist somit größtenteils ausgeschlossen. Es muss lediglich dafür gesorgt werden, dass die Inhalte der Office-Infothek immer aktuell sind.

Was ist der richtige Ort?

Der richtige Ort ist heute nicht mehr gleichzusetzen mit dem Schreibtisch im Firmengebäude. Die verfügbaren Kommunikationsmedien wie Blackberry, Laptop, Handy usw. erlauben uns ein hohes Maß an Mobilität und verändern unser Informationsverhalten. Es stellt sich also die Frage: Wo empfange ich Informationen und wo lege ich sie anschließend wieder ab?

Wie sichern wir die richtige Qualität?

Als Assistent haben Sie die Aufgabe, zu differenzieren, welche Informationen aus einer gesicherten, überprüfbaren Quelle stammen und welche nur eine Meinung oder Absicht wiedergeben. Darüber hinaus kennen Sie die gesetzlichen Anforderungen an Ablageformen und Aufbewahrungsfristen sowie den Anspruch an Aktualität, Vollständigkeit und Revisionsfähigkeit. Aktualität und Vollständigkeit sind als Grundlagen für Entscheidungen ebenso wichtig wie strukturierte Informations- und Kommunikationsprozesse.

Auch das lesefreundliche und strukturierte Aufbereiten von Informationen steht im Zusammenhang mit der Qualität. Das Filtern, Markieren und Strukturieren von Information gehört mittlerweile zum täglichen Handwerk in der Assistenz, als vorbereitende Leistung, bevor die Chefs in Besprechungen gehen oder die nächste Reise antreten.

Was ist die richtige Menge?

Der subjektive Informationsbedarf ist nicht immer deckungsgleich mit dem objektiv für die Aufgabe erforderlichen Bedarf. Zu wenig Information kann zusätzliche Arbeit und damit erhöhten Zeitbedarf für die Aufgabenerledigung bedeuten, allerdings auch neue Lösungsansätze ermöglichen. Zu viele Informationen können verwirren. Die Entscheidungsfindung wird gehemmt, wenn wir zu viele Informationen berücksichtigen müssen. Die richtige Menge bedeutet: ausreichend detailliert, so viel wie nötig, so wenig wie möglich.

Was heißt die richtige Person/das richtige Team?

Informationen sind – zumindest in unserem beruflichen Umfeld – nahezu frei zugänglich. Dennoch kann und soll im Unternehmen nicht jeder

Mitarbeiter alles wissen. Bestimmte Daten unterliegen dem Daten-, Patent- oder Wettbewerbsschutz und dürfen keinesfalls jedem zugänglich gemacht werden. Genauso nützen dem Einkäufer spezifische Kenntnisse eines Fertigungsverfahrens ebenso wenig wie dem Fertigungsingenieur die beste Lieferquelle des Einkäufers. Überlegen Sie einmal, wie viele Informationen in Ihrem Bereich vertraulich sind. Nicht jeder Mitarbeiter besitzt die Kenntnisse und Erfahrungen, die Bedeutung einer Information zu bewerten und entsprechend zu handeln. Ziel ist daher, nur denjenigen die Information zukommen zu lassen, die sie für die Erfüllung ihrer Aufgabe im Unternehmen benötigen.

5.2 Kompetenzprofil im Informationsmanagement

Die Aufschlüsselung der Informationskompetenz der Assistenz heute zeigt, dass sich neue Kompetenzen durch den technologischen Fortschritt entwickelt haben. Das Kompetenzprofil des Informationsmanagers haben wir in nachfolgender Übersicht zusammengefasst. Nehmen Sie die Auflistung zum Anlass, um sich selbst einzuschätzen. Überlegen Sie sich, in welchen Punkten Sie Auseinandersetzungen mit Kollegen oder Kunden haben. Wann entsteht der Eindruck, dass hier der zeitliche Input in keinem Verhältnis zum Ergebnis steht?

Fachliche Kompetenz	Technisches Know-how Gesetzliche Grundlagen Sicherheits-Know-how Mediensicherheit
Methodische Kompetenz	Zeit- und Selbstmanagement Ganzheitliches Denken Vernetztes Denken und Kreativität Recherchekompetenz Strukturiertes Arbeiten
Kommunikative Kompetenz	Gesprächstechnik Rhetorische Fähigkeiten Empathie Durchsetzungsfähigkeit Überzeugungsfähigkeit
Unternehmens-Know-how	Branchenspezifisches Know-how Markt-Know-how Kunden-Know-how Unternehmensspezifisches Recht und BWL

Die Informationskompetenz kann auch aus der Zeitperspektive gesehen werden, wie nachfolgende Übersicht zeigt. Auch hier können Sie für sich vergleichen, ob Sie alle Anforderungen erfüllen. An dieser Stelle unterstützt Sie die Office-Infothek und speichert alle relevanten Informationen.

Vergangenheitsbezogene Informationskompetenz	Gegenwartsbezogene Informationskompetenz	Zukunftsbezogene Informationskompetenz
Die Ablage ist einheitlich strukturiert	Einschätzen des Informationsbedarfs	Optimale Recherchekompetenz im Internet
Papier- und Digitalablage sind synchronisiert	Bewerten und Selektieren von Informationen	Netzwerkkompetenz intern und extern
Das Archiv, auch für E-Mails, ist einheitlich	Sprachliche Kompetenz; Informationen auf den Punkt bringen	Informationsquellen kennen und einschätzen können
Aufbewahrungsfristen sind bekannt	Präsentationskompetenz	Gerüchte erkennen und entsprechend behandeln
E-Mail-Ablagestruktur ist übersichtlich und einfach	Emotionale Komponente der Information berücksichtigen	Aufbauende Informationen checken
Feste Zeiten für Entsorgung sind festgelegt	Zeitmanagement im Umgang mit Informationen	Hartnäckigkeit im Einholen von Informationen
Minimale Suchzeiten im Büro	Wesentliches von Unwesentlichem unterscheiden können	

Sie sehen, auch diese Betrachtungsweise hat ihren Reiz. Lassen Sie uns im nächsten Schritt auf die Arbeitsebene gehen. Drei Arbeitsschritte gehören zu Ihrem täglichen Handwerk. Sie selektieren Informationen, bereiten anschließend die wichtigen Informationen auf und geben sie schließlich entsprechend weiter. Ein Vorgang, der uns bereits in Fleisch und Blut übergegangen ist und den wir uns von Zeit zu Zeit bewusst machen sollten.

Selektieren	Aufbereiten	Weitergeben
Überblick verschaffen	In welchem Umfang ist Information notwendig?	Für wen ist die Information wichtig?
Für wen ist die Information interessant?	Strukturieren der Information, je nach Zielgruppe und Anlass	Geeigneter Zeitpunkt der Übergabe
Welche Prioritäten bestehen?	Aufmacher der Information	Wird Rückmeldung erwartet?

Zu welchem Projekt gehört sie?	Verständlichkeitskriterien berücksichtigen	Ist Auftrag klar formuliert?
Was passiert, wenn Information fehlt?	Ist Nachfragen möglich?	Besteht Aufforderung zum Handeln?
Welche Information wird vorausgesetzt?		
Nach welchen Parametern soll Information selektiert werden?		

5.3 Von der Fähigkeit des Recherchierens

Schnell soll es gehen. Gründlich soll es sein. Einfach aus dem Ärmel geschüttelt! Das funktioniert nur, wenn wir ein gewisses Maß an Recherchekompetenz mitbringen. Das Internet ist für alle zugänglich, nicht jeder kann zielgerichtet damit umgehen. Nehmen Sie sich vor jeder Suche kurz Zeit für die Klärung Ihres Recherchezieles. Fassen Sie die Thematik bei umfangreichen Rechercheprojekten schriftlich in Worte – oft wird uns dann erst klar, wonach wir überhaupt suchen. Beantworten Sie dazu folgende Fragen:

- Was genau will ich wissen?
- Was weiß ich bereits über das Thema?
- Zu welchen Begriffen will ich Informationen suchen?

Wo kann ich grundsätzlich recherchieren?

1. Netzwerke mit Personen

Befragen Sie Arbeitskollegen, Bekannte und Freunde. Sie können Ihnen oft bei der Frage zu einem Thema schon weiterhelfen. Machen Sie sich eine eigene kleine Liste, eine Telefon-, SMS- oder E-Mail-Gruppen-Liste mit Personen und schreiben Sie die Tätigkeitbereiche dahinter. So haben Sie einen besseren Überblick und können schneller damit arbeiten.

2. Netzwerke im Internet

Es gibt verschiedene Netzwerke für den Office-Bereich, die Sie für Ihre Arbeit nutzen können. Hierzu ein paar Beispiele:

- bSb ist der Berufsverband Sekretariat und Büromanagement e. V.. Er ist Europas größter Berufsverband für Office Administration. www.bsb-office.de
- EUMA, European Management Assistants Germany e.V. hat seinen Fokus auf den internationalen Zusammenhang. www.euma-germany.de
- buerovonmorgen ist ein deutsches Netzwerk für die Assistenz, das es bereits seit 2001 gibt. www.buero-von-morgen.de

3. Das Internet

Wenn Sie bei Ihren Recherchen eine Suchmaschine einsetzen, z. B. die Google-Suchmaschine, dann sollten Sie sich bewusst machen, dass Sie damit nicht direkt die aktuellen Seiten im Internet durchsuchen. Vielmehr wird eine Datenbank durchforstet, auf die die Suchmaschine Informationen von Webseiten sowie den Index des jeweiligen Dienstleisters ausgelesen und gespeichert hat. Viele Seiten im Web haben die Suchdienste aber noch gar nicht gefunden. Deshalb unterscheiden sich die Angaben auf den Trefferlisten oft von den tatsächlich verfügbaren Inhalten im Internet. Hier gilt es, ein kritisches Auge für das Ergebnis der Recherche zu entwickeln.

Es gibt eine Vielzahl von Suchmaschinen und es lohnt sich, über den Tellerrand von Google zu schauen. Zum Beispiel gibt es sogenannte Metasuchmaschinen, die die Möglichkeit bieten, gleichzeitig Anfragen an mehrere Suchmaschinen zu stellen. Der Vorteil hierbei ist, dass Sie nur eine Suchmaschine abfragen, das Ergebnis aber von mehreren gleichzeitig bekommen. So haben Sie einen perfekten Überblick. Darauf kommt es an.

Was Suchmaschinen nicht können

Suchmaschinen können nur Texte einer Webseite durchsuchen, das heißt, wird zu einem Bild nicht auch ein erklärender Text auf der Webseite mitgeliefert, ist es nicht möglich, das Bild über eine Suchmaschine zu finden. Auch starten Suchmaschinen keine Datenbankanfrage, wenn sie auf eine Webseite stoßen, auf der mit einem Formular eine solche Anfrage möglich wäre, sondern beenden die Suche.

Das Internet ist keine wohl strukturierte, redaktionell gepflegte Datenbank – auch von Objektivität kann nicht die Rede sein. Eine kritische Grundhaltung ist daher wichtig: Die verfügbaren Informationen unterscheiden sich in Bezug auf Relevanz, Verlässlichkeit und Aktualität. Fragen Sie sich deshalb immer: Wie seriös ist der Anbieter? Welche

Interessen oder Ziele verfolgt der Autor mit der Veröffentlichung? Ist sie neutral, verlässlich, aktuell und ausgewogen?

Beachten Sie bei Ihrer Recherche folgende Empfehlungen: Um effektiv suchen zu können, aktivieren Sie die *Erweiterte Suche*. Über den Hyperlink *Erweiterte Suche* erhalten Sie eine Eingabemaske, die die Eingabemöglichkeiten nochmals etwas übersichtlicher anbietet als die »einfache Suche«. Darüber hinaus gibt es in dieser Maske auch die Möglichkeit, unter der Rubrik Datum den Suchzeitraum einzuschränken.

Wählen Sie *mit allen Wörtern*, dann bekommen Sie nur Webseiten, auf denen sämtliche angegebenen Begriffe vorkommen. Mit dem Befehl *mit der genauen Wortgruppe* werden Ihnen Ergebnisse gezeigt, in denen Ihre Suchbegriffe exakt in der gewünschten Reihenfolge vorkommen. Entscheiden Sie sich für den Befehl *mit irgendeinem der Wörter*, zeigt Google Ihnen Seiten an, die mindestens einen Ihrer Begriffe beinhalten. Mit dem Befehl *ohne die Wörter* können Sie Seiten ausschließen, die sich mit anderen Themen beschäftigen.

Google bietet zudem spezielle Suchfilter an, die nur in bestimmten Kategorien suchen, zum Beispiel im Web, Bilder, Maps, News, Shopping, Bücher, Videos und mehr. Bei Google *Bilder* erhalten Sie Fotos und Illustrationen zu Ihrem Suchbegriff in einer übersichtlichen Miniaturdarstellung. Bei Google *Maps* können Sie Adressen eingeben. Google zeigt Ihnen den gewünschten Standort in einem Stadtplan. Die neuesten Nachrichten finden Sie bei Google *News*. Sie brauchen News über Ihren neuen Arbeitgeber? Einfach die E-Mail-Benachrichtigung von Google einstellen. Die Eingabetipps in der folgenden Übersicht unterstützen Sie bei Ihren gezielten Rechercheaufgaben und machen Sie zu einem schnellen und ergebnisbewussten Profi.

Suche	Erklärung	Beispiele
UND- und ODER-Suche	Bei zwei oder mehr Stichwörtern führt Google automatisch eine UND-Suche durch, die Ergebnisse enthalten alle Begriffe.	Excel Protokoll
	Eine ODER-Suche lässt sich über die Eingabe von OR zwischen zwei Suchbegriffen erzwingen.	Excel OR Protokoll
	Kombination von UND und ODER ist möglich; mit Telefonkonferenz Excel OR Protokoll wird nach Seiten gesucht, auf denen Telefonkonferenz und zumindest eines der Wörter Excel oder Protokoll vorkommt.	Telefonkonferenz Excel OR Protokoll

NICHT-Suche	Mit vorangestelltem Minuszeichen bei einem oder mehreren Suchwörtern wird dieses aus der Suche ausgeschlossen (NICHT-Suche) Excel -Brief findet alle Seiten, auf denen Excel vorkommt, aber nicht das Wort Brief. UND, ODER und NICHT lassen sich kombinieren; Excel Vorlage OR Buch -CD sucht nach allen Seiten, auf denen Excel sowie Vorlage oder Buch, aber nicht CD vorkommt.	Excel - Brief Excel Vorlage OR Buch -CD
Stoppwörter	Wörter, die sehr häufig sind (der, die, das, ist, the …) werden bei der Suchanfrage ignoriert; sollen Stoppwörter in die Suche einbezogen werden, kann dies durch ein vorangestelltes Pluszeichen erzwungen werden. Bei der Anfrage +das Büro muss auf einer Webseite auch das vorkommen, wenn diese angezeigt werden soll.	+das Büro
NEAR-Suche	Bei zwei oder mehr Suchbegriffen werden automatisch Seiten angezeigt, bei denen die Suchbegriffe nahe im Text beieinanderstehen (NEAR-Suche), eine Änderung ist nicht möglich. Steht eine Wortgruppe in Anführungszeichen »Management-Assistenz Weiterbildung« liefert das Ergebnis nur Seiten, auf denen diese Stichwörter in genau dieser Reihenfolge (und ohne Zwischenwörter) vorkommen.	»Management-Assistenz Weiterbildung«
Groß- und Kleinschreibung	Keine Unterscheidung zwischen Groß- und Kleinschreibung. Selbst ausgefallene Schreibweisen (ArBEit) werden gleichberechtigt gesucht.	Arbeit, arbeit, ArBEit
Umlaute	Erkennt automatisch verschiedene Schreibweisen von Umlauten (ae ◊ ä, aber nicht a). Sucht nach beiden Schreibvarianten. Soll nur eine Schreibweise in die Suche einbezogen werden, kann dies durch ein vorangestelltes Pluszeichen erzwungen werden.	Sekretärin, Sekretaerin, +Sekretärin, +Sekretaerin
Schreibvarianten	Erkennt automatisch verschiedene Schreibvarianten (insbesondere alte und neue Rechtschreibung z. B. Joghurt und Jogurt) und sucht nach beiden Schreibvarianten. Soll nur eine Schreibweise in die Suche einbezogen werden, kann dies durch ein vorangestelltes Pluszeichen erzwungen werden.	Delphin, Delfin, +Delphin, +Delfin

Interpunktion	Satzzeichen in Texten werden bei der Suche ignoriert. Einige Zeichen haben jedoch eine besondere Bedeutung: + erzwingt die Suche nach Stoppwörtern bzw. Schreibvarianten. Schließt den Suchbegriff aus (NICHT-Suche) – im englischen Google wird damit nach Synonymen zum folgenden Begriff gesucht.	. , : ! ? * + - = / ^ ( )
Rechenaufgaben	Bei Eingaben, die als Rechenaufgaben interpretiert werden können, liefert Google das Rechenergebnis.	100-50*12
Domain und NICHT-Domain	Suche auf eine bestimmte Domain einschränken: site:www.tagesschau.de sucht nur Webseiten bei der Tagesschau. Mit vorangestelltem Minuszeichen können sie eine site-Anfrage nutzen, um eine Domain von der Suche auszuschließen.	site:www.tagesschau.de, site:www.tagesschau.de, site:tagesschau.de
Dateiformate	Dokumenttypsuche beschränkt Suchanfragen auf spezielle Dateitypen: Adobe Acrobat PDF (.pdf), Adobe Postscript (.ps), Microsoft Excel (.xls), Microsoft Powerpoint (.ppt), Microsoft Word (.doc), Rich Text Format (.rtf), Shockwave Flash (.swf). Einfach »filetype:« an den Suchbegriff anschließen	Assistenz – filetype:pdf

Besondere Angebote von Google: Sie treffen sich gern mit anderen im Netz zum Diskussionsaustausch oder zum virtuellen Smalltalk? Mit Google *Blog* finden Sie Beiträge von anderen Nutzern in Web-Logs. Suchen Sie nach einem Buch, hilft die Google-*Bücher*-Suche. Auf den Referenzseiten findet der Nutzer Kritiken zu den jeweiligen Titeln sowie eine inhaltliche Beschreibung. Bewegte Bilder gibt es bei Google *Video* zu finden. Google liefert auch Antworten auf ganze Fragen. Tippen Sie diese ein und Sie erhalten umgehend die Antwort. Hier noch einige besondere Angebote von Google:

- **Check des Flugstatus**

Um zu checken, ob ein Flug pünktlich ankommt, reicht bei Google die Eingabe der Flugnummer. Für Lufthansa-Flüge etwa tippt man einfach »LH« Nummer ein.

- **Der Übersetzer**

Über den Link *Sprachtools*, der sich rechts neben dem Suchfeld befindet, kommt man zu Googles Übersetzungsservice. Ganze Webseiten können hier in eine andere Sprache übersetzt werden.

- **Die Welt sehen**

Auf www.google.de/earth kann man per 3D-Satellitenprogramm kostenlos Erde, Ozeane und sogar fremde Planeten, wie den Mars, erkunden.

- **Wo ist meine Post?**

Google kann per FedEx oder UPS versandte Express-Briefe und Päckchen ausfindig machen. Die Eingabe der Sendungsnummer genügt.

- **Weiterleitung zum Währungsrechner**

Geben Sie 50 Dollar in Pfund ein, bietet Google sofort Links auf Seiten an, die Währungen umrechnen.

- **Wie bekannt bin ich?**

Wer mal nachschauen möchte, welche Internetseiten auf die eigene Webpage verlinken, setzt einfach den Begriff »link:« im Suchfeld davor – etwa »link:rp-online.de«

- **Ortung von Freunden**

Ist man bei Google angemeldeter Nutzer, besteht die Möglichkeit, Freunde über das Handy auf einer Landkarte zu orten. Die Funktion auf www.google.com/latitude klappt bei den meisten Blackberry-Telefonen und Handys mit Windows Mobile.

- **Musik-Kenner aufgepasst!**

Sucht man alle Titel, die eine Band jemals zum Besten gab, muss man »music:« plus Namen der Band (kein Leerzeichen beim Namen) ins Suchfeld tippen (momentan ist dieser Service jedoch nur in den USA verfügbar).

- **Aktienkurse abfragen**

Börsen-Fans können sich über Kurse von Aktien und Fonds auf dem Laufenden halten. WKN- oder ISIN-Nummer eingeben – Google erledigt den Rest.

- **Definitionen suchen**

Jenseits von Wikipedia bietet Google mit dem Operator »define:« die Möglichkeit, eine Vielzahl von Definitionen eines bestimmten Begriffes zu suchen. Eine gute Möglichkeit, um zu einem unbekannten oder bzgl. der Bedeutung unklaren Begriff einen schnellen ersten Überblick zu gewinnen. Beispiel: define:suchmaschinen

Das waren jetzt eine Menge unterschiedliche Tipps, nehmen Sie diese nach und nach in Ihr Rechercherepertoire auf.

4. Podcast

Haben Sie eine interessante Sendung im Radio oder Fernsehen verpasst? Schade, aber kein Problem. Diese können Sie ganz einfach online als Podcast, als einzelnen Beitrag oder als Serie von Beiträgen, in Form einer Audio- oder Videodatei im Internet, auf den eigenen Computer herunterladen.

- ARD Mediathek: keine Anmeldung erforderlich; hier finden Sie alles rund um Fernsehen und Radio von ARD, www.ardmediathek.de.
- ZDF Mediathek: keine Anmeldung nötig; hier finden Sie alles vom ZDF, www.zdf.de.
- RTL: keine Anmeldung nötig; hier finden Sie alles von RTL, teilweise gebührenpflichtig, sonst mit »FREE« gekennzeichnet, www.rtl-now.rtl.de.
- Sat:1 keine Anmeldung erforderlich; alles von Sat1, www.sat1.de.
- VOX: keine Anmeldung nötig; hier finden Sie alles von VOX, teilweise auch gebührenpflichtig, sonst mit »FREE« gekennzeichnet, www.voxnow.de.

Diese Liste erhebt keinen Anspruch auf Vollständigkeit, es geht hier vielmehr darum, Beispiele aufzuzeigen.

5.4 Wenn die Katze aus dem Haus ist, tanzen die Mäuse auf dem Tisch

Wie stellen Sie den Informationsfluss sicher, wenn Ihr Chef viel unterwegs ist? Wenn wir heute den Besprechungsmarathon oder die Reiseintensität unserer Chefs genauer unter die Lupe nehmen, kommen wir schnell zu folgender Frage: Wie kann eine Zusammenarbeit funktionieren, wenn man sich kaum sieht? Die Basis der Zusammenarbeit sind die Arbeitsregeln, die gemeinsam entwickelt werden. Oftmals werden sie in Angriff genommen, wenn es in der Vergangenheit einen unangenehmen Anlass gegeben hat. Nutzen Sie die Chance, proaktiv auf Ihren Chef zuzugehen, und regeln und stabilisieren Sie die Zusammenarbeit in seiner Abwesenheit.

Machen Sie sich folgende Regeln zunutze:

- **Vereinbarungen:** Treffen Sie einhaltbare und klare Vereinbarungen, bevor Ihr Chef auf Reisen geht, vor allem wenn es um das Informationsmanagement während seiner Abwesenheit geht. Vereinbaren Sie eine feste Uhrzeit für gemeinsame Telefonate. Optimal sind mindestens zwei Telefonate pro Tag.
- **Stichwortliste:** Erstellen Sie zu diesem Zweck eine Stichwortliste, auf der Sie alles notieren, was dringend besprochen oder an ihn weitergegeben werden muss. Anhand dieser Liste können Sie während des Telefonats alle wichtigen Punkte abhaken.
- **E-Mails:** Der Zugang zu den E-Mails Ihres Chefs ist wichtig, nur so können Sie optimal die Info-Kanäle nutzen und umsetzen. Ein weiterer Vorteil ist: Sie sind nicht auf die Telefonate angewiesen, sondern können zeitlich unabhängiger agieren. Am besten immer mit klarer Angabe, was zu tun ist oder erwartet wird.
- **Besprechung:** Damit Sie über den Tagesablauf Ihres Chefs Bescheid wissen, ist eine tägliche Kurzbesprechung empfehlenswert. In dieser Besprechung informieren Sie sich gegenseitig über anstehende Aufgaben und berichten vom Stand Ihrer Projekte. So sind Sie stets aktuell informiert und auch Ihr Vorgesetzter kann besser einschätzen, welche Informationen er für seine Reise noch benötigt.
- **Kalender:** Führen Sie einen gemeinsamen Kalender. Informieren Sie Ihren Chef über wichtige Telefonate und neue Termine – so kann er selbst entscheiden, was für ihn wichtig ist und was nicht.
- **Meetings:** Gehen Sie vor wichtigen Meetings alle Tagesordnungspunkte mit Ihrem Chef durch und besprechen Sie nach dem Termin

kurz die Ergebnisse. So sind Sie immer aktuell informiert und können Ihren Chef besser unterstützen. Geben Sie ihm den Outlook-Terminplaner in Papierform mit, damit er darin Ergebnisse aus der Besprechung und Folgetermine eintragen kann. So sichern Sie den Informationsrückfluss.

Nach der Rückkehr des Chefs oder: »Nach dem Spiel ist vor dem Spiel«

Dokumentieren Sie die relevanten Vorgänge während der Abwesenheit des Chefs, um sie sofort nach Rückkehr übergeben zu können: Wer? Was? Wann? Wie bisher bearbeitet? Was ist offen? Was ist erledigt? Projektstatus? Gehen Sie mit dem Chef die Postmappe bzw. die bearbeiteten E-Mails durch, kennzeichnen Sie E-Mails, die Sie schon bearbeitet haben, im Betreff mit einem bestimmten Kürzel. Legen Sie mit dem Chef gemeinsam die Prioritäten von notwendigen Telefonaten fest. Informieren Sie ihn über alle Vorgänge in seiner Abwesenheit so umfassend wie nötig, aber auch so knapp und klar wie möglich. Kein Chef hat nach einer längeren Abwesenheit Zeit für epische Schilderungen.

Bei Rückkehr Ihres Chefs helfen Ihnen folgende Fragen für den schnellen Informationsüberblick:

- Wie war die Reise insgesamt?
- Welche Termine sind eigenständig abzustimmen?
- Welche freien Zeiten oder Tabu-Zeiten bestehen?
- Was wird in die Wiedervorlage aufgenommen?
- Welche Ablage gibt es?
- Was ist insgesamt zu tun?
- Wird etwas diktiert?
- Welche Folgetermine gibt es?
- Welche neuen Kontakte sollen in die Kundendatei?

Wir schlagen vor, mit dem Chef, ähnlich wie bei der Postbearbeitung, Kürzel für die gegenseitige Informationsweitergabe zu vereinbaren: sei es per SMS, zum Beispiel RR für Rückruf, oder auf der Ablage zum Weiterverwenden bzw. auf Notizblättern mit Kurznachrichten. Vereinbaren Sie mit Ihrem Chef die Bearbeitung seines E-Mail-Eingangs in Koordination mit Ihrem Posteingang. Kann Ihr Chef während einer Reise Einsicht in E-Mail-Eingänge nehmen, wenn ja, in welche? Welche Unterlagen scannen Sie darüber hinaus ein und senden sie Ihrem Chef auf sein Notebook? Wer vertritt Ihren Chef in seiner Abwesenheit? Wer übernimmt Ihre persönliche Vertretung? Wie ist die Informationsweitergabe zwischen Ihnen und den Vertretungen gewährleistet (zum Beispiel per E-Mail, Mailbox, Kopien der Schriftstücke, Fax)? Welcher Kurierdienst befördert am schnellsten Unterlagen zu Ihrem Chef? Klären Sie diese Fragen schon im Vorfeld der Abreise.

All diese Fragen und Anregungen, die Zusammenarbeit auch während der Abwesenheit Ihres Chefs stabil und sinnvoll zu gestalten, sind dringend notwendig. Wir können unsere Chefs nur dann richtig entlasten, wenn wir die Zusammenarbeit noch stärker durch klare Absprachen und Regeln festigen. Nehmen Sie diesen Teil des Informationsmanagements zum Anlass, Ihre Zusammenarbeit mit Ihrem Chef zu analysieren und zu optimieren. Die genannten Beispiele sollen Sie zu eigenen Regeln in der Zusammenarbeit mit Ihrem Chef motivieren.

Regelmatrix bei intensiver Mobilität und Abwesenheit des Chefs

	Chef anwesend	**Chef abwesend**
Kommunikation zwischen Chef und Assistenz	• Jour fixe, welche Zeit? • Wie lange? • ...	• Wie oft am Tag telefonieren? • Zu welchen Zeiten? • ...
E-Mail	• Lese- und Schreibrechte klären • Cc-Regeln • ...	• Markieren? • Zusammenfassen? • ...
Vertretung	• Grundsätzliche Absprachen zwischen Vertretung und Chef/Assistenz • ...	• Mit welchen Fragen wende ich mich an die Vertretung? • ...
Termine	• Neue Termine aus langen Terminstrecken? Übergabe? • Dauer der Termine? • Zeichen für Ende des Termins • ...	• Prioritäten bei Terminvergabe nach Reise? • Wie erhalte ich zeitnah neue Termine oder Terminänderungen? • ...

Je mobiler, flexibler und komplexer die Arbeitsformen, desto wichtiger ist die Kommunikation zwischen Mitarbeitern, vor allem dann, wenn sie sich wenig sehen und austauschen können. Beim persönlichen Informationsaustausch, der als eine geregelte Größe der Zusammenarbeit eine Voraussetzung für die Arbeitsentlastung ist, profitieren wir durchaus von der ortsunabhängigen Informationsübermittlung. Für die Assistenz allerdings ist zu berücksichtigen, dass der Zeitbedarf für den Austausch, der nicht über Datenleitungen geschieht, zunimmt. Wer ohne persönlichen Kontakt mit Kollegen arbeitet, dessen Zugehörigkeitsgefühl zum Unternehmen kann abnehmen. Es ist wichtig, die Bindung an das Unternehmen immer wieder dadurch zu stärken, indem für den gezielten und auch ungeplanten Informationsaustausch bewusst Zeit eingeplant wird. Gespräche sollten nicht nur zwischen Tür und Angel stattfinden. Ansonsten kann sich die Frage einschleichen, wie sehr man noch gebraucht wird. Sie sehen, der Assistenz in ihrer Funktion als Informationsmanager kommen zentrale Aufgaben zu.

Allein die täglichen E-Mails führen dazu, dass Mitarbeiter täglich über Stunden Mitteilungen sichten, beantworten oder löschen. Denn in den meisten Betrieben wird immer noch nach dem Gießkannenprinzip informiert. Unbedeutende Mails werden aus den unterschiedlichsten Gründen »an alle« versandt, viele davon mit Anhängen. Dabei hat jeder Mitarbeiter zwar zwei Ohren und zwei Augen, aber nur einen Eingangskanal: ein Gehirn zur Verarbeitung. Trotz der zunehmenden Informationslawine und der wachsenden Papierberge entstehen gleichzeitig Informationsdefizite. Eine paradoxe Situation. Die nachfolgenden Empfehlungen für das E-Mail-Management unterstützen Sie bei der Strukturierung Ihrer Arbeit.

5.5 Empfehlungen zu Ihrem E-Mail-Management

Empfehlungen	Fragen/Verhalten/Beispiel
Schreiben Sie nur, wenn es unbedingt erforderlich ist.	Brauche ich unbedingt einen schriftlichen Beleg der Information? Ist telefonieren schneller?
Keine Antwort auf »Cc«	Cc heißt, Sie gehören zu dem Kreis der zu Informierenden, nicht der Handelnden. Manche Kollegen vermengen dies. Abklären.
Cc sehr gezielt einsetzen	Verzichten Sie auf das Gießkannenprinzip, Ihre Mails verlieren sonst an Bedeutung.

Bearbeitete E-Mails »versorgen«	Kennen Sie die Ablagefristen?
Große Anhänge per Link versenden	Der Link führt den Empfänger direkt zur Quelle, der Posteingang wird nicht strapaziert
Beantwortungsdauer einer Mail höchstens eine Minute	Wird nicht weiter strukturiert, sondern direkt beantwortet.
Umgang mit Newslettern	Ist deren Inhalt wirklich wichtig? Ist er sinnvoll für meinen Bereich? Wenn nicht, dann als Empfänger löschen lassen.
Festgelegte Zeiten für E-Mails	4 x am Tag zu sinnvollen Zeiten die E-Mails lesen; bei internationaler Arbeit die Zeitverschiebung beachten Akustisches Signal beim Empfang abstellen, außer bei Mails vom Chef (siehe dazu Kapitel »Technisch fit mit Outlook«, Abschnitt »E-Mail-Benachrichtigung«). Visuelles Signal ausschalten – lenkt zu sehr von der Arbeit ab.
E-Mail löschen	E-Mails löschen oder archivieren, das muss das Ziel sein
Einstellung des Regelassistenten	Sinnvolle Einstellung des Regelassistenten: z. B. bei • Lesebestätigungen • Abwesenheitsmail • Newsletter • Cc • Projekte • Personen
Nur das schreiben, was jeder lesen darf	Eine E-Mail ist ein digitaler Brief, dessen Verbreitung durch Weiterleiten keine Grenzen gesetzt sind
E-Mail mit einer Aktivität beenden	Jede E-Mail endet mit einer Aktivität: • Nachverfolgung • Erledigt ☑ • Termin • Aufgabe • Ordner • Kladde

Durch Fragen und thematische Strukturierung die Beantwortung der E-Mails erleichtern	Stellen Sie Fragen, so kann der Leser seine Antwort direkt dahinter schreiben. Bilden Sie thematische Blöcke: z. B. • Ausgangssituation • Termine • Vereinbarungen • Vorschläge • Weitere Vorgehensweise …
Ausschließlich Betreffzeile verwenden	Ihre Information steht knapp in der Betreffzeile und endet mit oT (ohne Text) oder Ihrem Kürzel
In Betreff des anderen schreiben	Antwort direkt in den Betreff einfügen
Text markieren	Wichtige Passagen farblich markieren: • Rot für hohe Priorität • Blau für Info • Grün für ein bestimmtes Projekt
E-Mails an Chef kürzen	Streichen Sie unwesentliche Passagen heraus
Mehrere E-Mails thematisch zusammenfassen	Fassen Sie die Inhalte aus mehreren E-Mails in einer komprimierten Mail zusammen.
E-Mail kommentieren	Fügen Sie Ihre Kommentare oder Ergänzungen farblich abgehoben dazu.
In E-Mail des Senders schreiben	Fügen Sie Ihre Anmerkungen oder Ergänzungen in die E-Mail des Schreibers, farblich abgehoben, ein.

Neuanfang für E-Mail-Überflutete

Check	Lösung/Verhalten/Beispiel
1000 E-Mails im Posteingang?	Speichern Sie diese auf einer Monats-CD-ROM
Anhäufung von E-Mails im Posteingang	1 x pro Woche Termin für: • Personenbezogenes Löschen • Große Dateien • Unerledigte Mails • Wiedervorlagefristen

Am Ende des zweiten Kapitels angelangt, liegen zwei große Etappen hinter Ihnen. Lassen Sie uns in gewohnter Manier einen kurzen Best-Practice-Ausblick nehmen.

Best Practice

- Nehmen Sie sich zu Beginn eines Projektes Zeit für Ihren persönlichen Überblick und Ihre Position innerhalb des Projektes.
- Räumen Sie der Planung genügend Raum ein, das gibt Ihnen Sicherheit.
- Nutzen Sie die Office-Infothek. Sie ist ein Segen für das Informationsmanagement im Office-Bereich.
- Scheuen Sie sich nicht, auf andere zuzugehen, wenn Sie deren Hilfe in punkto Projekt- und Informationsmanagement benötigen.
- Optimieren Sie Ihre Recherchekompetenz.
- Kultivieren Sie Ihr Netzwerkverhalten im eigenen Unternehmen.

Teil III

Technisch fit mit Outlook

1 Was verbindet Microsoft® Outlook™ und Excellent Office?

Outlook ist nicht einfach nur ein E-Mail-Programm. Outlook hat sich im Laufe der Zeit zu einem komfortablen Organisationsmedium fürs Office entwickelt. Microsoft Outlook ist eine Informationszentrale, mit der Sie E-Mails senden und empfangen, Termine und Besprechungen abstimmen, Namen und Adressen speichern, Aufgaben festlegen, Arbeitsabläufe kontrollieren und Notizen erstellen. Aber die am häufigsten genutzte Funktion in Ihrem betrieblichen Umfeld ist neben der Terminverwaltung die elektronische Post.

Kein anderes Medium hat in so kurzer Zeit Ihren Arbeitsalltag so sehr beeinflusst wie die elektronische Post – kurz E-Mail genannt. E-Mails spielen im Geschäftsleben eine immer größere Rolle. Sie sind schnell verfasst und noch schneller versendet. Aber manchmal ist schnell nicht schnell genug. Erfahren Sie in diesem Kapitel unter anderem, wie Sie mit einem Klick eine Nachricht schreiben; wie Sie auf einen Blick wichtige Absender erkennen; wie Sie sofort sehen, wer vom Team außer Haus ist und welches Dokument zu einem Kontakt gehört.

Orientierungsfragen
- Welche Standardeinstellungen sind zweckmäßig?
- Welche Möglichkeiten erleichtern das Schreiben der E-Mails?
- Wie halten Sie den Posteingang übersichtlich?
- Wie können Sie mit geringem Aufwand Abstimmungen durchführen?
- Wie verbinden Sie Kontakte mit anderen Dokumenten?
- Wie sichern Sie wichtige Kontakte, Termine oder Nachrichten?

2 Diese Standardeinstellungen sollten Sie einrichten

E-Mail-Benachrichtigung

Überlegen Sie, ob Sie immer und sofort alle Nachrichten durchsehen wollen. Oder ob es Ihr Aufgabengebiet erlaubt, die Nachrichten innerhalb eines bestimmten Zeitrahmens abzurufen. Und wenn Sie durch den optischen/akustischen Hinweis auf neue Nachrichten immer wieder aus Ihrer Arbeit gerissen werden, sollten Sie ihn abschalten. In Seminaren über Zeitplanung heißt es häufig: »Lassen Sie sich nicht von jedem E-Mail-Eingang aus Ihrem Arbeitsrhythmus reißen. Planen Sie feste Zeitblöcke für die Postbearbeitung ein.« In der Praxis ist das aber oft nicht machbar. E-Mail wird ja gerade deshalb als Mittel gewählt, weil es schnell geht und der Absender eine schnelle Reaktion von Ihnen erwartet.

Die Desktop-Benachrichtigung stellen Sie ein bzw. aus im Menü Extras – Optionen – E-Mail-Optionen… – Erweiterte E-Mail-Optionen – Desktop-Benachrichtigung – Beim Eintreffen neuer Elemente: Hier können Sie unter verschiedenen Optionen wählen: Soundwiedergabe, Mauszeiger, Briefsymbol in der Task-Leiste und Desktop-Benachrichtigung. Möchten Sie auf keinen Fall Nachrichten Ihres Chefs verpassen, dann organisieren Sie dies mit einer Regel über den Regel-Assistenten, die eine Dialogmaske einblendet. Diese Maske bleibt so lange am Bildschirm stehen, bis Sie sie schließen.

Symbolleiste »Erweitert« einblenden

Ein schneller Wechsel zwischen verschiedenen Ansichten geht am besten über das Auswahlfeld »Aktuelle Ansicht« in der Symbolleiste »Erweitert«. Standardmäßig ist sie immer ausgeblendet und so blenden Sie sie ein: Rechter Mausklick irgendwo in die Symbolleiste oder Menüleiste, dann *Erweitert* anklicken.

Wochennummern im Datumsnavigator anzeigen

Ob in den kleinen Kalenderblättern die Wochennummern angezeigt werden, ist von der Outlook-Version abhängig. So blenden Sie sie ein: Extras – Optionen – Kalenderoptionen... – Wochennummern im Datumsnavigator anzeigen.

Sortierreihenfolge im Adressbuch festlegen

Wenn Sie eine Nachricht schreiben, werden die Adressen mitunter nach dem Vornamen sortiert angezeigt. Da Sie häufig den Vornamen Ihres Mail-Empfängers nicht kennen, möchten Sie die Reihenfolge ändern. Klicken Sie Extras – E-Mail-Konten – Vorhandene Verzeichnisse oder Adressbücher anzeigen oder bearbeiten – Weiter – Outlook-Adressbuch – Ändern/Eigenschaften an. Auch diese Einstellung sollten Sie überprüfen: Extras – Optionen – Kontaktoptionen...

Schaltfläche »Filtern« in die Menüleiste aufnehmen

Falls Sie nur ganz bestimmte Outlook-Elemente sehen möchten, dann nutzen Sie die Filterfunktion, die Sie erst über mehrere Mausklicks erreichen. Setzen Sie den Filter in die Menüleiste, dann geht es schneller: Rechter Mausklick in die Menüleiste – Anpassen ..., Karte Befehle – Kategorien: Ansicht. Scrollen Sie auf der rechten Seite bis zum Befehl Filtern ... und schieben Sie ihn mit gedrückter Maustaste in die Menüleiste. *Schließen* anklicken. Jetzt können Sie schneller filtern und noch schneller den Filter wieder löschen.

Nur geöffnete E-Mails gelten als »gelesen«

Wenn Sie im Posteingang eine E-Mail anklicken, ohne sie zu öffnen, und Sie klicken dann die nächste an, gilt die vorherige als »gelesen«. So stellen Sie das ab: Extras – Optionen – Weitere – Lesebereich... Deaktivieren Sie *Element als gelesen markieren, wenn neue Auswahl erfolgt*. Jetzt gilt die Nachricht erst als gelesen, wenn Sie sie mit einem Doppelklick geöffnet haben.

Vorlagen erleichtern Ihre Schreibarbeit

Angenommen, Sie schreiben jeden Montag oder sogar jeden Tag an einen bestimmten Empfänger/Empfängerkreis eine E-Mail, in der Betreff und

Text meistens gleich bleiben. Eventuell senden Sie noch eine Anlage mit. Eine Vorlage entlastet Sie bei solchen Routinearbeiten erheblich. Wenn Sie mit Word arbeiten, kennen Sie die Funktion von Dokumentvorlagen. Ähnlich können Sie auch bei der Gestaltung von E-Mail-Vorlagen in Outlook vorgehen.

Achtung! Bis einschließlich Version 2003: Wenn Sie mit Word als E-Mail-Editor arbeiten, können Sie keine Datei vom Typ *oft* speichern. Deaktivieren Sie im Menü Extras – Optionen – E-Mail-Format die Funktion »Word als E-Mail-Editor« oder klicken Sie auf Aktionen – Neue E-Mail-Nachricht mit Microsoft Office Outlook.

Eine Vorlage erstellen

Erstellen Sie eine Nachricht wie gewohnt. Tragen Sie den/die Empfänger ein, schreiben Sie den Betreff und den Text. Falls Sie eine Anlage mitsenden, fügen Sie sie als Verknüpfung oder Hyperlink in das Textfeld Ihres E-Mail-Formulars ein. Nur so ist sichergestellt, dass Ihr Empfänger immer die neueste Fassung erhält. Allerdings muss er auf die Datei auch Zugriff haben. Falls Sie mit einer AutoSignatur arbeiten, lassen Sie diese hier weg. Sie würde sonst doppelt eingefügt. Wenn Sie möchten, legen Sie jetzt schon fest, wo die Nachricht nach dem Versenden gespeichert werden soll. Klicken Sie dazu die Schaltfläche *Optionen* an und wählen bei »Gesendete Nachrichten speichern in« den gewünschten Ordner aus.

Die Vorlage speichern

Vorlagen werden von Microsoft automatisch im Ordner *Vorlagen* oder *Templates* gespeichert. Es gibt einen passenderen Weg, wie Sie schnell und einfach die Vorlage nutzen können. Klicken Sie dazu Datei (2007: Office-Schaltfläche) **Speichern unter** an, wählen Sie einen *entsprechenden Namen* und als Dateityp Outlook-Vorlage (*.oft). Als Speicherort klicken Sie **Desktop** an und nicht den vorgeschlagenen Ordner. Achten Sie unbedingt darauf, dass im Feld »Speichern in« der Ordner *Desktop* angezeigt wird. Schließen Sie die Datei und klicken Sie die erneute Speicherabfrage mit Nein an.

Vorlage in den Ordner »Entwürfe« verschieben

Verkleinern Sie das Outlook-Fenster derart, dass Sie die auf dem Desktop gespeicherte Vorlagen-Datei sehen. Ziehen Sie die Datei mit der Maus in den Ordner »Entwürfe«. Löschen Sie die Datei auf dem Desktop.

So benutzen Sie die Vorlage

Öffnen Sie im Entwürfe-Ordner die Vorlage mit einem Doppelklick. Jetzt können Sie den Text ändern oder auch erst die Anlage einfügen. Nach einem Klick auf *Senden* wird die E-Mail verschickt. Weil die Datei vom Typ her eine Vorlage ist, versenden Sie nie das Original, sondern immer nur eine Kopie.

Tipp: Wenn Sie viele Vorlagen benutzen, dann legen Sie dafür einen eigenen Ordner in Ihrem Postfach an und nehmen nicht den Ordner »Entwürfe«.

3 Mit Outlook-Funktionen die Arbeit erleichtern und strukturieren

3.1 Nutzen Sie die AutoText- und AutoKorrektur-Funktion

AutoTexte/Schnellbausteine/Textbausteine kennen Sie bestimmt aus der Word-Anwendung. Damit können Sie immer wieder benötigte Fachbegriffe, Absätze oder komplette Mustertexte speichern und bei Bedarf schnell abrufen. Wie oft beginnen Sie Ihre Nachrichten mit derselben Einleitung »Danke für Ihre Nachricht …« oder auch mit der persönlichen Anrede »Sehr geehrte Damen und Herren«. Erleichtern Sie sich Ihre Arbeit und setzen Sie die AutoText- und/oder AutoKorrektur-Funktion ein. Dazu aktivieren Sie Word als E-Mail-Editor. So geht's: Extras – Optionen – Registerkarte E-Mail-Format – *E-Mail mit Microsoft Word bearbeiten* aktivieren. In der Version 2007 ist Word automatisch im Hintergrund aktiv!

AutoText/Textbaustein/Schnellbausteine erstellen

Öffnen Sie ein E-Mail-Formular, schreiben Sie die Textpassage und markieren Sie diese. Bis Version 2003: Einfügen – AutoText – Neu – Namen eingeben – OK. In der Version 2007 geht das so: Einfügen – Schnellbausteine – Auswahl mit Schnellbaustein-Katalog speichern – Namen eingeben – OK. Wenn Sie in der Version 2003 einen Namen aus mindestens vier Zeichen verwenden, wird der AutoText später automatisch angezeigt. Sie können auch eine gespeicherte Nachricht öffnen, den Text markieren und daraus einen AutoText-Eintrag erstellen.

AutoText/Textbaustein/Schnellbausteine abrufen

Schreiben Sie im Textbereich des E-Mail-Formulars den Namen des AutoTextes/Schnellbausteins und drücken Sie anschließend die Taste F3. Der eingegebene Name wird gelöscht und der vollständige Wortlaut des AutoTextes dafür eingefügt. Bis zur Version 2003 erscheint der AutoText automatisch, wenn Sie für Ihren AutoText-Eintrag einen Namen mit mindestens vier Zeichen vergeben.

AutoKorrektur-Funktion

Die AutoKorrektur arbeitet ähnlich wie die AutoText-Funktion. In die AutoKorrektur-Liste tragen Sie häufig vorkommende Schreibfehler ein und ersetzen sie durch die richtige Schreibweise. Nutzen Sie diese Funktion auch, um Abkürzungen von schwierigen oder langen Wörtern/Begriffen während der Eingabe durch das korrekte Wort ersetzen zu lassen. Word enthält bereits sehr viele Eintragungen in der AutoKorrektur-Liste.

AutoKorrektur in die Liste eintragen

Sie sind für die Reisekostenabrechnung in Ihrer Abteilung zuständig. Dieses Wort schreiben Sie mehrmals am Tag. Jetzt übernehmen Sie es in die AutoKorrektur-Liste, schreiben nur noch drei Zeichen und das Wort wird automatisch in den E-Mail-Text übernommen. So geht's: Öffnen Sie ein leeres E-Mail-Formular, dann Extras – AutoKorrektur-Optionen. Ins Feld *Ersetzen* geben Sie die Abkürzung ein: **rka** und ins Feld *Durch*: **Reisekostenabrechnung**. Mit Hinzufügen und OK schließen Sie ab. In der Version 2007 ist der Weg dahin etwas anders, aber die Vorgehensweise identisch: Office-Schaltfläche – Editor-Optionen – Dokumentprüfung – AutoKorrektur-Optionen – Registerkarte AutoKorrektur.

3.2 So strukturieren Sie Outlook-Elemente mit Kategorien

Kategorien helfen Ihnen, aus einer Fülle von Informationen diejenigen herauszusuchen, die Sie gerade brauchen. Mit Kategorien sortieren und gruppieren Sie Ihre E-Mails – auch die gesendeten – und finden so schnell die gewünschten Informationen: alle Großkunden, Zulieferer, Projektnummern oder wichtige Kontakte. Nur ein paar Mausklicks und alle E-Mails zum Thema *Messestand 2010* werden angezeigt oder alle E-Mails Ihrer Großkunden. Haben Sie einer Nachricht/einem Kontakt/einem Termin mehrere Kategorien zugeordnet, so werden die Elemente in jeder Kategorie angezeigt.

Die Liste der Outlook-Kategorien ist ordnerübergreifend. Sie können Sie nicht nur im E-Mail-Formular auswählen, sondern auch im Formular für Aufgaben, Kontakte oder Termine. Klicken Sie jeweils im geöffneten Formular die Schaltfläche *Kategorien...* (2007 Kategorisieren) an oder im Menü Bearbeiten – *Kategorien...* (2007 Kategorisieren).

Beispiele für Kategorien:

o_Architekten	*MVZ	@Filiale Berlin	#Buch	!_Gedruckt
o_Bauunternehmen	*Praxis	@Filiale Köln	#Kalender	!_WV
o_Behörde	*Klinik	@Filiale Dresden	#Karte	!_Weitergeleitet

Tipp: Kategorien können zu Gruppen zusammenfasst werden, indem sie mit demselben Sonderzeichen beginnen.

Kategorien löschen/erstellen in Version 2003

In der Hauptkategorienliste sind viele Eintragungen, die Sie nie benötigen. Löschen Sie sie und erstellen Sie eigene. Bearbeiten – Kategorien... – Hauptkategorienliste... – Kategorie anklicken und Löschen anklicken; dann Neue Kategorie: Vergeben Sie einen Namen und mit Hinzufügen übernehmen Sie die neue Kategorie. Erstellen Sie so Ihre eigene Kategorienliste.

Kategorien löschen/erstellen in Version 2007

Hier sind die Kategorien zusätzlich mit einer Farbe gekennzeichnet und haben als Standardbezeichnung *Blaue Kategorie* oder *Rote Kategorie* oder weitere. Klicken Sie auf Bearbeiten – Kategorisieren – Alle Kategorien. Wählen Sie eine vorbelegte farbige Kategorie aus und mit *Umbenennen* ändern Sie die Bezeichnung. Eine eigene Kategorie erstellen Sie mit der Schaltfläche Neu ..., vergeben einen Namen und weisen der Kategorie eine Farbe zu.

Bestehenden Kontakten schnell eine Kategorie zuweisen

Wussten Sie, dass Sie Kontakte in der Gruppenansicht durch Verschieben bequem einer Kategorie zuordnen können? Wechseln Sie beispielsweise in den Ordner Kontakte und aktivieren Sie die Ansicht *Nach Kategorie*. Die Adressen werden gruppiert aufgelistet. Adressen ohne Kategorie werden zuerst angezeigt. Nun schieben Sie mit gedrückter Maustaste die Adresse in die jeweilige Kategorie.

Diese Vorgehensweise können Sie auch für Aufgaben, E-Mails oder Termine anwenden.

Nur Elemente einer Kategorie auflisten

Sie möchten alle Kontakte der Kategorie »Immobilien« sehen. Wechseln Sie dazu in den entsprechenden Kontakte-Ordner. Klicken Sie Ansicht – Anordnen nach – Benutzerdefiniert... und dann Filtern... an. In der Registerkarte *Weitere Optionen* wählen Sie aus der Liste Kategorien... die gewünschte Kategorie aus. Mit zweimal OK werden die gewünschten Adressen angezeigt.

So sehen Sie wieder alle Kontakte

Da der Filter dauerhaft eingestellt ist, müssen Sie ihn wieder löschen. Klicken Sie Ansicht – Anordnen nach – Benutzerdefiniert... und dann Filtern... *Alles löschen* und zweimal OK an.

Lassen Sie sich alle Termine, Aufgaben und Nachrichten einer Kategorie anzeigen

Sie arbeiten in einer Projektgruppe, die sich mit der Überarbeitung der Internetseiten Ihres Unternehmens beschäftigt, und haben dafür die Kategorie »Projekt Internet« angelegt. Dieser Kategorie ordnen Sie Termine, Aufgaben und E-Mails zu. Nun möchten Sie **alle** Elemente vom »Projekt Internet« in einer Liste sehen. So geht's: Klicken Sie Extras – Suchen (2007: Sofortsuche) – Erweiterte Suche... an. Im Auswahlfeld »Suchen nach« wählen Sie *Beliebigen Outlook-Elementen* und im Auswahlfeld »In« klicken Sie *Durchsuchen...* und dann Ihr Postfach an und aktivieren Sie *Unterordner durchsuchen*. Wechseln Sie dann auf die Karte *Weitere Optionen* – Kategorien... und suchen in der Kategorienliste nach »Projekt Internet«. Mit einem Klick auf die Schaltfläche *Suche starten* werden in einer Suchliste alle Nachrichten, Termine und Aufgaben in allen Ordnern und Unterordnern angezeigt. Für eine sortierte Ansicht klicken Sie einfach auf die Überschriftzeile, entweder nach Ordnern oder nach dem Absender. Wenn eine gruppierte Ansicht für Sie günstiger ist, dann klicken Sie mit der rechten Maustaste auf die Überschrift (Ordner oder Von) und dort *Nach diesem Feld gruppieren*. Möchten Sie auch die AutoVorschau sehen, dann wählen Sie Ansicht – AutoVorschau.

Durch einen Doppelklick auf das einzelne Element der Suchliste öffnen Sie es sofort. Und wenn Sie *Drucken* anklicken, wird die aktuelle Ansicht ausgedruckt.

3.3 Mit Tastenkombis schneller zum Ziel

Sie tragen gerade im Kalender einen Termin ein und möchten nun eine Nachricht schreiben. Statt übers Menü »Datei« zu gehen oder erst die Schaltfläche »E-Mail« anzuklicken, drücken Sie einfach StrgShiftM. Outlook öffnet ein neues E-Mail-Formular. Egal in welchem Ordner Sie sich gerade befinden – folgende Tastenkombinationen öffnen sofort das gewünschte Formular. Als »Ableitungsstütze« steht in Klammern die eigentliche Bezeichnung.

Strg + Shift + M	E-Mail-Nachricht (Message)
Strg + Shift +T	Aufgabe (Task)
Strg + Shift + C	Kontakt (Contact)
Strg + Shift + N	Notiz (Note)
Strg + Shift + A	Termin (Appointment)

Und noch ein Tastendruck ist wichtig: die Taste **F11** bringt Sie sofort zum gesuchten Kontakt oder öffnet eine Liste, wenn der gesuchte Begriff mehrfach vorkommt. F11 drücken, *Name*, *Vorname* oder *Firma* eingeben und *Enter* drücken. Die Schreibweise groß oder klein ist egal. Auch ist es gleichgültig, in welchem Outlook-Ordner Sie sich befinden. Sie müssen nicht zuerst in den Kontakte-Ordner wechseln.

3.4 Gewinnen Sie mehr Übersicht durch eigene Ansichten

In jedem Outlook-Ordner können Sie zwischen verschiedenen Ansichten wechseln. So lassen sich die Kontakte als Telefonliste anzeigen oder im Posteingang nur die ungelesenen Nachrichten. Am schnellsten wechseln Sie über die Schaltfläche »Aktuelle Ansicht« in der Symbolleiste »Erweitert«. Standardmäßig wird diese Symbolleiste nicht angezeigt. Blenden Sie sie mit einem rechten Mausklick irgendwo in der Symbolleiste ein, dann wählen Sie *Erweitert*. An zwei Beispielen wird im Folgenden gezeigt, wie Sie eigene Ansichten erstellen: eine für den Kontakte-Ordner und eine Ansicht für den Kalender.

Eine eigene Ansicht im Kontakte-Ordner erstellen

Für die jährliche Weihnachtsaktion mit den Adressen in Ihrem Kontakte-Ordner hätten Sie gerne eine separate Ansicht. Diese sollte enthalten:

- Firmenname
- Ansprechpartner
- das Präsent für 2010

Und so erstellen Sie Ihre spezielle Ansicht: Wechseln Sie in den Kontakte-Ordner, dann Ansicht – Anordnen nach – Aktuelle Ansicht – Ansichten definieren... Neu... Als Name wählen Sie »Weihnachtsliste« und aktivieren *Alle Ordner des Typs Kontakt* OK.

Klicken Sie die Schaltfläche *Felder...* an. Markieren Sie im rechten Fenster alle Felder **außer** Symbol, Name, Firma, Speichern unter und Kategorie und klicken die Schaltfläche *Entfernen* an. Nun fehlt noch das neue Feld für die Präsente. Klicken Sie die Schaltfläche *Neues Feld...* an und als Name für das neue Feld schreiben Sie »Präsent 2010« OK. Schieben Sie mit der Maus die Felder auf der rechten Seite in die gewünschte Reihenfolge, OK. Damit Sie ins Feld schreiben können, müssen Sie noch eine Einstellung überprüfen. *Weitere Einstellungen...* anklicken und die Option *Bearbeiten in der Zelle ermöglichen* sollte ein Häkchen haben. Mit zweimal OK und *Schließen* ist die neue Ansicht fertig.

Wenn Sie im Herbst die Weihnachtsaktion starten, wechseln Sie einfach in die Ansicht »Weihnachtsliste« und tragen ins Feld »Präsent 2010« das Geschenk ein.

Ein Tipp noch: Haben Sie nur wenige Präsentgruppen wie Buch, Kalender, Karte – dann erleichtern Sie sich die Arbeit, indem Sie mit Kategorien arbeiten. Legen Sie für diese drei Präsente Kategorien an und verbinden Sie je eine Adresse mit Buch, Kalender und Karte. Wechseln Sie jetzt in die Ansicht »Weihnachtsliste«. Mit einem rechten Mausklick auf die Überschrift *Kategorien*, dann *Nach diesem Feld gruppieren* erhalten Sie eine gestaffelte Ansicht. Schieben Sie nun die jeweiligen Adressen in die entsprechende Kategorie. Am Mauszeiger wird sie angezeigt. So müssen Sie nicht jede Adresse einzeln mit einer Präsent-Kategorie verbinden. Schneller geht es wirklich nicht.

So sehen Sie alle Termine ohne die Anzeige der Feiertage

Wenn Sie im Kalender eine Liste der aktuellen Termine aufrufen, erscheinen gleichzeitig sämtliche Feiertage. Mit einer neuen Ansicht schließen Sie die Feiertage aus. Wechseln Sie in den Kalender.

Klicken Sie Ansicht – Anordnen nach – Aktuelle Ansicht – Ansichten definieren – Aktive Termine – Kopieren… an. Vergeben Sie einen Namen wie »Terminübersicht« und OK. Nach einem Klick auf die Schaltfläche *Filtern…* – Registerkarte Erweitert – *Weitere Kriterien definieren* klicken Sie die Schaltfläche *Feld* an. Aus der Liste »Häufig verwendete Felder« wählen Sie *Kategorien* aus. Das Dropdown-Feld *Bedingung* stellen Sie auf *enthält nicht* und ins Feld *Wert* schreiben Sie *Feiertag*, dann *Zur Liste hinzufügen* anklicken, zweimal OK und Schließen. Jetzt sehen Sie nur Ihre Termine und die eingetragenen Geburtstage, aber nicht mehr die Feiertage. Möchten Sie auch die Geburtstage ausschließen, dann fügen Sie ein weiteres Kriterium ein: Feld *Betreff – enthält nicht – Geburtstag*.

Diese neue Ansicht können Sie auch nutzen, um schnell alte Termine zu löschen. In der Überschriftzeile klicken Sie das Feld *Beginn* an und sortieren aufsteigend. Die alten Termine stehen am Anfang der Liste. Markieren Sie sie und drücken Sie die Taste Entf oder das Symbol löschen.

4 Postein- und ausgang optimal organisieren

4.1 Eingang – was kommt?

Für Ihren Chef organisieren Sie den Posteingang. In den folgenden Abschnitten finden Sie interessante Möglichkeiten zum Verwalten Ihrer E-Mails.

Wichtiges hervorheben

Nachrichten für Ihren Chef bereiten Sie mit Kennzeichnungen vor. So kann er zeitsparend lesen und unwichtige Abschnitte übergehen, denn statt sich kurz und knapp zu halten schreiben, manche Absender in epischer Breite. Ihrem Chef erleichtern Sie die Arbeit, wenn Sie wichtige Passagen hervorheben. Öffnen Sie die Nachricht und markieren Sie die Textteile in einer auffälligen Farbe und einem größeren Schriftgrad, beispielsweise in Rot und Größe 12. Eventuell müssen Sie vorher noch das Format auf HTML ändern und Bearbeiten – Nachricht bearbeiten anklicken (2007: Andere Aktionen – Nachricht bearbeiten). Bei 2003 sollten Sie noch die Symbolleiste *Format* einblenden: Rechter Mausklick irgendwo in die Symbolleisten – *Format* anklicken.

Wiedervorlage/Anruf vormerken

Sie haben eine Nachricht erhalten, müssen darauf antworten, haben aber im Augenblick keine Zeit oder es fehlt Ihnen eine Information. Statt auf ein Post-it zu schreiben, lassen Sie sich von Outlook erinnern. Öffnen Sie die Nachricht und klicken Sie das rote Fähnchen an. Schreiben Sie Ihren Text in das Kennzeichnungsfeld (zum Beispiel »Frau Weber, Tel. 3456 anrufen«), aktivieren Sie Datum und Uhrzeit. Outlook erinnert Sie automatisch und zeigt in der Dialogmaske Ihren Text an. In der Version 2007 müssen Sie nach dem Klick auf das rote Fähnchen erst noch *Benutzerdefiniert* anklicken.

So sehen Sie schnell wichtige E-Mail-Absender

Stellen Sie sich vor, Sie kommen aus der Mittagpause zurück, schauen in Ihren Posteingang und erkennen mit einem Blick alle E-Mails Ihres Chefs. Wie das geht? Outlook unterstützt Sie mit einer automatischen farbigen Kennzeichnung. Die Nachricht ist in großer Schrift und deutlicher Farbe hervorgehoben. Und so richten Sie das ein:

Klicken Sie im Posteingang auf Ansicht – Anordnen nach – Aktuelle Ansicht – Aktuelle Ansicht anpassen… Nach einem Klick auf Autom. Formatierung… und Hinzufügen… vergeben Sie einen Namen wie beispielsweise »Wichtige Absender« oder auch »E-Mails vom Chef«. Klicken Sie die Schaltfläche *Schriftart…* an, legen Sie eine Farbe und eine Schriftgröße fest und übernehmen Sie mit OK. Da Outlook nicht weiß, wer für Sie wichtig ist, folgt jetzt die Bedingung: Klicken Sie *Bedingung…* und dann *Von…* an. Wählen Sie aus den Adressbüchern die für Sie wichtigen Absender aus. Das können Adressen aus Ihrem Unternehmen (Globales Adressbuch) und aus dem Kontakte-Ordner sein. Mit viermal OK übernehmen Sie die Regel. Sie gilt ab sofort für alle Nachrichten, auch für diejenigen, die sich schon im Posteingang befinden.

Ändern Sie den Betreff der erhaltenen Nachrichten

Bestimmt haben Sie sich schon darüber geärgert, dass manche E-Mails einen nichtssagenden oder falschen Betreff haben, mitunter fehlt er auch ganz. Zwei Möglichkeiten haben Sie, um den Betreff zu bearbeiten:

Öffnen Sie die Nachricht, klicken Sie in den Betreff hinein, ergänzen oder ändern Sie ihn und klicken JA an, um die Änderung zu speichern

Klicken Sie im Posteingang mit der **rechten** Maustaste in die Überschriftzeile auf *Datum* oder auf *Betreff* und dort auf *Aktuelle Ansicht anpassen* beziehungsweise auf *Benutzerdefiniert*. Es ist von der Leseansicht abhängig, was angezeigt wird. Nach einem Klick auf *Weitere Einstellungen…* aktivieren Sie *Bearbeiten in der Zelle ermöglichen* und schließen mit zweimal OK. Jetzt können Sie den Betreff einfach überschreiben, ohne die E-Mail erst öffnen zu müssen.

Der Originalbetreff ist jetzt überschrieben. Er ist aber nicht verloren, denn Outlook speichert die Information in zwei verschiedenen Feldern: *Betreff* und *Unterhaltung*. Das Betreff-Feld können Sie ändern, das Feld *Unterhaltung* jedoch nicht. Wenn Sie also auch den Originaltext sehen möchten, übernehmen Sie das Feld zusätzlich in die Ansicht: Ansicht – Anordnen nach – Benutzerdefiniert … – Felder … Aus der eingeblendeten

Feldliste ziehen Sie das Feld *Unterhaltung* in die Überschriftzeile und schließen die Feldliste.

Fügen Sie ein eigenes Feld für Ihre Anmerkungen ein

Für den Chef ist es wichtig, wie Sie mit einer erhaltenen E-Mail vorgegangen sind. An wen wurde sie weitergeleitet? Welche Aktion haben Sie veranlasst? Am schnellsten geht das, wenn er diese Informationen sofort in der Ansicht des Posteingangs auf seinem Computer findet.

Sie können verschiedene Möglichkeiten nutzen:

- Sie schreiben Ihre Anmerkung vor den Betreff und trennen sie mit einem Schrägstrich vom eigentlichen Betreff.
- Sie schreiben Ihre Anmerkung direkt in die E-Mail, aber in einer anderen Farbe.
- Sie klicken in der geöffneten E-Mail das Symbol »Zur Nachverfolgung« (rote Fahne) an und schreiben ins Kennzeichnungsfeld Ihre Anmerkung. Das Feld Kennzeichnung müssen Sie dann einmal in die Ansicht einfügen: Ansicht – Anordnen nach – Benutzerdefiniert ... – Felder ... Ziehen Sie das Feld *Kennzeichnung* in die Überschriftzeile
- Sie fügen im Posteingang-Ordner Ihres Chefs ein neues Feld ein und schreiben in dieses Feld. So gehen Sie vor:

Im Posteingang: Ansicht – Anordnen nach – Benutzerdefiniert ... – Felder ... – Neues Feld ... – Name: Vergeben Sie einen beliebigen Namen wie zum Beispiel »Bemerkung« oder »Info« OK. Falls Sie einen von Outlook reservierten Namen eingeben, erhalten Sie eine Meldung. Schieben Sie das Feld mit der Maus oder den Schaltflächen »NACH OBEN« oder »NACH UNTEN« an die gewünschte Position, OK. Aktivieren Sie Weitere Einstellungen ... dann *Bearbeiten in der Zelle ermöglichen* und schließen Sie mit zweimal OK.

Am PC des Chefs müssen Sie dann im Posteingang dieses Feld in die Ansicht übernehmen: Ansicht – Anordnen nach – Benutzerdefiniert ... – Felder ... Suchen Sie aus der Feldliste »Benutzerdefinierte Posteingangsfelder« das Feld und schieben Sie es in die Überschriftzeile.

Mails mit Lesebestätigung im Posteingang erkennen

Absender, die Ihnen eine Lesebestätigung abfordern, setzen Sie eventuell damit unter Druck, die Nachricht zügig zu beantworten. Deshalb möchten Sie im Posteingang im Voraus sehen, wer eine Lesebestätigung von Ihnen

Posteingang				
!	⃞	Von	Info	Betreff
	⃞	Inge.Michelsen...	Frau Berg ruft zurück	Internet-Arbeitskreis
		Janssen Wolfgang	An GF weitergeleitet	Multimedia-Highlights
	⃞	Marion.Krzywdz...	Wiedervorlage	Vereinbarung Projekt "Tiefgarage"
		baumann@kref...	Rücksprache Abt. DE	Besprechung Wagner & Sohn
		Rolf Backes	siehe Memo	Sitzung AG Großkunden

Hinweise

Selbst definierte Felder werden meist nicht auf das Blackberry übertragen. Schreiben Sie dann Ihre Anmerkung vor den Betreff oder in den Text rein. Genauso kann der Chef vorgehen, indem er vor den Betreff schreibt, welche Aktivität von Ihrer Seite aus notwendig ist.

Tipp: In Ihrem Aufgabengebiet ist es üblich, dass sehr viele E-Mails ausgedruckt werden müssen. Legen Sie im Postfach des Chefs einen Extraordner @Mails ausdrucken an. Statt eine entsprechende Anmerkung zu schreiben, verschiebt der Chef die E-Mail sofort in den Ordner und Sie drucken sie aus.

Wenn es nur wenige – immer dieselben – Anmerkungen sind, können Sie auch mit Kategorien arbeiten (»Ans Team weitergeleitet«, »Wiedervorlage«, »Ruft zurück«).

erwartet. Haben Sie im Moment keine Zeit, dann öffnen Sie die E-Mail einfach nicht. So geht's:

Im Posteingang: Rechter Mausklick in die Spaltenüberschriften. Entweder steht dort Benutzerdefiniert... – Felder... oder Feldauswahl. Aus der Feldliste *Alle E-Mail-Felder* ziehen Sie das Feld *Bestätigung angefordert* in die Spaltenüberschriften und schließen die Feldliste. Jetzt sehen Sie in der Spalte Bestätigung angefordert JA oder NEIN. Achtung! Eine E-Mail gilt bereits als gelesen, wenn sie nur in der Vorschau markiert und nicht geöffnet wurde. Schalten Sie die Option deshalb ab: Extras – Optionen – Karte: Weitere – Lesebereich oder Vorschaufenster – Element als gelesen markieren, wenn neue Auswahl erfolgt.

E-Mails schneller lesen/bearbeiten

Sie haben eine Besprechung geplant und erhalten nun die Antworten. Damit der Besprechungsstatus übernommen werden kann, müssen Sie die Nachrichten auch öffnen. So geht's am schnellsten: Sortieren Sie zuerst den Posteingang durch einen Klick auf den Betreff. Öffnen Sie die erste E-Mail und klicken Sie in der geöffneten E-Mail die dicken blauen Pfeile an

(Version 2007: Die blauen Pfeile sind in der Schnellzugriff-Leiste). Die E-Mail wird automatisch geschlossen und die nächste wird geöffnet.

Senden Sie eine Nachricht erneut – aber ohne Weiterleitung

Sie haben eine E-Mail verschickt, aber einen Adressaten vergessen oder die E-Mail ist nicht angekommen. Wenn Sie die Nachricht nochmals öffnen, fehlt ein Eingabefeld für die Adresse. Statt der Schaltfläche Weiterleiten – was beim Empfänger schon mal irritierend wirkt – klicken Sie das Menü Aktionen (Version 2007: Andere Aktionen) an und dort *Diese Nachricht erneut senden*. Löschen Sie im Adressfeld alle Einträge und schreiben Sie den vergessenen Empfänger rein. Ein Klick auf *Senden* und die Nachricht geht nochmals raus.

Schnell alle E-Mails vom gleichen Absender suchen

Sie haben Nachrichten von einem bestimmten Absender in verschiedenen Ordnern gespeichert und möchten rasch eine Übersichtsliste haben. Klicken Sie in einem beliebigen E-Mail-Ordner mit der rechten Maustaste auf die Nachricht und dann *Alle suchen* und weiter auf *Nachrichten vom gleichen Absender*. Wenn Sie die Option *Nachrichten zum gleichen Thema* anklicken, werden automatisch alle E-Mails gebündelt, die den Betreff oder einen ähnlichen haben. Beispiel: Der Betreff lautet »Besprechung Neues Projekt«. Outlook findet auch: »Die Besprechung Neues Projekt« oder »Besprechung Neues Projekt 2010«.

Nur einen Teil der Nachricht drucken

Es ist vom E-Mail-Format und der Version abhängig, ob Sie den markierten Teil Ihrer Nachricht drucken können: Datei oder Office-Schaltfläche – Drucken – Markierung. Unabhängig von den Einstellungen geht es aber so auf jeden Fall: Öffnen Sie die Nachricht, markieren Sie den Textbereich und ziehen Sie die Markierung einfach auf den Notizen-Ordner oder die Notizen-Schaltfläche im Navigationsbereich und drucken die Notiz aus.

Erstellen Sie aus einer E-Mail einen Termin

Sie haben eine Nachricht erhalten und möchten daraus einen Termin erstellen. Ziehen Sie die geschlossene Nachricht auf den Kalender-

Ordner. Das Termin-Formular wird geöffnet. Tragen Sie Datum, Beginn, Dauer ein. Speichern und schließen Sie die Nachricht.

Aus einzelnen Abschnitten einer E-Mail eine Aufgabe/einen Termin erstellen

Sie haben eine längere E-Mail erhalten. Jeder Absatz stellt eine Aufgabe/einen Termin dar. Markieren Sie den ersten Absatz und ziehen Sie ihn auf den Aufgaben-Ordner oder Kalender-Ordner. Outlook öffnet automatisch das entsprechende Formular und fügt den markierten Text ins Notizfeld ein. Sie ergänzen noch den Betreff und das Datum. Markieren Sie den nächsten Absatz und verfahren Sie genauso.

Wandeln Sie eine E-Mail mit Anlage in einen Termin um

Sie haben eine Nachricht mit Anlagen erhalten (Tagesordnungspunkte, Vertragsentwurf, Anreiseskizze oder Ähnliches). Möchten Sie die Anlagen nicht separat speichern, dann ziehen Sie die Nachricht mit der **rechten** Maustaste auf den Kalender und wählen Sie *Hierhin verschieben als Termin mit Anlage*. Tragen Sie Datum und Uhrzeit ein und aktivieren Sie die Erinnerungsfunktion. Zum Erinnerungszeitpunkt öffnen Sie den Termin und mit einem Doppelklick auf das kleine Briefsymbol öffnen Sie die Nachricht mit Anlage.

4.2 Ausgang – was geht?

E-Mails per Mausklick aus dem Menü erstellen

Sie kennen das: Sie versenden E-Mails mit täglichen oder wöchentlichen Berichten immer an bestimmte Personen. Oder Sie möchten schnell eine E-Mail an den Chef schreiben. Dazu wechseln Sie entweder in den jeweiligen Ordner oder wählen aus der automatischen Vorschlagsliste des E-Mail-Formulars die angebotene Adresse. Auf jeden Fall bedeutet das für Sie mehrere Mausklicks.

Sparen Sie Zeit und rufen Sie E-Mail-Adressen aus einem eigenen Menü auf. Der Vorteil: Es ist einerlei, in welchem Ordner Sie sind; die Adresse ist bereits eingetragen und der Curser steht im Betreff-Feld. Wenn Sie möchten, können Sie vorher schon einen Betreff festlegen; dann steht der Curser sofort im Textfeld.

```
┌─────────────────────────────┐
│ Wichtige Mails   │           │
│                  └───────────│
│  📧  Chef            Strg+N │
│                             │
│  📧  Tom Fahrian     Strg+N │
│                             │
│  📧  Oliver Kruse    Strg+N │
│                             │
│  📧  Verkaufsleiter  Strg+N │
└─────────────────────────────┘
```

So legen Sie das neue Menü an

Wählen Sie Extras – Anpassen – Karte: Befehle. In der linken Kategorienliste klicken Sie ganz unten auf »Neues Menü«. Schieben Sie auf der rechten Seite den Befehl »Neues Menü« mit gedrückter Maustaste in die Menü-Leiste. Mit einem rechten Mausklick auf das neue Menü geben Sie in der Zeile: *Name* die Bezeichnung ein, zum Beispiel »Wichtige Mail-Empfänger«, drücken Return/Enter und klicken Schließen an.

> **Tipp:** Möchten Sie auch mit Tastenbefehlen das Menü öffnen, setzen Sie das &-Zeichen in den Namen vor einen Buchstaben wie Mail-Em&pfänger. Das &-Zeichen – es wird nicht angezeigt, sondern das Zeichen dahinter wird unterstrichen dargestellt – vor dem Buchstaben bedeutet, dass Sie das Menü mit der Alt-Taste und dem Buchstaben öffnen können. Lässt sich das Menü nicht öffnen, haben Sie einen Buchstaben gewählt, der bereits besetzt ist.

Binden Sie die E-Mail-Adressen in das neue Menü ein

Angenommen, an Frau Katja Weber schreiben Sie sehr häufig eine Nachricht. Diese E-Mail-Adresse möchten Sie in das neue Menü aufnehmen. Wählen Sie Extras – Anpassen – Karte: Befehle. In der linken Kategorienliste klicken Sie auf *Datei* und auf der rechten Seite auf *E-Mail-Nachricht*. Ziehen Sie diesen Befehl auf das neue Menü, halten Sie die Maus gedrückt und warten Sie, bis unterhalb des Menüs ein kleines Quadrat angezeigt wird. Darauf schieben Sie den Befehl.

Klicken Sie mit der rechten Maustaste auf den neuen Befehl und geben im Feld *Name* den richtigen Empfängernamen ein: Katja Weber – und drücken Return/Enter. Klicken Sie noch einmal mit der rechten Maustaste auf Katja Weber. Wählen Sie unten im Kontextmenü Hyperlink zuweisen dann *Öffnen...* In dieser Dialogmaske klicken Sie links unten auf die Schaltfläche »E-Mail-Adresse«, geben in der Zeile »E-Mail-Adresse« die E-Mail-Adresse von Katja Weber ein, beenden mit OK und schließen den Eintrag. Sie müssen hier die Adresse komplett selbst eingeben; Sie können sie leider nicht aus einem Ordner heraus anklicken. Wiederholen Sie die Schritte, um weitere E-Mail-Empfänger ins neue Menü aufzunehmen. Nun reichen zwei Mausklicks und Sie können Ihre Nachricht schreiben. Hinweis: Sie können auch eine Verteilerliste ins Menü aufnehmen.

Und so entfernen Sie eine E-Mail-Adresse aus dem Menü

Klicken Sie mit der rechten Maustaste irgendwo in die Symbolleiste und dann auf *Anpassen...* Klicken Sie mit der linken Maustaste auf Ihr E-Mail-Menü, ziehen Sie den Eintrag einfach mit der Maus aus dem Menü heraus und beenden Sie mit Schließen.

Erstellen Sie eine eigene Symbolleiste für wichtige E-Mail-Empfänger

Wenn es noch schneller gehen soll, dann setzen Sie die E-Mail-Adressen auf eine eigene Symbolleiste. Am Beispiel der Firma Weber KG ist es hier dargestellt.

Klicken Sie im Menü Extras – Anpassen... – Karte: *Symbolleisten* auf die Schaltfläche: *Neu...* Geben Sie einen beliebigen Namen für die Symbolleiste ein, wie E-Mail-Adressen. Eine kleine leere Leiste wird eingeblendet. Klicken Sie die Karte »Befehle« und dann die Kategorie »Datei« an. Schieben Sie den Befehl »E-Mail-Nachricht« auf die Symbolleiste und klicken Sie mit rechts auf das kleine Briefsymbol. In der Zeile »Name«: geben Sie Weber KG ein und klicken weiter unten *Nur-Text (immer)* an.

Verbinden Sie jetzt den Namen mit der E-Mail-Adresse: Noch einmal mit einem Rechtsklick auf Weber KG klicken, dann Hyperlink zuweisen – *Öffnen...* Aktivieren Sie links unten die Schaltfläche »E-Mail-Adresse«, geben Sie in der Eingabezeile »E-Mail-Adresse« die E-Mail-Adresse der Firma ein und beenden mit OK und Schließen den Eintrag.

Wiederholen Sie die Schritte, um weitere E-Mail-Empfänger in die Symbolleiste aufzunehmen.

> **Tipp:** Wenn Sie viele Einträge in der Leiste haben, verwenden Sie nur die Anfangsbuchstaben für die Namensgebung. Um die Einträge optisch zu trennen, wechseln Sie noch einmal ins Menü Extras – Anpassen ... Ziehen Sie in der neuen Symbolleiste den zweiten Eintrag etwas nach rechts. Jetzt wird zwischen dem ersten und zweiten Eintrag ein kleiner Trennstrich eingefügt. Wiederholen Sie diesen Schritt für die restlichen Schaltflächen.

Verkleinern Sie Bilder ohne Qualitätsverlust beim Versenden

Wenn Sie Fotos als E-Mail-Anlage versenden, erreichen die Nachrichten oft eine erhebliche Größe. Selbst wenn Sie das Foto »zippen« wird es nicht wesentlich kleiner. So geht es trotzdem. Fügen Sie das Foto/die Fotos ein. Klicken Sie Anlagenoptionen... (2007: Auswahlpfeil in der Gruppe *Einschließen*) und dort *Bildeigenschaften* an. Bei *Bildgröße wählen* setzen Sie die Option auf *Mittel*. Statt 980 KB hat das Foto nur noch 40 KB – und das ohne Qualitätsverlust.

Nachträgliche E-Mail-Bearbeitung verhindern

E-Mails sind nicht dokumentenecht. Der Empfänger kann Ihre E-Mail beliebig verändern (was Sie umgekehrt natürlich auch machen könnten). Selbst ein Kennwortschutz in Word – falls Sie mit Word als E-Mail-Editor arbeiten – ist nicht sicher. So verhindern Sie die Bearbeitung der E-Mail:

Im E-Mail-Formular: E-Mail wie gewohnt erstellen, dann die Schaltfläche *Optionen* anklicken (2007: Auswahlpfeil in der Gruppe *Optionen* anklicken), Vertraulichkeit: *Privat*. Im Posteingang des Empfängers ist normalerweise keine Kennzeichnung sichtbar. Nur in der geöffneten E-Mail wird die Meldungszeile eingeblendet, dass es sich um eine private Angelegenheit handelt. Jetzt kann die E-Mail nicht mehr bearbeitet werden. Der Empfänger kann sie aber weiterleiten.

Hinweise

Vertraulichkeit »Privat«: Wenn Sie das Postfach des Chefs verwalten, sehen Sie im Posteingang, dass eine neue Nachricht angekommen ist. Sie wird aber nicht angezeigt und Sie können sie nicht öffnen oder weiterleiten.

Vertraulichkeit »Persönlich«: Sie können die Nachricht öffnen, lesen und bearbeiten. Nur der Hinweis »Bitte betrachten Sie die Angelegenheit als persönlich« weist auf die Vertraulichkeit hin.

Vertraulichkeit »Vertraulich«: wie bei »Persönlich«.

Abstimmungsschaltflächen entlasten Sie und Ihre E-Mail-Empfänger

Sie kennen das: Häufig erfordern E-Mails als Antwort nur ein schlichtes Ja oder Nein. Aber der Empfänger antwortet in epischer Breite und Sie müssen sich durch den kompletten Text lesen, um Ja oder Nein zu finden. Oder ein weiteres Beispiel: Für den Betriebsausflug sollen Mitarbeiter aus drei Vorschlägen einen Vorschlag auswählen. Bisher haben Sie ein tabellarisches Papierformular erstellt, mit den Mitarbeitern in der ersten und den Ausflugszielen in weiteren Spaltenüberschriften, und das Formular per Hauspost versandt. Spätestens nach einigen Tagen haben Sie sich auf die Suche nach dem Formular gemacht.

Erleichtern Sie sich und dem Empfänger die Arbeit durch E-Mails mit Abstimmungsschaltflächen – den Outlook-eigenen oder selbst definierten.

- Der Vorteil für den Empfänger: Er muss nur noch Ja oder Nein anklicken und mit einem Klick auf *Senden* geht die Nachricht an Sie zurück.
- Ihr Vorteil: In der Karte *Status* (2007: Register Nachricht – Status) haben Sie sofort einen Überblick, wer sich wie entschieden hat, und eine Zusammenfassung, zum Beispiel: neunmal Ja, dreimal Nein. Und zusätzlich können Sie den Statusbericht drucken oder sogar für Auswertungen an Excel übergeben: Mit StrgA markieren Sie den Statusbericht und mit StrgC kopieren Sie ihn in die Zwischenablage, wechseln dann zu Excel und übernehmen ihn mit StrgV in ein Arbeitsblatt.

Wenn Ihre Mitarbeiter noch nicht oder wenig mit den Schaltflächen gearbeitet haben, werden diese leicht übersehen. Weisen Sie deshalb im Betreff oder Text nochmals ausdrücklich darauf hin, denn der Statusbericht wird nur erzeugt durch das Anklicken der Schaltflächen, nicht durch die Antwort im Text. Den Statusbericht finden Sie in **Ihrer** Nachricht im Ordner Gesendete Objekte, nachdem Sie mindestens eine Antwort gelesen haben.

Einen kleinen Schönheitsfehler hat dies noch: Sie müssen jede E-Mail öffnen, sonst wird der Statusbericht nicht aktualisiert. Dafür gibt es hier aber noch einen Tipp: Sortieren Sie im Posteingang blitzschnell nach

Betreff, indem Sie auf die Überschrift »Betreff« klicken, und öffnen Sie die erste E-Mail. Sie müssen sie nicht lesen. Klicken Sie den blauen Pfeil in der Nachricht an, um die nächste E-Mail zu öffnen (2007 hat die Pfeile in der Schnellzugriffleiste). Die erste Mail wird geschlossen und die nächste automatisch geöffnet.

Ein Beispiel: Sie haben einen neuen Kantinenpächter und starten eine Umfrage, ob die Mitarbeiter zufrieden sind. Schreiben Sie die E-Mail wie gewohnt und klicken Sie die Schaltfläche *Optionen...* an. Aktivieren Sie *Abstimmungsschaltflächen verwenden*, wählen Sie JA; NEIN aus, klicken Sie *Schließen* und *Senden an*.

So verfeinern Sie die Auswahl: Zwischen JA und NEIN gibt es noch viele Abstufungen; und was ist mit denen, die die Kantine nicht nutzen? Erstellen Sie selbst Schaltflächen für einen genauen Überblick. Klicken Sie »Optionen« an und schreiben Sie ins rechte Feld von »Abstimmungsschaltflächen verwenden« die Auswahlmöglichkeiten, jeweils mit einem Semikolon getrennt – außer nach dem letzten Begriff: *Ausgezeichnet;Gut;Geht so;Kein Gebrauch*

Die Mitarbeiter sehen die selbst definierten Schaltflächen in der E-Mail – ähnlich den Schaltflächen für Besprechungsanfragen. Zusätzlich macht ein Hinweis auf die Schaltflächen aufmerksam. Bei 2007 müssen Sie die Schaltfläche *Abstimmen* und aus der Liste die gewünschte Auswahl anklicken. Sollte ein Empfänger ein zweites Mal per Schaltfläche antworten, so wird die erste Antwort aus dem Statusbericht gelöscht.

Und wo sehen Sie Ihre selbst definierten Schaltflächen? Öffnen Sie Ihre gesendete Nachricht, dann »Aktionen« und bei 2007 noch mal »Andere Aktionen«.

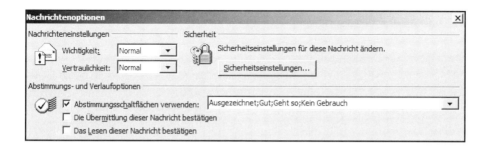

E-Mails im Serienmuster versenden

Stellen Sie sich vor, Sie müssten regelmäßig jeden Mittwoch eine E-Mail an die Abteilungsassistenten versenden. Sie erinnern darin, Ihnen die Anzahl gewünschter Mahlzeiten für die Abteilung in der nächsten Woche durchzugeben. Em*pfänge*r und Text sind immer gleichlautend. Sie möchten sich ähnlich der Terminserie an den Versand erinnern lassen und auch sofort die E-Mail zur Verfügung haben. Eine Funktion wie bei Terminserien gibt es direkt nicht. Sie können aber so vorgehen:

Erstellen Sie eine E-Mail-Nachricht und speichern Sie diese im Ordner Entwürfe. Jetzt erstellen Sie eine Terminserie mit der Anzeige als »Frei« und aktivieren die Erinnerungsfunktion. Klicken Sie dann *Einfügen – Element* (2007: Einfügen – Element anfügen) an und fügen Sie die E-Mail-Nachricht aus dem Entwürfe-Ordner ein. Speichern und schließen Sie die Terminserie. Die Datei im Entwürfe-Ordner können Sie anschließend löschen.

Outlook erinnert Sie pünktlich. Öffnen Sie den Termin und ziehen Sie den kleinen gelben Briefumschlag aus dem Termin auf den Postausgang. Eventuell müssen Sie noch *Senden* anklicken. Selbstverständlich können Sie durch einen Doppelklick auf den gelben Briefumschlag die E-Mail öffnen, den Text ergänzen und dann erst versenden.

Legen Sie die Antwort-Adresse im Voraus fest

Sie versenden eine Nachricht aus dem Büro, möchten aber die Antwort an Ihre Urlaubsadresse oder Privatadresse leiten. Im geöffneten E-Mail-Formular klicken Sie Optionen (2007: Auswahlpfeil in der Gruppe *Optionen*) an. Tragen Sie in der Dialogmaske im Feld »Antworten senden an« Ihre private E-Mail-Adresse ein und klicken Sie *Schließen* an.

So sehen Sie das Postfach des Chefs auch in Ihrer Ordnerliste

Sie haben die Berechtigung, den Posteingang des Chefs zu bearbeiten. Meist verwalten Sie noch andere Ordner wie Kalender oder Kontakte. Statt über die Funktion Datei – Öffnen – Ordner eines anderen Benutzers die Ordner jeweils zu öffnen und zu schließen, zeigt Outlook beim Start sofort das Postfach des Chefs mit allen berechtigten Ordnern an Ihrem Bildschirm an. Da Sie ohnehin Zugriffsberechtigungen für die Ordner haben, ist das kein Problem. Ihr Chef muss Ihnen lediglich eine weitere Zugriffsberechtigung auf sein Postfach einrichten. Damit sind aber nicht mehr Berechtigungen verbunden, als Sie ohnehin haben. Und so übernehmen Sie das Postfach an Ihrem PC:

Klicken Sie Extras – E-Mail-Konten/Kontoeinstellungen an, aktivieren Sie *Vorhandene E-Mail-Konten anzeigen* oder *bearbeiten* und klicken Sie auf *Weiter*. Falls Sie mehrere Konten haben, klicken Sie auf MicrosoftExchangeServer, dann auf Ändern … und Weitere Einstellungen… In der

Karte »Erweitert« klicken Sie *Hinzufügen... an*, geben den Namen des Chefs ein und schließen mit zweimal OK, Weiter und Fertigstellen die Übernahme ab. In Ihrer Ordnerliste wird jetzt das Postfach des Chefs mit allen Ordnern, für die Sie eine Berechtigung haben, angezeigt.

4.3 Arbeiten mit Regeln

Der Regel-Assistent

Ihr Posteingang läuft mal wieder über. Dabei wäre es so einfach, mit Unterstützung von Regeln die Nachrichten zu verwalten. Zwischen all den wichtigen E-Mails sammeln sich unwichtige und private E-Mails oder die abonnierten Newsletter. Da ist es gut, dass Outlook Ihnen helfen kann, einen Teil der Nachrichten selbstständig abzuarbeiten, und zwar mit dem Regel-Assistenten. Regeln gelten nicht nur ab ihrer Erstellung für neue Nachrichten. Sie können auch festlegen, dass sie auf alle Nachrichten angewendet werden sollen, die sich bereits im Posteingang befinden. Der Regel-Assistent ist genau richtig zur Bewältigung Ihrer E-Mail-Flut:

- Er benachrichtigt Sie beim Eintreffen wichtiger E-Mails.
- E-Mails, bei denen Sie im Feld Cc stehen, werden automatisch in den Ordner Infos verschoben und entlasten so den Posteingang.
- E-Mails werden automatisch mit Kategorien gekennzeichnet.
- Abwesenheitsnachrichten an Sie verschiebt der Regel-Assistent in den Ordner *Urlaub*.

Sie haben zwei Möglichkeiten zur Auswahl, wann E-Mails überprüft werden sollen:

- Nachrichten bei Ankunft prüfen
- Nachrichten nach dem Versenden prüfen

> **Hinweis:** Je nach Outlook-Version sind die ersten Schritte, um eine Regel zu erstellen, unterschiedlich. Sie müssen sich aber in jedem Fall in einem E-Mail-Ordner befinden.

Eine Regel besteht aus

- dem Ereignis (Nachricht bei Ankunft prüfen),
- der Bedingung (... die an mich gesendet wurde),

- der Aktion (mich mit einer Meldung aufmerksam machen)
- und einer eventuellen Ausnahme (außer ich stehe im Feld Cc).

Sie können eine, mehrere oder keine Bedingung gleichzeitig auswählen. Aber Achtung! Falls Sie keine Bedingung auswählen, gelten alle Bedingungen als ausgewählt. Bei den Aktionen müssen Sie mindestens eine auswählen; es können aber auch mehrere sein, so z. B.: Die Nachricht wird ausgedruckt und dann automatisch weitergeleitet.

Regel »fast automatisch« erstellen

Sie möchten eine Nachricht von einem bestimmten Absender oder mit einem Wortlaut im Betreff in einen anderen Ordner verschieben. Wechseln Sie in den Ordner Posteingang und markieren Sie die Nachricht, für die Sie diese Regel erstellen möchten, mit der rechten Maustaste.

Wählen Sie *Regel erstellen…*; es öffnet sich eine Dialogmaske, in der Sie die wichtigsten Regeln einrichten können: Benachrichtigung, Verschieben, Soundwiedergabe. Die passenden Bedingungen – Absender, Empfänger und Betreff – sind bereits angezeigt und müssen nur noch aktiviert werden. Wählen Sie die gewünschte Aktion aus, dann *Fertig stellen* anklicken und die Regel ist aktiv.

> **Wichtiger Hinweis!** Haben Sie eine Regel fertiggestellt und die Meldung »Nur Client-Regel« wird eingeblendet, dann haben Sie Aktionen ausgewählt, die nur ausgeführt werden können, wenn Ihr PC eingeschaltet und Outlook gestartet ist.

Hier finden Sie einige Beispiele für Regeln

- Automatische Meldung bei Ankunft von E-Mails mit der Wichtigkeit »Hoch«: … nach Erhalt einer Nachricht … mit der Wichtigkeit HOCH … Desktopbenachrichtigung anzeigen
- E-Mails mit der Wichtigkeit »Hoch« sofort ausdrucken: … nach Erhalt einer Nachricht … mit der Wichtigkeit HOCH … diese drucken
- E-Mails mit bestimmten Wörtern im Text/Betreff werden mit bestimmten Kategorien verbunden: … nach Erhalt einer Nachricht … mit bestimmten Wörtern im Betreff … diese der Kategorie xx zuordnen

- Lesebestätigung automatisch nur bei bestimmten Empfängern anfordern: ... Nach dem Senden prüfen ... die an eine Person/Verteilerliste geschickt wurde ... mich benachrichtigen, wenn gelesen
- E-Mails von bestimmten Absendern mit farbigen »Fähnchen«/Symbolen kennzeichnen: ... nach Erhalt einer Nachricht ... die von einer Person/Verteilerliste kommt ... diese mit Farbkennzeichnung ... kennzeichnen (2007 der Kategorie ... zuordnen)
- Alle »Newsletter«-Mails in den Ordner @NochLesen verschieben: ... nach Erhalt einer Nachricht ... mit bestimmten Wörtern im Betreff ... diese in den Ordner @NochLesen verschieben
- E-Mails vom Chef mit einem Benachrichtigungsfenster anzeigen. Das Fenster bleibt so lange sichtbar, bis Sie es schließen: Rechter Mausklick in die E-Mail vom Chef – Regel erstellen – Feld *Von* ein Häkchen setzen – Erweiterte Optionen ... Weiter – im Benachrichtigungsfenster für neue Elemente diesen Text anzeigen ... »Es sind neue Nachrichten eingetroffen ...«

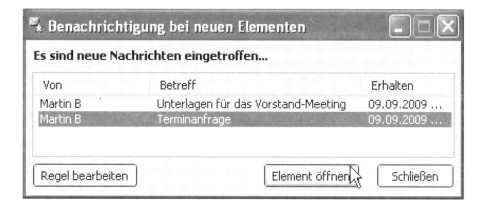

5 Kontakte und Outlook

Bis zur Version 2003 konnten Sie eine Adresse direkt mit einem Word-Dokument verbinden: Adresse anklicken – Aktionen – Neuer Brief an Kontakt. Diese Funktion wurde aus 2007 entfernt. Ohnehin war sie nicht optimal: Die Reihenfolge Anrede, Vorname, Name war nicht korrekt und die Leerzeile zwischen Straße und Ort noch vorhanden. Außerdem konnte die Adresse nur dann in eine Dokumentvorlage eingefügt werden, wenn diese Vorlage im Vorlagen-/Template-Ordner gespeichert war.

So fügen Sie eine Adresse – auch in 2007 – im korrekten Aufbau ein

Starten Sie Word. Um aus Word heraus auf den Kontakte-Ordner oder auch alle anderen Outlook-Adressbücher zugreifen zu können, müssen Sie zunächst ein Symbol in die Symbolleiste (bei 2007 in die Schnellzugriffleiste) einfügen. Da die Vorgehensweise bei den Versionen unterschiedlich ist, wird sie getrennt beschrieben.

Version 2003

Ansicht – Symbolleisten – Anpassen… – Registerkarte Befehle – Kategorien: Einfügen. Auf der rechten Seite bis zum Befehl *Adressbuch* scrollen und diesen Befehl mit gedrückter Maustaste irgendwo in die Symbolleisten oder auf die Menüleiste schieben – Schließen.

Version 2007

Rechter Mausklick in die Symbolleiste für den Schnellzugriff – Symbolleiste für den Schnellzugriff anpassen… – Befehle auswählen: Alle Befehle – Scrollen Sie zum Befehl Adressbuch… – Schaltfläche *Hinzufügen* anklicken, OK.

Aufbau der Adresse anpassen

Wenn Sie nun das Adressbuch-Symbol anklicken, wird die Adresse auch nicht wie gewünscht eingefügt. Es fehlt eventuell die Anrede oder die Abteilung. Außerdem gibt es auch wieder die Leerzeile im Anschriftenfeld. Die Verbindung zwischen Outlook-Feldern und Word geschieht über sogenannte Codes. Ein Code beginnt immer mit der Bezeichnung **pr** und enthält <u>kein</u> Leerzeichen, sondern einen Unterstrich. Eine Liste der Codes finden Sie weiter unten.

Sie legen den Aufbau der Adresse fest, indem Sie die Codes in spitze Klammern setzen (auf Ihrer Tastatur ist das die Taste neben dem Y) und daraus einen AutoText/Schnellbaustein/Textbaustein erstellen.

Hier ein Beispiel für die Firma: <pr_company_name>

Öffnen Sie ein leeres Word-Dokument und tragen Sie die Codes in der gewünschten Reihenfolge und dem erforderlichen Aufbau ein. Markieren Sie alles und legen Sie den markierten Text als AutoText/Schnellbaustein fest (siehe Übung für AutoText/Textbaustein). Als Name müssen Sie zwingend die englische Bezeichnung **AdressLayout** vergeben. Achten Sie darauf, dass Adress ausnahmsweise nur mit einem d geschrieben wird. Wenn Sie jetzt im Word-Dokument das Adressbuch-Symbol anklicken, können Sie aus allen Outlook-Adressbüchern auswählen.

Codes für den Adressenaufbau

pr_courtesy_title	Anrede (entweder passt dieser Code)
pr_display_name_prefix	Anrede (oder dieser passt)
pr_display_name	Der Name, der im Dialogfeld Adressbuch angezeigt wird
pr_given_name	Vorname
pr_surname	Nachname
pr_street_address	Straße
pr_locality	Ort
pr_postal_code	Postleitzahl
pr_country	Land
pr_state_or_province	Staat oder Provinz
pr_company_name	Firma
pr_department_name	Abteilung
pr_office_location	Büro innerhalb der Firma
pr_location	Ort im Format Gebäudenummer

Beispiel für den Adressenaufbau

<PR_COMPANY_NAME>
<PR_DEPARTMENT_NAME>
<PR_DISPLAY_NAME_PREFIX>
<PR_GIVEN_NAME> <PR_SURNAME>
<PR_STREET_ADDRESS>
<PR_POSTAL_CODE> <PR_LOCALITY>

Seriendruck mit Outlook-Kontakten

Immer mehr gehen Firmen dazu über, in ihren Weihnachtsaktionen auf individuelle Präsente zu verzichten und stattdessen eine Karte zu schreiben. Nutzen Sie doch einmal statt der Karten die Funktion »Serien-E-Mail«, denn Outlook enthält eine Reihe schöner Briefpapiere, mit denen Sie die Nachrichten eindrucksvoll gestalten können – passend zum Anlass. Sie schreiben einmal die Nachricht, sprechen jeden Empfänger persönlich an und kein Empfänger erfährt vom anderen. Für den reibungslosen Ablauf sollten Sie eine eigene Ansicht für die Seriendruck-Funktion im Kontakte-Ordner anlegen, denn entweder haben Sie zu wenig Felder oder zu viele. Das Feld »Name« in Outlook ist ein kombiniertes Feld: es besteht aus Anrede, Vorname und Nachname. Dieses Feld können Sie für Serienbriefe nicht übernehmen, denn für die persönliche Briefanrede »Sehr geehrter Herr« oder »Sehr geehrte Frau« benötigen Sie ein separates Feld.

Eine eigene Ansicht für die Seriendruck-Funktion erstellen

Gehen Sie wie folgt vor: Ansicht – Anordnen nach – Aktuelle Ansicht – Ansichten definieren – Neu… Name der neuen Ansicht: *Seriendruck* OK. Schaltfläche Felder … anklicken. Im rechten Bereich entfernen Sie alle Felder außer Symbol (mit diesem Symbol können Sie am besten Adressen markieren). Fügen Sie aus der Feldliste *Alle Kontaktfelder* oder *Alle E-Mail-Felder* folgende Felder ein: Anrede, Vorname, Nachname, Firma, Adresse geschäftlich: PLZ, Adresse geschäftlich: Ort, Adresse geschäftlich: Straße und E-Mail-Adresse; dann zweimal OK und *Ansicht übernehmen* anklicken.

Anr...	Vorname	Nachname	Firma	PLZ	Ort	Straße	E-Mail
	Hier ...						
Herrn	Eugen	Altmann	Hydro GmbH	47723	Krefeld	Haraldstr. 67	altmann@hydrowerke.de
Frau	Maria	Anders	Alfreds Futterkiste	12209	Berlin	Obere Str. 57	anders@futter.de
Frau	Gerda	Becker	Energie AG	10345	Berlin	Merkurstr.9	becker@energie.com
Herrn	Philip	Cramer	Königlich Essen	14776	Brandenburg	Maubelstr. 90	cramer@kessen.com
Herrn	Walter	Deckers		50234	Köln	Kantweg 5	deckers@hotmail.de
Frau	Sonja	Ferber	Energie AG	10345	Berlin	Merkurstr.9	ferber@energie.com
Frau	Rita	Flamme		80765	München	Schloßstr. 5	flamme@web.de

Tipp: Damit die Anzeige nicht zu groß wird, können Sie die Spaltenüberschriften umbenennen: rechter Mausklick in die Überschrift, Spalten formatieren ... Beschriftung: Geben Sie einen neuen Namen ein, OK.

Serien-E-Mails mit Outlook

Sie sind im Kontakte-Ordner und in die Ansicht »Seriendruck« gewechselt. Klicken Sie Extras – Seriendruck... – Alle Kontakte in aktueller Ansicht (das sind alle sichtbaren) oder Nur ausgewählte Kontakte (das sind die vorher markierten) – Kontaktfelder in aktueller Ansicht (Bitte achten Sie darauf, dass Sie **diese** Option aktivieren, sonst werden die falschen Felder angezeigt). Als Dokumenttyp wählen Sie unten links »Serienbrief« aus. Die Auswahl Serien-E-Mail gibt es hier nicht. Outlook verbindet Sie mit Word. Da die Nachricht per E-Mail rausgeht und nicht mit der Post verschickt wird, benötigen Sie hier keinen Adressaufbau. Fügen Sie deshalb sofort das Bedingungsfeld »Wenn-Dann-Sonst« ein (bei 2007 finden Sie es unter dem Symbol »Regeln«). Wenn Anrede Gleich Frau – Dann Sehr geehrte Frau – Sonst Sehr geehrter Herr. OK. Fügen Sie jetzt noch den Nachnamen ein. Dann schreiben Sie Ihren Text und klicken das Symbol »Seriendruckergebnis in E-Mail ausgeben« an. In der folgenden Dialogmaske geben Sie noch einen Betreff ein. Er ist für alle Empfänger gleich: *Frohe Weihnachten und ein gutes neues Jahr!*

Nur bestimmte Kontakte sollen einen Brief/eine Nachricht erhalten

Wenn Sie für die Seriendruck-Funktion nicht alle Adressen nutzen möchten, müssen Sie zuerst die Filter- oder die Suchfunktion einsetzen. Alle Kunden aus Berlin oder alle Kunden der Kategorie »Großkunde«. Beschrieben sind beide Funktionen an nachfolgenden Beispielen.

Nach Kategorie »Großkunde« filtern

Wechseln Sie im Ordner Kontakte in die Ansicht »Seriendruck«. Mit einem rechten Mausklick auf die Überschriften der Ansicht, dann Aktuelle Ansicht anpassen... – Filtern... – Weitere Optionen – Kategorien: *Großkunde* anklicken und dreimal OK werden nur noch die gewünschten Kontakte angezeigt.

Hinweis: Der Filter ist dauerhaft gesetzt. Deshalb müssen Sie ihn nach der Seriendruck-Aktion wieder löschen. In die Filterfunktion wechseln und die Schaltfläche *Alle löschen* anklicken.

Nach Ort »Berlin« suchen

Klicken Sie die Schaltfläche *Suchen* an, geben Sie ins Feld Suchen nach *Berlin* ein und dann »Suche starten« anklicken. Nur die Berliner Adressen werden angezeigt. Starten Sie den Seriendruck und löschen Sie anschließend das Suchergebnis, damit wieder alle Adressen angezeigt werden.

So ändern Sie blitzschnell alle Adressen einer Firma

Sie haben von einem Unternehmen mehrere Kontakte in Ihrem Kontakte-Ordner. Nun ist die Firma umgezogen oder hat ihren Namen geändert. Eine Ersetzen-Möglichkeit wie »Ersetze Frankfurt gegen Kassel« gibt es in Outlook nicht. Eigentlich müssten Sie jede Adresse einzeln ändern. Aber da hilft Ihnen die gruppierte Ansicht. Sie ändern nur eine Adresse und schieben die anderen Kontakte einfach in die neue Gruppe.

In unserem Beispiel hat die Firma ABC-Chemie das Postfach geändert. Zunächst wechseln Sie in eine Ansicht, die als Tabelle formatiert ist, beispielsweise die Telefonliste. Sollte das Feld »Adresse geschäftlich« nicht in der Ansicht enthalten sein, fügen Sie es ein. Dazu klicken Sie mit der rechten Maustaste in die Spaltenüberschrift, dann Feldauswahl anklicken. Aus der Feldliste schieben Sie das Feld »Adresse geschäftlich« in die Überschrift. Gruppieren Sie jetzt die Ansicht, indem Sie mit der rechten Maustaste auf das Feld »Adresse geschäftlich« klicken und dann »Nach diesem Feld gruppieren« anklicken. Alle identischen Adressen stehen in einer eigenen Gruppe. Öffnen Sie mit einem Doppelklick die erste Adresse der Firma ABC-Chemie, ändern Sie die Anschrift, speichern und schließen Sie den Kontakt. Outlook hat die geänderte Adresse in eine neue Gruppe verschoben. Ziehen Sie jetzt mit der Maus die anderen Adressen in diese neue Gruppe. Am Mauszeiger sehen Sie, wie sich beim Verschieben die Adresse automatisch anpasst. Anschließend heben Sie die gruppierte

Ansicht wieder auf, indem Sie mit der Maus das Feld »Adresse geschäftlich« an seine alte Position in der Überschriftzeile ziehen. Wenn die Firma den Namen geändert hat, müssen Sie nach dem Feld »Firma« gruppieren.

Verbinden Sie wichtige Dokumente mit dem zugehörigen Kontakt

Wie schön wäre es, wichtige Verträge, Kalkulationsunterlagen oder Präsentationen fast mit einem Mausklick auf dem Bildschirm zu haben, sobald der Kunde/Lieferant anruft. Das geht in Outlook mit Verknüpfungen. Öffnen Sie den Kontakt, dann Aktionen – Verknüpfung – Datei und klicken Sie im Windows-Explorer die gewünschte Datei an. Geben Sie einen aussagekräftigen Betreff an: »Angebot vom 17. Januar«, speichern und schließen Sie das Kontakt-Formular. Für mehrere Dateien wiederholen Sie den Vorgang.

Die Verknüpfung lässt sich bei 2003 auch so setzen: rechter Mausklick auf den geschlossenen Kontakt, dann Verknüpfung.

Für 2007 müssen Sie zuerst den Befehl »Verknüpfung« in die Schnellzugriffleiste des Kontakteformulars einfügen und durch einen Klick auf den Befehl die gewünscht Datei einfügen.

Lassen Sie sich die Verknüpfungen anzeigen

Öffnen Sie den Kontakt, dann »Aktivitäten« anklicken. Outlook zeigt die Liste der verknüpften Dateien an. Mit einem Doppelklick auf die gewünschte Datei öffnen Sie sie. Die Liste der Aktivitäten können Sie nicht so ausdrucken, wie sie angezeigt wird. Mit einem Trick geht es aber doch: Öffnen Sie den Kontakt und markieren Sie mindestens zwei beliebige Einträge in dieser Liste. Mit einem **rechten Mausklick** auf diese Markierung, dann Drucken – Tabellenformat – Druckbereich: *Alle Zeilen* OK wird die Liste gedruckt.

Hinweis: Verknüpfungen dieser Art funktionieren auch mit Terminen oder E-Mails, aber nicht mit Aufgaben.

Schneller Zugriff auf öffentliche Kontakte-Ordner oder Kalender

Statt umständlich über den Zweig Öffentliche Ordner – Alle Öffentlichen Ordner auf die Firmenadressen zu kommen, binden Sie den Ordner in Ihre Favoriten ein. Klicken Sie mit der rechten Maustaste auf den öffentlichen Kontakte-Ordner, dann *Zu Favoriten hinzufügen*. Vergeben Sie einen beliebigen Namen wie *Firmenadressen* und klicken *Hinzufügen* an. Für die Version 2003 müssen Sie noch diese Schritte ausführen:

Blenden Sie in der Ordnerliste der Öffentlichen Ordner die Favoriten ein. Klicken Sie mit der rechten Maustaste auf den Ordner *Firmenadressen* und dann *Zu Andere Kontakte* hinzufügen. In der Gruppe Kontakte steht dieser Ordner jetzt mit allen anderen Kontakte-Ordnern (Ihren eigenen und denen, für die Sie die Berechtigung haben) zur Verfügung. Genauso können Sie mit dem Öffentlichen Kalender vorgehen.

Mit Gruppenterminplänen schnell sehen »Wer ist im Haus?«

Eine relativ neue Funktion ist der Gruppenterminplan. Er ähnelt einer Verteilerliste. Sie können den Terminplan nutzen, um damit Besprechungsanfragen zu starten, er lässt sich aber auch so einsetzen, dass Sie mit einem Klick sehen, wer in Ihrer Abteilung ist im Haus, wer ist abwesend – vorausgesetzt, die Kollegen pflegen ihren Kalender. Einen Gruppenterminplan können Sie nur erstellen, einsehen und ändern, wenn Sie im Outlook-Kalender sind.

Gruppenterminplan erstellen

Wechseln Sie in den Kalender und klicken Sie Aktionen – Gruppenterminpläne ermitteln... Klicken Sie die Schaltfläche *Neu...* an, vergeben Sie einen Namen und mit einem Klick auf die Schaltfläche *Weitere einladen* klicken Sie die gewünschten Adressen an, beispielsweise alle Mitarbeiter Ihrer Abteilung. Möchten Sie auch später Termindetails sehen, dann klicken Sie die Schaltfläche Optionen an und aktivieren »Kalenderdetails anzeigen«. Speichern und schließen Sie den Gruppenplan.

Gruppenterminplan nutzen

Wenn Sie den Gruppenterminplan mit Aktionen – Gruppenterminpläne ermitteln und einem Doppelklick auf den Gruppenplan öffnen, bekommen Sie immer den aktuellen Tag und die aktuelle Zeit angezeigt. Mit der Schaltfläche »Gehe zu« wechseln Sie zu einem bestimmten Datum. Falls Sie eine Berechtigung für den Kalender der anderen Mitglieder haben, können Sie bei aktivierten Kalenderdetails den Betreff des Termins sehen.

Gruppenterminplan ändern

Öffnen Sie den Gruppenterminplan und klicken Sie *Weitere einladen* an. Die aktuellen Adressen stehen in der Zeile An: Hier markieren und löschen Sie die betreffenden Adressen. Neue Adressen fügen Sie aus dem Outlook-Adressbuch ein.

So rufen Sie noch schneller den Gruppenzeitplan auf

Wechseln Sie in den Kalender. Klicken Sie dann Extras – Anpassen... – Karte: *Befehle* – Kategorien: *Aktionen* an. Auf der rechten Seite scrollen Sie zum Befehl Gruppenterminpläne ermitteln... Schieben Sie den Befehl mit gedrückter Maustaste in die Menüleiste und klicken Sie *Schließen* an. Jetzt reicht ein Mausklick auf den Befehl und mit einem Doppelklick auf den Gruppenterminplan gelangen Sie in die Übersicht.

Öffnen Sie Anwendungsdaten direkt aus Outlook

Wussten Sie, dass ein Mausklick reicht, um sofort die aktuelle Präsentation oder die neuen Umsatzzahlen zu bearbeiten, ohne Outlook zu verlassen? Das geht mit Verknüpfungen. Im Navigationsbereich haben Sie die Schaltfläche *Verknüpfungen* (der kleine gebogene Pfeil). Outlook unterscheidet zwischen Verknüpfungen und Gruppen. Verknüpfungen sind zu Outlook-Ordnern möglich. Über die Gruppen greifen Sie auf einzelne Dateien oder auch Ordner zu. Am Beispiel einer Excel-Verknüpfung hier die Erläuterung:

Klicken Sie *Neue Gruppe hinzufügen* an, vergeben Sie einen Namen »Aktuelle Umsatzzahlen« und schließen Sie mit Enter ab. Wechseln Sie in den Windows-Explorer zu Ihrem Excel-Ordner oder zur gewünschten Datei. Jetzt lassen Sie sich beide Fenster nebeneinander anzeigen: rechter Mausklick in die Taskleiste – Fenster nebeneinander anzeigen. Ziehen Sie nun mit der Maus den Ordner oder die Datei in die neue Gruppe *Aktuelle Umsatzzahlen*. Schließen Sie den Windows-Explorer und setzen Sie das Outlook-Fenster wieder auf Vollbild.

Die Gruppe oder Datei/Ordner innerhalb der Gruppe können Sie mit einem rechten Mausklick auf die Gruppe oder Datei/Ordner und dann *Löschen* von der Verknüpfung entfernen. Und umbenennen lässt sich die Gruppe auch mit einem rechten Mausklick auf den Namen.

E-Mails, Kontakte oder Termine manuell sichern

Sie kennen die Meldung »Möchten Sie alte Elemente jetzt AutoArchivieren?« Die meisten klicken die Maske weg, ohne zu reagieren. Die Funktion AutoArchivieren setzt einige Einstellungen Ihrerseits voraus. Sie müssen erst den Standard festlegen und dann noch einmal für jeden Ordner individuell die Einstellung überprüfen. Bei der AutoArchivierung werden die Elemente – Termine, E-Mails, Aufgaben – entsprechend den Einstellungen automatisch in den Archivordner verschoben. Das heißt, aus Ihrem Postfach werden die Elemente gelöscht. Vielen Outlook-Anwendern ist das zu verzwickt. Deshalb hier ein Vorschlag, wie Sie selbst bestimmen, was gesichert werden soll – und sichern sollten Sie auf jeden Fall.

> **Hinweis:** Sie können entweder das gesamte Postfach mit allen Unterordnern oder nur einen einzigen Ordner mit Unterordnern sichern. Die Auswahl beispielsweise Kontakt-Ordner und Kalender-Ordner zu sichern bedeutet zwei Sicherungsvorgänge.

Klicken Sie Datei – Importieren/Exportieren... – Exportieren in eine Datei (2007: In Datei exportieren) – Weiter. Zu erstellender Dateityp: Persönliche Ordner-Datei (.pst) und Weiter an. Standardmäßig ist hier nur der Posteingang ausgewählt. Um alle Ordner zu sichern, klicken Sie auf Postfach_Ihr_Name und aktivieren Sie Unterordner einbeziehen – Weiter. Durchsuchen... Geben Sie einen Speicherort und einen Namen für die PST-Datei an wie »Datensicherung Januar 2011«, OK und Fertigstellen. Im nächsten Bild geben Sie einen Namen für die Anzeige in Ihrer Outlook-Ordnerliste an wie »Archivordner Januar [Jahreszahl]«. Mit OK wird die Archivdatei angelegt. Outlook **kopiert** alles ins Archiv, blendet kurz in der Ordnerliste *Archivordner Januar [Jahreszahl]* ein und schließt den Archivordner. Die Archivdatei kopieren Sie auf eine CD oder einen Stick. Jetzt könnten Sie alte Termine oder E-Mails löschen.

So stellen Sie gelöschte Daten wieder her

Um die Archivdatei nutzen zu können, braucht Outlook einen Schreibzugriff. Deshalb muss die Datei auf dem Computer zur Verfügung stehen, das heißt, wenn Sie sie auf den Stick verschoben haben, muss sie erst wieder zurückgespielt werden. Wählen Sie in Outlook Datei – Öffnen – Outlook-Datendatei... Dort suchen Sie die PST-Datei Datensicherung »Januar 2011« im WindowsExplorer. In der Outlook-Ordnerliste wird

Archivordner Januar 2011 angezeigt. Hier können Sie auf alle Elemente zugreifen, also sie in Ihre Postfach-Ordner verschieben oder öffnen und bearbeiten. Mit einem rechten Mausklick auf die *Archivordner Januar 2011* schließen Sie die Archivdatei wieder.

> **Wichtiger Hinweis:** Ziehen Sie aus der Archivdatei nicht einfach eine Nachricht oder einen Termin in Ihr Postfach zurück. So kopieren Sie nicht, sondern verschieben aus dem Archiv. Entweder halten Sie beim Ziehen mit der Maus die Strg-Taste gedrückt oder Sie nutzen die Tastenkombinationen StrgC = Kopieren und StrgV = Einfügen.

> **Best Practice**
> - Erhaltene Tipps möglichst schnell umsetzen
> - Mit AutoTexten, AutoKorrekturen und Vorlagen die Schreibarbeit schneller erledigen
> - Das eigene E-Mail-Menü einrichten
> - Eigene Ansichten erstellen
> - Das Postfach des Chefs in Ihre Ordnerstruktur aufnehmen
> - Endlich eine Archivdatei anlegen

Teil IV

Foliengestaltung:
Wie aus ein paar Stichworten
eine gute Präsentation wird

1 Was verbindet Foliengestaltung und Excellent Office?

Neben Textverarbeitung und Tabellenkalkulation gehört seit Jahren auch die Foliengestaltung zur klassischen Bürosoftware. Der erfahrene Umgang mit diesen Programmen wird in Unternehmen inzwischen ganz selbstverständlich vorausgesetzt. Excellent Office bedeutet aber nicht nur den erfahrenen Umgang, sondern auch die Beherrschung der Software.

Niemand erwartet jedoch von einem Anwender einer Textverarbeitung, dass er durch die Beherrschung der Software auch automatisch zu einem begnadeten Schriftsteller wird, oder von einem Anwender einer Tabellenkalkulation, dass er sich durch die Beherrschung der Software in einen Börsenguru verwandelt.

Bei einem Anwender der Foliengestaltung ist das leider anders. Von ihm wird erwartet, dass er durch die Beherrschung der Software auch zum Drehbuchautor und Art Director mutiert. Doch dem ist leider nicht so: Die gestalterische Erfahrung wird nicht mit dem Programm mitgeliefert und existiert auch nicht als Auswahl im Format-Menü.

Trotzdem ist es an der Tagesordnung, dass im Office-Bereich zu allen möglichen und unmöglichen Themen »mal schnell« eine Präsentation erstellt werden soll. Manche Mitarbeiter haben sich deshalb über die Jahre hinweg im Selbststudium Design-Kompetenz erarbeitet. Für die meisten bleibt die Gestaltung aber eine schwierige Aufgabe.

Was vermisst wird, ist eine kompakte Anleitung, wie aus ein paar Stichworten eine gute Präsentation wird. Hier ist sie: die praktische Unterstützung – von den Grundlagen über die Vorbereitung, Stoffsammlung, Ausarbeitung und Gestaltung bis hin zur Präsentation.

> **Orientierungsfragen**
> - Warum sollten Sie sich nicht sofort auf die Gestaltung der Folien stürzen?
> - Wie formulieren Sie ein Ziel für die Präsentation?
> - Wie nähern Sie sich dem Thema der Präsentation an?
> - Wie formulieren Sie das, was Sie eigentlich sagen wollen, auch richtig?
> - Wie bauen Sie den Foliensatz auf?
> - Wie unterstützen Sie den Vortragenden bei der Präsentation?

2 Grundlagen

Hier erfahren Sie,

- ob Sie überhaupt eine Präsentation vorbereiten müssen,
- warum Sie sich nicht sofort auf die Gestaltung der Folien stürzen sollten
- und warum die Folien trotzdem wichtig sind.

2.1 Hinterfragen Sie den Auftrag

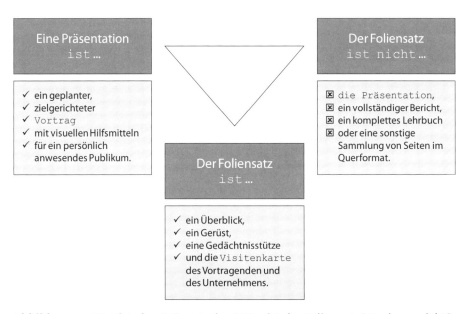

Abbildung 19: Was ist eine Präsentation? Was ist der Foliensatz? Und was nicht?

Ist das überhaupt eine Präsentation?

Sie bekommen den Auftrag, eine Präsentation zu erstellen. Aus ein paar dürren Vorgaben soll etwas entstehen, das »vorzeigbar« ist. Sie stürzen sich voller Elan in die Arbeit und merken doch nach einiger Zeit, dass das Ergebnis Sie nicht wirklich befriedigt. Das kann viele Ursachen haben; der schwerwiegendste und grundsätzlichste Fehler ist, wenn sich der Auftraggeber keine Gedanken darüber gemacht hat, ob es sich beim gewünschten Ergebnis überhaupt um eine Präsentation im eigentlichen Sinne handelt.

Alles kann und soll heute zu einer Foliendatei gestaltet werden: Angebote, Aufträge, Berichte, Handbücher und noch mehr. Es ist gut, wenn man im Büroalltag eine Software hat, mit der man Drucksachen gestalten kann, aber – abgesehen davon, dass es bessere Layout-Programme gibt – ein beliebiges Dokument im entsprechenden Format ist noch lange keine Präsentation. Natürlich können Sie in einem Folienprogramm gestalterisch arbeiten, aber dies ist nicht der Schwerpunkt dieses Kapitels.

Dieses Kapitel soll Ihnen helfen, Präsentationen zu erstellen. Eine Präsentation ist ein Vortrag, der durch Hilfsmittel unterstützt wird – kein Oberbegriff für eine Sammlung von irgendwelchen Texten und Bildern auf Seiten im Querformat. Wenn der Auftrag in Richtung Layout geht, kann Sie Punkt 5 in diesem Kapitel vielleicht ein kleines Stückchen weiterbringen, aber Sie sind besser beraten, sich an anderer Stelle Hilfe zu holen, die sich nicht nur auf den Spezialfall Folienlayout für Präsentationen bezieht.

> Bereiten Sie nur einen Vortrag als Präsentation vor. Andere Dokumente verlangen ein anderes Vorgehen, einen anderen Aufbau und eine andere Gestaltung.

2.2 Bieten Sie solide Unterstützung bei den Vorarbeiten

Warum sollten Sie sich nicht sofort auf die Gestaltung der Folien stürzen?

Präsentationen funktionieren nach eigenen Regeln. Sie funktionieren als Instrumente interpersoneller, geplanter, zielgerichteter Kommunikation mit Unterstützung von visuellen und haptischen Hilfsmitteln. Ein Präsentator teilt einem meist zählbaren, meist bekanntem und persönlich anwesendem Publikum etwas zu einem Thema mit. Ob dabei ein Produktmodell, ein Flipchart, eine Tafel oder Folien zum Einsatz kommen, ist dabei zweitrangig. Eine Präsentation steht und fällt mit der Qualität des Vortragenden; die »Showeffekte« können ihn nur unterstützen.

Aus guten Vorarbeiten wird selten eine schlechte Präsentation resultieren. Aber schlechte Vorarbeiten werden niemals durch eine gute Präsentation wiedergutgemacht. Sie können den Vortragenden stark entlasten, wenn Sie Vorbereitung, Stoffsammlung und Aufbau der Präsentation gewissenhaft erledigen. Wenn Sie wissen, wie lange die Redezeit ist, wer die Zuhörer sind, welches Ziel Sie mit der Präsentation verfolgen, welche Kernbotschaft Sie vermitteln und welche Argumente Sie dafür verwenden wollen, können Sie dem Präsentator das Feld gut bereiten.

> Die von Ihnen gestalteten Folien sollten dann nur noch das Gerüst für die Präsentation bieten. Im Idealfall wird der Vortragende nur selten oder gar nicht auf die Folien eingehen, sondern frei sprechen. Die Folien dienen als Gedächtnisstütze für das, was der Präsentator zu erzählen hat. Er ist derjenige, der mit Anekdoten, Geschichten, Hintergrundwissen und Details aus den wenigen Worten auf den Folien eine Präsentation, ein Erlebnis für das Publikum macht. Nehmen Sie sich genügend Zeit für Vorbereitung, Stoffsammlung und Aufbau der Präsentation. Sie sind der Boden, auf dem sich der Vortragende bewegt.

2.3 Bieten Sie solide Unterstützung bei der Präsentation

Warum soll so viel Zeit für die Gestaltung von Folien aufgewendet werden?

Bedenken Sie immer, dass die Präsentation ein wesentlicher (manchmal der wichtigste) Bestandteil der Darstellung der eigenen Arbeit ist. In den seltensten Fällen erfolgt die Anerkennung der Tätigkeit nur über die erledigten Aufgaben oder das erworbene Wissen. Im Normalfall wird verhältnismäßig wenig Zeit für die Ausarbeitung von Präsentationen aufgewendet, obwohl von deren Wirkung maßgeblich die Bewertung der verrichteten Arbeit abhängt. Mit Blick auf dieses Verhältnis von Aufwand zu Ertrag sollten Sie sehr sorgfältig an jeder Präsentation arbeiten.

Jede Präsentation – egal zu welchem Thema – ist immer auch eine Präsentation der Person und des Unternehmens oder der Organisation, die sie vertritt. Die Gestaltung der Folien hat damit einen hohen Stellenwert. Lassen Sie lieber die eine oder andere Folie entfallen, wenn sie in einem vertretbaren Zeitrahmen nicht so gestaltet werden kann, dass sie einem gewissen Standard entspricht.

Es gibt keine Formel, nach der sich berechnen lässt, wie lange Sie an einer Präsentation arbeiten müssen. Trotzdem sollten Sie vorab entscheiden, wie viel Zeit Sie in eine Präsentation stecken wollen, abhängig davon, ob es sich z. B. um eine interne Kurzpräsentation über fünf Minuten oder einen Vortrag innerhalb einer Seminarreihe über drei Stunden handelt. Berücksichtigen Sie auch, dass Sie bei manchen Präsentationen auf bereits bestehende Folien zurückgreifen können, bei anderen aber bei null anfangen müssen. Setzen Sie sich auf jeden Fall ein zeitliches Limit, das vor dem Präsentationstermin liegt.

Wenn möglich, prüfen Sie noch einmal kurz vor der Präsentation die Rahmenbedingungen, die Sie vorab abgefragt hatten. Sorgen Sie dafür, dass zur Präsentation alles bereit ist: Foliensatz, Handouts, Karten – und der Vortragende. Schaffen Sie die Grundlagen für eine stressfreie Atmosphäre vor und während der Präsentation.

TEIL IV   Foliengestaltung: Wie aus ein paar Stichworten eine gute Präsentation wird

> Gestalten Sie saubere Folien. Weniger ist mehr. Geben Sie dem Vortragenden das Gefühl, dass die Folien den Wert der Arbeit optimal transportieren.

3 Vorbereitung

Hier erfahren Sie,

- wie Sie die Rahmenbedingungen für die Präsentation berücksichtigen,
- wie Sie die Zuhörer schon vor der eigentlichen Präsentation einbinden
- und wie Sie ein Ziel für die Präsentation formulieren.

3.1 Berücksichtigen Sie die Rahmenbedingungen

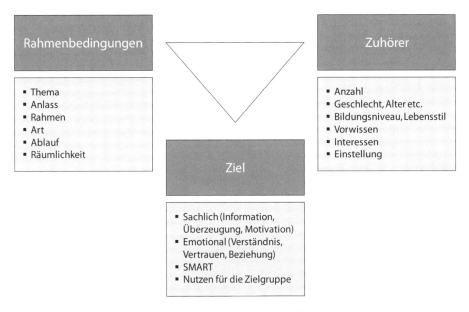

Abbildung 20: Was sind die Rahmenbedingungen? Wer sind die Zuhörer? Was ist das Ziel?

Was erwartet der Veranstalter? Wann, wo, in welcher Form, in welchem zeitlichen Rahmen?

Natürlich ist der Inhalt der Präsentation das Wichtigste. Aber bevor Sie sich zu schnell in das eigentliche Thema stürzen, sollten Sie versuchen, die Dinge zu klären, die den äußeren Rahmen für die Präsentation setzen. Nur wenn die Rahmenbedingungen klar sind, kann die Präsentation richtig vorbereitet werden.

Eine Präsentation zum Thema »Alternative Energiequellen« muss für eine Diskussionsveranstaltung mit Lokalpolitikern anders aufgebaut sein als für eine Fachtagung der Energieversorger. Ein Vortrag über »Softwaredesign mit UML«, für die zwei Stunden Redezeit vorgesehen sind, bietet ganz andere Möglichkeiten, als wenn nur 15 Minuten zur Verfügung stehen. Die Eröffnungsansprache eines Kongresses zum Thema »Personalentwicklung« folgt anderen Regeln als die Vorstellung der »Kriterien zum Mitarbeiter des Monats« in einer Unternehmensfiliale.

Schwerpunkt, Umfang, Struktur, Zielsetzung und schlussendlich auch die Gestaltung orientieren sich deshalb zuerst an den äußeren Vorgaben. Nehmen Sie die nachfolgende Checkliste ernst und versuchen Sie, alle Punkte (evtl. in Rücksprache mit dem Veranstalter) vor der Arbeit an der eigentlichen Präsentation zu beantworten.

Gerade wenn derjenige, der die Präsentation später halten wird, nicht besonders spontan ist und nicht gerade ein Meister im Improvisieren, sollten Sie diese Recherche gewissenhaft erledigen. Es beruhigt die Nerven aller Beteiligten ungemein, wenn man das Gefühl hat, zu wissen, auf was man sich eingelassen hat. Sie können sich die Arbeit aber auch sparen und später jammern: »Wenn ich gewusst hätte, dass nur zehn Minuten Redezeit eingeplant waren, hätte ich vielleicht doch zehn oder zwanzig von den vierhundert Folien weggelassen.«

Die Rahmenbedingungen geben die Eckpunkte für die Präsentation vor	
Thema	Was ist das Thema der Präsentation? Was ist das Thema der Veranstaltung? Was sind die Themen der anderen Präsentationen? Was ist der größere Zusammenhang zwischen den Präsentationen und welche Relevanz hat Ihr Thema gegenüber den anderen Programmpunkten? Werden sich die unterschiedlichen Präsentationen eher ergänzen und unterstützen oder unterschiedliche Standpunkte vertreten?
Anlass	In welchem Rahmen findet die Präsentation statt (im Unternehmen, beim Kunden, auf einer Messe etc.)? Wer ist der Veranstalter? Welches Ziel hat die Veranstaltung? Warum soll die Präsentation stattfinden?

Rahmen	Wird die Veranstaltung zwanglos, locker ablaufen, Ihre Präsentation unter Umständen »auf Zuruf«, spontan stattfinden? Wird es formell zugehen, mit klarem Ablauf, genauem Zeitplan? Ist eher ein feierlicher Rahmen geplant, z. B. bei einem Firmenjubiläum oder einer Preisverleihung?
Art	Ist die Präsentation Teil eines Meetings, um z. B. Projektergebnisse vorzustellen? Soll die Präsentation ein Verkaufsgespräch unterstützen oder auf einer Messe ein neues Produkt vorstellen? Geht es um einen fachlichen Vortrag bei einem Kongress oder einer Tagung? Handelt es sich um ein Training, ein Seminar oder einen Workshop?
Ablauf	Gibt es eine Agenda, ein Programm? Wie viel Zeit ist für die Präsentation eingeplant (15 Minuten oder eine Stunde)? Gibt es im Anschluss eine Podiumsdiskussion oder Fragen aus dem Publikum? Ist die Präsentation eine von vielen oder das zentrale Element der Veranstaltung? Wie viele Präsentationen finden an diesem Tag statt? Welcher Programmpunkt ist vor Ihrer Präsentation geplant und welcher Programmpunkt folgt anschließend? Wann soll die Präsentation stattfinden (als Start, zum Abschluss oder z. B. nach dem Essen)?
Räumlichkeit	Wo findet die Präsentation statt (auf einem Podium im Freien, in einem Besprechungsraum, in der Aula des Firmengebäudes, auf einem Messestand, in einem Kongresssaal eines Hotels)? Welche technischen Möglichkeiten stehen zur Verfügung? Sind PC, Beamer und Leinwand vorhanden oder müssen diese selbst mitgebracht werden? Ist der Raum dunkel oder hell? Ist eine Lautsprecheranlage vorhanden? Muss bzw. kann man mit Mikrofon sprechen? Sitzt der Präsentator, wird er an einem Pult stehen oder kann er die ganze Bühne für seine Präsentation verwenden? Wie wird das Publikum die Präsentation verfolgen (nebenbei beim Sektempfang, im Stehen oder im Sitzen, in Stuhlreihen oder Sitzgruppen sitzend oder an Tischen stehend)?

3.2 Denken Sie an die Zuhörer

Wer sind die Zuhörer? Warum sind sie gekommen? Was erwarten sie von der Präsentation?

Für die Präsentation ist das Publikum natürlich noch wichtiger als der äußere Rahmen. Wenn Sie die Möglichkeit haben, versuchen Sie, sich ein genaues Bild von der Zielgruppe zu machen. Was wissen Sie über diese? Wenn Sie Personen aus der potenziellen Zuhörerschaft kennen, nehmen Sie direkten Kontakt mit diesen auf. Wenn nicht, fragen Sie beim Veranstalter nach oder suchen Sie andere Quellen, um Informationen über sie zu gewinnen.

Welche Bedeutung hat die Präsentation für die Zuhörerschaft? Abhängig vom Thema werden einige Kriterien wichtiger sein als andere. Für einen Vortrag über das Sozialsystem wäre es sicher sinnvoll, zu wissen, welche Einkommens- und Berufsgruppen besonders stark vertreten sein werden, bei der Präsentation eines neuen Fahrzeugs, welcher Lebensstil vorherrscht, und bei der Vorstellung einer neuen Technologie, wie viel Fachwissen man voraussetzen darf.

Denken Sie bei internationalen Präsentationen auf jeden Fall an kulturelle Eigenheiten. Dies bedeutet für die Vorbereitung hauptsächlich, welche inhaltliche Tiefe, aber auch welche sprachlichen und bildlichen Gepflogenheiten erwartet werden. Besonders zu beachten ist das zum Teil stark auseinandergehende Verständnis von »Humor«. Es kann aber auch nicht schaden, dem Präsentator ein paar Tipps zu Frage- und Antwortverhalten, Augenkontakt, angemessener Kleidung sowie Körpersprache der Zielgruppe mit auf den Weg zu geben.

Machen Sie keine Doktorarbeit aus diesem Schritt, aber überspringen Sie ihn auch nicht. Jede Eigenschaft der Zielgruppe, über die Sie Bescheid wissen, gibt Ihnen wichtige Hinweise für Ihre Argumentation innerhalb der Präsentation. Versetzen Sie sich in die Lage der Zuhörer. Wenn Sie aus diesem Blickwinkel zufrieden mit der Präsentation sind, werden es später auch die Teilnehmer sein.

3.3 Setzen Sie sich ein Ziel

Was soll mit der Präsentation erreicht werden? Was ist der Nutzen für die Zuhörer?

Ziele verfolgen Sie durch alle Bereiche in Ihrem Leben und so auch durch alle Kapitel dieses Buchs. Leider werden immer wieder Aufgabe und Ziel verwechselt. Eine Aufgabe ist ein Auftrag, eine Handlung durchzuführen. Ein Ziel dagegen ist ein angestrebter, veränderter Zustand im Vergleich zum jetzigen.

Die Zuhörer bestimmen den Schwerpunkt und die Richtung der Präsentation

Statistik	Wie viele Zuhörer werden erwartet (10, 100, 1000)?
	Nach welchen demografischen Kriterien lassen sie sich einteilen (Geschlecht, Alter, Familienstand, Haushaltsgröße, Land, Region, Religion)?
	Nach welchen sozioökonomischen Kriterien lassen sie sich einteilen (Schulbildung, Ausbildung, Tätigkeit, Einkommen der Hauptverdiener, Haushaltsnettoeinkommen, soziale Schicht, gesellschaftlich-wirtschaftlicher Status, Migrationshintergrund)?
	Nach welchen psychografischen Kriterien lassen sie sich einteilen (Lebensstil, Merkmale der Persönlichkeit)?
Vorwissen	Wer sitzt im Publikum (eigene Abteilung, Projektteam, Vorstand, Steuerungskreis, Investoren, potenzielle Kunden, Kongressteilnehmer, Stadtrat, Ingenieure, Trainees)?
	Was wissen die Teilnehmer bereits zum Thema (Ausbildung, Vorkenntnisse, beruflicher und fachlicher Hintergrund, inhaltlicher Aufbau im Kongress oder innerhalb des Seminars)?
	Welches Niveau wird erwartet (internationaler Vortrag in Englisch, inhaltliche Tiefe, Fachausdrücke, Fremdwörter)?
Interessen	Warum sind die Teilnehmer anwesend (Motivation, Auftrag, Freiwilligkeit, Kontrolle)?
	Was erwartet das Publikum von der Präsentation (inhaltlicher Schwerpunkt, Nutzen, offene Ziele, versteckte Ziele, Präsentationstechnik, Ablauf)?
	Welche unterschiedlichen Interessen gibt es? (Kompetenzen, Hierarchieebenen, Rollen, Handlungsspielräume, Meinungsbildner, Entscheidungsträger)?
	Welche Gemeinsamkeiten gibt es (gemeinsame Geschichte, gemeinsame Ziele, gemeinsame Interessen)?
Psychologie	Welche Einstellung haben die Teilnehmer grundsätzlich (zur Branche, zum Unternehmen, zur Veranstaltung, zum Präsentator)?
	Welche Einstellung haben die Teilnehmer zum Thema (Vorbehalte, Ängste, Bedenken, Einwände, Kritik, Vorurteile)?
	Gibt es Tabubereiche (ausgereizte Argumente, bekannte Fettnäpfchen, Glaubenssätze, Toleranzgrenzen)?

Wenn die Aufgabe gestellt wird, eine Reise zu planen, (»Frau Müller, machen Sie doch bitte alles für meine Reise fertig!«) ist nicht nur das Ziel offen, sondern die Aufgabe selbst wird fast unlösbar. Wenn dagegen ein klarer Termin und der genaue Ort genannt werden (»Frau Müller, ich habe am 29.09. um 17:00 Uhr ein Gespräch in der Zentrale in München. Bitte buchen Sie mir einen Flug!«), ist das Ziel eindeutig – und die Aufgabe lässt sich viel leichter angehen.

Die Aufgabe »Machen Sie eine Präsentation zum aktuellen Projektstand« enthält noch kein eindeutiges Ziel. Nach all den anderen Vorbereitungen sollte Ihnen aber die Zielsetzung relativ leichtfallen. Stellen Sie sich einfach die Frage, was mit der Präsentation erreicht werden soll – unter Berücksichtigung der Rahmenbedingungen, Teilnehmer und des Themas. Welche Veränderung soll sie bewirken, was soll das Ergebnis der Präsentation sein? Das formulierte Ziel könnte heißen »Der Vorstand soll vom Projektfortschritt begeistert sein und deshalb weitere Ressourcen zur Verfügung stellen.«

Damit die Präsentation für beide Seiten ein Erfolg wird, sollten Sie nicht nur an sich denken. Fragen Sie sich auch, welchen Nutzen die Zuhörer aus der Präsentation ziehen können. Am einfachsten ist die Situation, wenn das Interesse des Publikums mit Ihrem Ziel übereinstimmt. Wenn dem nicht so ist, suchen Sie nach der Schnittmenge zwischen beiden.

Setzen Sie sich ein realistisches Ziel, das Sie erreichen wollen, sodass die Präsentation auch für die Zuhörer einen echten Nutzen hat.	
Zielbereich	Sollen sachliche Ziele erreicht werden (Aufmerksamkeit/Interesse wecken, informieren, Wissen vermitteln, erklären, Alternativen aufzeigen, Hilfen anbieten, Positionen, Bedürfnisse und Trends ermitteln, motivieren, Zustimmung erreichen, überzeugen, Entscheidung herbeiführen, Rechenschaft ablegen)? Sollen emotionale Ziele erreicht werden (Beziehung aufbauen, Vertrauen gewinnen, Image fördern, Wünsche wecken, Sympathiewert steigern, um Verständnis werben)?
Zielobjekt	Was soll eine Veränderung erfahren (z. B. bei einem Statusbericht sollen Aufgaben und Termine verabschiedet werden, bei einer Strategieempfehlung das weitere Vorgehen entschieden werden, bei einer Unternehmensvorstellung soll besonders gegenüber dem Qualitätsmanagement Vertrauen aufgebaut werden)?
Zieleigenschaften	Wie genau lässt sich das Ziel formulieren? Hier ist sie wieder, die bekannte SMART-Regel: S – spezifisch-konkret (präzise und eindeutig) M – messbar (quantitativ und/oder qualitativ) A – attraktiv (positiv formuliert, motivierend) R – realistisch (erreichbar) T – terminiert (mit Zeitpunkt)

Nutzen	Welchen Nutzen hat die Präsentation für das Publikum? Können die Zuhörer einen materiellen Nutzen aus der Präsentation ziehen (z. B. Messerabatt, Spartipp, Anlagetrick, Steuervorteil, Gutscheincode)? Gibt es einen Prestigenutzen (z. B. Vortrag von Bill Clinton, Vorstellung einer Weltneuheit, einmaliger Kongress)? Hat die Zuhörerschaft einen Gefühlsnutzen (Unterhaltung, Betroffenheit, Spaß, Gemeinschaft etc.)? Können die Zuhörer nach der Präsentation direkt etwas aus der Präsentation umsetzen (z. B. klare Aufgaben mit eindeutigem Terminplan für das Projekt)?

4 Stoffsammlung

Hier erfahren Sie,

- wie Sie sich dem Thema der Präsentation annähern,
- wie Sie das Thema der Präsentation sinnvoll eingrenzen
- und woher Sie die nötigen Inhalte dafür bekommen.

4.1 Stellen Sie Fragen

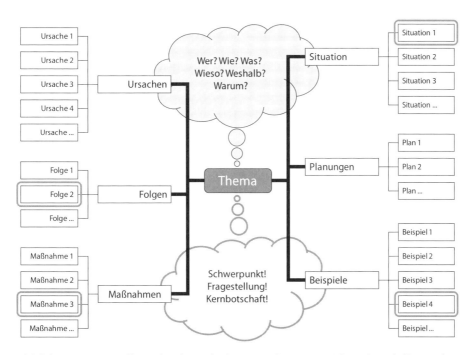

Abbildung 21: Erstellen Sie eine Mindmap und grenzen Sie anhand dieser den Inhalt ein

Wer? Wie? Was? Warum? Welche Fragen könnten zu diesem Thema gestellt werden?

Sammeln Sie alles, was Sie über das Thema wissen, und alles, was Ihrer Meinung nach dazugehört. Versuchen Sie, mindestens fünf Aspekte pro 15 Minuten Präsentationszeit zu finden. Eine gute Methode hierfür ist eine

Mindmap. Schreiben Sie das Thema in die Mitte eines Blattes und notieren Sie jeden Aspekt, der Ihnen dazu einfällt auf einer Linie, die vom Thema ausgeht. Wenn Sie Punkte finden, die sich nur auf einen Aspekt beziehen, schreiben Sie diese wiederum auf Linien, die von der Linie des Aspekts ausgehen. So verzweigen Sie immer tiefer und erzeugen dabei eine Baumstruktur zum Thema.

Notieren Sie zu allen Aspekten Fragen. Seien Sie Kind! Bohren Sie nach! Manch einfache Frage entpuppt sich später als äußerst schlau. Verlassen Sie sich nicht auf Ihre Vorkenntnisse, Vermutungen und Hypothesen zum Thema. Hinterfragen Sie auch, was Sie als logisch ansehen – und erst recht, was für Sie nicht nachvollziehbar ist. Spielen Sie Advocatus Diaboli. Seien Sie bösartig und gemein. Stellen Sie unsinnige Fragen und Fragen, die am Thema eigentlich vorbeigehen. Seien Sie nerviger als der übelste Zuhörer, den Sie sich vorstellen können! Wer? Wie? Was? Warum? Warum? Warum?

Beim Thema »Kennzeichnung von gentechnisch veränderten Lebensmitteln« muss in Ihrer Mindmap der Ast »Risiken der Gentechnik« auftauchen. Sammeln Sie dazu Fragen wie »Wird das ökologische Gleichgewicht durch die Gentechnik gestört?«, »Verursacht die Gentechnik einen Verlust der Artenvielfalt?« und natürlich grundlegende und provozierende Fragen wie: »Was wissen wir überhaupt über Risiken und Folgen der Gentechnik?«

Suchen Sie andere Sichtweisen. Stellen Sie das Thema Ihrem Partner, Ihrer Partnerin, Kollegen, Freunden, potenziellen Zuhörern, Fachleuten, Menschen mit absolut anderem Fachgebiet und Ihren Eltern vor. Sammeln Sie alle Aspekte und Fragen, die Ihnen selbst noch nicht eingefallen sind. Achten Sie besonders auf die Verständnisfragen: »Was ist damit gemeint?«, »Was versteht man darunter?« Und: »Was heißt das jetzt konkret?«

Wenn Sie die Möglichkeit haben, suchen Sie auch bewusst die »Gegenseite«. Gerade wenn Sie der Meinung sind, dass Sie auf die meisten Fragen gute Antworten haben, spielen Sie verschiedene Argumentationen durch: »Angenommen, dass ...«, »Was wäre, wenn ...«, »Gesetzt den Fall, dass ...«.

4.2 Grenzen Sie den Inhalt ein

Was ist die Fragestellung? Warum ist diese Frage wichtig? Wie soll die Frage methodisch und inhaltlich beantwortet werden?

Man kann davon ausgehen, dass derjenige, der ein Thema präsentieren soll, für dieses Thema auch eine gewisse Kompetenz besitzt. Deshalb sollte

Nähern Sie sich dem Thema von allen Seiten über Fragen. Aktivieren Sie Ihren eigenen Wissensdurst und den Ihrer Umwelt. Berücksichtigen Sie eine ablehnende Haltung!	
Stichwortliste	Was fällt Ihnen zu dem Thema ein (Brainstorming, Karteikarten, Mindmap)? Zensieren Sie sich nicht selbst! Ordnen Sie die Aspekte zu Themenbereichen, aber halten Sie sich nicht zu stark mit der Systematisierung auf!
Eigene Fragen	Was ist am Thema interessant (Zusammenhänge, Widersprüche, Naheliegendes, Abstruses)? Was ist am Thema kontrovers (Gefahren, Unsicherheiten, offene Fragen, Kritikpunkte)?
Fremde Fragen	Was ist am Thema interessant (für Laien, potenzielle Zuhörer, Fachleute)? Was ist am Thema kontrovers (für Gegner, Betroffene, Konkurrenten, Kritiker)?

es ihm nicht schwerfallen, dazu irgendetwas zu sagen. Eine gute Präsentation zeichnet sich aber dadurch aus, dass der Vortragende nicht irgendetwas erzählt, sondern etwas für die Zuhörer Relevantes.

Nach der Zielgruppenanalyse haben Sie ein Bild über das Vorwissen und das Interesse des Publikums. Der Inhalt der Präsentation ist die Lücke dazwischen. In manchen Fällen lässt sich diese einfach eingrenzen (z. B. bei einem internen Projektmeeting), oft aber ist sie ein riesiges Feld (z. B. bei der Präsentation von komplexen technologischen Forschungsergebnissen). Beschränken Sie sich deshalb auf das Wesentliche. Fassen Sie das Thema nicht zu weit. Ein unscharf abgegrenztes Thema kann der erste Schritt zu einem Debakel sein, zumindest aber viel Zeit kosten.

Eine Präsentation mit dem Thema »Das Internet als das Medium des neuen Jahrtausends« ist selbst bei unbegrenztem Zeit- und Kostenbudget nicht sinnvoll zu behandeln. Eine Eingrenzung in »Das Internet als Nachrichtenmedium des neuen Jahrtausends« wäre noch genauso ein Fass ohne Boden. Wählen Sie stattdessen das Thema »Wie das Internet den Nachrichtenkonsum verändert: die Mediennutzung der 25- bis 35-Jährigen im Vergleich 1995 zu heute«, und Sie haben die Chance, dass Sie alle (relevanten) Daten darstellen können – und mehr dazu zu sagen haben, als der durchschnittliche Zuhörer im Publikum.

Wenn Sie das Thema präzisiert haben, definieren Sie den Ausgangspunkt: Holen Sie die Zuhörer dort ab, wo sie stehen. Wie ist die Sachlage, was ist die Problemstellung bzw. die zentrale Frage, von der Sie ausgehen? Formulieren Sie anschließend den Endpunkt, auf den die Präsentation zusteuern soll. Die möglichen Zwischenschritte ergeben sich dann aus den

Inhalten Ihrer Stoffsammlung. Zusätzlich lässt sich der Umfang der Präsentation darüber steuern, ob Sie den Sachverhalt nur beschreiben oder ob Sie diesen darüber hinaus z. B. interpretieren.

Wählen Sie die Inhalte aus, die unter den gesetzten Rahmenbedingungen den Teilnehmern das vorgegebene Thema am besten vermitteln.	
Fokus	Was ist der Schwerpunkt der Präsentation? Zeitlich (ein Zeitraum oder ein Ereignis)? Örtlich (ein Land, eine Region oder ein Ort)? Organisatorisch (ein Prozess, ein Projekt, eine Abteilung oder ein Tochterunternehmen)? Exemplarisch (ein Produkt, ein Kunde oder ein inhaltlicher Aspekt des Themas)? Eine beliebige Kombination aus diesen Faktoren?
Ausgangspunkt	Was ist das Hauptinteresse der Zielgruppe (zentrale Fragestellung)? Kann dieses Hauptinteresse durch Wissen befriedigt werden oder muss etwas überprüft oder belegt werden (Hypothese oder Aussage)? Warum beschäftigt sich diese Präsentation mit diesem Punkt (gesellschaftliche, unternehmerische oder wissenschaftliche Relevanz, persönliches Interesse)?
Endpunkt	Wodurch lässt sich das Hauptinteresse der Zuhörer befriedigen (Antwort, Forschungsergebnis, Beweis)? Lässt sich dieses Ergebnis in einer Präsentation gut darstellen? Wodurch wird dieses Ergebnis gestützt (Forschungsliteratur, Daten, Quellen, Interviews, Beobachtungen)?
Zwischenschritte	Welche Informationen benötigen die Zuhörer auf dem Weg zu dem Ergebnis (Teilaspekte, Argumentationskette)? Lassen sich diese Schritte innerhalb der Rahmenbedingungen darstellen (Anzahl, Umfang)?
Vorgehensweise	Wie geht die Präsentation das Thema an (beschreibend, erklärend, analysierend, interpretierend, kritisierend, kritisch reflektierend, evaluierend, modellierend, prognostizierend)?

4.3 Recherchieren Sie nur das Nötige – und ein bisschen mehr

Was beantwortet die zentrale Frage und gibt Aufschluss über die Zwischenschritte? Wo kann man sich diese Antworten beschaffen?

Grob lassen sich Themen in drei Bereiche einteilen: Allgemeine, spezielle und individuelle bzw. lokale Themen. Allgemeine Themen sind von allgemeinem Interesse, was dazu führt, dass sich bereits viele Menschen damit auseinandergesetzt haben. Es existiert eine Fülle von Büchern, Zeitschriften- und Zeitungsartikeln, im Extremfall glaubt jeder, er hätte etwas dazu zu sagen. Spezielle Themen sind (oder waren) nur für eine ausgesuchte Gruppe interessant. Es gibt Fachliteratur dazu, Artikel in Fachzeitschriften, und nur wenige Menschen wissen wirklich Bescheid. Individuelle bzw. lokale Themen betreffen eine überschaubar kleine Gruppe. Es existiert nur selbst erstellte Literatur; im Extremfall liegt das Wissen bei einer Person.

Das Thema der Präsentation gibt deshalb vor, wie und wo sich die nötigen Informationen finden lassen. Natürlich gibt es auch Präsentationen, die alle drei Bereiche umfassen, aber im Normalfall lässt sich problemlos entscheiden, in welchen Bereich das Thema fällt. »Schuldenfalle Handy – Lösungen der Hersteller und Mobilfunkprovider« ist ein allgemeines Thema, »Weiterentwicklung des Lithium-Ionen-Akkumulators durch Ersetzung der Graphitanode durch eine nanostrukturierte Lithium-Titanat-Anode« ist ein spezielles Thema und »Marketingaktivitäten des Verkaufsbüros Stuttgart zur Produkteinführung des neuen Akkubohrschraubers« ist ein individuelles bzw. lokales Thema.

Dementsprechend sollten Sie bei der Recherche vorgehen. Bei allgemeinen Themen heißt das Zauberwort heute natürlich Internet. Zu fast jedem Thema gibt es ganze Websites, Abhandlungen und Downloads. Zu spezifischen Themen findet sich im Internet vieles in einschlägigen Blogs, in Foren und in Unterbereichen auf (meist englischsprachigen) Sites. Zu allgemeinen und speziellen Themen lohnt es sich auch, bei Buchversendern zu stöbern, um anhand von Leserkommentaren eine Literaturauswahl zu treffen. Zu einigen Themen existieren auch (zum Teil kostenpflichtige) Datenbanken im Internet. Zu individuellen bzw. lokalen Themen müssen Sie die Menschen, die Person, Abteilung, Gruppe oder externen Partner kontaktieren, die die entsprechenden Daten besitzen.

Die wenigsten Menschen können sich nach einer ausgiebigen Recherche noch an alles erinnern, was sie gelesen, gesehen oder gehört haben. Machen Sie sich deshalb Notizen. Halten Sie stichpunktartig die wichtigsten Punkte fest und ordnen Sie diese gleich den unterschiedlichen

Themenaspekten zu. Wenn Sie bei der Recherche auf etwas stoßen, von dem Sie glauben, dass Sie es später in der Präsentation verwenden könnten, notieren Sie auch gleich die genaue Quellenangabe zu Ihrer Notiz. Sie ärgern sich sonst später, wenn Sie jemanden zitieren oder auf eine Aussage verweisen wollen und nur deswegen noch einmal alle Materialien durchsuchen müssen.

Sammeln Sie nur die Daten, die Sie zur Beantwortung der zentralen Frage und für die Zwischenschritte benötigen. Aber achten Sie bei der Recherche auch auf aktuelle Nachrichten, Aussagen und skurrile Dinge, die Sie später als Aufhänger oder zur Auflockerung verwenden können. Für Bilder – falls Sie nicht auf eigenes Material zurückgreifen können – empfiehlt es sich, Internet-Datenbanken zu durchsuchen, die hochwertige Fotos und Illustrationen lizenzfrei anbieten. Von Clipartsammlungen ist grundsätzlich (mit wenigen Ausnahmen) abzuraten.

Überlegen Sie, wo Sie die nötigen Informationen erhalten. Sammeln Sie dort systematisch alle nötigen Antworten ein – und nebenbei Unterhaltsames.	
Allgemeines Thema, spezielles Thema	Welche Bücher gibt es zum Thema (Bestsellerlisten, aktuelle Buchbesprechungen, Leserkommentare, Autoren, Länder)? In welchen Zeitschriften und Zeitungen sind Artikel dazu erschienen (aktuelle Nachrichten, Interviews, Messen, Kongresse)? Welche Standpunkte werden diskutiert (Argumente, Meinungsführer)? Welches Datenmaterial ist zugänglich (Forschungsergebnisse, Studien, Sammlungen, Urteile, Archive, Patente)?
Individuelles bzw. lokales Thema	Welche Dokumentation gibt es (Auftrag, Pflichtenheft, Glossar, Bericht, frühere Präsentationen)? Welche Aufzeichnungen gibt es (Projektplan, Agenda, Protokolle)? Welches Datenmaterial gibt es (Reporting, Auswertungen)?
Aktuelles und Unterhaltsames	Gibt es einen aktuellen Bezug (Nachricht, Artikel, Buch)? Gibt es unterstützendes Material (Zitate, Cartoons, Karikaturen, Geschichten, Anekdoten)?

5 Ausarbeitung

Hier erfahren Sie,

- wie Sie das, was Sie eigentlich sagen wollen, auch richtig formulieren,
- was Sie bei Ihren Argumenten berücksichtigen sollten,
- wie Sie Ihre Argumente mit unterstützenden Elementen aufwerten,
- wie Sie Ihre Zuhörer mit der Einleitung abholen,
- wie Sie den Hauptteil logisch gliedern,
- wie Sie Ihre Argumentationskette zum Abschluss bringen und
- wie das Ergebnis Ihrer Ausarbeitung schließlich aussehen sollte.

5.1 Formulieren Sie Ihre Kernbotschaft

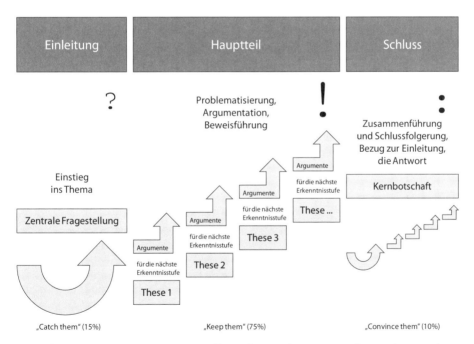

Abbildung 22: Die Dramaturgie ergibt sich aus der Fragestellung, der Kernbotschaft und den Thesen, die auf diese hinführen!

Was wollen Sie den Zuhörern eigentlich sagen? Um es kurz zu machen: Machen Sie es kurz! Für das Akronym KISS gibt es viele verschiedene Übersetzungen, aber der Sinn bleibt immer der gleiche: Keep it short and simple! Halten Sie es kurz und einfach! Eine Präsentation ist gut, wenn sie auch von Kindergartenkindern verstanden werden kann.

Konzentrieren Sie sich auf das Wesentliche! Was ist die Botschaft, der Sie vom Ausgangspunkt bis zum Endpunkt des Vortrags entgegenstreben? Diese Kernaussage ist das Zentrum, um das sich *alles* dreht, der Höhepunkt, auf den *alles* zusteuert. Alles andere dient nur dazu, diese Kernaussage zu stützen.

Achten Sie auf eine positive Formulierung. Negative Formulierungen, wie z. B. »Durch den Ausfall des Schweißroboters ist der Endtermin nicht zu halten«, lenken die Aufmerksamkeit auf negative Auswirkungen und damit auf das, was eigentlich vermieden werden soll. Positive Formulierungen, wie z. B. »Durch eine Umgestaltung des Produktionsprozesses können wir den Endtermin halten«, richten die Aufmerksamkeit auf den wünschenswerten Zielzustand.

Formulieren Sie diese Kernbotschaft und zu dieser noch drei bis fünf Aussagen. Bei den Zuhörern erzielen die Thesen die größte Wirkung, die für sie am schnellsten den größten Nutzen zeigen. Seien Sie konkret. Fokussieren Sie auf die Kernbotschaft. Bieten Sie den Zuhörern die Möglichkeit, Bezug zum Thema und zum Vortrag herzustellen. Greifen Sie die Situation des Publikums auf!

Formulieren Sie die Kernbotschaft der Präsentation in so wenigen Worten und so einfach und präzise wie möglich. Schlüsseln Sie diese Kernbotschaft in drei bis fünf genauso prägnante und für die Zuhörer sinnvolle und nützliche Teilaspekte auf.	
Kernbotschaft	Beantwortet die Aussage die zentrale Fragestellung? Ist die Aussage einfach? Ist die Aussage eindeutig? Ist die Aussage positiv? Entspricht die Aussage Ihrem Ziel?
Teilaspekte	Sind alle wichtigen Teilaspekte genannt? Sind die Teilaspekte eindeutig? Unterstützt jeder Teilaspekt Ihre Kernbotschaft?

5.2 Bieten Sie gute Argumente

Womit können Sie Ihre Zuhörer informieren, überzeugen, motivieren?

Die Grundstruktur einer Argumentation besteht nur aus These und Argument. Zu einem Sachverhalt wird eine Behauptung aufgestellt. Um die Gültigkeit dieser These zu beweisen, wird diese mit einer anderen Aussage begründet, deren Gültigkeit als gegeben angenommen werden kann.

Innerhalb dieses Referenzsystems kann die Reihenfolge von These und Argument beliebig vertauscht werden. Bei der rückwärtsgerichteten Argumentation steht die These am Beginn, bei der vorwärtsgerichteten Argumentation am Ende. Wenn Sie z. B. die These präsentieren, dass Jugendliche immer weniger sportlich aktiv sind, könnten Sie dies mit der Aussage belegen, dass Jugendliche immer mehr Zeit am PC verbringen. Genauso könnten Sie aber auch zuerst dieses Argument vorbringen, um daran anschließend die These festzumachen, dass die Jugendlichen deshalb weniger Sport treiben.

Als deduktive Argumente werden Argumente bezeichnet, die sinnvoll auf einer gegebenen Prämisse aufbauen. Sie gehen hier von einer allgemein anerkannten Regel aus, um daraus die konkrete Vermutung zu Ihrem Einzelfall abzuleiten.

Ein deduktives Argument ist juristisch, mathematisch, finanzmathematisch oder naturwissenschaftlich hieb- und stichfest: »Bei Entwicklungskosten von 100.000 Euro und Produktionskosten von 50.000 Euro benötigen wir ein Budget von 150.000 Euro.« Das ist Grundschul-Algebra. Niemand benötigt dafür ein weiteres Argument. Hier ist alles gesagt.

Bei der induktiven Argumentation schließen Sie von einer Aussage oder mehreren ähnlichen Aussagen auf die Allgemeingültigkeit der Aussage. Sie leiten also aus einem Beispiel eine Regel ab: »Der jugendliche Amokläufer war ein begeisterter Computerspieler. Man muss also davon ausgehen, dass Amokläufe auf den Konsum von Computerspielen zurückzuführen sind.« Diese Argumentation könnte und sollte im Publikum ein Stirnrunzeln hervorrufen.

Denn Verallgemeinerungen sind immer gefährlich. Und die induktive Argumentation kann leicht zu Fehlschlüssen verleiten, gerade wenn die Anzahl und Auswahl der Einzelfälle begrenzt ist. In obigem Fall werden Millionen von verkauften Spielen bzw. deren Käufer, die nicht zu Amokläufern wurden, bei der Argumentation ignoriert.

Induktive Schlüsse machen eine Aussage nur wahrscheinlich, garantieren aber nicht deren Wahrheit. Trotzdem sind induktive Argumente natürlich sehr gebräuchlich und auch in vielen Fällen sinnvoll und angebracht.

Greifen Sie, wenn möglich, auf deduktive Argumente zurück und seien Sie vorsichtig mit induktiven Argumenten.	
Argumentationsrichtung	Wollen Sie aus der Faktenlage heraus argumentieren (vorwärts)? Oder Ihre These vorstellen und diese dann belegen (rückwärts)?
Deduktive Argumente	Beruht das Argument auf Logik (z. B. eins plus eins ist zwei)? Auf Fakten (z. B. wiederholbaren Forschungsergebnissen)? Auf Normen oder Gesetzen (z. B. DIN EN ISO 9000 oder dem Grundgesetz)? Auf Erfahrungen (z. B. alle Lebewesen sterben irgendwann)?
Induktive Argumente	Bei Verwendung einer Statistik: Ist die Datenlage ausreichend und vollständig? Ist die Fallzahl angegeben? Werden abweichende Ergebnisse aufgeführt? Wird keine Serie aus zufälligen Ergebnissen abgeleitet? Bei Berufung auf Autoritäten: Gibt es mehrere Meinungen? Was ist die vorherrschende Meinung, was sind Mindermeinungen? Bei Verwendung von Analogien: Vergleichen Sie gerade Äpfel mit Birnen? Lässt sich aus dem Vergleich überhaupt etwas ableiten? Bei kausaler Argumentation: Sind die beiden Sachverhalte wirklich voneinander abhängig? Wurden Ursache und Wirkung nicht verwechselt? Wurden komplexe Wechselwirkungen nicht zu stark simplifiziert?

5.3 Machen Sie etwas aus Ihren Argumenten

Wie werten Sie Argumente auf oder ab?

Die erweiterte Argumentation umfasst Beweise und Beispiele zur Stützung des Arguments und eventuell auch eine Schlussfolgerung. Sie können sich das Argumentationsschema besser einprägen, wenn Sie zur Verdeutlichung der einzelnen Elemente Bindewörter wie »weil«, »denn«, »wie« und »daher« verwenden.

Unser Beispiel von oben würde in der erweiterten Argumentation wie folgt aussehen: »Jugendliche verbringen immer weniger Zeit mit sportlichen Aktivitäten, **weil** sie ständig im Internet unterwegs sind oder am Computer spielen. **Denn** mehrere Studien haben nachgewiesen, dass die Bildschirmzeit von Jugendlichen in den letzten Jahren auf vier Stunden täglich angewachsen ist, **wie** man z. B. an der gestiegenen Aktivität in sozialen Plattformen wie Facebook gut beobachten kann. **Daher** werden Computerspiele, welche die Jugendlichen körperlich aktiv werden lassen, von der Gesellschaft positiv aufgenommen werden.«

Sie können Ihren Aussagen dabei auch mehr oder weniger Gewicht verleihen. Dies wird durch Vergrößerung oder Verkleinerung erreicht, z. B.: »Bei einer Projektzeit von 10 Jahren mit jeweils einem Budget von 150.000 Euro ergibt sich ein Projektbudget von 1,5 Millionen Euro.« Oder: »Bei einem Budget von 150.000 Euro und einer Stückzahl von 100.000 ergeben sich Stückkosten von nur 1,50 Euro.«

Bei der Gegenargumentation greifen Sie eine fremde These auf, um diese zu widerlegen. Entweder Sie versagen der Argumentation der »Gegenseite« grundsätzlich jegliche Zustimmung oder Sie halten nur Teile der Argumentation bzw. die Schlussfolgerung daraus für unrichtig.

Sie könnten z. B. sagen: »Das Fazit, dass Computerspiele, welche die Jugendlichen körperlich aktiv werden lassen, von der Gesellschaft positiv aufgenommen werden, ist zu optimistisch. Computerspiele haben in Deutschland insgesamt einen schlechten Ruf. Umfrageergebnisse belegen, dass diese für Aufmerksamkeitsdefizite und Aggressionen verantwortlich gemacht werden. Auch bei Amokläufen werden z. B. immer wieder Computerspiele als Erklärung herangezogen.«

Die subversive Argumentation ist eine besondere Form der Gegenargumentation. Sie versucht – eventuell aus Mangel an eindeutigen Belegen – nicht, die fremde Aussage zu widerlegen, sondern diese nur zu erschüttern. Der Ansatzpunkt liegt im Hinterfragen der Aussage. Die subversive Argumentation eignet sich besonders für riskante Ideen.

In unserem Beispiel könnten Sie fragen: »Was ist für uns ›körperliche Aktivität‹ in einem Computerspiel? Wie könnten wir in jedes Computerspiel ›körperliche Aktivitäten‹ integrieren? Wie gehen wir beispielsweise mit unserem Schachprogramm um?«

Achten Sie darauf, dass Sie bei der subversiven Argumentation die Aussage nicht ins Lächerliche ziehen. Werden Sie nicht polemisch. Bleiben Sie sachlich.

Werten Sie Ihre Argumente mit unterstützenden Elementen auf und berücksichtigen Sie dabei auch bereits potenzielle Gegenargumente.	
Erweiterte Argumentation	Welche Elemente stehen Ihnen zur Stützung der These zur Verfügung (Argument, Beweis, Definition, Beispiel, Zitat, Erklärung, Kommentar, Schlussfolgerung)? Haben Sie Konjunktionen wie »weil«, »denn«, »wie« und »daher« als Gedankenhilfe verwendet?

Gewichtung	Benötigt die Aussage eventuell eine Verstärkung (Vergrößerung durch Multiplikation)? Muss die Aussage abgeschwächt werden (Verkleinerung durch Division)?
Gegenargumentation	Gibt es Gegenargumente zu Ihrer Kernbotschaft, die Sie bereits im Vorfeld entkräften können? Dann formulieren Sie Argumente dagegen! Gibt es Gegenargumente, die Sie nicht oder nur schwer entkräften können? Dann formulieren Sie Fragen: Wer definiert die genaue Ausgestaltung? Welche Folgen hätte die Realisierung? Für wen gäbe es Ausnahmen?

5.4 Fangen Sie stark an

Was sollte eine gute Einleitung leisten?

Dramaturgie ist die Kunst, einen Spannungsbogen zu gestalten. Ausgangspunkt ist ein grundlegendes Problem, das nach einer Lösung verlangt. Die Suche nach der Lösung und die Lösung selbst liefern dabei den roten Faden.

Der grundsätzliche und leicht verständliche Aufbau einer Präsentation besteht aus Einleitung, Hauptteil und Schluss. Die Einleitung führt zur eigentlichen Geschichte hin und vermittelt die grundlegende Situation. Der Hauptteil behandelt die verschiedenen Aspekte der Situation und sucht Wege zu einer Lösung. Der Schluss versucht, mit den gewonnenen Erkenntnissen aus dem Hauptteil die Frage aus der Einleitung zu beantworten.

Der erste und der dritte Teil hängen also unmittelbar miteinander zusammen. Erst dieser Bezug lässt aus der Geschichte überhaupt eine dramatische Einheit entstehen. Jeder Teil bietet aber auch in sich genügend Potenzial, um ihn abwechslungsreich und spannend zu gestalten.

Geben Sie am Anfang ein Startsignal. Sachlich oder mit Knalleffekt. Aber starten Sie klar und präzise. Nehmen Sie das Publikum für das Thema ein. Öffnen Sie bei den Zuhörern die Aufnahmebereitschaft. Der Vortragende, für den Sie die Präsentation vorbereiten, wird das Publikum nicht für den Vortrag begeistern, wenn zu Beginn vorausgeschickt wird, dass das Thema in der kurzen zur Verfügung stehenden Zeit natürlich nur unvollständig behandelt werden kann und der behandelte Aspekt uninteressant und langweilig ist. Wecken Sie das Interesse des Publikums! Seien Sie provokant, seien Sie auffällig, seien Sie irritierend. Anfang und Ende eines Vortrags prägen sich bei den Zuhörern am stärksten ein. Investieren Sie genügend Zeit und Überlegungen in diese beiden Punkte.

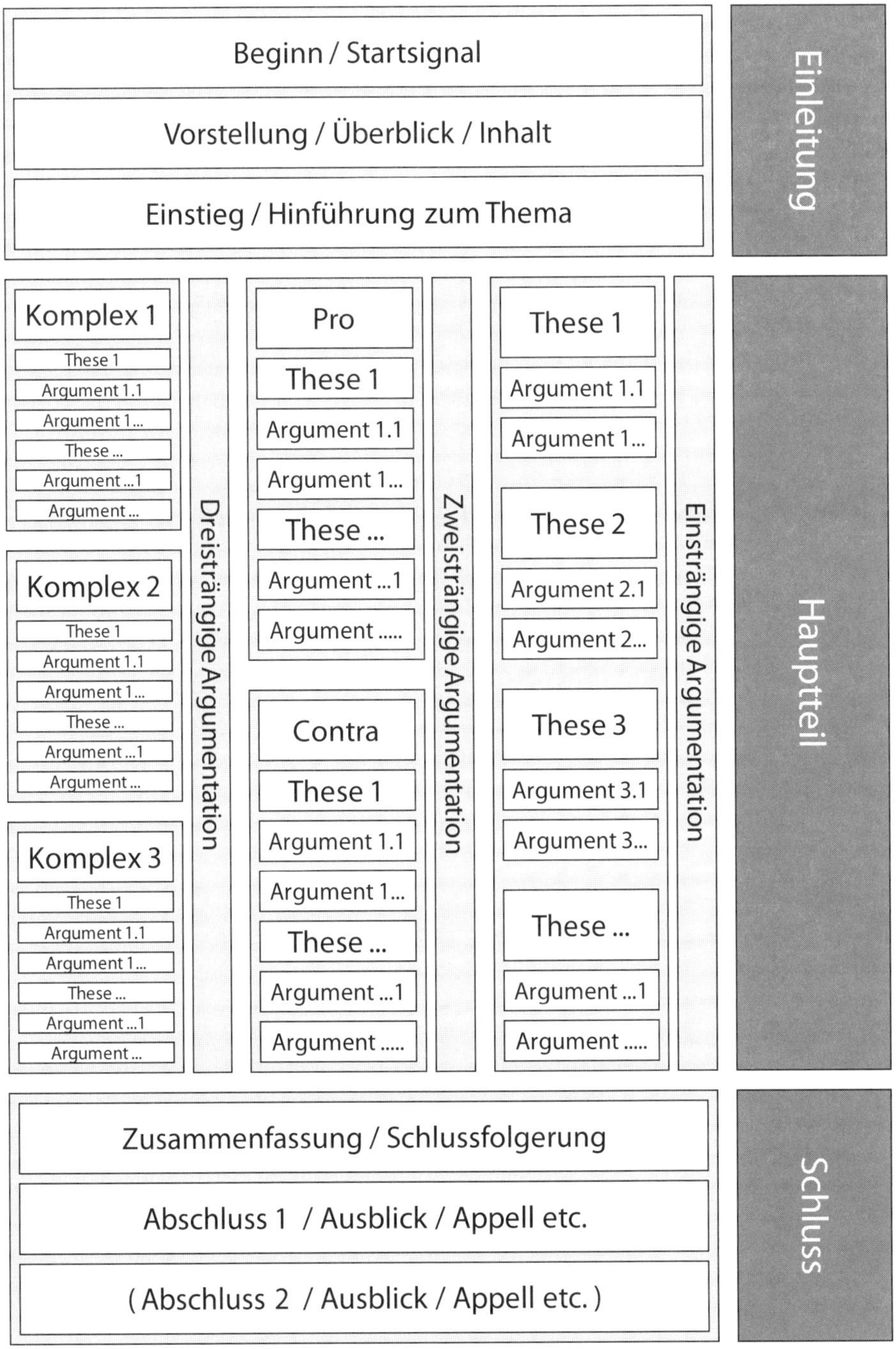

Einleitung

- Beginn / Startsignal
- Vorstellung / Überblick / Inhalt
- Einstieg / Hinführung zum Thema

Hauptteil

Dreisträngige Argumentation

- Komplex 1
  - These 1
  - Argument 1.1
  - Argument 1...
  - These ...
  - Argument ...1
  - Argument ...
- Komplex 2
  - These 1
  - Argument 1.1
  - Argument 1...
  - These ...
  - Argument ...1
  - Argument ...
- Komplex 3
  - These 1
  - Argument 1.1
  - Argument 1...
  - These ...
  - Argument ...1
  - Argument ...

Zweisträngige Argumentation

- Pro
  - These 1
  - Argument 1.1
  - Argument 1...
  - These ...
  - Argument ...1
  - Argument .....
- Contra
  - These 1
  - Argument 1.1
  - Argument 1...
  - These ...
  - Argument ...1
  - Argument .....

Einsträngige Argumentation

- These 1
  - Argument 1.1
  - Argument 1...
- These 2
  - Argument 2.1
  - Argument 2...
- These 3
  - Argument 3.1
  - Argument 3...
- These ...
  - Argument ...1
  - Argument .....

Schluss

- Zusammenfassung / Schlussfolgerung
- Abschluss 1 / Ausblick / Appell etc.
- (Abschluss 2 / Ausblick / Appell etc.)

Abbildung 23: Eine Präsentation besteht aus Einleitung, Hauptteil und Schluss. Diese Teile müssen inhaltlich für jeden Vortrag neu strukturiert werden.

Klären Sie das Publikum darüber auf, worum es in dem Vortrag gehen wird. Stellen Sie den Vortragenden kurz vor. Warum sagt gerade er etwas zu diesem Thema? Was ist seine Kompetenz, seine Legitimation? Was ist das Thema und was ist das Ziel? Geben Sie einen knappen Überblick, wie der Vortrag aufgebaut ist und wie lange er dauern wird. Die Zuhörer möchten gerne wissen, worauf sie sich einlassen. Deshalb ist es sinnvoll, bereits am Anfang zentrale Thesen zu formulieren, die im Laufe der Präsentation ausgeführt und belegt werden. Sagen Sie den Zuhörern, warum das Kommende so wichtig ist, dass sie dem Vortragenden zuhören sollen.

Der Einstieg bietet eine Hinführung zum Thema, z. B. durch Anknüpfung an einen aktuellen Anlass, eine Studie, einen Bericht, eine persönliche Geschichte, eine Kuriosität, ein Zitat, die Bezugnahme auf Ort oder Zeit, einen historischen Hintergrund oder auch nur über eine rhetorische Frage. Als Einstieg bei einer eher induktiven Vorgehensweise suchen Sie sich einen Aufhänger oder ein anschauliches Beispiel, um die Relevanz des Themas zu verdeutlichen. Bei einer eher deduktiven Vorgehensweise geben Sie dem Publikum einen Denkanreiz. Erläutern Sie Probleme und Fragestellungen, die sich aus dem Thema ableiten lassen. Anhand Aufhänger oder Denkanreiz arbeiten Sie die zentrale Fragestellung heraus. Formulieren Sie nur Argumente für die Bedeutsamkeit des Themas, keine Argumente für Ihre Kernbotschaft! Warum muss das Thema überhaupt behandelt werden, warum ist das Problem akut, warum ist der Zuhörer betroffen? Der Plot Point für das Ende der Einleitung ist die prägnante Wiederholung des Themas.

Holen Sie die Zuhörer mit der Einleitung ab: Wecken Sie ihr Interesse, stellen Sie den Ablauf und die Inhalte der Präsentation vor und führen Sie sie an den Ausgangspunkt Ihrer Überlegungen.	
Beginn	Womit wollen Sie die Aufmerksamkeit des Publikums wecken (sachlich, Provokation)?
Vorstellung	Wer ist der Vortragende (Kompetenz, Legitimation)? Was ist das Thema? Was ist das Ziel? Wie ist der Vortrag aufgebaut? Wie lange wird er dauern? Wie wird die Präsentation dem Publikum weiterhelfen?
Einstieg	Wie führen Sie zum Thema hin (Aufhänger, Denkanreiz)? Warum ist das Thema hier und jetzt relevant?

5.5 Sorgen Sie für einen offensichtlichen roten Faden

Wie strukturieren Sie den Hauptteil?

Machen Sie Ihre Gedanken transparent. Im Hauptteil sollte die Vorgehensweise logisch nachvollziehbar sein. Nehmen Sie das Publikum an die Hand. Bieten Sie den Zuhörern einen Ausgangspunkt, von dem aus sie gemeinsam mit Ihnen voranschreiten. Besonders bei empirischen Arbeiten sollten z. B. Untersuchungszeitraum, Stichprobengröße, Kategorien und verwendete Fragen erläutert werden.

Eine klare und folgerichtige Gliederung hilft nicht nur Ihnen bei der Vorbereitung, sondern auch den Zuhörern, Ihrer Argumentation und dem Vortragenden zu folgen. Argumentieren Sie nachvollziehbar! Springen Sie nicht zwischen verschiedenen Aspekten hin und her. Ihre Argumentationslinie sollte keine Lücken haben. Stellen Sie auf keinen Fall Einzelinformationen beliebig und unverbunden nebeneinander.

Die gebräuchlichsten Strukturen sind ein-, zwei- oder dreisträngige Argumentationen.

Bei der einsträngigen Argumentation wird ein Sachverhalt ausführlich dargestellt. Primäres Ziel ist hier die Information. Zum Beispiel »Die neue Organisation der Produktionsabteilung«.

Die zweisträngige oder auch dialektische Argumentation ist die Darstellung einer Diskussion. Gebündelt nach Pro und Contra (Vor- und Nachteile, Stärken und Schwächen, Chancen und Risiken, Möglichkeiten und Gefahren, Sinn und Unsinn etc.) wird eine Problemstellung diskutiert. Am sinnvollsten ist diese Argumentationsweise, wenn das Publikum von der eigenen Schlussfolgerung überzeugt werden soll, z. B. »Outsourcing der IT-Dienstleistungen – Chancen und Risiken«.

Die dreisträngige Argumentation analysiert in einem Dreischritt das Thema chronologisch: Vergangenheit, Gegenwart und Zukunft. Ursachen, Folgen und Lösungsmöglichkeiten. Ausgangssituation, bisheriger Projektverlauf und nächste Schritte. Die dreisträngige Argumentation eignet sich am besten, wenn der Zuhörer zu einer gewünschten Aktivität motiviert werden soll, z. B. »Liquiditätsprobleme – Hintergründe, aktuelle Situation und Maßnahmenplan«.

Wie Sie die einzelnen Teile in sich gliedern, hängt vom Thema ab. Die Reihenfolge der Argumente richtet sich nach Ihrem Standpunkt. Aussagen, die Ihre Meinung stützen, sollten immer zum Schluss kommen. Sie bekommen dadurch mehr Gewicht, relativieren evtl. auch alles vorher Gesagte und bieten die Hinführung zu der Schlussfolgerung. Zudem bleiben die letzten Punkte mit am stärksten in Erinnerung.

Ihr stärkstes Argument stellt den Plot Point für das Ende des Hauptteils. Hiermit greifen Sie die zentrale Frage wieder auf und spannen den Bogen zum Anfang.

Gliedern Sie den Hauptteil nach Art und Ziel der Präsentation und steigern Sie Ihre Argumentation hin zur logischen Antwort auf die zentrale Fragestellung.	
Information	Soll über etwas informiert werden (Schulung, Vorstellung von Arbeitsergebnissen, Betriebsversammlung etc.)? Dann bietet sich eine einsträngige Gliederung an, z. B.: • Überblick, Inhalt • Definitionen, Glossar, Zahlen, Fakten, Historie etc. • Thema 1 • Thema 2 • Thema • ...
Bericht	Hat der Vortrag reinen Berichtcharakter (z. B. Finanzbericht, Marketingplan, Projektstatus etc.)? Dann bietet sich ebenfalls eine einsträngige Gliederung an, z. B.: • Status: aktuelle Ziel-, Zeit- und Kostensituation • Status: Ziel-, Zeit- und Kostensituation zum Zeitpunkt des letzten Berichts • Fortschritt mit Blick auf Einzelaspekte (Ressourcen, Technologie, Verfahren, Lieferungen, Markt, Konkurrenz, Dokumentation etc.) • Nächster Projektabschnitt mit dazugehörigem Projektplan
Abwägung	Soll der Vortrag zwei Optionen ohne Historie gegenüberstellen (z. B. Make or buy, Eigenkapital vs. Fremdkapital etc.)? Dann bietet sich eine zweisträngige Gliederung an, z. B.: • Chancen • Risiken
Entscheidungsvorlage	Soll der Vortrag eine Entscheidung auf Basis der bisherigen Entwicklung herbeiführen (z. B. Strategieempfehlung, Problemanalyse, Change Request etc.)? Dann bietet sich eine dreisträngige Gliederung an, z. B.: • Aktuelle Situation • Ursachenanalyse • Handlungsoptionen
Verkaufspräsentation	Soll etwas positiv dargestellt werden (Unternehmenspräsentation, Produktpräsentation, Ideenpräsentation etc.)? Dann bietet sich eine dreisträngige Gliederung an, z. B.: • Ausgangslage, Bedürfnisse, Wünsche • Lösung, Produkt, Eigenschaften zur Bedürfnisbefriedigung, Nutzen • Stärken, Vorteile (evtl. gegenüber Konkurrenz), weitere Einsatzmöglichkeiten

5.6 Hören Sie stark auf

Was sollte ein guter Schluss leisten?

Im Schlussteil fassen Sie die Argumente noch einmal zusammen und präsentieren Ihre Kernbotschaft als logische Schlussfolgerung. Diese Zusammenfassung gehört noch zum Pflichtprogramm. Und dann kommt die Kür.

Der Abschluss muss der Höhepunkt der Präsentation sein. Der letzte Eindruck ist zu einem großen Teil entscheidend für den Erfolg der Präsentation, denn beim Publikum bleibt gerade der Abschluss der Präsentation besonders haften. Verwenden Sie deshalb genügend Zeit für die Ausarbeitung des Finales.

Dies kann ein konkreter Ausblick sein, eine potenzielle Zukunftsperspektive, ein Wunsch, etwas Inspirierendes. Sie können auch noch einen anderen Aspekt des Themas kurz anreißen, der Ihrer Meinung nach noch zu wenig Beachtung findet, den Zusammenhang zu einem anderen Thema herstellen oder nochmals die enorme Wichtigkeit des Themas herausstellen. Auch ein ganz konkreter Handlungsimpuls, ein Appell, eine provokante Frage, ein wichtiger Gedanke, der mit auf den Weg gegeben wird, oder ein gewinnbringender Tipp kann hier angebracht sein. Wichtig ist: Das Finale muss nicht spektakulär oder besonders humorvoll sein, aber auf jeden Fall einprägsam.

Wenn Sie oft Präsentationen erstellen, entwickeln Sie im Laufe der Zeit »Ihren Stil«, auch für den Abschluss. Genauso, wie jedes Märchen mit »Und wenn sie nicht gestorben sind …« endet, es in jedem Asterix-Album auf der letzten Seite das große Festbankett gibt oder Lucky Luke im letzten Bild jedes Comics in den Sonnenuntergang reitet, so beendet zum Beispiel der Apple-Chef Steve Jobs jede seiner Keynotes mit »One more thing …« und präsentiert abschließend noch einen echten »Knüller«. Menschen, die mehrmals eine Ihrer Präsentationen hören, erkennen dieses Stilmittel sicher bald wieder und freuen sich dann (hoffentlich) auch auf dieses Element.

Bereiten Sie noch einen zweiten Schluss vor, damit der Vortragende nach einer möglicherweise angeschlossenen Frage- oder Diskussionsrunde noch einen letzten Schlusspunkt setzen kann.

Fassen Sie Ihre Argumentationskette in der Kernbotschaft zusammen und bringen Sie den Vortrag eindrucksvoll zum Abschluss.	
Zusammenfassung	Haben Sie Ihre wichtigsten Thesen wiederholt (Teilaspekte)? Stellt die Kernbotschaft die logische Schlussfolgerung dar?
Abschluss	Was soll dem Publikum in Erinnerung bleiben (Handlungsaufforderung, Appell, Tipp, Gedanke, Frage, Anekdote, Bild)? Wird für das Publikum klar, dass dies der Abschluss ist? Haben Sie einen optionalen weiteren Abschluss vorbereitet?

5.7 Bauen Sie das Gerüst, nicht das Haus

Was ist das Ergebnis Ihrer Ausarbeitung?

Gerade beim Argumentieren trennt sich die Spreu vom Weizen. Gute Argumentation ist partnerorientiert. Sie versucht, sich in die Position der Zuhörer zu versetzen, um mit ihnen gemeinsam ein Einverständnis herzustellen. Nicht partnerschaftliche Argumentation hat nur das Ziel, die eigene Botschaft »abzuliefern«.

Die Präsentation dient nicht (primär) dazu, Zuhörer oder Vorgesetzte zu beeindrucken. Seien Sie deshalb kein Wortklauber und Erbsenzähler. Schütten Sie den Zuhörer nicht mit Daten zu. Versuchen Sie nicht, durch eine Fülle von Daten die Schwäche Ihrer Argumente auszugleichen. Geben Sie Meinungen nicht als Fakten aus – und schon gar nicht Ihre eigene. Zitate zählen nur dann als Beleg, wenn sie etwas beweisen, nicht weil irgendjemand irgendetwas gesagt hat.

Manipulieren Sie die Zuhörer nicht. Emotionalisieren Sie nicht unnötig Sachverhalte, um Situationen zu dramatisieren. Sprechen Sie Dinge direkt an, machen Sie keine Andeutungen oder Umschreibungen. Zeigen Sie alle Seiten auf, nicht nur die, die Ihre Aussagen stützen. Das Weglassen holt den Vortragenden spätestens bei der anschließenden Diskussion ein. Bauen Sie keine Scheinlogik auf, die bei näherem Hinsehen schnell brüchig wird.

Gehen Sie nicht von vornherein in die Defensive. Relativieren Sie nicht Ihre eigenen Argumente. Nehmen Sie nicht Einwände vorweg, sondern machen Sie konstruktive Vorschläge. Weichen Sie offenen Punkten nicht aus. Wenn Ihnen zu einem Punkt die Argumente fehlen, dann stehen Sie dazu. Bringen Sie auf keinen Fall Totschlagargumente wie »Das haben wir so noch nie gemacht« oder »Das machen wir seit 100 Jahren so«.

Lassen Sie genügend Spielraum für den Vortragenden. Bieten Sie ihm Gedächtnisstützen für das Erzählen persönlicher Erfahrungen, Beispiele aus der Praxis, Anekdoten und das Einbeziehen der Zuhörer. Achten Sie auf Abwechslung und Rhythmus.

Das Ergebnis Ihrer Ausarbeitung sind zielgruppenspezifische, fundierte, sachliche, sorgfältig ausgewählte Argumente, die dem Vortragenden eine solide Basis für seine Präsentation bieten, aber nicht die endgültige Präsentation darstellen.	
Zielgruppenspezifisch	Worüber sollen die Zuhörer informiert, wozu motiviert, wovon überzeugt werden? Durch welche Daten lassen diese sich überzeugen, mit welchen Informationen können Sie Entscheidungen unterstützen oder forcieren?
Fundiert	Welche Argumente sind am überzeugendsten? Auf welche Argumente sollten Sie besser verzichten?
Sachlich	Bei welchen Argumenten müssen Sie den Vortragenden bremsen? Bei welchen Argumenten braucht der Vortragende Unterstützung?
Sorgfältig ausgewählt	Wo ist Raum für freie Ausgestaltung und Ausschmückung? Stimmen Abwechslung und Rhythmus?

6 Gestaltung

Hier erfahren Sie,

- nach welchen Kriterien Sie das Präsentationsprogramm auswählen,
- wie Sie den Foliensatz aufbauen,
- wie Sie eine Folie gestalten,
- wie Sie Folientexte formulieren,
- wie Sie Folientexte formatieren,
- wie Sie Farben sinnvoll einsetzen und
- wie Sie Ihre Argumente mit Diagrammen, Bildern und anderen Objekten verstärken.

6.1 Wählen Sie ein Programm

Mit welcher Software soll die Präsentation erstellt werden?

Präsentationsprogramme sind Programme, die auf das Gestalten einzelner Seiten oder »Folien« spezialisiert sind. Wie in den meisten Gestaltungsprogrammen ist es inzwischen auch hier möglich, neben Bildern und Grafiken auch Audio- und Videodateien einzubinden. Viel Wert wird in den Präsentationsprogrammen auf die einheitliche Gestaltung aller Seiten gelegt, was durch komfortable Vorlagenseiten, sogenannte »Master«, gewährleistet wird.

Früher war es üblich, die Seiten auf Dias (»Slides«) oder Folien zu übertragen und mittels Dia- oder Tageslichtprojektor zu zeigen. Dies kann natürlich auch heute noch gemacht werden, im Normalfall wird aber inzwischen über Laptop und Beamer präsentiert.

Gebräuchliche Präsentationprogramme sind Apple Keynote, Lotus Freelance Graphics, OpenOffice/StarOffice Impress und Microsoft PowerPoint. PowerPoint ist das bekannteste und am weitesten verbreitete Präsentationsprogramm. Das PowerPoint-Format ist deshalb der De-facto-Standard und auch alle anderen Programme erlauben (mehr oder minder gut) das Importieren und Exportieren in dieses Format. Mit welchem Programm man arbeitet, ist letztlich Geschmacksache, meistens aber Firmenpolitik.

Wenn die Folien nicht im Format eines Präsentationsprogramms weitergegeben werden, müssen und Sie keinen gesteigerten Wert auf ausgefallene Animationen legen, Sie können aber auch mit jedem anderen Gestaltungsprogramm (z. B. Adobe InDesign, Corel Draw, Microsoft Word oder QuarkXPress) Seiten im Querformat gestalten und das Ergebnis als PDF exportieren. Diese Datei kann dann überall auch ohne das ursprüngliche Gestaltungsprogramm über den Adobe Reader im Präsentationsmodus gezeigt werden.

Leider sind nicht alle Präsentationen auf allen Rechnern (PC, Mac) und den darauf laufenden unterschiedlichen Betriebssystemversionen miteinander kompatibel. Testen Sie die Präsentation deshalb unbedingt auf einem fremden Rechner am Beamer! Nur so können Sie sicher sein, dass Animationen, eingebundene Objekte, Farben und Schriften so funktionieren und aussehen, wie Sie das geplant haben.

Kritiker werfen Präsentationsprogrammen im Allgemeinen und PowerPoint im Speziellen vor, dass Sie die Anwender dazu verleiten, die vielen angebotenen Möglichkeiten viel zu exzessiv einzusetzen (z. B. Animationen), aber für Präsentationen notwendige Funktionen bis heute nur unzureichend zur Verfügung stellen (z. B. Formelsatz).

Im Prinzip lassen sich mit jedem Gestaltungsprogramm Folien erstellen. Aber meist bestimmen nicht die gestalterischen Möglichkeiten die Entscheidung für oder gegen eine Software, sondern die Darstellungs- und Weitergabefähigkeit der Dateien.	
Ausgabemedium	In welcher Form wird die Präsentation benötigt (Folie, Dia, Datei auf USB-Stick etc.)?
Dateiformat	Soll die Datei weiterbearbeitet werden können oder als geschützte Präsentation vorliegen (z. B. PPT oder PDF)?
Computer-Plattform	Auf welchem Rechner wird präsentiert (PC, Mac)?

6.2 Geben Sie dem Foliensatz eine Struktur

Wie bauen Sie den Foliensatz auf?

Das Thema ist schwammig, der Inhalt nur grob umrissen und das Ziel völlig unklar. Aber das macht nichts. Microsoft weiß, was User wünschen. Deshalb hat der Softwareanbieter PowerPoint mit unzähligen Vorlagen, Cliparts und Einstellungsmöglichkeiten ausgestattet. So lässt sich auch aus heißer Luft und fehlender Struktur noch etwas machen: nämlich verwirrend von allen Seiten hereinstürzende Sätze auf chaotisch überfrachteten Folien.

Ein Aufwand, der sich nicht lohnt. Bitte lassen Sie sich nicht darauf ein! Die Gestaltung eines Vortrags mit Folien kann erst erfolgen, wenn Sie wissen, mit welchen Inhalten auf welches Ziel hingearbeitet werden soll.

Ein Foliensatz ist kein Selbstzweck. Arbeiten Sie nur die Folien in die Präsentation ein, die wirklich wichtig sind, die den Vortragenden dabei unterstützen, sein Ziel zu erreichen. Folien, die weitergehende Informationen enthalten, lagern Sie in eine weitere Datei aus: als Backup-Foliensatz, der z. B. bei Nachfragen oder bei der anschließenden Diskussion herangezogen werden kann. Aber versuchen Sie nicht, sich zu verkünsteln und aus jedem Wort eine eigene Folie zu kreieren.

Konzentrieren Sie sich zuerst auf die Folien für die Kernbotschaft und die Teilaspekte. Sie sind das Herzstück der Präsentation. Gestalten Sie von diesen ausgehend die notwendigen Argumentationsfolien. Der Beginn und das Ende des Vortrags bleiben am besten in Erinnerung. Achten Sie deshalb bei der Gestaltung der entsprechenden Folien besonders auf deren Wirkung.

Stellen Sie längere, kompliziertere Sachverhalte zu Informationsblöcken zusammen, bilden Sie Kapitel. Fassen Sie nach längeren Kapiteln den Inhalt noch einmal zusammen. Bereiten Sie genügend Folien vor, nicht zu viele, aber auch nicht zu wenige. Kalkulieren Sie bei auszuformulierenden Folien mit etwa drei Minuten Vortragszeit pro Folie. Sie können bei einem 45-minütigen Vortrag demnach mit 15 Folien mit Inhalten rechnen. Das könnten vier Teilaspekte plus Kernbotschaft sein, mit jeweils zwei unterstützenden Argumentationsfolien. Start-, Zwischen- und Schlussfolien können Sie vernachlässigen. Unterstützende Folien mit Filmen oder Animationen müssen extra in die Überlegungen miteinbezogen werden. Behalten Sie deshalb stets das Zeitlimit im Hinterkopf.

Verwenden Sie grundsätzlich folgende Struktur für den Foliensatz:

- Auftakt, Startsignal (optional)
- Titelblatt mit dem Namen der Veranstaltung, dem Thema und dem Namen des Vortragenden
- Inhaltsverzeichnis, das Sie bei längeren Präsentationen an der aktuellen Position zwischen den einzelnen Kapiteln wiederholen
- Eigentlicher Inhalt, gegliedert in sinnvolle, aufeinander aufbauende Kapitel
- Abschluss, Handlungsaufforderung (Optional)
- Schlussfolie mit dem Namen des Vortragenden. Hier sollten auch die wichtigsten Kontaktdaten des Vortragenden stehen.
- Zweiter Abschluss (optional)

Machen Sie den Aufbau dem Publikum transparent und erläutern Sie immer wieder, an welcher Stelle der Präsentation Sie gerade stehen.

TEIL IV   Foliengestaltung: Wie aus ein paar Stichworten eine gute Präsentation wird

Geben Sie den Zuhörern eine Orientierungshilfe durch den Vortrag, nicht das komplette Manuskript zum Mitlesen. Die Information soll leichter erfassbar werden, nicht mühsamer.	
Vorarbeiten	Haben Sie Rahmenbedingungen, Zielgruppe und Ziel berücksichtigt? Haben Sie das Thema eingegrenzt und die notwendigen Informationen recherchiert? Haben Sie die Kernbotschaft und die Teilaspekte definiert?
Gliederung	Haben Sie eine Einleitung? Haben Sie den Hauptteil logisch strukturiert? Haben Sie einen Schluss?
Auswahl	Haben Sie nur die überzeugendsten Argumente ausgewählt? Haben Sie diese Argumente genügend mit Inhalten unterfüttert? Haben Sie Platz und Zeit für eine freie Ausgestaltung eingeplant?

6.3 Geben Sie der Folie ein Gesicht

Mastertitelformat bearbeiten

- **Mastertextformat bearbeiten**
  - Zweite Ebene
    - Dritte Ebene
      - Vierte Ebene
        - Fünfte Ebene

Abbildung 24: Auf dem Folienmaster werden Farben, Schriften und Platzierung der wiederkehrenden Elemente festgelegt.

Wie bauen Sie eine Folie auf?

Die Gestaltung der Folien hinterlässt bei den Zuhörern einen bleibenden Eindruck. Eine gut gestaltete Präsentation demonstriert den Wert, den man seiner Arbeit beimisst, unabhängig vom Inhalt und von der Güte des Vortrags. Um ansprechende und wirkungsvolle Folien zu gestalten, sollten Sie ein paar einfache Regeln beachten.

Klarheit geht vor Originalität. Der Inhalt ist das Wichtige; das Design soll diesen nur unterstützen und sich nicht in den Vordergrund spielen. Versuchen Sie, wo es geht, zu vereinfachen und mit so wenig Details wie möglich auszukommen. Bedenken Sie, dass die Zuhörer nicht auf das, was auf sie zukommt, vorbereitet sind. Für sie ist jeder Satz, jede Folie neu, nichts ist selbstverständlich. Erklären Sie alles ganz einfach. Lassen Sie alle Elemente weg, die nicht die Kernaussage der Folie unterstützen. Mehr Informationen erklären meist nicht mehr, sondern verwirren mehr.

In der Kürze liegt die Würze! Behalten Sie das Ziel im Blick! Identifizieren Sie die wichtigste Aussage und suchen Sie für diese nach einer Möglichkeit, sie zu verdeutlichen oder zu verstärken. Beginnen Sie mit einer Aufzählung der Detail-Informationen und suchen Sie von dieser ausgehend nach Tabellen, Diagrammen, Bildern oder Filmen, die den Sachverhalt noch prägnanter vermitteln. Jede Folie sollte grundsätzlich eine Einheit sein und für sich stehen können.

Hintergrundgestaltungen können angenehm wirken und zu einer optisch ansprechenden Präsentation beitragen. Allerdings können sie auch störend sein und die Aufmerksamkeit völlig von den Inhalten ablenken. Platzieren Sie Logos, Überschriften und andere wiederkehrende Elemente immer an der gleichen Stelle. Die Zuhörer können die Informationen dann viel leichter aufnehmen. Achten Sie bei der Gestaltung darauf, dass Sie ähnliche Elemente auch ähnlich darstellen. Wenn Sie z. B. Argument und Gegenargument darstellen, wählen Sie dafür zwei Kästen, einen links und einen rechts, in Hellgrün und Hellrot, mit einem Plus- und einem Minuszeichen. Bleiben Sie bei dieser Linie! Jedes Mal, wenn in Ihrer Präsentation diese Gestaltung auftaucht, weiß der Zuhörer, was ihn erwartet. Und gerade mit der Wiederholung bekommt der Vortrag Rhythmus und Dynamik. Ein einheitliches Design in Anordnung und Aussehen von Elementen führt außerdem zu Wiedererkennbarkeit und erleichtert die Konzentration auf den Inhalt.

Folienmaster sind Musterdateien, die bereits alle notwendigen Einstellungen für das Layout enthalten, damit Sie nicht für jede einzelne Folie alles manuell anlegen müssen. Dies betrifft z. B. den Kopf- und Fußbereich mit dem Namen der Veranstaltung, Thema, Datum, dem Namen des Vortragenden und der Seitenzahl sowie Hintergrund, Logo, Farbpalette und Schriften. Versuchen Sie sich aber zu beschränken, sonst besteht die Gefahr, dass die Folie bereits im leeren Zustand überfrachtet ist. Auf der Folie sollte noch mindestens drei Viertel freier Platz für den Text der Präsentation sein. Alles andere ist zu voll!

In den meisten Unternehmen werden Folienmaster zur Verfügung gestellt. Diese garantieren die Einhaltung des Corporate Design. Farben, Schriften, Logo und Anmutung sind hier bereits abgestimmt. Versuchen Sie nicht, diese Vorlagen zu »verbessern«. Ein einheitliches Corporate Design erhöht den Wiedererkennungseffekt und die Identifikation mit Ihrem Unternehmen. Wenn Sie keine Musterdatei haben, sollten Sie aus einer gelungenen Präsentation die notwendigen Elemente auf die Masterfolie kopieren.

Gestalten Sie Folien klar, prägnant und übersichtlich. Vermeiden Sie zu viele und zu verschiedenartige Elemente. Arbeiten Sie, wenn möglich, mit einem Folienmaster.	
Klar	Haben Sie sich auf die wichtigsten Aussagen konzentriert?
Prägnant	Haben Sie die eindeutigste Form der Darstellung gewählt?
Übersichtlich	Stehen wiederkehrende Elemente immer am gleichen Platz? Haben ähnliche Elemente immer die gleiche Gestaltung? Arbeiten Sie mit einem Folienmaster?

6.4 Geben Sie Ihren Texten Prägnanz

Wie formulieren Sie Folientexte?

Der Titel der Folie sollte nicht eine langweilige Zusammenfassung des Inhalts sein. Fassen Sie besser die Kernaussage der Folie in einer »Schlagzeile« zusammen. Nutzen Sie für jeden neuen Gedanken eine neue Folie. Lassen Sie das Publikum jeden Schritt mitgehen.

Vermeiden Sie Text, wo Bilder oder Grafiken Ihnen viel Erklärungsarbeit abnehmen können. Vermeiden Sie Visualisierungen, wenn Sie kein gutes Material haben und/oder Text prägnanter und einleuchtender ist.

Überfrachten Sie nicht die Seiten. Bei gut gestalteten Folien fällt es dem Vortragenden leicht, sie zu vervollständigen. Achten Sie darauf, dass die Folien weder zu voll noch zu leer sind. Weißraum ist gut! Lassen Sie das Auge ausruhen! Folien müssen nicht von oben bis unten voll sein!

Formulieren Sie keine ganzen Sätze, sondern nur Stichworte, die erst während des Vortrags in ganzen Sätzen erläutert werden. Nicht mehr als sechs bis acht Zeilen pro Seite mit jeweils nicht mehr als sechs bis acht Wörtern. Vermeiden Sie zu viel Text. Das verleitet zu purem Ablesen des Textes. Und dies wiederum führt dazu, dass der Vortragende zum Notebook oder der Wand spricht und nicht zum Auditorium. Außerdem wird die Aufmerksamkeit und die Konzentration des Publikums an die Folie gebunden. In dieser Zeit kann das Publikum nicht mehr dem Vortragenden folgen, da es ja mit dem Lesen von Informationen beschäftigt ist.

Die Folien sind »Teleprompter« für den Vortragenden. Karteikarten sollten nur verwendet werden, um an Dinge zu erinnern, die über die Folien hinausgehen.

Suchen Sie das Gleichgewicht zwischen Verkürzung und ausreichender Information. Niemandem ist geholfen, wenn die Folie zwar übersichtlich, aber nicht mehr verständlich ist. Zitate und Definitionen werden ausformuliert oder mit Auslassungszeichen »(...)« verwendet. Bei Zitaten sind Quellenangaben unerlässlich, um die Wiederauffindbarkeit zu gewährleisten.

Schreiben Sie in der Sprache der Zuhörer. Seien Sie fachlich genau. Verwenden Sie einheitliche Begriffe und Bezeichnungen. Vermeiden Sie Fremdwörter, Modewörter und nicht allgemein gebräuchliche Abkürzungen. Lassen Sie die Folien Korrektur lesen!

Formulieren Sie Folientexte kurz und stichpunktartig, aber achten Sie darauf, dass sie verständlich bleiben.	
Titel	Ist der Inhalt als Schlagzeile formuliert?
Sätze	Sind max. 6 - 8 Zeilen auf der Folie? Sind max. 6 - 8 Wörter in einer Zeile?
Sprache	Ist der Inhalt verständlich? Sind Fremdwörter und Abkürzungen erklärt?

6.5 Optimieren Sie die Lesbarkeit

Optimale Lesbarkeit

- Schriftgröße zwischen 16 Punkt und 48 Punkt
- Zeilenabstand zwischen 120 und 150 Prozent
- Zeilenlänge zwischen 50 bis 60 Zeichen
- Ausrichtung linksbündig
- keine Trennungen
- maximal drei verschiedene Auszeichnungen, z. B. **fett**, **fett farbig** und *kursiv*
- serifenlose Schrift, maximal zwei Schriften, z. B. ein anderer Schriftschnitt wie Condensed für Überschriften

Abbildung 25: Was zeichnet gute Typografie auf Folien aus?

Wie formatieren Sie Folientexte?

Typografie ist die Lehre des Schriftsatzes. Ihr primäres Ziel ist die optimale Lesbarkeit eines Textes unter ästhetischen Gesichtspunkten. Gute Typografie zeichnet sich durch Sparsamkeit im Umgang mit ihren Mitteln aus. Achten Sie auf ein ruhiges Schriftbild!

Die Schriftgröße beeinflusst maßgeblich die Lesbarkeit eines Textes. Achten Sie deshalb auf den Schriftgrad. Die Schrift sollte nicht zu klein, aber auch nicht zu groß sein. Zwischen 16 und 48 Punkt ist eine gute Lesegröße.

Wählen Sie den Zeilenabstand so, dass sich Ober- (»b«) und Unterlängen (»p«) der Buchstaben nicht zu nahe kommen, gleichzeitig die Zeilen des Textes aber optisch nicht auseinanderfallen. Beides verschlechtert die Lesbarkeit. Als Faustregel sollten Sie einen Zeilenabstand von 120 bis 150 Prozent des Schriftgrads wählen.

Auch die Zeilenlänge beeinflusst das Leseverhalten. Kurze Zeilen unter 30 Zeichen erfordern viele Trennungen. Das ergibt zum einen kein schönes Satzbild, andererseits stört es immer wieder den Lesefluss. Bei langen Zeilen über 80 Zeichen besteht die Gefahr, dass das Auge beim Lesen in der Zeile verrutscht. 50 bis 60 Zeichen sind optimal.

Auch die Ausrichtung des Texts bestimmt den Lesefluss. Mit einer Zentrierung erreichen Sie eine gewisse Ästhetik, sollten dies aber nur für kürzere Textpassagen, z. B. Zitate, einsetzen, da das Auge jedes Mal den Zeilenanfang neu finden muss. Der Blocksatz, bei dem die Satzkante des Texts links und rechts bündig zum Rand steht, wirkt sehr schön als Einheit, sollte jedoch nur gewählt werden, wenn der Text durch die dann automatisch veränderten Wortabstände nicht zu unregelmäßig auseinanderreißt. Dies passiert sehr schnell, wenn sich Wörter nicht oder nur an ungünstigen Stellen trennen lassen. Das Mittel der Wahl sollte deshalb der linksbündige Flattersatz sein, bei dem sich durch die gleichen Wortabstände ein einheitliches und ästhetisches Schriftbild ergibt.

Auf Trennungen sollten Sie aus Prinzip weitgehend verzichten, um den Lesefluss zu unterstützen. Wenn sich Trennungen nicht vermeiden lassen, achten Sie darauf, dass nicht mehr als drei Zeilen mit Trennungen am Zeilenende aufeinanderfolgen. Versuchen Sie, sich darauf zu beschränken, nur zusammengesetzte Wörter zu trennen. Kurze Silben sollten Sie auf keinen Fall trennen.

Vertikale Schrift ist auf Folien zu vermeiden, da der Zuhörer die Seite nicht drehen kann, um den Text zu lesen.

Versuchen Sie, Ihre Texte einfach und klar in Blöcke zu gliedern. Achten Sie auf einen unterschiedlichen Abstand zwischen Zeilen und Absätzen. Damit vereinfachen Sie das Lesen, weil Sinnzusammenhänge klarer werden. Leerzeilen sollten nur dann verwendet werden, wenn ein inhaltlich komplett neuer Textabschnitt beginnt, da sie den Lesefluss stark unterbrechen.

Auszeichnungen dienen dazu, Textteile hervorzuheben. In einem Text, in dem aber jedes zweite Wort gefettet ist, ist nichts mehr hervorgehoben. Das Auge ist dann nur noch irritiert von einem Buchstaben-Flickenteppich. Arbeiten Sie nur ganz gezielt mit Auszeichnungen. Hierfür bieten die Programme eine Vielzahl von Möglichkeiten, die jeweils unterschiedliche Wirkungen auf das Schriftbild haben. Die kursive Auszeichnung passt sich besonders gut ins Schriftbild ein. Die fette oder farbige Auszeichnung hebt den Text besonders stark hervor. Großbuchstaben (Versalien) und kleine Großbuchstaben (Kapitälchen) hemmen den Lesefluss und sollten daher als Hervorhebung sparsam zum Einsatz kommen. Unterstreichungen sollten komplett vermieden werden, außer Sie möchten einen Link kennzeichnen. Sie sind, genauso wie Sperren, ein Relikt aus der Schreibmaschinenzeit, als andere Auszeichnungen schwer möglich waren.

Kleinere Schriftgrade und negativ, also mit heller auf dunkler Farbe gesetzte Texte sollten zur Verbesserung der Lesbarkeit eine größere Laufweite erhalten, d. h., Sie sollten die Buchstaben- und Wortabstände vergrößern. Bei sehr großen Überschriften können Sie die Abstände verringern.

Schriften werden in mehrere Gruppen eingeteilt, von denen wir uns auf die drei wichtigsten beschränken können: Serifenschriften, serifenlose Schriften und geschriebene Schriften. Serifen werden die kleinen Häkchen an den Enden der Buchstaben genannt. Serifenschriften wie die »Times New Roman« verbessern die Lesbarkeit von langen Texten, da sie den Zusammenhalt der Buchstaben innerhalb der Wörter verstärken; bei kurzen, einzeiligen Sätzen und Überschriften sind serifenlose Schriften wie die »Arial« aber wirkungsvoller.

Für die Gestaltung von Folien sollten Sie grundsätzlich eine serifenlose Schrift verwenden. Diese ist aufgrund ihres klaren Schriftbildes auf Bildschirm und Beamer mit relativ geringer Auflösung besser lesbar als eine Schrift mit Serifen oder eine geschriebene Schrift wie die »Brush Script«.

Arbeiten Sie grundsätzlich nur mit einer Schrift. Für Überschriften oder Auszeichnungen können Sie diese Regel brechen, um entweder durch den Charakter der Schrift eine inhaltliche Aussage zu unterstützen oder um den Text noch stärker hervorzuheben. Schnitte einer Schriftfamilie, wie z. B. »Arial« und »Arial Black«, ergänzen sich dabei sehr gut. Ansonsten sollten Sie nur zwei Schriftarten miteinander kombinieren, die sich stark voneinander unterscheiden, wie z. B. »Georgia« und »Verdana«.

Bitte unterlassen Sie jegliche Verfremdung von Schriften, wie dies z. B. mit Wordart möglich ist. Jede künstliche Stauchung, Streckung, Neigung oder Wölbung verändert die Proportionen der Schrift und verschlechtert deren Lesbarkeit. Die Schriftengestalter haben sehr lange daran gearbeitet, dass die Schriften leicht zu erfassen sind. Machen Sie dies nicht durch irgendwelche bizarren Effekte zunichte!

Variieren Sie insgesamt nicht zu viel. Auch hier gilt: Weniger ist mehr. Pro Folie reichen drei bis maximal fünf verschiedene Schriftgrößen und Auszeichnungen. Arbeiten Sie mit gleichen Auszeichnungen für gleiche Textteile, z. B. Überschriften immer 28 Punkt und fett, Zwischenüberschriften immer 20 Punkt, Fließtext und Aufzählungen 16 Punkt. Verschiedene Schriftgrößen sind ein Gestaltungselement. Aber übertreiben Sie es nicht. Die Gestaltung sollte den Inhalt nicht überlagern.

Verwenden Sie Aufzählungszeichen (»Bullet Points«) wirklich nur für Aufzählungen und nicht auf jeder Folie als Hilfsmittel für die optische Gliederung.

Verwenden Sie für Folien eine serifenlose Schrift in maximal fünf verschiedenen Schriftgrößen und Auszeichnungen. Arbeiten Sie für gleiche Textteile immer mit der gleichen Formatierung.	
Zeichen	Setzen Sie eine serifenlose Schrift ein? Ist kein Text kleiner als 16 Punkt? Sind nicht mehr als fünf verschiedene Schriftgrößen und Auszeichnungen im Einsatz?
Absätze	Hat eine Zeile zwischen 50 und 60 Zeichen? Ist der Zeilenabstand größer als 120 Prozent? Stehen die Texte in linksbündigem Flattersatz? Verzichten Sie auf Trennungen?

6.6 Spielen Sie mit Farben

Wie setzen Sie Farben sinnvoll ein?

Farben haben einen großen Einfluss auf unsere Stimmung und darauf, wie wir Dinge wahrnehmen. Sie beeinflussen unter anderem auch, ob eine Botschaft eher verstärkt oder abgeschwächt wird. Sie haben eine Signalwirkung und lösen gewisse Assoziationen aus. Rot wirkt aktivierend, Blau beruhigend, Grün erfrischend. Weiß ist leicht, Schwarz schwer. Gelb ist heiter, Orange ausgelassen, Grau neutral.

Das Farbsechseck besteht aus dem Dreieck mit den drei Urfarben Rot, Grün und Blau sowie dem Dreieck mit den Grundfarben Magenta, Gelb und Cyan. Die Farben sind so angeordnet, dass zwischen den drei Urfarben jeweils ihre Mischtöne stehen. Gelb befindet sich also zwischen Rot und Grün, Cyan zwischen Grün und Blau sowie Magenta zwischen

Optimaler Farbeinsatz

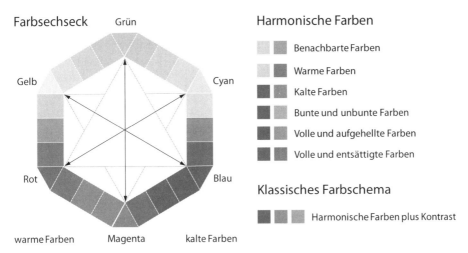

Abbildung 26: Was sind harmonische Farben? Was ist ein klassisches Farbschema?

Blau und Rot. Zwischen den Urfarben und den Grundfarben liegen beliebig viele Zwischenfarbtöne aus den jeweiligen Farben. Die Farben, die sich gegenüberstehen, sind Komplementärfarben.

Das Farbsechseck lässt sich in zwei Hälften mit kalten und warmen Farbtönen teilen. Die warmen Farbtöne gehen dabei von Grün über Gelb und Rot bis Magenta und die kalten Farbtöne von Magenta über Blau und Cyan bis Grün. Grün und Magenta gelten als neutral. Weiß und Schwarz sind unbunte oder Nicht-Farben. Sie werden nicht zu den bunten Farben gerechnet und können deshalb gut als Ergänzung und Unterstützung eines Farbschemas dienen.

Harmonische Farbgestaltungen zeichnen sich dadurch aus, dass sie auf den Betrachter angenehm wirken. Eine Komposition aus Farben, die miteinander harmonieren, führt zu einem positiven Gesamtbild. Farben, die nicht miteinander harmonieren, erzeugen eine Disharmonie, die beim Betrachter Abneigung hervorruft. Harmonische Farbgestaltungen lassen sich durch Kombination von benachbarten Farbtönen, Farben der warmen Farbpalette, Farben der kalten Farbpalette, bunten mit unbunten Farben sowie aufgehellten und entsättigten Farbtönen mit ihrer jeweiligen Vollfarbe erzielen.

Der Folienhintergrund ist besonders wichtig, da er die größte Fläche einnimmt. Seine Farbe beeinflusst psychologisch am stärksten die gesamte Präsentation. Von dieser Farbentscheidung hängen außerdem alle anderen Farben für Text und grafische Objekte ab.

Rot ist eine sehr dominante Farbe und sollte nur sparsam verwendet werden. Als Hervorhebung oder Warnhinweis spricht nichts gegen ihren Einsatz, als Hintergrundfarbe oder zum Füllen großer Flächen sollten Sie aber davon Abstand nehmen.

Ein sehr dunkler Farbton drückt die Stimmung und wirkt ermüdend. Bunte Folien mit mehr als drei Farben wirken verspielt und werden weniger ernst genommen.

Verwenden Sie deshalb mehrere kräftige Farben nur, wenn Sie ganz bewusst signalisieren wollen, dass Ihr Produkt z. B. einfach zu bedienen oder für Kinder konzipiert ist. Wenn Sie Seriosität und Kompetenz ausstrahlen wollen, sollten Sie nicht mehr als drei verschiedene Farben auf einer Folie verwenden.

Wenn Sie nicht wollen, dass die Bilder die komplette Aufmerksamkeit des Betrachters auf sich ziehen, dann müssen Sie auch bei Cliparts und Piktogrammen auf die Farbwahl achten. Ändern Sie die Farben in Ihr gewähltes Farbklima oder wandeln Sie die Farben in Graustufen um.

Testen Sie die Präsentation im Vorfeld auf einem Beamer. So entdecken Sie schnell Farbunterschiede zwischen Beamer und Bildschirm. Gerade helle Töne wie Grau oder Hellblau verschwinden eventuell komplett. Arbeiten Sie deshalb mit stärkeren Kontrasten, als Sie dies bei Drucksachen tun würden.

Besonderes Augenmerk sollten Sie darauf legen, dass die Schrift genügend Kontrast zum Hintergrund aufweist. Fehlende Kontraste sind genauso ungünstig wie unangenehm starke Kontraste. In der Regel eignen sich helle Schriftfarben gut für dunkle Hintergründe und dunkle Schriftfarben für helle Hintergründe. Wenn beide Farben gleich intensiv sind, wird die Lesbarkeit stark beeinträchtigt. Zwei bunte Farben konkurrieren miteinander, die Schrift beginnt zu flimmern. Schwarz auf weiß ist immer noch am besten lesbar.

Wählen Sie angenehme Farben aus, sowohl für Hintergrund wie auch für Schrift. Suchen Sie akzeptable Kontraste und vermeiden Sie allzu poppige Kombinationen. Innerhalb einer Präsentation sollten Sie bei einem Farbschema bleiben. Gleiche Sachverhalte sollten immer mit den gleichen Farben dargestellt werden.

Ein klassisches Farbschema, mit dem man eigentlich wenig falsch machen kann, ergibt sich aus einer starken Hauptfarbe, einer damit harmonierenden Nebenfarbe und, als Akzent dazu, einer Kontrastfarbe.

Verwenden Sie Farben grundsätzlich sparsam. Achten Sie auf Kontrast und Harmonie.	
Farben	Welche Emotion wird durch die Farbe vermittelt? Wird Rot nur wenig und gezielt eingesetzt?
Kontrast	Hat die Schrift genügend Kontrast zum Hintergrund? Stehen zwei intensive, bunte Farben miteinander in Konkurrenz?
Harmonie	Verwenden Sie eine starke Hauptfarbe mit einer Nebenfarbe? Nutzen Sie unbunte Farben als Ergänzung?

6.7 Veranschaulichen Sie Ihre Argumente

Optimale Veranschaulichung von Zahlen

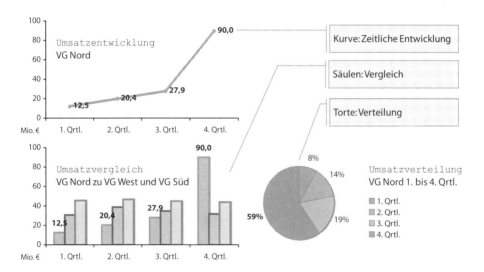

Abbildung 27: Wie verstärken Sie Ihre Argumente mit Diagrammen, Bildern und anderen Objekten?

Wenn Sie mit Zahlen arbeiten, dann konzentrieren Sie sich auf wenige Zahlen auf einer Folie. Verwenden Sie in Tabellen nicht mehr als 7 x 7 Spalten und Zeilen. Reduzieren Sie Listen und Tabellen auf die Zahlen, die miteinander in Verbindung stehen oder die Sie gegenüberstellen wollen.

Diagramme haben eine größere Wirkung als Tabellen. Achten Sie aber bei der Wahl des Diagrammtyps auf die darzustellenden Zahlen bzw. Inhalte. Kurven eignen sich für die Darstellung zeitlicher Entwicklungen, z. B. von Aktienkursen; Säulen oder Balken eignen sich für die Darstellung eines Vergleichs, z. B. des Umsatzes verschiedener Vertriebsgebiete; Torten eignen sich für die Darstellung von Anteilen, z. B. Gewinn prozentual nach Geschäftsbereichen.

Achten Sie gerade bei Zahlen auf die Richtigkeit, Vollständigkeit und Verständlichkeit. Sind Nachkommastellen richtig gerundet? Welche Einheit, welcher Maßstab wurde verwendet? Denken Sie auch an die Beschriftung der Achsen und an die Legende.

Präsentationsprogramme bieten inzwischen eine riesige Palette von Optionen für die Gestaltung grafischer Objekte. Kästen, Linien und Pfeile können mit abgerundeten Ecken, Schatten, Verläufen und 3D-Effekten ausgestattet werden. Lassen Sie sich nicht von den vielen Möglichkeiten verleiten, jedes Objekt mit unzähligen Effekten zu »verschönern« und jedem Objekt eine andere Optik zu verleihen. Bleiben Sie in der Gestaltung sparsam und stringent. Verwenden Sie z. B. Kästen mit Rahmen und halten Sie dies konsequent auf allen Folien durch.

Abstrakte Zusammenhänge sollten immer visualisiert werden. Ein Bild erklärt hier immer mehr als tausend Worte. Zeitliche Abläufe können durch einen Zeitstrahl und diesem zugeordnete Ereignisse dargestellt werden, organisatorische Abläufe durch Prozesspfeile oder der Aufbau einer Abteilung durch ein Organigramm. Landkarten oder technische Zeichnungen schaffen mehr Klarheit, wenn Sie daraus ein »Igelbild« machen: Die Erklärungen werden durch Linien mit dem korrespondierenden Bildteil verbunden.

Achten Sie auf genügend Abstand zwischen Text und Bildern. Setzen Sie Bilder, Grafiken und Symbole nur gezielt ein und nicht als rein dekoratives Schmuckelement. Verzichten Sie, wenn möglich, auf die Grafiken und Symbole (Clipartbilder), die mit dem Präsentationsprogramm mitgeliefert werden. Die meisten Bilder kennen die Zuhörer aus zig anderen Präsentationen und bleiben deshalb nicht als originär für diesen Vortrag haften. Arbeiten Sie besser mit eigenem Bildmaterial oder Bildern aus Quellen, die nicht schon hundertmal von anderen abgegrast wurden.

Bearbeiten Sie Bilder, die Sie in der Präsentation verwenden wollen, vorher in einem Bildbearbeitungsprogramm. Bringen Sie diese auf die richtige Größe und wählen Sie den gewünschten Ausschnitt. Natürlich sind solche Arbeiten auch direkt in dem Präsentationsprogramm möglich, aber bei Weitem nicht so komfortabel und mit den Möglichkeiten, die Ihnen die entsprechende Software liefert.

Piktogramme lockern reine Textfolien auf, können aber auch die Verständlichkeit erhöhen. Gerade wenn sich diese Grafiken mehrmals mit derselben Aussage innerhalb eines Vortrags wiederholen, steigt der Wiedererkennungseffekt.

Multimedia ersetzt nicht den Inhalt. Überlegen Sie genau, welche Aussage Sie z. B. mit einem Film erreichen wollen, und berücksichtigen Sie dabei auch das Ziel des Vortrags.

Klären Sie die abspielbaren Dateiformate ab, wenn Sie Objekte wie Audio- oder Filmdateien in die Präsentation einbinden wollen. Gerade wenn die Präsentation nicht auf einem eigenen Gerät liegt, kann es schnell zu einer peinlichen Pause oder noch schlimmer zum Absturz des Computers kommen, wenn die Formate inkompatibel sind.

Verzichten Sie auf spektakuläre Folienübergänge. Beim Lesen eines Buches erwarten Sie auch nicht, dass beim Umblättern die nächste Seite mal von oben und mal von rechts als Rollladensystem hereinfährt und dabei eine Schiffsirene ertönt.

Dramaturgisch ist es aber bei manchen Folien sinnvoll, dass einzelne Elemente in einer zeitlichen Reihenfolge erscheinen. Wählen Sie aber als Effekt auch hier bitte nur »Erscheinen« oder ähnliche dezente Optionen. Der Vortragende will durch die Inhalte überzeugen, nicht für spektakuläre Sound- und Animationseffekte werben.

Gerade bei komplizierteren Sachverhalten bietet sich z. B. der schrittweise Aufbau von Darstellungen an. Die Zuhörer können so vom Vortragenden nach und nach mit allen Aspekten vertraut gemacht werden bis hin zum kompletten Bild.

Animationen können Dynamik und Leben in eine Präsentation bringen, aber sie können auch schnell ziemlich albern wirken.

Setzen Sie Tabellen, Diagramme, Bilder, Filme und andere Objekte nur gezielt dort ein, wo sie Ihre Argumente wirklich ersetzen oder sinnvoll unterstützen. Vermeiden Sie bloße Effekthascherei.

Objekte	Ist die Folie weiterhin klar und übersichtlich? Ist das Objekt verständlich und selbsterklärend? Existieren Beschriftungen und Quellenangabe?
Tabellen	Sind die Spalten und Reihen auf maximal 7 x 7 reduziert? Stimmen die Zahlen (Rundung, Nachkommastellen)?
Diagramme	Existieren Achsenbeschriftungen? Stimmen die Zahlen (Rundung, Nachkommastellen)?
Symbole, Bilder, Filme	Haben die Bilder eine Aussagekraft? Sind die Bilder verständlich?
Animationen	Sind nur einige wichtige Objekte animiert? Sind die Animationen einfach und wirkungsvoll?

7 Präsentation

Hier erfahren Sie,

- wie Sie für den Vortragenden zusätzliche Unterlagen erstellen und
- wie Sie dafür sorgen, dass der Vortragende unter bestmöglichen Bedingungen präsentieren kann.

7.1 Erstellen Sie zusätzliche Unterlagen

Optimaler Farbeinsatz

Folie 3

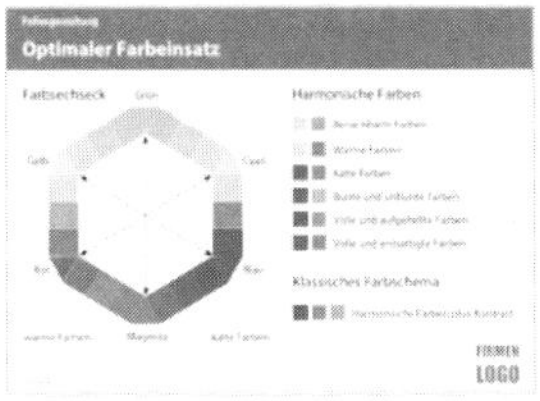

- Einfluss auf Stimmung und Wahrnehmung
- Verstärkung und Abschwächung der Botschaft
- Signalwirkung
- Assoziationen

- Dreieck mit Urfarben Rot, Grün, Blau
- Dreieck mit Grundfarben Magenta, Gelb, Cyan
- warm, kalt, neutral
- gegenüberstehende Farben = Komplementärfarben

- Weiß, Schwarz, Grautöne = unbunte oder Nicht-Farben

- Harmonisch = angenehm = positives Gesamtbild
- Disharmonie = unangenehm = Abneigung

Abbildung 28: Ändern Sie das Notizseiten-Format und drucken Sie für den Vortragenden Karteikarten zu den Folien!

Wie können Sie den Vortragenden in den Tagen vor dem Auftritt unterstützen?

Den fertigen Vortrag können und sollten Sie dem Vortragenden in unterschiedlichem Format zur Verfügung stellen. Sie können den Foliensatz in voller Papiergröße ausdrucken oder kleiner, mit einer, zwei oder mehr Folien pro Blatt, und Platz für handschriftliche Notizen.

Die Präsentationsprogramme bieten außerdem die Möglichkeit, sogenannte »Moderatornotizen« einzugeben. Sie können hier zu jeder Folie ergänzen, was Sie sich bei den Satzfragmenten, Bildern und Diagrammen auf der Folie gedacht haben. Diese Notizen können Sie dann in DIN A4, zusammen mit der jeweiligen Folie, ausdrucken und somit ein komplettes Manuskript erstellen.

Genauso ist es aber auch möglich, das Notizseiten-Format auf DIN A6 zu ändern und die Folienansicht darauf zu löschen oder stark verkleinert in eine Ecke zu setzen. So lassen sich für den Vortragenden Karteikarten zu jeder Folie drucken. Vergessen Sie nicht die Seitennummerierung!

Erstellen Sie für den Vortragenden zudem eine Checkliste, an welchen Stellen und wie er die von Ihnen erstellten Folien während des Vortrags noch ergänzen muss: mit seiner Kompetenz und Begeisterung für das Thema, mit Geschichten und Anekdoten, die zum Inhalt passen etc.

Der Vortragende kann sich damit gut auf den Vortrag vorbereiten. Er hat die Möglichkeit, mit und ohne die Folienpräsentation den Auftritt zu proben. Er kann sich auf diese Weise gut mit der Präsentation vertraut machen, sodass er zu jeder Folie in eigenen Worten etwas sagen kann. Er kann sich Gedanken zu den Folien machen, bei denen Sie Platz für eine freie Ausgestaltung gelassen haben, auf die Karteikarten oder im Manuskript seine Anmerkungen notieren oder auch den Anfangspunkt und Endpunkt auswendig lernen, um bei der Präsentation zu Beginn und am Schluss frei sprechen zu können. Sollte die Technik ausfallen, besteht so auch die Möglichkeit, auf Flipchart oder Pinnwand auszuweichen.

\multicolumn{2}{l}{**Erstellen Sie für den Vortragenden die Hilfsmittel, die er zur Unterstützung in der Vorbereitung und bei der Präsentation benötigt.**}
Manuskript	In welcher Größe? Mit wie vielen Folien?
Notizzettel/ Karteikarten	In welcher Größe? Mit welchen Zusatzinformationen (Zusatztext, To-do-Liste, Gestik, Mimik)?
Checkliste	Haben Sie Vorschläge für den Beginn? Haben Sie Vorschläge für den Abschluss? An welchen Stellen ist der Vortragende noch gefordert?

7.2 Prüfen Sie die Rahmenbedingungen

Wie können Sie den Vortragenden am Tag des Auftritts unterstützen?

Prüfen Sie noch einmal die Rahmenbedingungen, besonders den Termin und den zeitlichen Ablauf. Oft gibt es Termin- und Raumverschiebungen, die, so heißt es manchmal, »leider nicht an die Referenten weitergegeben wurden«. Sorgen Sie dafür, dass der Vortragende rechtzeitig zum Präsentationstermin erscheinen kann. Verschaffen Sie dem Vortragenden die Möglichkeit, ohne Hektik rechtzeitig zur Veranstaltung zu kommen.

Prüfen Sie am Tag des Auftritts den Raum, in dem die Präsentation stattfindet. Sind genügend Sitzmöglichkeiten vorhanden? Ist die Sitzordnung so wie besprochen? Sind die technischen Voraussetzungen gegeben: Ist der Raum abdunkelbar, sind Leinwand, Beamer und PC vorhanden und funktionstüchtig? Sind die entsprechenden Kabel und Fernbedienungen vorhanden und funktionstüchtig? Ist die Beleuchtung für den Vortragenden ausreichend? Funktionieren Mikrofon und Tontechnik? Wenn Sie dies nicht selbst prüfen können, fragen Sie die Punkte telefonisch nach!

Verlassen Sie sich nicht darauf, dass der Vortragende die Unterlagen mitbringt. Sorgen Sie dafür, dass die Präsentation z. B. per E-Mail an den Veranstalter gesendet wurde und alle besprochenen Unterlagen, wie Handouts, Vorstellung des Vortragenden und Visitenkarten, vor Ort sind.

Prüfen Sie alle Rahmenbedingungen, die Sie vorab geklärt hatten, und sorgen Sie dafür, dass der Vortragende unter den bestmöglichen Bedingungen präsentieren kann.	
Termin	Sind Termin und Raum gleich geblieben? Ist der Termin beim Vortragenden geblockt?
Raum	Stimmen noch die Teilnehmerzahl und die Sitzordnung? Ist der Raum abdunkelbar und die Beleuchtung für den Vortragenden ausreichend?
Technik	Sind Leinwand, Beamer und PC vorhanden und funktionstüchtig? Funktionieren Kabel, Fernbedienungen, Mikrofon und Tontechnik?
Folien, Unterlagen	Liegt die Präsentation als Datei am Veranstaltungsort vor? Sind Handouts, Profil des Vortragenden und Visitenkarten vor Ort?

Best Practice

- Nehmen Sie sich genügend Zeit für Vorbereitung, Stoffsammlung und Aufbau der Präsentation.
- Setzen Sie sich ein realistisches Ziel, das Sie erreichen wollen – damit die Präsentation auch für die Zuhörer einen echten Nutzen hat.
- Nähern Sie sich dem Thema von allen Seiten über Fragen. Aktivieren Sie Ihren eigenen Wissensdurst und den Ihrer Umwelt.
- Formulieren Sie die Kernbotschaft der Präsentation in so wenigen Worten so einfach und präzise wie möglich.
- Bieten Sie den Zuhörern eine Orientierungshilfe durch den Vortrag, nicht das komplette Manuskript zum Mitlesen.
- Prüfen Sie alle Rahmenbedingungen und sorgen Sie dafür, dass der Vortragende unter den bestmöglichen Bedingungen präsentieren kann.

Teil V

Kommunikation und Konfliktlösung

1 Was verbindet Kommunikation/ Konfliktlösung und Excellent Office?

Haben Sie schon einmal darüber nachgedacht, dass Ihr Office wie ein Knotenpunkt ist? Es kommen mündliche und schriftliche Informationen von außen herein. Sie geben diese an Ihren Chef und Ihre Kollegen weiter. Zugleich erhalten Sie schriftliche und mündliche Informationen von Ihren Kollegen und Ihrem Chef, die Sie wiederum nach außen weiterleiten. Außerdem sind Sie in der Regel die erste Anlaufstelle in Ihrer Abteilung für Anrufe und Besucher. Kommunikative Fähigkeiten sind daher das A und O im Excellent Office.

Wenn Menschen zusammenarbeiten, kommt es aber automatisch auch zu Missverständnissen und unterschiedlichen Meinungen. Da Sie sich an dem oben dargestellten Knotenpunkt befinden, bekommen Sie in der Regel auch als Erster mit, wenn »die Kommunikation irgendwo hakt«. Sehen Sie dies als eine wichtige Chance: Sie können in Ihrer Position entscheidend dazu beitragen, dass »das Betriebsklima in Ihrer Abteilung stimmt«. Dies setzt natürlich voraus, dass Sie entsprechend sensibilisiert sind.

Dieses Kapitel vermittelt Ihnen zunächst Grundsätzliches zum Thema »Kommunikation«, damit Sie zukünftig sehr viel besser auf die Zwischentöne und Signale achten können. Nur so erkennen Sie mögliche Konflikte. Zugleich erhalten Sie Tipps, wie Sie sich in schwierigen Situationen am besten verhalten. Viele Assistenten spüren zwar, dass »etwas nicht stimmt« – sie wissen aber nicht, wie sie damit umgehen sollen. Je mehr Kommunikationsfähigkeit Sie besitzen und je konstruktiver Sie sich bei Konflikten verhalten, desto mehr Anerkennung und Wertschätzung werden Sie von Ihrem Vorgesetzten, in Ihrer Abteilung und von den Kollegen in den anderen Bereichen erhalten. Das nachfolgende Kapitel unterstützt Sie hierbei.

Teil V — Kommunikation und Konfliktlösung

Orientierungsfragen

- Wie kommunizieren Menschen miteinander?
- Was kann dabei »schieflaufen« bzw. zu Missverständnissen führen?
- Worauf müssen Sie achten, wenn Sie in ein neues Arbeitsumfeld kommen?
- Welche Kommunikationsfallen gibt es – und wie reagieren Sie am besten darauf?
- Was müssen Sie sich von Ihrem Chef und Ihren Kollegen gefallen lassen?
- Mit welchen typischen Konfliktfällen können Sie in Ihrem beruflichen Alltag rechnen – und wie verhalten Sie sich dabei optimal?

2 Grundsätzliches zur Kommunikation

Wenn Sie einen Arbeitsvertrag unterschrieben haben, sind Sie mit Sicherheit zunächst stolz – schließlich haben Sie sich erfolgreich gegen Mitbewerber durchgesetzt und können nun die von Ihnen ersehnte Stelle antreten. Manchmal folgt jedoch schon bald die Ernüchterung:

- Der neue Vorgesetzte zeigt auf einmal Verhaltensweisen, die im Bewerbungsgespräch so nicht erkennbar waren.
- Unter Umständen beäugen einen die Kollegen kritisch.
- Oder im Team befinden sich Kollegen, die einem schnell die Freude an der neuen Position verderben.

In diesem Abschnitt können Sie sich für die kommunikativen Aspekte in Ihrem Berufsalltag sensibilisieren.

2.1 Wie Menschen in besonderen Zeiten kommunizieren

In den Medien finden Sie häufig Beiträge über »Die ersten 100 Tage«. Darin wird bewertet, wie sich ein Politiker, ein Geschäftsmann in herausragender Stellung oder eine andere Person des öffentlichen Lebens in den ersten drei Monaten Amtszeit bewährt hat.

Treten Sie eine neue Arbeitsstelle an, werden auch Sie in der Regel beäugt, es wird darauf geachtet, »wie Sie sich machen«. Offiziell geschieht dies in Form der Probezeit – inoffiziell beobachten Ihre Kollegen Ihr Auftreten, Ihre Arbeitsweise und Ihre Bereitschaft zur Zusammenarbeit.

Wenn Sie also eine Arbeitsstelle antreten, dann tun Sie vor allem eins: Hören Sie gut zu!

- Lassen Sie sich von Ihrem Chef und Ihren Kollegen in Ihr Aufgabengebiet einführen – ohne zu erklären, was Sie bei Ihrem früherem Arbeitgeber anders oder besser gemacht haben.
- Versuchen Sie zunächst, Ihre Kollegen kennen – und einschätzen – zu lernen, indem Sie darauf achten, wer was wie sagt, welche Themen angesprochen werden und wie die anderen darauf reagieren.

Nehmen Sie sich vor den folgenden 7 Einsteigerfehlern in Acht

- Sofort bei den Gesprächen der Kollegen mitreden.
- Darstellen, was Ihrer Ansicht nach verbessert werden kann.
- Schnell offenkundiges Vertrauen zu einzelnen Kollegen fassen.
- Dem Vorgesetzten über Gespräche, Probleme und Fehlverhalten der Kollegen berichten.
- Sich und seine Überlegungen bei den Teammeetings in den Vordergrund spielen.
- Intimes aus seinem Privatleben erzählen.
- Über abwesende Kollegen mittratschen.

- Bleiben Sie kritisch und zurückhaltend, wenn sich einzelne Kollegen Ihnen gegenüber sogleich betont offen und redselig zeigen. Oftmals sind dies Teammitglieder, die kaum Rückhalt in ihrem Arbeitsbereich besitzen und daher nun die Chance wittern, in Ihnen einen »Verbündeten« zu finden.
- Machen Sie sich in den Teammeetings ein Bild, wer welche Rolle in Ihrem Bereich spielt und auf welche individuellen Eigenheiten Sie achten müssen.

Seien Sie besonders kritisch, wenn Ihnen von Kollegen, die bereits etliche Jahre in diesem Bereich tätig sind, erklärt wird, dass Sie nun in einem »tollen Team arbeiten, in dem ein prima Klima« herrscht. Unter Umständen sind diese Kollegen inzwischen zu selbstsicher und zufrieden mit sich und ihrem beruflichen Umfeld. Folglich können – oder wollen – sie die gewohnte Art der Zusammenarbeit nicht mehr infrage stellen.

Woran Sie ein gutes Klima erkennen

1999 hat der US-amerikanische Psychologe Marcial F. Losada 60 Managementteams auf ihre Leistungs- und Problemlösungsfähigkeit hin untersucht. Er beobachtete detailliert, wie die Kollegen miteinander redeten, wie selbstbezogen sie agierten und wodurch sich ihr Kommunikationsstil auszeichnete. Das Ergebnis:

- Teams, in denen eine positive Grundstimmung herrschte und deren Mitglieder sich respektvoll im gegenseitigen Umgang verhielten, erwiesen sich als kreativer, lösungsorientierter und im Ergebnis erfolgreicher.
- Erhielten die Teammitglieder nie positives oder negatives Feedback von Ihren Vorgesetzten und Kollegen, fehlte in diesem Bereich ein richtungsweisender Rahmen. Viele Aufgaben wurden infolgedessen zu forsch oder zu naiv angegangen.
- Herrschte in dem Bereich vorrangig ein negatives Grundklima, war auch der Arbeitserfolg insgesamt niedriger. Jeder trug nur das zur Gesamtleistung bei, was unbedingt erforderlich war.

Auf der anderen Seite sollten Sie sich auch bewusst machen, dass es wenig sinnvoll ist, zu viel von der neuen Arbeitsstätte zu erwarten bzw. sie zum einzigen Lebensinhalt zu machen. Bleiben Sie realistisch:

- Es wird hier nicht immer friedlich zugehen – wo Menschen zusammenarbeiten, kommt es automatisch zu Reibereien, unterschiedlichen Meinungen und Missverständnissen.
- Ihre Kollegen werden sich nicht immer nur »freundschaftlich« zeigen – schließlich haben Sie sich diese nicht als Freunde ausgesucht. Bei der Auswahl von Freunden spielt gegenseitige Sympathie die entscheidende Rolle, bei der Zusammenarbeit mit Kollegen vor allem das gemeinsame Arbeitsziel.

Ist der »Zauber« der ersten Wochen, der bekanntlich jedem Neuanfang innewohnt, erst einmal vergangen, dann können Sie Ihren Arbeitsspaß und Ihre Motivation aufrechterhalten, indem Sie sich an kleinen regelmäßigen Dingen des Alltags erfreuen, z. B. am gemeinsamen Kantinengang oder am kurzen Kaffeeplausch in der Teeküche mit bestimmten Kollegen. Je mehr Sie diese kleinen Geschenke des Alltags als Anlass zur Freude nehmen, desto mehr wird sich dies auf Ihre Grundstimmung und Ihr Verhalten gegenüber Ihren Kollegen auswirken.

2.2 Worauf Sie bei der Kommunikation achten bzw. sich konzentrieren sollten

Haben Sie sich eigentlich schon einmal überlegt, was für eine Grundstimmung Sie mitbringen? Sind Sie eher ein offener, positiv denkender Mensch oder eher misstrauisch und vorsichtig? Die Qualität der Gespräche mit Ihren Kollegen hängt nämlich stark davon ab, mit welchen Meinungen und Bewertungen Sie jene führen. **Zwei Beispiele:**

- Frau A besitzt gegenüber ihren Kollegen prinzipiell eine positive Einstellung – auch wenn sie in der Vergangenheit bereits bei Einzelnen im Nachhinein feststellen musste, dass sie sich in ihrer Einschätzung getäuscht hatte. Daher geht sie auch gerne zur Arbeit, nutzt den Gang zur Teeküche für kurze Schwätzchen – und ist folglich immer auch gut informiert.
- Frau B ist hingegen ein wenig offener Kommunikationstyp. In der Regel steckt sie ihre Kollegen schnell in bestimmte Schubladen (z. B. »Der schiebt gerne Arbeit ab« oder »Bis die auf den Punkt kommt, dauert es«). Oft sieht sie dann schon bald in ihren Gesprächen ihre

(Vor-)Urteile bestätigt, was sie häufig auch durch Sätze wie »Ich kann mir schon vorstellen, was Sie möchten« oder »Sie brauchen mir nichts mehr zu sagen, ich kann mir schon vorstellen, wie Sie sich fühlen« zum Ausdruck bringt.

Wer, glauben Sie, ist an seinem Arbeitsplatz beliebter, glücklicher und erfolgreicher: Frau A oder Frau B? Mit Sicherheit Frau A. Der Grund: Während uns negative Gefühle wie beispielsweise Ärger, Ungeduld, Stress und Angst seelisch aus der Balance bringen, haben die positiven Gefühle nach Ansicht des US-amerikanischen Nobelpreisträgers für Wirtschaftswissenschaften Daniel Kahnemann (2002) einen vierfachen Langzeitnutzen:

1. Sie begünstigen den Aufbau und die Pflege sozialer Beziehungen, die Ihnen das Leben erleichtern und auf die Sie in schwierigen Zeiten zurückgreifen können.
2. Positive Gefühle machen Sie geistig freier und ermöglichen es Ihnen, kreativer zu denken.
3. Sie wirken sich positiv auf die körperliche Gesundheit aus, weil Sie bei einer positiven Grundstimmung Ihre Tätigkeiten als weniger stressig empfinden.
4. Infolgedessen agieren Sie zielgerichteter und zeigen sich bei auftretenden Problemen/Widerständen lösungsorientierter.

Natürlich wirken sich Ihre Erfahrungen stark auf Ihre Verhaltensweisen aus. Es ist daher verständlich, wenn Sie misstrauischer gegenüber Kollegen sind, bei denen Sie schon negative Erfahrungen gemacht haben. Vielleicht hat Frau B ja tatsächlich schon mehrfach erlebt, dass Kollege C immer dann zu ihr kommt, wenn er Aufgaben bei ihr loswerden möchte. Das Problem: Wenn Sie nicht regelmäßig Ihre Sichtweise im Hinblick auf bestimmte Kollegen überdenken, besteht die Gefahr, dass Sie selbst Ihr Spektrum an Denk- und Handlungsalternativen einengen: Sie reagieren nur noch kurz angebunden oder patzig auf Anfragen und Wünsche dieses Kollegen. Oder Sie versuchen, (jegliche) Gespräche mit ihm zu vermeiden.

Bemühen Sie sich daher immer, die Andersartigkeit Ihrer Kollegen anzuerkennen. Diese haben schließlich – ebenso wie Sie – das Recht, die Welt auf ihre Weise wahrzunehmen und zu bewerten. Machen Sie sich daher immer zunächst bewusst, dass Ihr Kollege unter Umständen gerade von anderen Sichtweisen ausgeht, wenn Sie das Gefühl haben, dass Ihr Gespräch in einen Disput/in Missstimmungen abgleitet.

Der Hamburger Professor für Psychologie Friedemann Schulz von Thun hat diesen zuletzt genannten Sachverhalt in seinem berühmten Vier-Ohren-Modell anschaulich dargestellt. Demnach kann die gleiche Ausgangsbotschaft (z. B. »Ich brauche Ihre Hilfe«) für jeden Menschen etwas anderes bedeuten – je nachdem, was er daraus hört.

Übersicht: 4-Ohren-Modell

Ohr-Aufnahme	Interpretationstendenz	Gefahr	Lösung
Sachohr	»Ist verstanden«	Ihr Gespräch verläuft zäh und unproduktiv, weil Sie glauben, bereits alles zu wissen.	Versuchen Sie, aus Ihrem Gespräch herauszuhören, ob Ihr Gegenüber nicht gerade auch Signale auf der zwischenmenschlichen Ebene aussendet.
Beziehungsohr	»Was will er jetzt von mir?«	Sie verstehen Äußerungen schnell als persönliche Angriffe.	Achten Sie bewusst auf Ihre Formulierungen und arbeiten Sie möglichst viel mit Fragen.
Appellohr	»Das wird also alles von mir erwartet.«	Sie glauben zu wissen, was zu tun ist.	Binden Sie Ihr Gegenüber durch intensive Fragen ein.
Selbstoffenbarungsohr	»Offensichtlich bereitet meinem Gesprächspartner dies richtig Sorgen.«	Sie trauen Ihrem Gegenüber weniger zu.	Formulieren Sie Ihre Beobachtungen so konkret und klar wie möglich. Behalten Sie den Gesprächsverlauf besonders im Auge.

Nach: Schulz von Thun, Friedemann: Miteinander reden 1-3, Sonderausgabe, Hamburg 2006, Band 1, S. 13ff.

Überlegen Sie doch einmal, mit welchen der vier dargestellten Ohren Sie üblicherweise Äußerungen anderer aufnehmen: Wenn Sie in der Regel vor allem

- sachorientiert zuhören, übersehen Sie unter Umständen Hinweise Ihrer Gesprächspartner auf Probleme, die auf der zwischenmenschlichen Ebene liegen. Mit anderen Worten, wenn Sie jemand um Hilfe bittet, reicht es unter Umständen nicht aus, wenn Sie beispielsweise nur sagen: »Hier findest du alle Unterlagen.« Unter Umständen bittet Sie Ihr Gegenüber auch darum, ihm zu erklären, wie er die Aufgabe richtig und gut erfüllen kann.
- mit dem Beziehungsohr hören, kann es sein, dass Sie das Hilfe-Ersuchen Ihres Kollegen als Angriff auf Ihre Person verstehen und sich denken: »Es gibt in diesem Bereich genügend Kollegen, die er um Hilfe bitten kann. Aber offenkundig fällt es ihm am leichtesten, mich jetzt mit seinem Anliegen von der Arbeit abzuhalten.«
- appellorientiert zuhören, sind Sie direkt bereit, dem anderen beizustehen. Unter Umständen reagieren Sie dabei aber über – und wollen Ihrem Gegenüber mehr helfen, als dieser möchte. Das kann wiederum auf den anderen anmaßend wirken. Außerdem kann dies dazu führen, dass Sie von Ihren Kollegen ausgenutzt werden, weil Sie »sofort springen«, wenn diese Sie um etwas bitten.
- mit dem Selbstoffenbarungs-Ohr andere wahrnehmen, dann denken Sie unter Umständen: »Ja, ja, immer diese Akademiker – in der Theorie fit, in der Praxis unbrauchbar.« Oder: »Der ist aber schnell überfordert. Bei so kleinen Problemen wurschtle ich mich so lange durch, bis ich klarkomme.« Auch wenn Sie diese Gedanken dann nicht äußern, drückt wahrscheinlich Ihre Mimik, Gestik oder Sprechweise aus, was Sie tatsächlich denken.

Bezogen auf das oben dargestellte Beispiel von Frau B bedeutet dies:

Unter Umständen gibt es ja versteckte Gründe für das Verhalten des Kollegen C. Wenn Frau B versuchen würde, diese herauszufinden und das Klappmesser, das bei seinem Anblick bei ihr innerlich aufgeht, wieder zumachte, könnte Frau B vielleicht eine Absprache mit ihm treffen, wie beide zukünftig besser einander zuarbeiten könnten. Diese Vorgehensweise fällt Frau B noch leichter, wenn ihr bewusst ist, dass sie vorrangig mit dem Beziehungsohr hört.

2.3 Was Meinungen und Aussagen prägt

»Frauen können nicht einparken, Männer nicht gut über Beziehungen reden.« Klischees wie diese finden Sie immer wieder in den Medien – und in den Meinungen Ihrer Mitmenschen. Wissenschaftlich sind diese aber nicht zu belegen. So haben beispielsweise Psychologen von der Universität Wisconsin (USA) in jüngster Zeit mithilfe verschiedener Testreihen belegt, dass Frauen und Männer ähnlicher sind, als wir glauben.

Wenn aber die geschlechtsspezifischen Gründe nicht greifen – woran liegt es dann, dass wir alle unterschiedlich agieren und zum Teil divergierende Sichtweisen besitzen? An den Erfahrungen, die jeder im Laufe seines Lebens gemacht hat. Dazu zählen:

1. Die Werte, die Sie von Ihren Eltern, Lehrern etc. vermittelt bekommen haben und deren Sinnhaftigkeit Sie im Laufe der Jahre immer wieder in verschiedenen Situationen getestet haben.
   Ein Beispiel: Frau A wurde in Ihrer Kindheit immer wieder vermittelt, dass die Meinungen und Vorgaben von Eltern, Lehrern und Vorgesetzten generell nicht infrage gestellt werden. Im Laufe ihres Berufslebens hat sie es mit unterschiedlich kompetenten Chefs zu tun. Je nachdem, wie stark andere Grundwerte (z. B. Ehrlichkeit, Hilfsbereitschaft) ausgeprägt sind, wird sie der vermittelten Vorgabe in jeder beruflichen Situation treu bleiben – oder nicht.
2. Einschneidende Erlebnisse, in denen Ihnen die vermittelten Grundwerte Halt geben – oder nicht.
   Beispiel: Frau A erlebt, dass ihr Vorgesetzter sie mit falschen Anschuldigungen systematisch zu mobben sucht, weil er sie so offenkundig zur Kündigung treiben möchte. Hält Frau A in dieser Situation an der Vorgabe fest, die ihr in der Kindheit vermittelt wurde, wird sie tatsächlich irgendwann frustriert kündigen. Merkt sie hingegen, dass durchaus Meinungen von Vorgesetzten hinterfragt werden können, beginnt sie, sich gegen das Verhalten ihres Chefs zu wehren und nach Hilfe zu suchen.
3. Persönliche Weiterentwicklung, die sich durch stetiges Lernen aus Erfahrungen ergibt.
   Beispiel: Hat Frau A begonnen, sich gegen die Diffamierungen ihres Vorgesetzten zu wehren, und gemerkt, dass ihr Chef plötzlich seine bisherige Verhaltensweise ändert, wird Frau A wahrscheinlich zukünftig schon sehr viel früher Vorgaben und Meinungen ihrer Vorgesetzten überdenken bzw. infrage stellen.

Das dargestellte Beispiel zeigt es bereits: Ihre persönliche Weiterentwicklung wird maßgeblich auch davon beeinflusst, wie stark Ihre Selbstachtung ist. Das Problem: Wer an sich selbst kaum ein gutes Haar lässt, der

- ist mit seinem Leben in der Regel unzufrieden,
- sieht schnell jegliche Schuld bei sich,
- läuft leicht Gefahr, von anderen negativ abgestempelt bzw. ausgenutzt zu werden.

Das ist typisch für geringe Selbstachtung:

- Starke Selbstkritik steht im Vordergrund: Statt Kraft und Energie aus positiven Erlebnissen zu ziehen, beschäftigen sich die Betroffenen vornehmlich mit ihren negativen Seiten und »Unzulänglichkeiten«.
- Es fällt schwer, eigene Bedürfnisse zu äußern und für sich selbst einzutreten. Wer kaum Selbstachtung besitzt, entschuldigt sich daher auffällig oft und vermeidet in der Regel Herausforderungen.
- Mangelnde Selbstachtung ist an der Körperhaltung abzulesen: Betroffene halten ihren Blick häufig gesenkt und vermeiden Augenkontakt.

Natürlich werden Sie in Ihrem beruflichen Alltag immer wieder der Kritik von anderen ausgesetzt und von eigenen Zweifeln an Ihrer Arbeit bzw. Vorgehensweise geplagt sein. Das ist nicht nur normal, sondern auch wichtig: Wer nämlich zu sehr von seinen eigenen Fähigkeiten überzeugt ist, wirkt anmaßend und überheblich.

Achten Sie deshalb darauf, dass Sie für sich realistische Kriterien festlegen, nach denen Sie Ihre Leistungen und Erfolge bewerten. Dafür müssen Sie allerdings bereit sein, sowohl Ihre eigenen Stärken und Schwächen zu analysieren als auch falsche Bilder von sich selbst zu korrigieren.

Übung: Denken Sie über Ihr Kommunikationsverhalten nach

Bisher haben Sie schon einiges über Kommunikation erfahren. Gehen Sie nun einmal gedanklich Ihre Zusammenarbeit mit Ihren Kollegen durch. Bestimmt können Sie nun besser verstehen, warum die Zusammenarbeit mit manchen gut klappt, während Sie bei anderen immer wieder an (Sympathie-)Grenzen stoßen. Notieren Sie sich Ihre Erkenntnisse als Grundlage für die nächsten Abschnitte. Ziel ist es, dass Sie am Ende dieses Buchteils die Chance sehen, dass Sie an dem Verhältnis zu bestimmten Kollegen nachhaltig etwas ändern können.

2.4 Auf nonverbale Kommunikation (Körpersprache) achten

Ist Ihnen bewusst, dass Ihr Gegenüber zunächst immer

- nur zu 7 Prozent Ihre Worte,
- zu 38 Prozent Ihren Tonfall und die Aussprache,
- aber zu 55 Prozent Ihre Körpersprache, Mimik, Gestik und Ihre Kleidung

wahrnimmt? Mit anderen Worten: Mehr als die Hälfte der Kommunikation findet nonverbal statt.

Beispiel:

Kollege A begrüßt Sie zwar freundlich mit den Worten »Guten Morgen«, wendet dabei aber nur kurz seinen Blick weg von seinem Bildschirm und in Ihre Richtung. Kollege B dagegen sieht Sie an, wenn Sie ins Zimmer kommen. Er lächelt und grüßt ebenfalls freundlich mit den Worten »Guten Morgen«.

In welcher Situation fühlen Sie sich wohler? An diesem Beispiel können Sie erkennen, was alleine schon mit Blickkontakt an Ausdruck vermittelt wird: Bereits durch einen ermutigenden Blickkontakt können Sie Ihre Kollegen zu einer positiven Zusammenarbeit motivieren. Oder verunsichern, wenn Sie Ihr Gegenüber unvermittelt anstarren.

In der Regel vollziehen Sie Gestik und Mimik unbewusst, während Sie reden. Daher haben Sie auch wenig Einfluss auf das, was Sie nonverbal ausdrücken. Was Sie aber trainieren können, ist, dass Ihre gesprochenen Worte nicht im Widerspruch zu Ihren nonverbalen Botschaften stehen. Ihre Gesprächspartner werden es nämlich sofort spüren, wenn dies der Fall ist. Sie empfinden Sie dann als nicht authentisch.

Zwei Beispiele:

- Wenn Sie das Gefühl haben, ständig unter Zeitdruck zu stehen und Ihre Arbeitsmenge nicht erfüllen zu können, dann sollten Sie nicht sagen, dass dies nicht stimmt. Ihren Kollegen vermitteln Sie nonverbal nämlich etwas anderes, wenn Sie beispielsweise immer schnellen Schrittes durch den Gang eilen oder sich vorzugsweise hinter Ihrem Schreibtisch verstecken.

- Geben Sie sich üblicherweise sehr autoritär oder ernst, werden Ihre Kollegen »Gefahr vermuten«, wenn Sie plötzlich freundlich lächelnd auf sie zugehen, Ihre Augen aber nicht mitlachen.

> **Darauf sollten Sie im Detail achten:**
> - Machen Sie möglichst runde Bewegungen – und keine verkrampften, hektischen oder theatralischen.
> - Senken Sie Ihre Hände immer nur leicht ab, damit sie nicht wie eine Messerschneide auf Ihr Gegenüber wirken. Dies würde unterschwellig als »Angriff« gedeutet werden. Ähnliches gilt, wenn Sie mit zwei Händen gleichzeitig herumfuchteln.
> - Positiv wirken offene, ruhige Gesten in Richtung Ihrer Gesprächspartner, wenn Sie dabei Ihre Arme in Brusthöhe bewegen und Ihre Handflächen in einem Winkel von 45 bis 60 Grad nach oben zeigen.
> - Halten Sie immer ausreichend Distanz (ca. eine Armlänge bei Stehenden, ca. eineinhalb Armlängen bei Sitzenden). Wenn Sie zu nah an jemanden herantreten, wirkt dies insbesondere auf kleinere oder sitzende Personen bedrohlich.
> - Achten Sie sowohl im Stehen als auch im Sitzen auf eine gerade Haltung. Sie signalisieren so Motivation und Tatkraft.

Natürlich können Sie ein Buch über Körpersprache zu Rate ziehen, um sich gezielt positive Gesten und eine unterstreichende Mimik anzueignen. Sehr viel besser ist es aber, die eigenen Schwächen zu analysieren:

- Fragen Sie Mitmenschen, die Ihnen wohlgesinnt sind (Lebenspartner, Kollegen, Freunde), was ihnen negativ an Ihrer Gestik, Mimik und Körperhaltung auffällt. Unter Umständen schauen Sie – aus welchen Gründen auch immer – Ihren Gesprächspartnern nicht in die Augen. Oder Sie setzen sich immer nur auf die Stuhlkante, was »Fluchtbereitschaft« ausdrückt.
- Hören Sie außerdem in Gesprächen genau hin. Oftmals gibt Ihr Gegenüber Auskunft darüber, wie bestimmte nonverbale Signale bei ihm ankommen (z. B.: »Die Idee scheint Ihnen zu missfallen« oder »Bisher dachte ich, wir wären d'accord«). Überlegen Sie anschließend, mit welcher Gestik (z. B. Abwinken als Ablehnung), Mimik (z. B. Kopfschütteln beim Zuhören als Verneinung) oder Körperhaltung (körperliches Abwenden vom Gesprächspartner als Ablehnung) Sie diesen Eindruck vermittelt haben könnten.

Bewerten Sie nicht vorschnell

Zwei Beispiele aus der Praxis:

Es klopft an der Tür. Auf Ihr »Herein« stürzt ein unbekannter Besucher in Ihr Büro. Ohne abzuwarten, bis Sie Ihren aktuellen Vorgang zur Seite gelegt haben, beginnt er bereits zu sprechen: »Ich habe gestern von Ihnen ein Schreiben erhalten, das völlig unkorrekt ist …« Es ist verständlich, wenn Sie ein solches Auftreten als anmaßend empfinden.

Dennoch empfiehlt es sich häufig nicht, schnelle Schlüsse zu ziehen – und sofort entsprechend zu reagieren. Unter Umständen steht vor Ihnen nämlich ein schüchterner Mensch, der innerlich total angespannt ist. Auch wenn generell die Meinung vorherrscht, dass solche Menschen stottern bzw. rot werden – tatsächlich ist dies in den wenigsten Fällen (15 bis 20 Prozent) so. Meistens gelingt es ihnen nach außen hin, ihre Unsicherheit zu überdecken. Allerdings wirkt dies auf andere oft arrogant, anmaßend oder gesprächsunwillig. Schüchternen Personen fällt es in Gegenwart anderer üblicherweise schwer, klar zu denken. Stattdessen beobachten sie permanent die Wirkung ihrer Worte, weil sie sich vor Spott oder Kritik fürchten.

Ähnlich falsch werden übrigens oft Menschen eingeschätzt, denen es nicht gelingt, Ihr Zeitmanagement in den Griff zu bekommen.

Ein Beispiel aus der Praxis:

Angenommen, Ihr Chef will sich um 10 Uhr mit Ihnen und Ihren Kollegen zum wöchentlichen Meeting treffen. Doch es ist wie üblich: Alle sind im Sitzungssaal – nur Ihr gemeinsamer Vorgesetzter nicht.

Denken Sie in einer solchen Situation nicht automatisch, dass Ihr Vorgesetzter Sie und Ihre Kollegen absichtlich warten lässt. Nehmen Sie die Verhaltensweise also nicht persönlich. Überlegen Sie stattdessen, wie Ihr Chef sonst so seine Zeit im Griff hat. Vielleicht fällt Ihnen dabei auf, dass er

- oftmals den Zeitaufwand für bestimmte Tätigkeiten falsch einschätzt,
- gerne eine Arbeit erst beendet, bevor er sich der nächsten zuwendet, und/oder
- sich leicht ablenken lässt.

Versuchen Sie daher, die Unpünktlichkeit gegenüber dem Betroffenen zu thematisieren und gemeinsam Lösungsmöglichkeiten zu finden.

Bezogen auf den dargestellten Praxisfall bedeutet dies:

Überlegen Sie in Ihrem nächsten Teammeeting, wie Sie generell mit Unpünktlichkeit umgehen. Je nachdem, wie zugänglich Ihr Vorgesetzter für Kritik ist, können Sie versuchen,

- generell die Regel »Wir warten zehn Minuten, dann gehen wir« aufzustellen oder
- mit ihm eine individuelle Lösung zu erarbeiten (»Herr X, ich sage Ihnen ab sofort um Viertel vor zehn Uhr Bescheid, damit Sie bewusst nichts Neues mehr beginnen – und pünktlich zum Meeting kommen.«).

Ein Lächeln sagt mehr als viele Worte

Schon seit vielen Jahrtausenden gehört das Lachen und Lächeln zu den wirksamen Kommunikationsmitteln. Mit dieser Mimik versuchten die Menschen schon immer, aggressives Verhalten umzulenken. War das Lächeln/Lachen nicht spöttisch gemeint, gelang dies auch meist.

Auch heutzutage wirkt diese unbewusste Taktik noch: Kommt jemand neu in eine Gruppe, lächelt er erst einmal – und beobachtet (unbewusst), wie wer darauf reagiert:

- Diejenigen, die zurücklächeln, sind dem Neuen gegenüber prinzipiell unvoreingenommen.
- Vor denjenigen, die ernst bleiben, ist es besser, sich zunächst in Acht zu nehmen.

In jüngster Zeit haben nun italienische Hirnforscher »Spiegelneuronen« in verschiedenen Hirnregionen des Menschen entdeckt. Diese nehmen zunächst die Emotionen anderer Personen wahr. Anschließend kopieren sie sie. Damit bestätigt sich das, was die Menschen seit Jahrtausenden bereits intuitiv wissen: Wer lächelt, kann darauf hoffen, dass dieses Verhalten von wohlgesinnten Artgenossen übernommen wird.

> **Übung: Testen Sie die wissenschaftliche Erkenntnis**
> Betrachten Sie bewusst auf Ihrem Weg zur Arbeit Ihre Mitmenschen: Bestimmt sehen Sie ganz viele Leute, die ausdruckslos oder scheinbar »missmutig« vor sich hinsehen.
> Nun machen Sie einmal folgendes Experiment: Lächeln Sie die Ihnen entgegenkommenden Kollegen oder Passanten an. Das Ergebnis ist frappierend – und bestätigt die oben dargestellten Ergebnisse der Neurowissenschaft!

Dieses Nachahmungsverhalten wird übrigens auch als »Mimikry«-Effekt bezeichnet. Nach Ansicht von Psychologen dient er dazu, sowohl Beziehungen zu anderen aufzubauen und zu pflegen als auch Hilfsbereitschaft zu fördern. Durch das unbewusste Nachahmen sind die jeweiligen Personen bereit, sich in ihr Gegenüber hineinzudenken. Dadurch werden die Nachahmer zugleich sensibler für die Emotionen des anderen.

Belege aus der Wissenschaft

In verschiedenen psychologischen Studien wurde der Mimikry-Effekt nachgewiesen:

- Beispielsweise wurde herausgefunden, dass Kellner mehr Trinkgeld erhalten, wenn sie das Verhalten, die Sprechweise etc. ihrer Gäste nachahmen – ohne sie nachzuäffen.
- Bei einem wissenschaftlichen Experiment wurde ein Teil der Teilnehmer aufgefordert, die Mimik einer Person nachzuahmen, die in einer Videoaufzeichnung über eine Spendenaktion erzählte. Die zweite Gruppe der Teilnehmer sah sich den Film ohne Aufgabenstellung an. Anschließend wurden alle Teilnehmer zu ihrem Spendenverhalten befragt: Das Ergebnis: Die Nachahmer waren zu deutlich höheren Geldgaben bereit als die »Neutralen«.

Verkennen Sie daher nicht die Wirkung eines Lächelns und des gemeinsamen Lachens. Aber auch hier gilt: Es muss ehrlich sein. Ist dies nicht der Fall, sehen dies Ihre Gesprächspartner an Ihren Augen: Entweder »lachen« diese mit – oder nicht.

Mithilfe der modernen Neurowissenschaft ist nämlich auch festgestellt worden, dass es zum einen eine Untergruppe von Spiegelneuronen gibt, die die positive Ausstrahlung von anderen erkennen und eine entsprechende Reaktion darauf auslösen. Zum anderen machen sich sogenannte Spindelzellen im Gehirn Ihrer Kollegen »intuitiv« ein Bild davon, wie sie – auch aufgrund früherer Erfahrungen – Ihre Reaktion einschätzen können. Das, was Sie also manchmal »im Bauch« zu fühlen glauben, sind tatsächlich neuronale Vorgänge in Ihrem Gehirn.

Das heißt konkret: Wenn Sie positive Nachrichten gemeinsam

- mit einem echten Lächeln – denken Sie an die Augen! – überbringen, glauben Ihnen Ihre Mitmenschen;
- mit einem »Pokerface« kombinieren, fühlen sie sich in der Beurteilung Ihrer Aussagen unsicher.

Für Sie als Assistenz bedeutet diese Erkenntnis: Bestimmte Verhaltensweisen von Ihnen wirken sich eindeutig auf die chemischen Abläufe in den

Gehirnen Ihrer Kollegen – und Ihres Chefs – aus. Dies gilt insbesondere dann, wenn Sie Einfühlungsvermögen zeigen und sich auf die Stimmungslage von diesen einstellen. Oder anders ausgedrückt: Je mehr Sie

- ehrliches Interesse an Ihren Kollegen und deren Lebensumständen zeigen und
- aktiv etwas zum positiven Arbeitsklima beitragen, desto mehr werden Sie von allen geschätzt und desto bereitwilliger werden Sie unterstützt.

> **Hier ist Lachen immer geboten**
>
> Macht Ihr Chef einen Witz, empfiehlt es sich mitzulachen – auch wenn Sie einen anderen Humor besitzen. Psychologen haben nämlich festgestellt, dass Vorgesetzte ein solches Verhalten von ihren Mitarbeitern erwarten. Tun Sie ihm diesen Gefallen nicht, empfindet er Sie unter Umständen als Rivale oder Außenseiter.

> **Übung: Denken Sie über Ihr nonverbales Kommunikationsverhalten nach**
>
> Nun sind Sie hoffentlich dafür sensibilisiert, dass auch Ihre Körpersprache, Ihre Mimik und Gestik eine wichtige Rollen in Gesprächen spielen. Verstehen Sie es zukünftig nicht als »Kritik«, wenn andere beispielsweise plötzlich bemerken, dass »sie das Gefühl haben, dass Sie ihnen nicht zuhören« oder »Sie heute so unnahbar erscheinen«.
> Werten Sie dies eher als Hinweis, über die eigene nonverbale Kommunikation nachzudenken – und überprüfen Sie diese dann auch später vor einem Spiegel.

2.5 Kommunikation im Team

Haben Sie schon einmal darüber nachgedacht, was Sie unter einem guten Gespräch verstehen und wann Sie Ihrer Ansicht nach zum letzten Mal ein solches geführt haben?

> **Definition: Gutes – schlechtes Gespräch**
>
> Nach einem
>
> - guten Gespräch fühlen Sie sich voller Energie, geistig angeregt oder innerlich berührt,
> - schlechten Gespräch sind Sie gereizt, müde, schlecht gestimmt oder selbstzweifelnd.

Viele Gespräche scheitern daran, dass wir uns nicht die Zeit zum Zuhören und Reden nehmen. Stattdessen wollen wir möglichst schnell Lösungen präsentieren:

- Wir suchen geistig schon nach den Antworten, während der andere versucht, seine Sicht der Dinge darzustellen.
- Oft verwechseln wir auch ein Gespräch mit einem Wettstreit, bei dem es darum geht, möglichst brillant die eigene Meinung vorzutragen.
- Noch frustrierender sind Gespräche, bei denen einer einen Monolog hält und der andere erst gar nicht oder kaum zu Wort kommt.
- Bei kontroversen Diskussionen neigen wir dazu, nur das zu sehen, was uns angetan wird – den eigenen Beitrag zum Streit blenden wir hingegen weitestgehend aus.

Hierauf sollten Sie achten

Martin Buber, der als einer der Väter der Dialogidee gilt, beschreibt ein gutes Gespräch als eine Begegnung von Menschen, die »sich einander in Wahrheit zugewandt haben, sich rückhaltlos äußern und vom Scheinwollen frei sind«. Infolgedessen stellt Buber auch hohe Ansprüche an die Gesprächsteilnehmer: Sie müssen bereit sein,

- dem anderen gegenüber Respekt und Wertschätzung zu zeigen,
- ehrlich zu sein und
- echtes Interesse an ihrem Gegenüber auszudrücken.

Zu einem guten Gespräch kommen Sie nur, wenn Sie in der Lage sind, alle Meinungen – ähnlich wie einen Gegenstand – von allen Seiten zu betrachten: »Ich meine eigentlich das. Aber ist dies wirklich auch richtig? Vielleicht hat ja auch mein Gegenüber recht? Könnten wir eventuell gemeinsam zu einer ganz neuen Ansicht gelangen?«

Diese Fehler sollten Sie vermeiden

Wenn Sie wirklich an guten Gesprächen interessiert sind, dann unterbrechen Sie Ihr Gegenüber nicht. Beenden Sie auch nicht dessen Sätze. Beide Verhaltensweisen sind Zeichen dafür, dass man sich mehr für die eigenen Interpretationen interessiert als für die Aussagen des anderen.

Verzichten Sie bewusst auf die Wörter »Ich weiß« oder »aber«, weil Sie damit Ihrem Gegenüber signalisieren, dass Sie ihm keine eigenen Gedanken zutrauen. Versuchen Sie auch nicht, Ihrem Gesprächspartner zeigen zu wollen, wie klug und wie humorvoll Sie sind.

> **Auf diese Weise ersticken Sie jedes gute Gespräch im Keim:**
> - mit Wissen beeindrucken wollen
> - den anderen nicht ernst nehmen
> - unpersönlich und abstrakt bleiben
> - ins Wort fallen
> - auf einer Position beharren
> - inquisitorische Fragen stellen
> - schnell und unablässig reden
>
> Quelle: Hartkemeyer, Martina; Hartkemeyer, Johannes F.: Miteinander denken: Das Geheimnis des Dialogs, Klett-Cotta, Stuttgart 2006.

2.6 So kommen Sie gut bei Ihrem Chef und Ihren Kollegen an

Auf den bisherigen Seiten haben Sie nun viel theoretisches Wissen darüber erhalten, wie Sie besser mit anderen kommunizieren und welche Fehler Sie vermeiden sollten. Wie aber wenden Sie dieses Wissen in Ihrem Berufsalltag so an, dass

- Sie immer gut informiert sind,
- Ihre Kollegen gerne mit Ihnen zusammenarbeiten und
- Meinungsverschiedenheiten schnell bereinigt werden können?

Das Geheimnis liegt darin, dass Sie sich, Ihren Chef und Ihre Kollegen immer als »Leistungsteam« verstehen, in dem Sie sich alle mit Respekt und Wertschätzung begegnen. Herrscht ein solches Arbeitsklima nicht vor, dann versuchen Sie, es Schritt für Schritt herbeizuführen:

- Suchen Sie – wo immer es geht – den Kontakt zu Ihren Kollegen und führen Sie mit diesen unverbindliche Gespräche. Präsentieren Sie sich dabei aber nicht als allwissend und perfekt – auch wenn Sie tatsächlich eine gute und hoch geschätzte Arbeitskraft sind. Vergessen Sie nicht: Schon in der Schule sind Musterschüler meist nicht besonders beliebt!
- Gestehen Sie persönliche Schwächen ein. (Z. B.: »Ich schiebe auch gerne Dinge auf. Bis jetzt ist es mir jedoch – Gott sei Dank – immer gelungen, doch noch meine Aufgaben rechtzeitig fertigzustellen. Aber so manche Nacht musste hierfür schon daran glauben.«)
- Ermutigen Sie Kollegen, die offenkundig Selbstzweifel besitzen. (Z. B.: »Ich glaube durchaus, dass Sie dieser Sache gewachsen sind. Bei Projekt XY haben Sie ja auch erfolgreich ... mitgewirkt.«)

- Lobt Ihr Chef Sie (öffentlich) für eine bestimmte Leistung, dann heben Sie auch Ihre Zuarbeiter hervor. (»Auch Herr XY hat hierzu beigetragen: ...«)
- Achten Sie auch darauf, dass Sie sich bei Ihren Kollegen dafür bedanken, wenn diese Sie in irgendeiner Weise unterstützen (»Ich möchte mich bei Ihnen allen für die kooperative Unterstützung bei diesem Projekt bedanken.«)
- Bieten Sie unternehmensintern Ihren Kollegen Unterstützung an und stellen Sie – wenn notwendig – Kontakte zu Dritten her. Auf diese Weise bauen Sie sich ein Netzwerk auf, von dem Sie irgendwann mit Sicherheit auch einmal profitieren.
- Halten Sie Ihren Chef ständig auf dem Laufenden. Schließlich hängt sein Erfolg nicht nur von Ihrer Zuarbeit, sondern auch von seinem Überblick über die Ergebnisse, aktuellen Ereignisse und sich abzeichnenden Entwicklungen ab. Berichten Sie ihm, wenn Sie Misstöne im Team hören – aber schwärzen Sie niemanden an. Vergessen Sie nicht: Sie sitzen als Assistenz zwischen Ihrem Chef und Ihren Kollegen. Daher nehmen Sie Störungen im Betriebsklima sehr viel schneller wahr. Außerdem: Ist Ihre Arbeits- und Kommunikationsweise für Ihren Chef transparent, steigt sein Vertrauen in Sie und er gewährt Ihnen mehr Freiräume.

Achten Sie auf Ihre Wortwahl

Ein Beispiel aus der Praxis:

Ihr Chef kommt zu Ihnen und fragt Sie: »Ich habe soeben noch ... hereinbekommen. Können Sie heute länger bleiben?« Sie antworten: »Eigentlich nicht.« Schließlich haben Sie sich beispielsweise mit einer Freundin verabredet, die Sie schon mehrfach wegen Überstunden versetzt haben. Aufgrund dessen befürchten Sie, dass diese Ihnen die Freundschaft kündigt, wenn Sie nun schon wieder absagen. Bei Ihrem Vorgesetzten kommt dagegen die Botschaft an »Es ist ihr/ihm zwar nicht recht, aber sie/er bleibt trotzdem.«

Ist Ihnen eigentlich bewusst, wie beispielsweise die Wörter »eigentlich«, »vielleicht«, »hätte«, »eventuell«, »dürfte«, »könnte« auf andere wirken? All diese Begriffe ermöglichen Ihren Gesprächspartnern, ihre eigenen Wünsche durchzusetzen – egal, was Sie dagegen ausführen. Diese Wörter werden daher auch als »Weichspüler« bezeichnet. Verzichten Sie daher auf diese Ausdrücke ebenso wie folgende:

- Passivformulierungen (Z. B.: »Ich werde mal sehen, was sich tun lässt.« Besser: »Bitte rufen Sie mich um ... wieder an. Ich werde mich in der Zwischenzeit darüber informieren, wie wir konkret weiter vorgehen.«)
- Man-Sätze (Z. B.: »Man wird sich zu gegebener Zeit zusammensetzen.« Besser: »Ich kläre mit Herrn ... ab, wann wir uns diesbezüglich zusammensetzen. Sobald ich dies weiß, melde ich mich bei Ihnen.«)
- Joviale Zugeständnisse wie »selbstverständlich« oder »natürlich« (Z. B.: »Selbstverständlich habe ich die Angelegenheit zur Kenntnis genommen. Dennoch bin ich der Ansicht ...« Besser: »Ich habe die Angelegenheit zur Kenntnis genommen. Dennoch bin ich ...«)

Mehr Wirkung erzielen Sie, wenn Sie mit klaren Worten das aussprechen, was Sie wirklich denken. Dadurch wirken Sie sehr viel selbstbewusster und glaubwürdiger.

Bezogen auf den dargestellten Praxisfall bedeutet dies:

Wenn Sie Ihrem Chef antworten »Ich habe heute Nachmittag einen Termin. Wenn es Ihnen recht ist, komme ich morgen früh dafür eher«, ist Ihre Ausdrucksweise souveräner. Sie erläutern ihm offen, sachlich und dennoch sehr bestimmt, warum Sie nicht bleiben können – und bieten ihm zugleich eine Lösung für sein Problem an.

Darauf reagieren Ihr Chef und Ihre Kollegen allergisch:
- **Weitschweifige Reden** (Z. B.: »Herr ... hat mich gebeten, Ihnen auszurichten, dass ... Das bedeutet natürlich, dass wir umdenken müssen. Angesichts der Tatsache, dass ... ist das aber für uns durchaus umsetzbar. Zu dieser übereinstimmenden Meinung ist zumindest – nach Aussagen von Herrn ... – die gesamte Geschäftsführung gekommen. Natürlich könnten wir jetzt argumentieren, dass ... Tatsächlich halte ich es jedoch für wenig hilfreich, wenn wir uns den Vorgaben der Geschäftsführung widersetzen.«
- **Permanente Rechtfertigungen** (Z. B.: »Natürlich habe ich sofort widersprochen, aber Sie wissen ja, wie Herr ... ist: ...«)
- **Über versteckte Andeutungen appellieren** (Z. B.: »Ich bin mir sicher, dass es Herr ... gut findet, wenn Sie die Ausarbeitung bis Freitag fertiggestellt haben. Das schaffen Sie doch, oder?«)

Auf diese Art zu reden fordert geradezu Widerstand heraus (»Von der/dem lasse ich mir nichts sagen!«). Außerdem wirken weit ausholende oder rechtfertigende Äußerungen unglaubwürdig, versteckte Appelle und Bitten unsicher und anmaßend.

Übung: Beurteilen Sie Ihre Verhaltens- und Sprechweisen

Nehmen Sie sich an dieser Stelle Ihre ersten Niederschriften zu Ihrem Kommunikationsverhalten zur Hand und ergänzen Sie diese mit den Antworten auf folgende Fragen:

- Haben Sie auch nach der Lektüre dieser Seiten das Gefühl, dass Sie sich kooperativ und kommunikativ in Ihrem Berufsalltag verhalten?
- Woran müssen Sie Ihrer Ansicht nach noch arbeiten?
- Was könnte in der Zusammenarbeit mit Ihren Kollegen und Ihrem Chef besser laufen? Sehen Sie Möglichkeiten, dies (z. B. mit Hilfe der regelmäßigen Teammeetings) zu initiieren?

3 Konflikte im Assistenzalltag

3.1 Mit diesen Konflikten müssen Sie in Ihrem Assistenzalltag rechnen

Unter Umständen sind Sie bei der Übung auf der vorherigen Seite zu der Erkenntnis gekommen, dass es Verhaltensweisen von einzelnen Mitarbeitern gibt, die Sie stören und die Sie für nicht veränderbar halten. Falls dies so ist, dann prüfen Sie einmal, ob es sich hierbei um eines der nachfolgenden typischen psychologischen »Bürospielchen« handelt:

Psychologisches Bürospiel	Kennzeichen
»Ja, aber ...«-Spiel	Jeder noch so konstruktive Vorschlag wird abgeschmettert.
»Ach, wie schrecklich«-Spiel	Der Kollege jammert viel, ohne tatsächlich etwas ändern zu wollen.
»Blöd«-Spiel	Unter dem Vorwand, »etwas nicht zu können«, versucht sich Ihr Kollege gerne vor ungeliebten Aufgaben zu drücken.
»Holzbein«-Spiel	Es werden immer wieder persönliche Eigenschaften angeführt, warum einem etwas nicht gelingen kann – tatsächlich wird dies aber erst gar nicht versucht.
»Tritt mich«-Spiel	Ein Kollege versucht durch bewusstes negatives Verhalten gegenüber anderen, deren Aufmerksamkeit zu bekommen.
»Makel«-Spiel	So sehr Sie bzw. Ihre Kollegen sich bemühen, Ihr Vorgesetzter findet immer ein Haar in der Suppe.

Quelle: Dehner, Ulrich und Renate: Schluss mit diesen Spielchen!: Manipulationen im Alltag erkennen und wirksam dagegen vorgehen, Frankfurt 2007.

Psychologische Bürospielchen laufen immer nach bestimmten Mustern ab: Jemand tut etwas bewusst und versucht damit (un-)bewusst, bei bestimmten anderen Kollegen Mitleid, Hilfsbereitschaft, aber auch Verärgerung oder Zorn zu provozieren.

Wenn Sie das Gefühl haben, dass bestimmte Verhaltensweisen von Kollegen

- immer nach dem gleichen Muster ablaufen,
- Sie dazu nötigen, etwas zu tun, und
- dazu führen, dass Sie sich ärgern, dass Sie keine andere Chance sehen, als zu handeln,

dann stellen Sie sich zunächst folgende Fragen:

- Wodurch fühlen Sie sich angegriffen?
- Worauf glauben Sie reagieren zu müssen?
- Welche Behauptungen und Unterstellungen zwingen Sie dazu, sich zu verteidigen?
- Wobei entsteht ein innerer Druck für Sie, handeln zu müssen?

Sie identifizieren auf diese Weise, womit Ihr Kollege/Chef Sie ködert. Zugleich finden Sie dessen Schwachpunkt heraus: Wer nämlich einen Köder auslegt, hat zuvor selbst etwas bewusst ausgeblendet.

Ein Beispiel:

Wenn ein Kollege häufig zu Ihnen kommt und Sie bittet, ihm bei bestimmten Aufgaben zu helfen, weil »er dies selbst nicht kann«, blendet er bewusst aus, dass er die Aufgaben eigentlich können würde, wenn er sie denn lernen wollte.

Wenn Sie zukünftig also keine Lust mehr haben, sich über bestimmte Kollegen oder Ihren Chef zu ärgern, dann schärfen Sie Ihre Sinne. Überlegen Sie, was dieser bei sich, bei anderen oder die Situation betreffend ausblendet – und blenden Sie dies direkt wieder ein. Dann können Sie dem Kollegen, der immer wieder Ihre Hilfsbereitschaft ausnützt, so begegnen: »Herr ... , ich glaube, Sie vergessen, wie oft wir hier schon gemeinsam an dieser Aufgabe gesessen haben. Ich bin mir sicher, dass Sie sich selbst wieder daran erinnern, wie ... funktioniert. Versuchen Sie es doch einmal. Es klappt bestimmt!«

Psychologisches Bürospiel	So reagieren Sie richtig:
»Ja, aber ...«-Spiel	Machen Sie Ihrem Kollegen, der sich offenkundig vor bestimmten Aufgaben/Tätigkeiten drücken möchte, freundlich, aber unerbittlich klar, dass er für diese Arbeit bezahlt wird.
»Ach, wie schrecklich«-Spiel	Hören Sie sich das Klagen immer nur kurz und verständnisvoll an. Unterbrechen Sie Ihren Kollegen dann und fordern Sie ihn auf, nun ebenso wie Sie »wieder an die Arbeit zu gehen. Schließlich werden Sie ja dafür bezahlt. Außerdem möchte ja bestimmt keiner von Ihnen heute Überstunden machen.
»Blöd«-Spiel	Fragen Sie Ihren Kollegen nach eigenen Vorschlägen zur Vorgehensweise: »Wie würden Sie dies denn machen?« »Wie haben Sie es denn das letzte Mal gemacht?« »Wenn Sie jemandem raten müssten, was wäre das?«
»Holzbein«-Spiel	Hinter dem »Holzbein«-Spiel steht häufig Angst vor Veränderungen. Sie helfen Ihrem Kollegen am meisten, wenn Sie • ihm anbieten, ihn bei neuen Aufgaben zunächst zu unterstützen, und • ihm immer wieder aufzeigen, wo er bei der neuen Tätigkeit auf Bekanntes zurückgreifen kann.
»Tritt mich«-Spiel	Umgehen Sie die Suche nach negativem Feedback, indem Sie Kritik nur in geringen Dosen verteilen und – wenn möglich – Lob bei positiven Verhaltensweisen äußern.
»Makel«-Spiel	Fragen Sie Ihren Chef, über wie viel Prozent Ihrer Arbeit er gerade spricht. Dadurch zwingen Sie ihn, Farbe zu bekennen. Heben Sie anschließend hervor, wie viel Ihrer Arbeit demnach gut bis perfekt ist.

Quelle: Dehner, Ulrich und Renate: Schluss mit diesen Spielchen!: Manipulationen im Alltag erkennen und wirksam dagegen vorgehen, Frankfurt 2007.

Erkennen Sie die Wertevorstellungen verschiedener Generationen in Ihrer Arbeitsumgebung

Ein Beispiel aus der Praxis:

Ein Auszubildender kommt zu Ihnen und fragt Sie freudestrahlend, ob Sie sich auch mal im Netz sehen möchten. Daraufhin klickt er im Internet auf Facebook und zeigt seine Fotogalerie mit Bildern von Ihrem letzten Betriebsfest ...

Vielleicht ist es Ihnen bisher nicht bewusst gewesen, aber so langsam reift in Ihrer beruflichen Umgebung eine Generation nach, deren Denkweise sich deutlich von der der älteren Kollegen unterscheidet. Diese sogenannten »Digital Natives« zeichnen sich dadurch aus, dass sie in ihrer Freizeit viele Stunden vor dem Computer und mit anderen elektronischen Medien verbringen. Die Folge: Dadurch dass sich diese Generation viel im Internet bewegt und virtuelle Kontakte pflegt, ist der Umgang mit Informationen deutlich anders, als Sie es vielleicht gewohnt sind:

- Während bei vielen älteren Mitarbeitern noch die Einstellung vorherrscht, dass Wissen Macht sei und die eigene Position sichert, haben Digital Natives keine Probleme damit, mit anderen (fremden) Menschen ihr Wissen zu teilen. Denken Sie beispielsweise nur an den Erfolg von Internet-Wissensplattformen wie Wikipedia.
- Die Trennung von privat und öffentlich wird von der internetaffinen Generation nicht mehr so wahrgenommen, wie Sie es gewohnt sind. Damit unternehmensinterne Informationen nicht plötzlich in einem Kommunikationsforum auftauchen, untersagen bereits erste Unternehmen vertraglich ihren Mitarbeitern den Gebrauch von Facebook und ähnlichen Seiten.
- Da im Internet die Hierarchie- und Autoritätsgrenzen zwischen den Nutzern und Forumsteilnehmern so gut wie aufgehoben sind, fällt es den Digital Natives schwer, im Unternehmen Vorgaben, die sie nicht ohne Weiteres nachvollziehen können, einfach hinzunehmen.

Auf der anderen Seite kann Ihr Unternehmen aber auch von den internetaffinen Mitarbeitern profitieren – schließlich gewinnt das weltweite Netz im privaten wie im beruflichen Alltag immer mehr an Bedeutung: So kann es mit Sicherheit für Sie zeitsparend sein, wenn Sie einen jungen Kollegen für sich im Internet nach notwendigen Informationen recherchieren oder sich PC-Anwendungstipps vermitteln lassen.

Achten Sie jedoch im Umgang mit jüngeren Kollegen und Auszubildenden darauf, dass Sie ihnen immer zeitnah Feedback geben. Sie erwarten dies aufgrund ihrer medialen Kommunikationsweise: Digital Natives sind nämlich nicht nur permanent erreichbar, sondern sie reagieren auch sofort: Sie antworten unmittelbar, nachdem sie eine SMS auf ihrem Handy erhalten haben. In virtuellen Chatrooms kommunizieren sie direkt online oder reagieren sofort auf eingetroffene Nachrichten.

Bezogen auf den oben dargestellten Praxisfall bedeutet dies:

Lassen Sie sich von dem Auszubildenden erklären, welche Gründe ihn dazu bewogen haben, die Bilder ins Internet zu stellen. Aller Wahrscheinlichkeit nach hat er keine negativen Absichten damit verfolgt. Fragen Sie ihn, ob er von allen Kollegen zuvor die Erlaubnis eingeholt hat, ihre Fotos von der Betriebsfeier online zu stellen. Vielen ist nicht bewusst, dass sie Persönlichkeitsrechte verletzen, wenn sie Fotos von anderen ohne deren Erlaubnis ins Netz stellen. Ebenso wenig ist es ihnen oft klar, dass sie gegen das Urheberrecht verstoßen, wenn sie einfach Fotos oder grafische Elemente von fremden Internetseiten herunterladen und auf eigenen verwenden. Weisen Sie ihn darauf hin, dass er klar zwischen Beruf und Privatleben unterscheiden und seine Verhaltensweisen entsprechend anpassen muss. Wahrscheinlich ist es Ihrem jungen Kollegen gar nicht bewusst, welche arbeitsrechtlichen Sanktionen (z. B. Abmahnung, Kündigung) ihm drohen können, wenn er sich zum Schaden des Unternehmens verhält.

Zu welcher Generation gehören Sie?

Wenn Sie sich in Ihrem Arbeitsbereich/Unternehmen umsehen, werden Sie feststellen, dass aufgrund der steigenden Erwerbslebenszeit unterschiedliche Altersgruppen zu finden sind. Aus wissenschaftlicher Sicht werden diese in fünf Generationen eingeteilt, weil sie

- über unterschiedliche Erfahrungswerte verfügen und
- in ihren Verhaltensweisen deutlich differieren.

Die fünf Generationen:

- die Nachkriegsgeneration (Menschen, die bis 1955 geboren sind),
- Babyboomer-Generation (geboren zwischen 1955 und 1965),
- die Golf-Generation (bis 1975 Geborene, auch Generation X genannt),
- die Generation dot.com bzw. Generation Y (geboren bis 1985) und
- die Generation Digital Natives (geboren ab 1985).

> **Das zeichnet die einzelnen Generationen aus:**
>
> Während die ersten beiden Generationsgruppen traditionelle Werte (Leistungsorientierung, Disziplin, starke Berufsorientierung, Kollegialität und Sicherheitsdenken) hochhalten, zeichnen sich die drei jüngeren Generationen durch folgende Aspekte aus:
>
> - Hohe Leistungsbereitschaft – wenn sie Spaß an der Arbeit haben
> - Stetes Streben nach Herausforderungen
> - Angemessene Zeit fürs eigene Privatleben
> - Tendenz zur Individualisierung
> - Arbeiten in zweckorientierten Teams
>
> Tipp: Bedenken Sie diese unterschiedlichen Wertevorstellungen stets bei Ihrer Zusammenarbeit mit älteren oder jüngeren Kollegen. Sie werden dann so manche Verhaltensweise besser einschätzen und verstehen können.

3.2 Richtiger Umgang mit dem Chef

Ein Beispiel aus der Praxis:

Ihr Chef reißt seine Bürotür auf, wirft Ihnen eine Unterlage mit den Worten »Ich gehe gerade mal mit Herrn Z zum Mittagessen. Können Sie zum Projekt XY schnell eine Präsentation erstellen? Ich hatte ganz vergessen, dass ich diese für 16 Uhr für das Vorstandstreffen angekündigt habe« auf den Tisch. Ohne Zweifel: Jeder Mensch ist anders – aber mit Sicherheit werden Sie sich über eine solche Verhaltensweise ärgern, wenn Ihnen nicht im Detail bewusst ist, wie Ihr Chef tickt.

In der Vergangenheit wurden daher von Psychologen und anderen Experten verschiedene Typeneinteilungen vorgenommen.

> **Die bekanntesten Typenklassifizierungen:**
>
> - **DISG-Persönlichkeitsprofil:** Dieses in den 1960er-Jahren in den USA entwickelte Klassifizierungsmodell geht von vier verschiedenen Verhaltenstypen aus: den dominanten, den initiativen, den steten und den gewissenhaften Menschen.
> - Die »vier schrägen Typen«: Karriere-Berater Martin Wehrle hat auf der Basis von Gesprächen vier typische Cheftypen identifiziert: den Superstar (»Ich bin der Größte«), den Prinzipienreiter (»So und nicht anders!«), den kreativen Chaoten (»Eine neue Idee – hurra!«) und den Brüller (»Was fällt Ihnen ein!«). Entsprechend deren jeweiligen Typen-Charakteristika hat der Karriere-Berater konkrete Handlungshilfen für deren Mitarbeiter erarbeitet. So empfiehlt Wehrle bei einem »Superstar«-Chef, sich immer wieder nach dessen Zielen zu erkundigen und nicht mit Anerkennung zu geizen. Bei einem »Prinzipienreiter«

rät er dazu, immer genau hinzuhören, welche (formalen) Anforderungen er stellt, und genaue Vereinbarungen zu treffen. Laut Wehrle kommen Sie einem »kreativem Chaoten« am besten bei, wenn Sie wichtige Absprachen in Gesprächsnotizen festhalten. Dem »Brüller« begegnen Sie am besten, wenn Sie innerlich Abstand halten und sich bewusst nur auf sachliche Gespräche einlassen.

- **Enneagramm:** Diese Einteilung beruht auf der esoterischen Vorstellung, dass die verschiedenen Menschentypen in direktem Zusammenhang zueinander stehen. Daher werden sie auch in Form eines neunzackigen Symbols (Enneagramm) angeordnet. Die einzelnen Persönlichkeiten (Reformer, Helfer, Macher, Individualist, Forscher, Loyaler, Enthusiast, Herausfordernder, Friedliebender) nehmen jeweils die Eigenschaften eines Nachbarn oder ihres Gegentyps an, wenn sie sich in bestimmten Situationen befinden.
- **Myers-Briggs-Typenindikator (MBTI):** Dieses Klassifizierungsmodell wurde in den 40er-Jahren des vergangenen Jahrhunderts entwickelt. Es beruht auf vier Skalen mit jeweils zwei Extremwerten: Extraversion und Introversion (E und I), sinnliche und intuitive Wahrnehmung (S und N), analytische und gefühlsmäßige Beurteilung (T und F), Beurteilung und Wahrnehmung (J und P). Mithilfe von 90 Fragen wird der jeweilige Typ bestimmt, wobei jeweils eine Eigenschaft der Skalen dominiert (z. B.: ENTJ-Typ = außenorientierter Mensch mit analytischer Beurteilung und intuitiver Wahrnehmung).
- **Die Schreibtischtypen:** Dieses Einstufungsmodell beruht auf den Untersuchungen des britischen Professors für Organisationspsychologie Cary Cooper. Dieser hat die Schreibtische von Mitarbeitern aus ganz Europa fotografiert und anschließend diese den folgenden fünf Typen zugeordnet: Ordnungsfanatiker, Familienmensch, designverliebter Leader, Büro-Animateur, chaosbeherrschendes Genie.
- **Die sechs Zeittypen nach Beat Märchy:** Die Typenzuordnung erfolgt hier zunächst nach deren Umgang mit der Zeit und schließt dann erst auf die entsprechende Persönlichkeit. Mit folgenden Menschen können Sie es danach zu tun haben: mit dem chaotisch spontan Kreativen, dem ordnungsliebenden Perfektionisten, dem tatkräftig Fleißigen, dem intellektuellen Überflieger, dem bescheidenen, rücksichtsvollen Helden oder mit dem Zeitlosen.

Wenn Sie zu den einzelnen Einstufungsmodellen detaillierte Informationen suchen, finden Sie im Literaturverzeichnis Hinweise auf weiterführende Literatur.

Es ist auf jeden Fall für Sie hilfreich, wenn Sie – egal mit welcher Klassifizierung – zunächst versuchen, die Arbeits- und Denkweise Ihres Vorgesetzten einzuordnen. Dies hilft Ihnen,

- sich besser auf die Wünsche und Eigenarten Ihres Chefs einzustellen,
- die Zuarbeit so zu optimieren, dass es zu weniger Reibungsflächen und Problemen kommt, und

- letztlich Arbeitszeit zu gewinnen, weil Sie sehr viel besser auf die individuelle Arbeitsweise Ihres Chefs reagieren können.

Prüfen Sie aber auch Ihre eigene Wahrnehmung. Unter Umständen interpretieren Sie – aus welchen Gründen auch immer – eine Verhaltensweise anders, als sie gemeint ist. In diesem Fall hilft es, Kollegen nach deren Einschätzung (»Haben Sie auch das Gefühl, dass Herr X in letzter Zeit sehr gehetzt wirkt?«) zu fragen. Oder überprüfen Sie, ob Sie einen bestimmten Sachverhalt mit Ihrem »speziellen Ohr« (Sach-, Beziehungs-, Appell- oder Selbstoffenbarungsohr, siehe Kapitel »Was Meinungen und Aussagen prägt«) wahrgenommen haben.

Hilfreich ist aber auch, darüber nachzudenken, ob man vielleicht selbst dazu beiträgt, dass man schlecht geführt wird. Dazu gehen Sie am besten so vor:

1. **Schritt:** Analysieren Sie die Probleme, die Sie mit Ihrem Vorgesetzten haben. Versuchen Sie, dabei unbedingt ehrlich zu sein!
- Wenn sich Ihr Chef wie im Eingangsbeispiel verhält, stellt sich die Frage, ob Sie ihm gegenüber genug selbstbewusst auftreten. Vielleicht sollten Sie zukünftig konsequenter darauf achten, dass Sie klare Grenzen ziehen.
- Wenn Ihr Vorgesetzter Sie immer wieder zum schnellerem Arbeiten drängt, dann empfiehlt es sich, zu überlegen, ob Sie vielleicht alle Aufgaben zu perfektionistisch angehen (siehe auch Kapitel »Umgang mit permanenten (Über-)Forderungen«).
2. **Schritt:** Beobachten Sie, wie sich Kollegen verhalten, die offensichtlich gut mit Ihrem Vorgesetzten auskommen:
- Wie treten diese generell gegenüber Ihrem Chef auf?
- Was machen Sie offenkundig anders?
- Gibt es Verhaltensweisen, die sichtlich gut bei Ihrem gemeinsamen Vorgesetzten ankommen und die Sie übernehmen können?

Natürlich sollen Sie sich hierbei nicht verrenken und Handlungsweisen Ihrer Kollegen nachahmen, hinter denen Sie selbst prinzipiell nicht stehen. Das würde auch gar nicht klappen. Denken Sie daran, wie sich mangelnde Authentizität unbewusst auf Ihre Körpersprache auswirkt bzw. wie dies – ebenso unbewusst – von Ihrem Chef empfunden würde (siehe Kapitel »Achten Sie auch auf die nonverbale Kommunikation«).

3. **Schritt:** Reden Sie mit Ihrem Vorgesetzten.

Einer Untersuchung des Magazins *Stern*[1] zufolge lästert der durchschnittliche Mitarbeiter jede Woche vier Stunden über seinen Vorgesetzten. Das Problem: Wer nur lästert, löst dadurch nicht das prinzipielle Problem. Im Gegenteil: Dadurch dass er immer wieder darüber spricht, gewinnt es nach und nach immer mehr Einfluss auf sein Denken. Besser ist daher folgende Vorgehensweise:

- Denken Sie darüber nach, wie die Zusammenarbeit mit Ihrem Chef besser gestaltet wäre.
- Überlegen Sie, was sich dafür ändern müsste.
- Suchen Sie gedanklich nach Vorteilen, die Ihr Vorgesetzter aus der aus Ihrer Sicht optimaleren Zusammenarbeit ziehen könnte.
- Bereiten Sie auf dieser Basis ein Vier-Augen-Gespräch vor.

Bezogen auf den oben dargestellten Praxisfall bedeutet dies:

Vereinbaren Sie mit einem solchen Vorgesetzten, dass Sie möglichst jeden Morgen detailliert die anstehenden Termine durchgehen. Bauen Sie dabei sowohl für sich als auch für Ihren Chef ausreichende Zeitpuffer ein, damit sich keiner von Ihnen beiden verzettelt bzw. keiner in plötzliche Zeitnot gerät.

Respektieren Sie auf jeden Fall den Menschen

Ein Beispiel aus der Praxis:

In Ihrem Bewerbungsgespräch haben Sie Ihren Chef als einen netten Menschen kennengelernt. Im Arbeitsalltag entpuppt er sich jedoch schon bald als Person mit wenig Durchsetzungsvermögen und Standhaftigkeit. Zunehmend fällt es Ihnen daher schwerer, Ihren Vorgesetzten ernst zu nehmen, obwohl Sie eigentlich aufgrund seiner Position Respekt vor ihm haben müssten.

Jeder Mensch hat das Grundbedürfnis, akzeptiert und anerkannt zu werden. Halten Sie sich dies im Umgang mit Ihren Mitmenschen immer vor Augen. Nur so gelingt es Ihnen, Ihrem Kollegen – oder wie im oben dargestellten Fall Ihrem Chef – gegenüber vorbehaltlos aufzutreten. Das heißt, obwohl Sie

---

[1]. Zit. nach Martin Wehrle, Tapferkeit vor dem Chef, in: Psychologie heute, 11/2008, Seite 63.

- nicht mit ihrem Verhalten bzw. ihren Vorgehensweisen einverstanden sind, können Sie sie als Personen respektieren;
- sich insgeheim andere Kollegen wünschen, können Sie mit Ihnen zusammenarbeiten.

Erst durch die Anerkennung Ihres Gegenüber als »autonomen Menschen« gelingt es Ihnen, in schwierigen Situationen zwischen

- der sachlichen Ebene (dem eigentlichen Problem) und
- der emotionalen Ebene (Ihrer Empfindung) zu unterscheiden.

Dies wiederum ist aber wichtig, damit Sie überhaupt in der Lage sind, Konflikte mit Kollegen, Ihrem Chef oder anderen Mitmenschen zu lösen. Die Gründe:

1. Sie sind offener für die Argumente und Sichtweisen Ihres Gegenübers.
2. Der andere merkt, dass Sie ihm auch zuhören können. Dies verstärkt das Vertrauen zwischen Ihnen.
3. Über Ihre Körpersprache drücken Sie nicht mehr aus, dass Sie von Ihrem Gegenüber »eigentlich nichts halten«, was ihr Kollege oder Chef unbewusst wahrnimmt. Dadurch entspannt sich zusätzlich das Gesprächsklima zwischen Ihnen.

> **Übung:**
> Probieren Sie die dargestellte Vorgehensweise doch einmal aus: Achten Sie bei der nächsten Meinungsverschiedenheit bewusst darauf, dass Sie Ihrem Gegenüber mit Respekt begegnen – auch wenn dieser Sie zunächst emotional angreift. Vergleichen Sie den Diskussionsverlauf mit den Meinungsverschiedenheiten, die Sie in der Vergangenheit mit dieser Person gehabt haben.

Fällt es Ihnen aufgrund verschiedener Ereignisse in der Vergangenheit emotional schwer, Ihr Gegenüber zu respektieren, dann überlegen Sie einmal, was Sie an der Person wertschätzen können.

Bezogen auf den oben dargestellten Praxisfall bedeutet dies:

Auch wenn Ihr Vorgesetzter wenig Standhaftigkeit und Durchsetzungsvermögen besitzt, es gibt bestimmt auch persönliche Eigenschaften und Verhaltensweisen, die Sie schätzen. Finden Sie diese heraus: Vielleicht lässt er Sie immer in Ruhe Ihre Aufgaben zu Ende bringen. Oder er sucht

Ihren Rat bei wichtigen Fragestellungen. Unter Umständen stellen Sie fest, dass er auf den Wunsch, in begründeten Fällen früher gehen zu dürfen, in der Regel eingeht. Oder Sie erkennen, dass in verschiedenen früheren Situationen sein mangelndes Durchsetzungsvermögen auch Vorteile gebracht hat.

Was auch immer Sie finden – mit Sicherheit gewinnen Sie auf diese Weise ein neues/anderes Bild von Ihrem Chef und es fällt Ihnen leichter, ihn als Menschen zu respektieren und mit der von Ihnen als »schwierig« empfundenen Arbeitssituation umzugehen.

7 Regeln zum respektvollen Umgang

1. **Respektieren Sie die Andersartigkeit Ihrer Kollegen und Ihres Vorgesetzten:** Sie sehen die Welt mit ihren eigenen Augen – und nicht mit den Ihren. Infolgedessen bewerten sie diese auch anders (vgl. Kapitel »Was Meinungen und Aussagen prägt«).
2. **Geben Sie immer eine Antwort:** Jeder Mensch hat das Grundbedürfnis, beachtet zu werden. Für Ihren Assistenzalltag bedeutet dies: Reagieren Sie darauf, wenn Sie angesprochen werden – auch wenn Sie gerade mitten in einer umfassenden Tätigkeit oder emotional aufgewühlt sind. Es reicht, wenn Sie den betreffenden Kollegen mit einigen wenigen freundlichen Worten auf später vertrösten. Er kann dann die Gesprächssituation besser einschätzen und fühlt sich nicht durch Missachtung vor den Kopf gestoßen.
3. **Zeigen Sie sich als zuverlässig und ehrlich:** Erleben Ihre Kollegen – und Ihr Chef –, dass Sie sich stets ehrlich verhalten und Absprachen einhalten, sind sie bereiter, Ihnen zu vertrauen. Gerade dieses Gefühl ist jedoch wichtig, damit die Arbeitsprozesse ergänzend ineinandergreifen können. Wenn Sie hingegen beispielsweise nach dem Motto »Wissen ist Macht« handeln, wird die Aufgabenbewältigung für alle sehr viel schwieriger: Wichtige Informationen landen entweder gar nicht oder nur verspätet bei den entsprechenden Kollegen auf dem Tisch. Infolgedessen gehen sie eine bestimmte Sache zu spät an – oder falsch. Wertvolle Arbeitszeit wird so verschwendet.
4. **Gehen Sie auf die Gefühle Ihrer Kollegen ein:** Wir alle möchten menschlich behandelt werden. Dazu gehört es auch, Gefühle zeigen zu dürfen. Wischen Sie daher nicht leichtfertig emotionale Äußerungen von anderen, beispielsweise mit Worten wie »Ist doch alles halb so schlimm«, weg. Nehmen Sie sich stattdessen die Zeit und hören Sie zu. Schon wenige Minuten reichen, damit sich die betreffende Person von Ihnen wahr- und angenommen fühlt.
5. **Zeigen Sie Wertschätzung:** So wie Sie gerne von anderen ein positives Wort zu Ihren Leistungen hören, so freuen sich auch Ihre Kollegen – und auch Ihr Chef – über ein aufrichtiges Lob und ein positive Äußerung. Also: Sagen Sie es Ihrem Kollegen, wenn Ihnen z. B. die neue flotte Frisur gefällt, oder loben Sie ihn, wenn er sich offenkundig mit seiner Vorarbeit so angestrengt hat, dass Sie Ihre Aufgabe auf jeden Fall bis Dienstschluss erfüllen können.

6 **Nehmen Sie nichts für selbstverständlich:** Eigentlich ist es so leicht, dennoch fällt es vielen schwer, »Danke« zu sagen. Dabei vergessen sie, dass sie sich letztlich nur selbst damit schaden. Oder würden Sie eine solche Person auf Dauer mit Freude und Engagement unterstützen? Also: Zeigen Sie auch Wertschätzung gegenüber Ihren Mitmenschen, indem Sie sich bedanken – egal, ob es sich dabei um Ihren Chef, einen Geschäftspartner Ihres Vorgesetzten, einen Ihrer Kollegen oder den Pförtner handelt.

7 **Erlauben Sie sich und anderen, Fehler zu machen:** Niemand von uns ist unfehlbar – weder Sie noch Ihr Chef oder Ihre Kollegen. Wichtig allein ist, dass
- der, der den Fehler gemacht hat, auch dazu steht, sich entschuldigt und sich bemüht, aus der Situation zu lernen;
- der, der den Fehler erkannt hat, diesen verzeiht, wenn er sieht, dass der andere unverzüglich seine Urheberschaft eingesteht und versucht, die Situation wiedergutzumachen.

Automatisch respektvoll behandeln Sie Ihre Mitmenschen, wenn Sie nach dem altbewährten Motto »Was du nicht willst, das man dir tu, das füg auch keinem anderen zu.« handeln. Sie erfüllen dann – ohne viel nachzudenken – die oben dargestellten sieben Regeln. Probieren Sie es doch einfach mal aus, indem Sie in den kommenden Wochen genauso handeln.

(Zit. nach Hansen, Hartwig: Respekt – Der Schlüssel zur Partnerschaft, Stuttgart 2008.)

Bestehen Sie auf Anerkennung

Noch immer agieren viele Vorgesetzte nach dem Motto »Wenn ich nichts sage, ist das Anerkennung genug«. Das Problem: Ein stillschweigendes Lob erlebt kein Mitarbeiter als Anerkennung. Auch wenn Sie sich bewusst sind, wie Ihr Chef tickt, werden Sie irgendwann die mangelnden positiven Äußerungen als demotivierend empfinden.

Wenn Sie also das Gefühl haben, dass Sie zu wenig Anerkennung für Ihre Arbeit erhalten, dann haben Sie zwei Möglichkeiten diese einzufordern:

- Sie können Ihren Chef direkt darauf hinweisen. (»Ich denke, für die Bewältigung des Projektes können Sie einmal ein Lob aussprechen.«)
- Sie nutzen hierfür das Jahresend- oder Zielvereinbarungsgespräch: Legen Sie Wert darauf, dass Sie Ihre Ziele mitformulieren: Sagen Sie, welche Aufgaben/Tätigkeiten Sie herausfordernd finden, die Sie aber nicht überfordern. Lassen Sie sich die entsprechenden Ziele so konkret und genau wie möglich definieren: Was soll erreicht werden (Quantität)? Wie gut soll die Arbeit verrichtet werden (Qualität)? Wann soll das Ziel erreicht sein (Zeitrahmen)? Besprechen Sie mit

Ihrem Vorgesetzten aber auch, wie Sie sich persönlich weiterentwickeln können.

Beim nächsten Jahresend- oder Zielvereinbarungsgespräch ziehen Sie dann mit Ihrem Vorgesetzten Resümee: Zeigen Sie auf, welche Ziele vereinbart wurden und wie erfolgreich Sie diese umgesetzt haben. Stellen Sie dabei Ihre Leistung so heraus, dass Ihr Chef nicht umhinkommt, eine Anerkennung hierfür auszusprechen.

Sprechen Sie unerfreuliche Situationen an

Ein Beispiel aus der Praxis:

Angenommen, es ist Ihnen schon mehrfach passiert, dass Ihnen Ihr Vorgesetzter einen Stichwortzettel auf den Schreibtisch gelegt hat, auf dessen Basis Sie eine PowerPoint-Präsentation vorbereiten sollten. Sie haben sich viel Mühe mit der Erstellung gemacht – zufrieden ist er dennoch nicht: Bei einzelnen Folien hätte er lieber einen anderen Schwerpunkt oder eine andere Darstellungsart gesehen.

Wenn es bestimmte Verhaltensweisen oder Vorfälle gibt, über die Sie sich immer wieder ärgern, dann versuchen Sie mit folgendem Lösungsansatz, daran etwas zu ändern:

- Schreiben Sie sich auf, warum Sie die Situation oder Verhaltensweise Ihres Vorgesetzten als negativ wahrnehmen und wie dies auf Sie wirkt. (»Wenn Herr Z eine PowerPoint-Präsentation benötigt, legt er mir immer nur Stichpunktzettel auf den Tisch, ohne mir seine konkreten Wünsche mitzuteilen.«)
- Überlegen Sie sich dann, was Sie kurzfristig Ihrer Ansicht nach realistischerweise verändern könnten und was Sie mittel- und langfristig bei Ihrem Chef erreichen möchten. (»Schon mehrfach war Herr Z mit den von mir erstellten Präsentationen nicht zufrieden. Die Folge war, dass mir aufgrund der notwendigen Überarbeitung viel Zeit für die Erledigung anderer Aufgaben gefehlt hat. Mein Ziel ist es daher, dass mir Herr Z vor der PowerPoint-Erstellung klar seine Wünsche mitteilt.«)
- Machen Sie sich dann Gedanken darüber, auf welche Weise Sie gemeinsam mit Ihrem Chef noch bessere Ergebnisse erreichen könnten. (»Ich möchte ihm zeigen, dass ich mir bewusst bin, dass er größtmögliche Entlastung sucht. Daher erstellt er immer nur einen Stichwortzettel. Auf der anderen Seite möchte ich aber auch, dass er

mein Problem erkennt: Mit zu wenig Stichpunkten, kann ich meine Arbeit nicht zu seiner Zufriedenheit erfüllen.«)

- Führen Sie Ihre gedankliche Argumentationslinie fort, indem Sie überlegen, warum es für Sie beide sinnvoll ist, etwas zu verändern. (»Ich möchte mit ihm eine Lösung finden, wie wir effizienter – und damit stressärmer – zusammenarbeiten können.«)
- Anschließend müssen Sie noch einen Weg finden, wie Sie Ihren Chef dazu animieren, das Problem aus Ihrem Blickwinkel zu betrachten. Dies gelingt Ihnen am besten, wenn Sie ihm konkrete Vorteile aufzeigen können. (»Ich möchte Herrn Z aufzeigen, dass es sehr viel zeitsparender ist, wenn er mir nicht nur Stichpunktzettel hinlegt, sondern mir klar seine Wünsche mitteilt. Der Vorteil dieser Vorgehensweise ist, dass ich ihm zügiger die fertige Präsentation vorlegen kann und dass ich nicht unter Zeitdruck – auch im Hinblick auf andere Aufgaben – komme.«)

Erst wenn Sie sich über all diese dargestellten Aspekte im Klaren sind, macht es Sinn, Ihren Vorgesetzten um ein Gespräch zu bitten.

Darauf sollten Sie in Ihrem Gespräch unbedingt achten

- Treten Sie Ihrem Chef gegenüber weder zu ängstlich noch zu fordernd auf.
- Benennen Sie konkret die Situation oder die negativ aufgefallene Verhaltensweise.
- Betrachten Sie Ihr Gespräch als Weg zur gemeinsamen Problemlösung. Dies setzt allerdings voraus, dass Sie bereit sind, die Interessen und Überlegungen Ihres Chefs herauszufinden. (»Herr Z, ich würde gerne die Vorbereitung für Ihre Vorträge noch optimieren. Was halten Sie davon?«)
- Versuchen Sie, im Gespräch mit Ihrem Chef Lösungswege zu entwickeln, die sowohl den Interessen und Bedürfnissen von Ihnen als auch Ihrem Vorgesetzten entsprechen.
- Zeigen Sie sich bereit, seine Meinung anzunehmen, um eine für Sie beide akzeptable und tragfähige Lösung zu finden. (»Ich verstehe, dass Sie (...). Für mich und Sie wäre es meiner Ansicht nach sehr hilfreich, wenn wir ...«)

3.3 Umgang mit permanenten (Über-)Forderungen

Ein Beispiel aus der Praxis:

Wenn Sie Ihren Tagesplan ansehen, überkommt Sie ein mulmiges Gefühl: »Wie soll ich dies alles nur schaffen?«, fragen Sie sich. Da geht plötzlich die Tür zu Ihrem Büro auf und ein Kollege bittet Sie, »dringend noch die Unterlagen für XY fertigzustellen«.

Es wurde schon mehrfach thematisiert: Als Assistenz sind Sie der Knotenpunkt in Ihrer Abteilung,

- wo nicht nur Informationen ankommen, sondern von Ihnen teilweise auch verteilt bzw. selbst bearbeitet werden müssen, und
- von wo aus Sie auch noch anderen zuarbeiten.

Dabei besteht schnell die Gefahr, dass Sie von den jeweiligen Seiten (Chef und Kollegen) zu sehr mit Aufgaben belastet werden – schließlich sind diese ja nicht permanent im Bilde darüber, was Sie eigentlich alles schon so tun. Bestimmen Sie daher Ihre Leistungsgrenzen und kommunizieren Sie diese. Nur so vermeiden Sie, dass Sie irgendwann durch permanente (Über-)Forderung ausgebrannt werden!

Überprüfen Sie Ihre eigenen Ansprüche

Vielleicht haben Sie den Beruf der Assistenz gewählt, weil er schon immer Ihr Traumjob war oder weil Sie gerne besonders gewissenhaft arbeiten. Mit Sicherheit möchten Sie in diesem Fall 100-prozentige Arbeit leisten. Doch Vorsicht:

- Als gewissenhafter Mensch arbeiten Sie sehr gründlich. Diese Persönlichkeitseigenschaft kann jedoch nach und nach in Perfektionismus umschlagen und Sie in Ihrer täglichen Arbeitsbewältigung hemmen: Anstatt Ihre Aufgaben nach dem 80/20-Prinzip (Pareto-Prinzip) zu erfüllen, finden Sie jeweils kein Ende, weil Sie meinen, Ihren eigenen Maßstäben – oder denen Ihres Chefs – nicht gerecht zu werden.
- Wenn diese Tendenz bei Ihnen ausgeprägt ist, dann arbeiten Sie mit folgender Methode: Ordnen Sie kurzfristige Wünsche (z. B. vorab eine perfekte Recherche zum Thema durchführen) einem längerfristigem Ziel (z. B. eine Aufgabe bis zu einem bestimmten Zeitpunkt fertigstellen) unter. Auf diese Weise legen Sie automatisch fest, wie viel Zeit Ihnen für die Vorrecherche zur Verfügung steht.
- Wenn Sie meinen, sich verwirklichen zu müssen, dann bleiben Sie realistisch: In der heutigen Arbeitswelt werden Sie nicht die Belohnung finden, die Sie für Ihren vollen Einsatz erwarten. In der Regel gilt der Grundsatz: »Sie werden für Ihre Arbeit bezahlt – also leisten Sie Entsprechendes.« Suchen Sie daher immer nach einem zweiten herausfordernden Aufgabengebiet in Ihrem Privatleben: Engagieren

Sie sich in Ihrer Familie, in Vereinen, in Ihren (kreativen) Hobbys etc. – einfach gesagt, in einer Aktivität, die Ihnen Spaß macht. Schon bald werden Sie merken, dass innerlicher Druck von Ihnen genommen wird, Sie besser Prioritäten setzen können und Ihren Berufsalltag insgesamt leichter nehmen.

Lernen Sie, Nein zu sagen

In immer mehr Unternehmen ist es üblich, sich zu duzen. Dadurch wird impliziert, dass alle Kollegen in einem Bereich freundschaftlich miteinander umgehen. Tatsächlich bringt diese Entwicklung für viele Arbeitnehmer neuen Druck mit sich. Die Gründe:

- Die Zusammenarbeit beruht nicht auf wahren Freundschaften – in der Regel können Sie es sich schließlich nicht aussuchen, mit wem Sie zusammenarbeiten.
- Immer wenn die distanzierte Sie-Ansprache verlassen wird, kann das scheinbar Zwanglose, Kumpelhafte, das das Duzen mit sich bringt, zum Problem werden, insbesondere dann, wenn Konflikte auftreten. Während die distanzierte Sie-Ansprache mit einem höheren Grad an Sachlichkeit verbunden ist, fördert das Duzen die Emotionalität in den Gesprächen.

Infolgedessen fällt es Ihnen schwerer, Ihre Bedürfnisse und Wünsche sachlich durchzusetzen. In der Regel kommt dann nämlich Ihr Chef/Ihr Kollege auf die persönliche Tour: »Jetzt stell dich doch nicht so an!« Noch fataler wird es, wenn Sie sich in Ihrem Team über bestimmte Vorgehensweisen beschweren oder auf den Grenzen beharren möchten, die beispielsweise Ihre Arbeitsbeschreibung klar definiert. Sie werden dann schnell zum »Blockierer«, der »das freundschaftliche Betriebsklima« (massiv) stört.

Daher: Auch wenn Sie prinzipiell stets harmonisch mit Ihren Kollegen und Vorgesetzten zusammenarbeiten möchten – überlegen Sie sich genau, ob Sie wirklich all das übernehmen möchten, was Ihnen andere zusätzlich zu Ihren Aufgaben aufbürden wollen:

- Achten Sie auf Ihre ersten spontanen Gedanken (»Was soll ich denn noch alles machen?« oder »Darüber möchte ich erst einmal in Ruhe nachdenken«).
- Vertagen Sie Ihre Entscheidung/Zusage lieber. Sie ärgern sich sonst selbst, wenn Sie etwas zusagen, wozu Sie eigentlich keine Zeit und/

oder Lust haben oder wofür Ihnen die nötige Erfahrung bzw. das Wissen fehlen.

Diese Regel hilft Ihnen immer bei Ihrer Entscheidung
Sagen Sie Nein, wenn möglich – sagen Sie Ja, wenn nötig.

Wenn Sie sich sicher sind, dass Sie die Bitte/den Auftrag Ihres Gegenübers nicht erfüllen müssen und möchten, dann haben Sie folgende Möglichkeiten, zu reagieren:

- Sagen Sie nach einer kleinen Pause mit fester Stimme Nein. Auf diese Weise signalisieren Sie Ihrem Kollegen Verständnis bzw. dass Sie über seine Anfrage kurz nachgedacht haben. Wichtig dabei: Blicken Sie ihm direkt ins Gesicht. Sie geben so deutlich zu verstehen, dass es bei dieser Frage keinen Verhandlungsspielraum mehr für Sie gibt.
- Sie verbinden den Wunsch Ihres Kollegen mit einem »Und« – auf keinen Fall mit einem »Aber« ! – mit Ihrem Bedürfnis, gewichten beides und sprechen Ihr Nein aus. (Z. B.: »Ich verstehe ja, dass du unter einem großem Zeitdruck stehst. Und mir ist es wichtig, dass ich meine Aufgabe termingerecht bis … fertig habe. Nein, ich kann daher … heute nicht noch übernehmen.«) Auf diese Weise wird es für Ihr Gegenüber transparent, weshalb Sie zu diesem oder jenem Ergebnis gelangen. Wenn Sie nämlich zunächst mit Ihrer Lösung beginnen (»Ich kann so kurzfristig keine Zeit für Ihr Projekt erübrigen, weil …«), klingt die Antwort deutlich weniger wertschätzend und der andere nimmt möglicherweise Ihre Begründung nur als Ablehnung wahr.

Bleiben Sie hart

Gerade wenn in Ihrem Bereich das freundschaftliche Duzen vorherrscht, wird es Ihnen schwerfallen, geschickt oder schmeichelhaft formulierten Bitten und Anfragen zu widerstehen. Unter Umständen wird Ihnen sogar gedroht. (»Wenn du das nicht übernimmst, dann muss ich es an einen Externen vergeben – was natürlich das Projekt unnötig verteuert.«)

Bevor Sie sich das nächste Mal im Nachhinein über Ihre Schwäche ärgern, gewöhnen Sie sich folgende Vorgehensweise an:

- Bitten Sie den Kollegen um Bedenkzeit. (»Das kann ich dir im Moment so spontan nicht zusagen. Ich muss erst einmal prüfen … Ich melde mich in zehn Minuten bei dir.«)

- Warten Sie den vereinbarten Zeitraum ab und sagen Sie dann höflich ab. (»Du, ich habe heute noch ... zu tun. Wer weiß, wie lange ich daran noch sitze. Ich schaffe es beim besten Willen nicht, auch noch ... zu übernehmen.«)

Auf diese Weise wirkt Ihre Absage weniger schroff. Sie haben ja schließlich das Anliegen Ihres Kollegen umfassend geprüft. Sie schützen so nicht nur sich und Ihre eigenen Bedürfnisse, sondern Sie beweisen auch, dass Sie nicht so leicht beeinflussbar sind. Zunächst werden die anderen vielleicht überrascht reagieren. In der Regel beginnen sie, mit der Zeit Ihren wahren Wert zu erkennen: Es wird ihnen bewusst, dass

- Sie nicht länger »Mädchen für alles« sein möchten;
- man sich auf Sie verlassen kann: Wenn Sie Ja sagen, dann werden Sie auch die übertragene Aufgabe mit Engagement erfüllen.

Hilfreicher Trick

Wenn Sie spontan sagen, mir fällt es aber generell schwer, standhaft zu bleiben, dann versuchen Sie es mit folgendem Trick:
Stellen Sie sich in dem Moment, in dem Ihnen Ihr Kollege seinen Wunsch vorstellt, bildlich vor, dass Sie jemanden schützen müssen, der Ihnen sehr am Herzen liegt, z. B. Ihr(e) Kind(er), Ihr Lebenspartner, ein Lebensziel. Sofort werden Sie einen größeren Drang verspüren, das Anliegen abzulehnen, wenn Sie zuvor für sich zu dieser Erkenntnis gekommen sind.

Sprechen Sie über das, was Sie tun

Ein Beispiel aus der Praxis:

Sie wissen, dass Ihr Chef viel von Ihnen hält. Daher freut es Sie im Prinzip, dass er Ihnen immer wieder besondere Aufgaben anvertraut. Manchmal beschleicht Sie aber das Gefühl, dass Ihr Vorgesetzter gar nicht weiß, was Sie so alles leisten. Frei nach dem Motto »Eine Schippe mehr geht immer«.
    In diesem Fall empfiehlt es sich, eine schriftliche Übersicht zu erstellen, in der Sie alle Ihre Tätigkeiten/Projekte und den jeweiligen Zeitbedarf eintragen.
    Kommt Ihr Vorgesetzter nun auf Sie zu und möchte Ihnen eine neue Aufgabe/ein neues Projekt übertragen, dann besitzen Sie einen Beleg, mit dem Sie argumentieren können:

- Heben Sie zunächst hervor, dass Sie immer bemüht sind, qualitativ hochwertige Leistung zu erbringen. (»Ich weiß, dass Sie an mir meine zügige und korrekte Arbeitsweise schätzen.«)
- Legen Sie ihm anschließend Ihre Tätigkeitsübersicht vor und fragen Sie ihn, was Sie Ihrer Ansicht nach dafür vernachlässigen könnten. (»Wie Sie sehen, betreue ich gerade ... nebeneinander. Übernehme ich nun auch ... weiß ich nicht mehr, wie ich das alles qualitativ gut stemmen kann. Welche Tätigkeit könnte ich Ihrer Ansicht nach dafür vernachlässigen oder an jemand anderen übergeben?«)
- Alternativ können Sie Ihren Vorgesetzten auch um zusätzliche Unterstützung bitten. (»Wäre es möglich, für einzelne Aufgaben einen Studenten stundenweise einzustellen?«)

Allerdings wird Ihr Gespräch nur dann Erfolg zeigen, wenn Sie offen und freundlich mit Ihrem Chef sprechen. Vertreiben Sie aufkommende innere Verärgerung über die Zusatzwünsche daher lieber mit Humor (z. B.: »Ich versuche ja schon regelmäßig, meine Aufgaben wegzuzaubern – leider habe ich noch nicht den richtigen Spruch gefunden«), bevor sich Ihre Verstimmung (unbewusst) in Ihrer Mimik und Gestik zeigt.

Lassen Sie sich genau die Ziele erläutern

Eine Zusatzaufgabe kann aber auch dann schnell zur Belastung werden, wenn Sie nicht genau wissen, was Ihr Vorgesetzter eigentlich möchte. Unter Umständen investieren Sie nämlich viel Arbeitsenergie und Begeisterung und irgendwann stellt sich heraus, dass Ihr Chef eigentlich ganz etwas anderes wollte. Und schon fangen Sie wieder von vorne an. Frustrierend, nicht?

Lassen Sie sich also nicht einfach von einem »Machen Sie mal« abspeisen, sondern klären Sie mit Ihrem Chef vorab unbedingt folgende Aspekte:

- Welches Ziel erwartet Ihr Chef?
- Lässt sich dies gemäß der SMART-Formel (**S**-pezifisch, **M**-essbar, **A**-ttraktiv, **R**-ealistisch und **T**-erminiert) definieren?
- Wann ist nach Ansicht Ihres Vorgesetzten dieses Ziel erreicht – sprich: welches Ergebnis muss vorliegen?
- Welche Einzelaspekte beinhaltet konkret die Aufgabe? Lassen sich auch diese SMART formulieren?

Nur wenn Sie konkrete Antworten hierauf bekommen, können Sie die Zusatzaufgabe zu Ihrer Zufriedenheit und zu der Ihres Vorgesetzten erfüllen. Manchmal ist es dabei durchaus notwendig, den eigenen Chef zum genaueren Nachdenken und Nachfragen »zu zwingen«, insbesondere dann, wenn dieser selbst nur die Aufgabe von seinem Vorgesetzten erhalten hat.

Für Ihre Arbeit ist es aber auch wichtig, dass Sie ...

- volle Rückendeckung von Ihrem Chef besitzen – insbesondere wenn Sie beispielsweise bestimmte Arbeiten an andere delegieren müssen,
- zu jeder Zeit Probleme (z. B.: »Ich erhalte diese Information frühestens in 14 Tagen, weil Herr Z krank ist«) und Hürden (z. B.: »Wir benötigen erst das Einverständnis von XY, bevor ich in dieser Richtung weiter agieren kann«) gegenüber Ihrem Vorgesetzten ansprechen können, um frühzeitig notwendige Maßnahmen bzw. Veränderungen einleiten zu können.

Gewinnen Sie nach einer Weile den Eindruck, dass Ihr Vorgesetzter sich gar nicht bewusst ist, was Sie in Ihrer Zusatzaufgabe so alles leisten, dann erarbeiten Sie auch hier eine schriftliche Tätigkeitsübersicht. Legen Sie ihm diese in einem Ihrer nächsten Gespräche vor. Bitten Sie dabei Ihren Vorgesetzten, Ihnen aufzuzeigen, welche Ihrer Aufgaben Sie aufgrund der zusätzlichen Belastung abgeben bzw. vom Zeitaufwand her reduzieren können. Mit anderen Worten: Handeln Sie auch hier nach dem Grundsatz: »Tue Gutes – und sprich darüber!«

3.4 Typische Konflikte mit Kollegen – und Lösungshilfen

Wo Menschen zusammenarbeiten, kommt es zu Diskussionen, Meinungsverschiedenheiten bis hin zu handfesten Auseinandersetzungen und gegenseitigem Ignorieren. Immer sind dabei Emotionen im Spiel. Sie können aber entscheidend darauf Einfluss nehmen, wie sehr die Gefühle den Konflikt bestimmen. Voraussetzung dafür ist jedoch, dass Sie Ihr Gegenüber nicht mehr allein als Übeltäter und seine Argumentation nicht mehr als Blockadehaltung betrachten.

Bemühen Sie sich stattdessen um folgenden Umdenkungsprozess:
In der Regel bewegen sich die Konfliktpartner auf der linken Seite: Sie

- beharren auf ihrem Standpunkt,
- bewerten
- den anderen – oder noch weitere Personen,

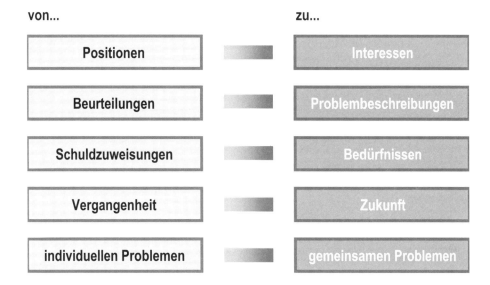

Quelle: Gröschl, Jutta; Kessen, Jutta und Steffen: Konflikte lösen ohne zu verlieren, 35 Wege für effiziente Zusammenarbeit und Arbeitsfreude, München 2007, Seite 6.

- suchen danach, wer Schuld hat,
- befassen sich vornehmlich mit zurückliegenden Ereignissen und
- sehen in erster Linie sich selbst.

Wenn Sie auf die rechte Seite gelangen möchten, was für eine konstruktive Konfliktlösung notwendig ist, empfiehlt es sich,

- zunächst immer wiederzugeben, wie die Worte Ihres Gegenübers bei Ihnen angekommen sind, um sich zu vergewissern, ob Sie ihn richtig verstanden haben,
- klare Regeln für den Umgang miteinander zu vereinbaren. (»Wenn wir beide gleichzeitig reden, kommen wir zu keinem Ergebnis. Jeder von uns sollte daher den anderen zunächst aussprechen lassen, bevor er selbst seine Meinung äußert.«)

Erst dann macht es Sinn, die eigenen Vorstellungen, Meinungen und Argumente darzustellen. Ihr Ziel muss es sein, eine wertschätzende Diskussion zu initiieren. Je besser Ihnen dies gelingt, desto

- mehr sinkt die Angst Ihres Gesprächspartners, unter Umständen am Schluss als Verlierer dazustehen,

- mehr schwindet der Wunsch bei Ihnen und Ihrem Gegenüber, sich verteidigen zu wollen.
- höher steigt die Bereitschaft, offen für andere Sichtweisen und neue Lösungen zu sein.

In den meisten Konfliktsituationen werden Sie so positiven Einfluss auf Ihr Gespräch nehmen. Ist Ihr Gegenüber jedoch so aufgebracht, dass Sie zu keiner gemeinsamen wertschätzenden Gesprächsbasis kommen, dann

- beenden Sie zunächst mit ruhigen Worten das Gespräch (»Ich glaube, wir können heute nicht zu einer Lösung finden«) und
- bieten Sie an, dieses zu einem anderen Zeitpunkt fortzusetzen – sofern Ihr Gegenüber dann bereit ist, konstruktiv an der Konfliktlösung mitzuwirken. (»Lassen Sie uns beide nochmals über die Gesamtsituation in Ruhe nachdenken. Wenn Sie möchten, können wir morgen um ... uns wieder treffen und dann nochmals darüber sprechen.«)

4 Sieben schwierige Situationen aus dem Assistenzalltag

Sie wissen nun, wie es gelingt, dass kleine Schwelbrände sich nicht zu einem großflächigen Brand entwickeln. Im Folgenden finden Sie nun konkrete Konfliktfälle, mit denen Sie in Ihrem Arbeitsalltag rechnen müssen bzw. die Sie vielleicht auch schon erlebt haben. Allen Situationen ist gemein, dass Sie diese umso besser in den Griff bekommen, wenn Sie

- frühzeitig akzeptieren, dass ein Konflikt vorliegt, und
- sich umgehend um eine Lösung bemühen.

1. Situation: Sie ärgern sich über einen faulen Kollegen

Ein Beispiel aus der Praxis:

Wie oft haben Sie sich schon über Ihren Kollegen X geärgert. Während Sie manchmal das Gefühl haben, vor lauter Arbeit nicht mehr klarzukommen, scheint Herr X die Zeit in seinem Büro abzusitzen. Und Ihr Chef – dem scheint das egal zu sein!

Viele Arbeitnehmer sind zwar wütend über ein Verhalten wie das oben beschriebene, fühlen sich aber zugleich auch machtlos. Tatsächlich sind Sie dies aber nicht, wenn Sie selbst eine solche Situation erleben. Vorausgesetzt, Sie beschließen möglichst schnell,

- sich nicht mehr ärgern zu lassen und
- aktiv zu werden.

Versuchen Sie – wie im vorherigen Kapitel beschrieben –, in einem persönlichen Gespräch mit Ihrem Kollegen dessen Erwartungen an die Zusammenarbeit sowie dessen Interessen und Bedürfnisse herauszufinden. Vermeiden Sie auf jeden Fall Vorwürfe und Schuldzuweisungen.

Stellt sich heraus, dass es sich hier um eines der in Kapitel »Mit diesen Konflikten müssen Sie in Ihrem Assistenzalltag rechnen« dargestellten psychologischen Bürospielchen handelt, dann versuchen Sie, in Erfahrung zu bringen, was Ihr Kollege ausblendet, um es anschließend sofort wieder einzublenden.

Sobald Sie die Interessen und Bedürfnisse des unmotivierten Kollegen kennen, können Sie Ihre Sichtweise darlegen:

- Sprechen Sie über Ihre Bedürfnisse (z. B. Entlastung von Mehrarbeit, entspanntes Arbeiten im Team, gerechte Verteilung, wieder Zeit für Erledigungen am Abend, keine weitere gesundheitliche Belastung etc.) – ohne ihn jedoch direkt dafür verantwortlich zu machen.
- Versuchen Sie, ihm Aspekte aufzuzeigen, über die Ihr Kollege möglicherweise nicht nachgedacht hatte. (Z. B.: Er vertut Chancen, sich persönlich weiterzuentwickeln oder bei Weiterentwicklungsprogrammen berücksichtigt zu werden.)

Bleiben Sie jedoch auch immer offen für wichtige Punkte Ihres Gegenübers, die wiederum für Sie völlig neu sind.

Bringen Sie anschließend seine und Ihre Interessen/Bedürfnisse in Zusammenhang und fordern Sie Ihren Kollegen auf, mit Ihnen gemeinsam eine tragfähige Lösung zu suchen. (Z. B.: »Wie könnten wir denn eine Möglichkeit finden, die Aufgaben so zu verteilen, dass es sowohl für Sie interessanter etc. ... als auch für mich ... wird?«)

Ist er hierzu nicht bereit oder ändert sich anschließend nichts, empfiehlt sich folgender Weg:

- Erstellen Sie eine Übersicht, aus der klar hervorgeht, mit wie vielen Überstunden Sie (und Ihre Kollegen) seine mangelnde Aktivität bisher abgefangen haben.
- Bitten Sie Ihren Vorgesetzten um ein Gespräch, in dem Sie nun anhand Ihrer Übersicht Ihre Kritik am Verhalten Ihres Kollegen anschaulich darstellen und mit konkreten Beispielen belegen. (Z. B.: »Sie erinnern sich bestimmt an den vergangenen Montag, als wir die Präsentation für ... vorbereitet haben. An diesem Tag habe ich Ihnen bereits erzählt, dass ich in Zeitverzug komme, weil ...«)
- Legen Sie Ihrem Chef anschließend dar, dass Sie (und Ihre Kollegen) an einer Verbesserung der derzeitigen Situation interessiert sind und daher gerne gemeinsam mit Ihrem Vorgesetzten die aktuelle Situation mit dem entsprechenden Kollegen klären würden.

Findet dieses gemeinsame Gespräch mit dem faulen Kollegen schließlich statt, bleiben Sie unbedingt sachlich – auch wenn Sie sich über dessen Auftreten bzw. dessen Aussagen und/oder über das möglicherweise »verständnisvolle Verhalten« Ihres Chefs ärgern. Konzentrieren Sie sich ausschließlich auf die vorliegenden Fakten und argumentieren Sie damit.

2. Situation: Sie fühlen sich von einem Kollegen unter Druck gesetzt

Ein Beispiel aus der Praxis:

Sie möchten gerade nach Hause gehen, da kommt ein Kollege zu Ihnen und sagt: »Frau ..., hier sind die Unterlagen ... . Die müssen heute noch raus!« Weil Sie wissen, dass diese Unterlagen schon seit Tagen bei Ihrem Kollegen auf dem Schreibtisch liegen und diese Situation nicht zum ersten Mal vorkommt, ärgern Sie sich maßlos.

Ohne Zweifel: Wir alle kennen Tätigkeiten, die wir gerne und zügig erledigen, und andere, die wir so lange vor uns herschieben, bis uns nichts anderes mehr übrig bleibt, als diese nun endlich in Angriff zu nehmen, obwohl wir eigentlich keine Lust dazu haben oder sie als zu anstrengend empfinden.

Das Problem: Schiebt jemand – egal ob Sie, Ihr Chef oder ein Kollege – eine ungeliebte Tätigkeit vor sich her,

- müssen die anderen unnötig auf dessen Zuarbeit warten und geraten dadurch selbst in Zeitnot;
- leidet letztlich das Arbeitsergebnis, weil die betreffende Person die Aufgabe so lange vor sich hergeschoben hat, bis die Zeit für eine ordentliche Leistung zu kurz war;
- wird unter Umständen ein Termin versäumt, weil Sie/Ihr Chef/Ihr Kollege die Angelegenheit ganz nach hinten geschoben und den Termin völlig vergessen haben.

Ebenso wie im vorherigen Beispiel gilt: Auch wenn Sie als Leidtragender im ersten Moment noch so sehr vor Wut kochen – bleiben Sie jetzt ruhig und erledigen Sie die notwendige Arbeit. Suchen Sie stattdessen einen anderen Zeitpunkt, um den Arbeitsaufschieber mit vorbereiteten Argumenten in die Schranken zu weisen.

Bevor Sie dies tatsächlich tun, schreiben Sie sich einmal in Ruhe auf, warum Sie die Arbeitsweise Ihres Kollegen/Vorgesetzten als negativ empfinden. Denken Sie anschließend darüber nach, wie Sie selbst zukünftig besser arbeiten könnten, was Sie kurzfristig davon haben und welche konkreten Punkte Sie an der Arbeitsweise Ihres Kollegen/Vorgesetzten mittel- und langfristig verändern möchten.

Ziel dieser Gesprächsvorbereitung sollte es sein, dass Sie

- Ihrem Kollegen/Vorgesetzten konkret aufzeigen können, wie Sie gemeinsam mit ihm – ohne Hektik und Stress – noch bessere Arbeitsergebnisse erzielen,
- ihn ruhig und emotionsfrei nach seinen Vorstellungen und Ideen fragen können, nachhaltige Argumente besitzen, warum es sinnvoll und notwendig ist, dass sich die Zusammenarbeit verbessert, und
- eine Vorstellung davon haben, was für Ihren Kollegen wichtig sein könnte, damit Ihre Argumente bei ihm auch als solche wahr- und angenommen werden können.

3. Situation: Sie möchten endlich mehr Geld

Ein Beispiel aus der Praxis:

Seit Jahren hätten Sie gerne eine Gehaltserhöhung. Doch jedes Mal gelingt es Ihrem Vorgesetzten, Ihnen dies auszureden. Mal begründet er dies »mit der aktuellen schlechten wirtschaftlichen Situation«, mal mit »Einsparvorgaben durch die Geschäftsführung«. Tatsächlich haben Sie das Gefühl, dass Ihr Chef gar nicht weiß, was Sie alles leisten.

Sie müssen sich also gut rüsten, bevor Sie das nächste Mal wegen eines höheren Gehaltswunsches zu Ihrem Chef gehen. Schließlich verfügt er offenkundig über rhetorische Möglichkeiten, Ihr Anliegen ins Leere laufen zu lassen.

Selbsttest: Versucht Ihr Chef, Sie zu manipulieren?	Ja	Nein
Reagiert Ihr Vorgesetzter nicht bzw. vertröstet er Sie, wenn Sie einen (Gehalts-/Veränderungs-)Wunsch äußern?	☐	☐
Haben Sie das Gefühl, dass Ihr Chef Bestimmtes einfach überhört?	☐	☐
Zeigt Ihr Vorgesetzter Ihnen gerne Ihre aktuellen Privilegien auf, wenn Sie Wünsche äußern?	☐	☐
Sind Sie oft ratlos, wenn Sie nach einem Gespräch mit Ihrem Chef dessen Büro verlassen, weil Sie das Gefühl haben, er hat Ihr Anliegen eigentlich gar nicht verstanden?	☐	☐

> **Auswertung:**
> Je häufiger Sie die oben stehenden Fragen positiv beantwortet haben, desto mehr neigt Ihr Vorgesetzter dazu, die Dinge so zu lassen, wie sie sind. Schließlich sind diese in seinen Augen in dieser Form genau richtig. Ihr Vorteil: Da Sie nun die Machtstrategie Ihres Vorgesetzten kennen, können Sie auch besser agieren, um Ihre Wünsche durchzusetzen.

Denken Sie zunächst einmal darüber nach, ob Ihr Vorgesetzter sich bewusst ist, wie viel Zeit und Engagement Sie in wichtige Projekte investieren, und ob Sie ähnlich viel zum Erfolg Ihres Bereichs beitragen wie er.

Die meisten Vorgesetzten schätzen das Engagement ihrer Mitarbeiter nämlich falsch ein, wenn diese ...

- ihrem Chef nicht regelmäßig aufzeigen, was sie gerade leisten und was sie zu bestimmten Projekten beigetragen haben;
- positives Feedback bereits als ausreichende Wertschätzung akzeptieren;
- regelmäßig ihre eigenen Belange und Vorstellungen hinter denen Ihrer Vorgesetzten zurückstellen;
- es scheuen, Konfliktgespräche zu führen, um ihre Ziele durchzusetzen.

Dies erklärt im Übrigen auch, warum gerade weibliche Arbeitnehmer oftmals nicht das durchsetzen können, was sie gerne würden. Viele Frauen fühlen sich nämlich noch immer »unwohl« dabei, wenn es darum geht, die eigenen Interessen hartnäckig zu vertreten.

Wenn Sie also der Ansicht sind, dass es Zeit für eine Gehaltserhöhung ist, dann ist es unabdingbar, dass Sie sich zunächst Gedanken machen über

- Ihre (Minimal-)Ziele (auch immaterielle wie beispielsweise Stundenreduzierung, Weiterbildungsmöglichkeiten etc.),
- Ihre Argumente,
- die möglichen Gegenargumente Ihres Chefs,
- die wirtschaftliche Situation Ihres Unternehmens sowie
- Beweise für Ihr Engagement.

> **Wichtige Fragen, um den eigenen Wert zu erkennen**
>
> Wenn Sie immer noch Zweifel haben, ob Sie eine Gehaltserhöhung auch »verdient« haben, dann sammeln Sie vor Ihrem Gespräch konkrete Sachargumente:
>
> - Welche (herausragenden) Projekte/Aufgaben haben Sie im vergangenen Geschäftsjahr betreut?
> - Welchen konkreten Nutzen hat Ihr Unternehmen durch Ihre Arbeit gewonnen?
> - Mit welchen Aktivitäten haben Sie dazu beigetragen, dass die Auswirkungen der Wirtschaftskrise in Ihrem Unternehmen abgefangen bzw. abgemildert werden konnten?
>
> Behalten Sie bei Ihren Überlegungen jedoch immer Ihren Vorgesetzten im Kopf – schließlich ist er »Ihre Zielgruppe«. Verkaufen Sie Ihre Erfolge also so, dass Ihre Tätigkeiten und Vorgehensweisen entsprechend der Persönlichkeitsstruktur Ihres Chefs gut bei ihm ankommen können.

Versetzen Sie sich anschließend in Ihren Vorgesetzten: Wie würden Sie automatisch reagieren, wenn ein Mitarbeiter Sie um ein Gehaltsgespräch bittet? Stellen sich bei Ihnen dann nicht auch innerlich die Nackenhaare auf? Umgehen Sie diese Reaktion, indem Sie

- das Reizwort »Gehaltsverhandlung« überhaupt nicht nennen – auch bei der Terminvereinbarung nicht;
- darum bitten, mit Ihrem Chef »über Ihre eigenen Perspektiven und Entwicklungsmöglichkeiten« sprechen zu dürfen.

Haben Sie sich hierüber ausführlich Gedanken gemacht, dann können Sie beruhigt in das Gehaltsgespräch gehen. Aber: Fallen Sie nun nicht gleich mit der Tür ins Haus! Sie riskieren sonst, dass er augenblicklich eine Position einnimmt, die er nur schwer wieder aufzugeben bereit sein wird. Stellen Sie stattdessen konkret dar, welche Leistung Sie in den vergangenen Monaten/seit der letzten Gehaltserhöhung erbracht haben. Benennen Sie dabei klar und deutlich Ihre einzelnen Verdienste, Leistungen und Zusatztätigkeiten. Legen Sie zur Erinnerung gegebenenfalls einzelne Unterlagen vor.

Achten Sie bei all Ihren Ausführungen jedoch unbedingt darauf, dass diese auch im Interesse Ihres Chefs und des Unternehmens stehen. (Z. B.: »Als Sie mir die Überwachung der Projekte … übertragen haben, musste ich mich zunächst erst einmal in Excel intensiv einarbeiten. Die Tabellen, die ich anschließend erstellt habe, fanden Sie dann aber so gut, dass Sie diese nun auch für … nutzen.«)

Ziehen Sie erst nach diesen konkreten Beispielen die Schlussfolgerung, dass all dies – Ihrer Ansicht nach – eine Gehaltserhöhung rechtfertigt.

Nonverbale Kommunikationstipps:

- Achten Sie darauf, dass Sie Ihre Stimme am Satzende nicht automatisch heben. Ansonsten signalisieren Sie Ihrem Vorgesetzten, dass Sie noch an der Berechtigung Ihrer Vorgehensweise zweifeln und von ihm überzeugende Argumente dafür erwarten.
- Auch wenn Sie normalerweise eher harmoniebedürftig sind, halten Sie es aus, wenn Ihrem Chef bei Ihren Wünschen »das nette Lächeln« aus dem Gesicht entschwindet.

Vergessen Sie also während des Gesprächs zu keinem Zeitpunkt, dass

- es nicht um Sympathien geht;
- niedrige Ansprüche zwar denen sehr gefallen, die die Gehälter zahlen, Ihre Arbeit aber dadurch selten hoch geschätzt wird;
- eine Fehleinschätzung der eigenen Leistung Ihrem Chef mangelndes Selbstbewusstsein und fehlende Professionalität signalisiert.

Verhalten Sie sich im Gespräch prinzipiell gemäß dem Motto: »Ich weiß, was ich wert bin. Ich traue mir etwas zu und kenne die marktüblichen Gehälter.«

Ihre Interessen und die Ihres Vorgesetzten sind bei Gehaltsverhandlungen naturgemäß verschieden. Idealerweise treffen sich beide Seiten am Schluss in einer für beide verträglichen Mitte: Geht Ihr Vorgesetzter konstruktiv auf Ihre Vorschläge und Argumente ein, dann zeigen Sie sich gleichfalls kooperationsbereit. Beharren Sie nicht auf Maximalforderungen (z. B.: »Ich möchte auf jeden Fall 200 Euro pro Monat mehr verdienen«), wenn er Ihnen nachvollziehbar darlegen kann, dass diese nicht zu erfüllen sind (z. B.: »Sie sehen doch selbst, dass unser Unternehmen von der globalen Wirtschaftskrise stark betroffen ist. Da sind 200 Euro pro Monat einfach nicht drin«).

Behalten Sie dennoch Ihr eigentliches Ziel, Ihre Position (finanziell) aufzuwerten, im Blick: Wenn Sie nämlich irgendwann nur noch Verständnis für die Gegenargumente zeigen, verlassen Sie auch diesmal wieder unverrichteter Dinge das Büro. Versuchen Sie, Ihren Vorgesetzten in die Richtung Ihrer vorher definierten Minimalziele zu lenken. Dabei hilft Ihnen die folgende Frageweise:

> **Reagieren Sie auf die Argumente mit offenen Fragen:**
>
> Wie schätzen Sie (...) ein?
> Was lässt sich Ihrer Ansicht nach davon realisieren?
> Wie bewerten Sie (...)? Worauf gründen Sie dies?
> Begründen Sie dabei aber auch, warum Sie diese Frage stellen und weshalb die Antwort für Sie wichtig ist.

Versuchen Sie in der Abschlussphase Ihres Gespräches, auf ein klares Verhandlungsergebnis hinzuarbeiten, indem Sie

- nochmals die Punkte zusammenfassen, in denen Sie Einigung erzielt haben,
- den Termin (und gegebenenfalls die notwendigen Voraussetzungen) der Umsetzung absprechen und
- um eine schriftliche Bestätigung der Vereinbarungen bitten.

4. Situation: Sie haben Ärger mit einem ausländischen Kollegen

Ein Beispiel aus der Praxis:

Eigentlich kennen Sie Herrn Yuen als einen netten, umgänglichen Kollegen, mit dem Sie gerne zusammenarbeiten. Als Sie jedoch den Empfang des Dalai Lama beim Bundespräsidenten wortreich begrüßen und den Umgang Chinas mit Tibet kritisieren, reagiert Herr Yuen mit ausfallenden Worten. Entsetzt über diese ungewohnte Verhaltensweise werden Sie nun Ihrerseits unwirsch.

Arbeiten in Ihrer Abteilung auch ausländische Arbeitnehmer? Dann behalten Sie immer deren kulturelle Herkunft im Hinterkopf – auch wenn diese gut integriert zu sein scheinen bzw. hierzulande geboren sind. Der Grund: Unter Umständen reagiert einer Ihrer ausländischen Kollegen in Stress-Situationen oder bei auftretenden Problemen anders, als Sie es erwartet hätten bzw. gewohnt waren.

Es empfiehlt es sich daher immer, sich mit der Mentalität und Kultur ihres Ursprungslandes zu beschäftigen, auch wenn Ihre ausländischen Kollegen schon längere Zeit hierzulande leben (siehe auch Kapitel »Was Meinungen und Aussagen prägt«). Nur so können Sie richtig auf Ihre Kollegen eingehen, Fehler im Umgang mit ihnen vermeiden und in schwierigen Situationen richtig reagieren.

Besorgen Sie sich doch einen Reiseführer bzw. einen landesspezifischen Knigge-Ratgeber. Sie lernen so nicht nur Ihren Kollegen besser kennen, sondern auch das Land, aus dem er und seine Vorfahren stammen. Anschließend können Sie Ihr Wissen in die Gespräche einfließen lassen, was Ihren Kollegen bestimmt erfreuen wird. Unter Umständen bekommen Sie aber auch Lust, selbst sein Ursprungsland zu bereisen, und können von ihm oder seinen Verwandten wertvolle Tipps dazu bekommen.

Gibt es einen Disput zwischen Ihnen beiden, in dessen Verlauf Ihr Kollege auch emotional ausfallend wird, dann gehen Sie so vor:

- Bleiben Sie ruhig und sachlich.
- Versuchen Sie zu ergründen, was Ihren Kollegen so erzürnt hat und welches Verhalten Ihrerseits hilfreich wäre, eine Konflikteskalation zu vermeiden.

Verhält sich Ihr ausländischer Kollege generell Ihnen gegenüber respektlos, dann schreiben Sie sich auf,

- warum Sie die Arbeitsweise Ihres Kollegen negativ wahrnehmen,
- wie sein Verhalten in bestimmten Situationen auf Sie und andere gewirkt hat,
- wie Sie Ihrer Ansicht nach zukünftig besser zusammenarbeiten könnten,
- was Sie davon kurzfristig umsetzen könnten und
- welche konkreten Punkte Sie an der Arbeitsweise Ihres Kollegen mittel- und langfristig verändern möchten.

Auf der Basis dieser schriftlichen Überlegungen können Sie dann zunächst versuchen, mit dem Kollegen ein Gespräch zu führen. Gelingt dies nicht, dann bitten Sie Ihren Vorgesetzten um Unterstützung.

5. Situation: Sie werden am Telefon provoziert

Ein Beispiel aus der Praxis:

Das Telefon läutet. Kaum haben Sie den Hörer abgenommen, bellt Ihnen auch schon eine wütende Stimme entgegen: »Das ist ja wirklich unglaublich: Vor fünf Tagen habe ich bei Ihnen Informationen über … angefordert und bis heute ist noch nichts angekommen. Mit was für einem Sch … Unternehmen habe ich es hier eigentlich zu tun …?«

Es kommt nicht selten vor, dass unzufriedene Kunden ihren Ärger an dem Erstbesten ablassen, den sie ans Telefon bekommen. Leider sind Sie als Assistenz oft diese Person. Dennoch müssen Sie sich weder alles gefallen lassen noch sich eine dicke Haut zulegen, um solche Angriffe besser an sich abprallen zu lassen.

Persönliche Angriffe können Sie häufig allein schon dadurch abwehren, indem Sie Ihrem Telefonpartner zeigen, dass Sie seine Empörung und seinen Ärger wahrnehmen (»Ich höre, dass Sie sehr wütend sind.«).

Parallel dazu können Sie für sich entscheiden, ob Sie

- zunächst den Anrufer sich verbal austoben lassen oder
- direkt auf die Provokation eingehen, indem Sie zunächst im Detail herausarbeiten, welche Interessen (»Ich verstehe, dass Sie dringend die Informationen benötigen«) und Bedürfnisse (»Sie brauchen diese Informationen, um schnellstmöglich ...«) beim anderen offensichtlich nicht berücksichtigt worden sind.

Auf keinen Fall dürfen Sie die emotionalen Äußerungen Ihres Gesprächspartners einfach übergehen bzw. den Hörer so lange von sich entfernt halten, bis sich der andere ausgetobt hat. Anderenfalls fühlt sich Ihr Telefonpartner weiterhin – und möglicherweise zu Recht – missverstanden und missachtet.

Versuchen Sie stattdessen, wertschätzend auf den anderen einzugehen, indem Sie in die Ausführungen des Anrufers Ihr eigenes Anliegen durch eine »Und«-Verknüpfung einbinden: »Ich möchte gerne mit Ihnen den Grund für Ihre Verärgerung beseitigen und parallel dazu einen Weg finden, wie wir beide ruhig über diese Angelegenheit sprechen können.« Vermeiden Sie auf jeden Fall in Ihren Sätzen das Wort »aber« – es würde auf den Anrufer provokativ wirken und ihn unter Umständen noch mehr emotional anstacheln.

Gerade zu Beginn eines Beschwerdetelefonats nimmt Ihre Reaktion auf den Provokateur entscheidend darauf Einfluss, ob die Kommunikation zwischen ihnen wieder konstruktive Formen annimmt oder das Gespräch weiter eskaliert.

Es hilft auf jeden Fall, wenn Sie gezielt

- wiedergeben, was Sie bei dem anderen wahrgenommen haben (z. B.: »Sie sagen also, Ihnen ist versprochen worden, dass Sie die Informationen innerhalb von zwei Tagen vorliegen haben«),
- nachfragen, ob Sie ihn in bestimmten Punkten richtig verstanden haben (»Habe ich das richtig verstanden, Sie haben mit einer Frau Mannheimer gesprochen?«), und
- versuchen, auf bestimmten Umgangsregeln zu beharren. (»Mir ist es wichtig, dass wir versuchen, in aller Ruhe über diese Angelegenheit zu

sprechen. Nur so kann ich auch den richtigen Ansprechpartner für Sie finden.«)

Versuchen Sie, möglichst nach und nach die Gesprächsführung zu übernehmen, indem Sie vor allem Fragen stellen:

- Worin besteht genau das Problem?
- Was genau ist dem anderen wichtig und warum?
- Was könnte dann die beste Lösung sein?
- Was können Sie und was Ihr Gesprächspartner dazu beitragen?

Können Sie trotzdem mit dem Gesprächspartner keine gemeinsame Lösung finden und belastet Sie das Telefonat immer noch, nachdem Sie den Hörer aufgelegt haben, dann reden Sie mit jemandem über das Gespräch. So können Sie leichter loslassen, was Sie immer noch emotional aufwühlt.

Können Sie hingegen zufrieden den Hörer auflegen, dann schreiben Sie sich auf, wie Sie die Situation bewältigt haben. Zum einen stärkt dies Ihr Selbstvertrauen, weil Sie jederzeit nachlesen können, wie gut Sie das schwierige Telefonat gemeistert haben. Zum anderen verfeinern Sie so stetig Ihre individuelle Methode, mit der Sie auf persönliche Angriffe am Telefon reagieren können.

6. Situation: Mit Ihren E-Mails ecken Sie an

Ein Beispiel aus der Praxis:

Eigentlich meinen Sie es doch nur gut: Jeden Mailvorgang, den Sie bearbeitet haben, senden Sie immer auch zur Information an Ihren Chef. Schließlich möchten Sie, dass er sieht, was Sie so alles in seinem Namen erledigen. Um so verwunderter sind Sie, als Ihr Vorgesetzter Ihnen vorwirft, dass Sie ihn mit E-Mails unnötig überschütten.

Wenn Sie das Verhalten Ihres Chefs verstehen möchten, dann fragen Sie sich, wie empfinden Sie

- die E-Mail-Berge, die jeden Tag bei Ihnen ankommen, und
- den Zeitaufwand, den Sie für deren Abarbeitung benötigen?

Ohne Zweifel: Dank der elektronischen Kommunikation sind die Arbeitsprozesse im Unternehmen und auch mit Kunden und Geschäftspartnern deutlich schneller geworden. Zugleich ist damit aber die Gefahr gestiegen, dass man zu flapsig bzw. unreflektiert antwortet oder Nachrichten an Personen versendet, die diese gar nicht benötigen.

Die Gefahr, über E-Mails Konflikte auszulösen, mindern Sie enorm, wenn Sie folgende Grundsätze beachten:

- Überlegen Sie sich genau, ob es wirklich notwendig ist, eine E-Mail zu schreiben. Manchmal macht ein Telefonat durchaus mehr Sinn – insbesondere wenn Sie zügig eine Rückmeldung benötigen oder wenn es sich um komplexe erklärungsbedürftige Themen handelt. Das Gleiche gilt im Übrigen auch, wenn Sie Ihren Kollegen im Nachbarzimmer »nur mal gerade etwas fragen müssen«.
- Schreiben Sie bereits in der Betreffzeile, was Ihr Anliegen ist, und reden Sie auch im Hauptteil nicht lange um den Brei herum. Es ist durchaus hilfreich, wenn Sie mit Ihrem Chef und direkten Kollegen Kurzformeln wie »eom« für »end of the mail« vereinbaren, so dass Sie in aller Kürze Nachrichten in die Betreffzeile schreiben können (z. B.: »Meeting heute Nachmittag ist abgesagt – eom«).
- Stellen Sie am Ende der E-Mail klar dar, was Sie vom Empfänger erwarten. Nur so vermeiden Sie, dass doppelt und dreifach Nachfragen kommen.
- Versenden Sie keine E-Mails, wenn es sich um einen geheimen/ vertraulichen Sachverhalt handelt. Ansonsten besteht die Gefahr, dass die Nachricht doch zufällig in die falschen Hände gerät.
- Beantworten Sie Briefe von Kunden, Geschäftspartnern oder Ihrem Vorgesetzten immer gleichfalls über den Postweg. Es sei denn, Sie werden ausdrücklich um eine Antwort per E-Mail gebeten.
- Antworten Sie niemals im Affekt, es könnte Ihnen – kaum dass Sie auf »Senden« gedrückt haben – leidtun.
- Checken Sie Ihre Mail abschließend immer nochmals in gesamter Länge. Oft hängen noch unzählige Nachrichten daran, die inzwischen überflüssig sind oder deren Inhalt für den Empfänger nicht notwendig ist.
- Verwenden Sie nur bei sehr guten Bekannten und Kollegen Emoticons und Abkürzungen.

7. Situation: Einer Ihrer Kollegen hat regelmäßig eine Fahne

Ein Beispiel aus der Praxis:

Sie wissen, dass Herr V kein Freund von Traurigkeit ist und gerne einmal einen über den Durst trinkt. In letzter Zeit haben Sie aber das Gefühl, dass er auch während der Arbeitszeit nicht vom Alkohol lassen kann. Nun wissen Sie nicht, was Sie tun sollen: Einerseits möchten Sie nicht als »Petze« dastehen, andererseits haben Sie das Gefühl, Ihrem Kollegen helfen zu müssen.

Der zunehmende Druck in der Arbeitswelt führt nachweislich dazu, dass viele Arbeitnehmer darauf mit (psychischen) Erkrankungen – aber auch häufig mit übermäßigem Alkoholkonsum reagieren. Wer zu viel trinkt, verkennt meist, dass er nur vor etwas flieht. Dabei kann er durchaus manches an seinem Leben verbessern, wenn er sich seinem Problem stellt und aktiv nach Lösungen sucht.

Je früher diese Flucht von anderen erkannt wird, desto größer ist die Chance, dass der Betroffene andere Wege findet – und sie auch geht. Allerdings setzt das voraus, dass ein solcher Kollege selbst auch die notwendigen Schritte gehen möchte. Als Beobachter können Sie ihm immer nur Hilfen anbieten. Handeln muss der betroffene Kollege hingegen selbst.

Stellen Sie fest, dass jemand aus Ihrer Abteilung nach Alkohol riecht oder dass über ihn entsprechende Gerüchte im Umlauf sind, dann beobachten Sie diesen Kollegen genauer und dokumentieren Sie für sich konkrete Auffälligkeiten wie beispielsweise

- zunehmende Fahrigkeit,
- Aggressivität,
- abnehmende Arbeitsleistungen,
- häufige Krankmeldungen.

Schreiben Sie über einen längeren Zeitraum (ca. vier Wochen) genau auf, wann Sie was beobachtet haben. Sie gewinnen so Sicherheit darüber, ob Ihr Kollege tatsächlich ein Alkoholproblem hat oder nicht. Außerdem haben Sie damit Fakten in der Hand, um ihn darauf ansprechen zu können.

Allerdings muss so ein Gespräch gut vorbereitet sein: Überlegen Sie sich daher zunächst:

- Sind Sie die geeignete Person hierfür? Unter Umständen ist es besser, Ihren gemeinsamen Vorgesetzten einzuweihen, weil Sie den Kollegen vielleicht nicht so gut kennen. Ihr Chef muss auf jeden Fall handeln, er hat schließlich eine Fürsorgepflicht für seine Mitarbeiter!
- Wie gehen Sie selbst mit Alkohol um? Wenn der betreffende Kollege weiß, dass Sie beispielsweise ein prinzipieller Alkohol-Verächter sind, wird er sich wahrscheinlich von Ihnen kaum etwas sagen lassen.
- Wann können Sie am besten mit ihm unter vier Augen sprechen?

- Was möchten Sie mit Ihrem Gespräch erreichen? (Z. B.: »Ich möchte meinen Kollegen auf Selbsthilfegruppen in unserer Stadt hinweisen und ihn ermutigen, dorthin zu gehen«)

Denken Sie auf jeden Fall in kleinen Schritten. Nehmen Sie sich auf keinen Fall vor, Ihren Kollegen verändern oder gar therapieren zu wollen. Das können Sie nicht leisten! Außerdem erreichen Sie dies in der Regel auch nicht.

Wenn Sie Ihren Kollegen auf die von Ihnen beobachteten Vorfälle ansprechen,

- bleiben Sie strikt bei dem, was Sie gesehen haben,
- erwähnen Sie keine Gerüchte oder Vermutungen und
- lassen Sie sich auf keine Diskussionen ein.

Natürlich wird Ihr Kollege (zunächst) abstreiten, während der Arbeitszeit Alkohol zu trinken. Schließlich muss er unter Umständen Konsequenzen seitens Ihres Vorgesetzten befürchten.

Es ist daher am besten, wenn Sie ihm darlegen, was Sie tun werden (z. B. Ihren Vorgesetzten, die Personalabteilung informieren), wenn er bestimmte Aspekte (z. B. Unpünktlichkeit, aggressives Verhalten gegenüber anderen) in Zukunft nicht unterlässt. Bleiben Sie dabei aber unbedingt sachlich und drohen Sie nicht. (»Sie wissen, dass Unpünktlichkeit von Herrn … nicht geschätzt wird. Wollen Sie riskieren, dass er Sie … abmahnt?«)

> **Übung: Arbeiten Sie aktiv an Ihrer Kommunikationsweise**
>
> Einige der beschriebenen Konfliktsituationen haben Sie vielleicht bereits selbst erlebt – mit anderen werden Sie wahrscheinlich konfrontiert werden. Nehmen Sie sich Ihre Aufzeichnungen, die Sie nach dem Lesen der ersten Kapitel erstellt haben, nun noch einmal vor und überlegen Sie:
>
> - Wo sehen Sie insgesamt noch Handlungsbedarf und
> - was würden Sie jetzt schon als Ihre kommunikative Stärke betrachten?
>
> Denken Sie anschließend über drei Bereiche nach, in denen Sie sich in den kommenden sechs Wochen verbessern möchten. Suchen Sie sich dafür die entsprechenden Kapitelstellen nochmals heraus und lesen Sie aufmerksam die Tipps bzw. Lösungshilfen. Mit Sicherheit wird Ihnen nicht gleich alles perfekt gelingen. Nur Mut: Das Laufen haben Sie auch nicht in einem Tag gelernt. Wichtig ist allein, dass Sie selbst sensibler die Gespräche mit Ihren Kollegen und Ihrem Vorgesetzten betrachten und wahrnehmen. Auf die Dauer werden Sie so sicherer in Ihrer Kommunikation mit anderen – was letztlich auch Ihre Umwelt wahrnehmen wird.

Best Practice

- Achten Sie sowohl auf die verbalen als auch auf die nonverbalen Aussagen Ihrer Mitmenschen.
- Machen Sie sich bewusst, dass Ihr Verhalten – so wie das Ihrer Kollegen – von Meinungen und Erfahrungen geprägt ist.
- Verhalten Sie sich zurückhaltend, wenn Sie in eine neue Arbeitsumgebung kommen.
- Achten Sie darauf, dass Sie nicht in» Bürospielchen« verwickelt werden.
- Unterscheiden Sie in Konfliktsituationen klar zwischen der emotionalen und der sachlichen Ebene, damit Sie ein wertschätzendes und respektvolles Lösungsgespräch führen können.

Teil VI

Zielorientiertes Networking

1 Was verbindet Networking und Excellent Office?

Wer sich solo, das heißt ohne effektives Netzwerk im Hintergrund, durch das Office von heute bewegt, dem ist nicht bewusst, wie wichtig und sinnvoll Kontakte sein können. Weshalb die Devise lautet, nicht solo unterwegs sein, sondern für ein exzellentes Office beste Kontakte mitbringen. Diese sind ein Muss! Denn nicht immer ist es empfehlenswert, das allwissende Internet zu befragen, wenn es um den richtigen Restauranttipp für ein Businessdinner für Ihren Chef in einer fremden Stadt geht. Wie gut, wenn Sie dort eine Bekannte oder Kollegin anmailen und anrufen können, um einen exzellenten Tipp zu erhalten oder zu erfahren, welche Nummer anzurufen ist, um einen Tisch beim In-Italiener oder Karten für ein ausverkauftes Konzert zu bekommen. Dies kann sehr oft nur über Beziehungen geschafft werden. Weshalb sie ein absolutes Muss im exzellenten Office sind!

Um in den Kreis der Exzellenten aufgenommen zu werden, heißt es deshalb nicht von ungefähr: Raus aus der Komfortzone! Ohne diese zu verlassen, wären die Exzellenten nie dorthin gekommen, wo sie heute sind. Und das haben sie vor allem durch zielorientiertes und strategisches Netzwerken geschafft. Sie haben sehr früh schon erkannt, dass Kontakte auf dem Weg zum Ziel mehr als hilfreich sein können. Deshalb wurde von ihnen ganz konsequent und eigennützig am persönlichen Beziehungsgeflecht gearbeitet.

Das Schöne an einem eigenen Netzwerk ist, dass es überall mit hingenommen werden kann. Wechseln Sie heute die Position oder die Stadt – Ihr Netzwerk, die Kontakte nehmen Sie mit. Es sind Ihre! Die kann Ihnen keiner nehmen, denn jeden einzelnen Kontakt haben Sie sich erarbeitet!

Orientierungsfragen:
- Welche Rolle spielen Visitenkarten beim Netzwerken?
- Weshalb ist Sympathie beim Netzwerken ausschlaggebend?
- Warum ist die richtige Wahl des Netzwerkes so wichtig?
- Lässt sich ein zielführendes Netzwerken vorbereiten?
- Mit welchen Personen soll man Kontakte knüpfen?

2 So werden Sie zum Networking-Profi

2.1 Raus aus der Komfortzone – rein in die Panikzone!

Netzwerken und vor allem strategisches Netzwerken ist harte Arbeit. Da heißt es konsequent sein, das bedeutet, raus aus der bequemen Komfortzone und rein in die Panikzone zu gehen, sprich: unbekanntes Terrain zu betreten!

Erfolgreiches Netzwerken findet immer noch Face to Face statt. Denn Personen, mit denen Sie ein persönliches Gespräch geführt haben und denen Sie gegenüberstanden, die vergessen Sie so schnell nicht wieder. Hingegen sind schnelle Online-Kontakte auch genauso schnell wieder weg. Deshalb gilt auf dem Weg zum Networking-Profi nur eines: interessante Einladungen zu Events, Präsentationen und verschiedenen Anlässen oder Treffen Ihrer Gruppen annehmen und vor allem auch konsequent hingehen. Auch wenn es einmal keine so große Freude macht. Letztlich werden Sie immer dafür belohnt.

Natürlich ist dies oft nicht ganz so einfach, wenn die Einladung nur für Sie gilt und Sie deshalb ohne Begleitung zu einem Event oder einer Produktpräsentation gehen sollen. »Dort kenne ich doch keinen!«, werden Sie sagen. Macht nichts, dann lernen Sie eben neue Menschen kennen! Dies ist die Einstellung eines Networking-Profis. Dass er ausreichend Visitenkarten einstecken hat, ist selbstverständlich!

Fordern Sie sich selbst heraus! Machen Sie Veranstaltungen zu Ihrer eigenen Bühne, indem Sie dort erscheinen, sich mit einem ersten Glas in der Hand umsehen, entscheiden, wen Sie interessant oder attraktiv finden, und einfach den Small Talk beginnen. Gehen Sie deshalb früh genug hin, damit Sie sehen, wer schon da ist, wer noch kommt, und besser sondieren können, wer für Sie als Kontakt infrage käme. Meist sucht man sich instinktiv die Personen aus, die zu einem passen oder die aus dem einen oder anderen Grund interessant sind. Man muss sich nur trauen!

Sie können Ihr Gespräch mit einer ganz banalen Einstiegsfrage wie »Sind Sie auch alleine da, wo haben Sie denn einen Parkplatz gefunden?« beginnen, denn kaum jemand wird antworten: »Sie sehen doch, dass ich alleine da bin.« Im Gegenteil! In der Regel ist die andere Person froh, dass

Sie sie ansprechen, damit sie nicht mehr ganz so alleine ist. Wenn Sie schon zu zweit sind, dann ist es auch sehr einfach, eine nächste Person ins Gespräch zu verwickeln, und schon sind es zwei Kontaktpersonen, mit denen Sie Visitenkarten tauschen können, sofern sie Ihnen interessant genug erscheinen und Sie sich vorstellen können, mit diesen Menschen weiterhin in Kontakt stehen zu wollen. Denn Netzwerken funktioniert nur mit Menschen, die einem sympathisch sind! Keiner hat Interesse daran, mit einer unsympathischen Person langfristig zu kommunizieren oder diese wiederzusehen.

Doch letztlich geht es nicht nur um das Sammeln von irgendwelchen Visitenkarten, sondern darum, die richtigen zu bekommen! Nur das ist strategisches und effektives Netzwerken! Für einen Networking-Profi gilt: Klasse statt Masse! Was nützen Ihnen 5000 Kontakte auf der Businessplattform XING, wenn Sie von diesen keinen wirklich kennen, sondern sie nur auf Ihrer Tour durch das Netzwerk eingesammelt haben? Ein Meister des Netzwerkens sagte einmal, Sie müssen immer mit fünf Visitenkarten von einer Veranstaltung zurückkommen, von denen Sie drei weiterverfolgen wollen! Zumindest eine interessante sollte auch ab sofort Ihr Ziel sein!

2.2 Die Vorbereitung – weg von der Einbahnstraße

Eine professionelle Vorbereitung ist bereits die halbe Miete! Oder: Ohne Saat bzw. Vorbereitung gibt es keine Ernte bzw. keinen Erfolg! Deshalb ist es wichtig, dass Sie Ihre Kontakte sukzessive aufbauen. Das geht bekanntlich nicht von heute auf morgen, sondern bedarf einer kontinuierlichen strategischen Arbeit. Dies bedeutet jedoch nicht, dass Sie jede Menge Kontakte aus Ihrem direkten Umfeld sammeln und dann meinen, jetzt wären Sie ein toller Netzwerker! Das wäre viel zu einfach! Denn das käme letztlich einer Einbahnstraße gleich.

Vorbereitung heißt vielmehr, dass Sie sich erst einmal Gedanken machen, welche Ziele Sie kurzfristig oder mittelfristig erreichen wollen. Als zweiten Schritt prüfen Sie dann, welche Personen Sie bereits kennen, die Ihnen dabei weiterhelfen können. Welche Kontakte haben wiederum diese Personen, die Ihnen als Nächstes helfen können oder interessant für Sie sind? Womöglich stellen Sie ganz schnell fest, dass Sie schon seit längerem Frau K aus Unternehmen X kennen, in das Sie schon immer wechseln wollten. Weshalb den Kontakt mit ihr nicht wieder aufnehmen? Vielleicht kennen Sie ja auch Herrn Y, der beste Kontakte zu Herrn Z unterhält, der Ihnen bei Projekt V weiterhelfen oder Ihnen eine Empfehlung geben könnte.

Überlegen Sie sich, welche Person aus Ihrem Umfeld wofür hilfreich sein könnte und wie diese wiederum vernetzt ist. Denn oft sind es gerade die Menschen zwischen Ihnen und der betreffenden Person, die für Sie als wichtige Türöffner fungieren können. Meist reicht ein Hinweis oder eine Empfehlung Ihres Kontaktes bei der Zielperson und Sie sind einen Schritt weiter. Schließlich wurden Sie ja von Frau K oder Herrn Y empfohlen.

Persönliche Empfehlungen sind in der Regel immer interessant, vor allem wenn es um die Besetzung von Positionen geht. Gerade hier gilt: Je größer das Netzwerk, umso größer die Chance, zum Gesprächstermin eingeladen zu werden. Stellen Sie sich vor, Herr J hört von zwei oder drei Seiten, dass Sie die richtige Person für den vakanten Job sind. Wäre das nicht prima? Natürlich würde man sich Ihre Bewerbung genauer ansehen als andere. Deshalb ist es wichtig, Kontakte genau zu analysieren und zu überlegen: Wer von ihnen kann Ihnen welchen Mehrwert bieten? Und umgekehrt natürlich auch: Wem können Sie welchen Mehrwert bieten? Denn Netzwerken ist keine Einbahnstraße, sondern lebt vom Geben und Nehmen.

Knüpfen Sie Kontakte mit ganz unterschiedlichen Menschen und nicht nur innerhalb einer Gruppe. Nur so erreichen Sie einen breiteren Wirkungsradius für sich, der Sie im entscheidenden Moment Ihrem Ziel ein großes Stück näher bringen kann.

2.3 Ihr Wirkungskreis

Ihren eigenen Wirkungskreis sollten Sie sehr gezielt festlegen. Wo wollen Sie wirken? Was macht Sinn? Sinnvoll ist es bestimmt nicht, sich heute im Gartenbauverein anzumelden, obwohl Sie gar keinen Garten haben, nur weil dieser Verein über 3.000 Mitglieder hat. Sinnvoll sind nur Vereine und Gruppen, mit denen Sie auch gemeinsame Themen haben oder mit denen Sie eine gemeinsame Sprache sprechen. Denn ohne Garten und das Wissen darum werden Sie kaum Anschluss in diesem noch so großen Verein bekommen, wenn dessen Mitglieder sehr schnell feststellen, dass Sie von Gartenarbeit und Pflanzen keine große Ahnung haben!

Suchen Sie sich deshalb Netzwerke wie Berufs- oder Sportvereine, die zu Ihnen passen. Sie spielen Golf? Im Golfclub finden sich bestimmt jede Menge interessanter Kontakte. Sie interessieren sich für Kunst? Bei Vernissagen in den entsprechenden Galerien kommen Sie sehr schnell ins Gespräch und können das ein oder andere Mal Visitenkarten tauschen. Der Vorteil: Bei solchen Events lernen Sie Leute aus ganz unterschiedlichen Branchen und Firmen kennen, die das eigene Netzwerk unglaublich bereichern können.

Besonders hilfreich hingegen ist die Mitgliedschaft in einem Berufsverband, wo Sie automatisch Gleichgesinnte treffen. Diese wissen, wann wo welche Position frei wird, und mit ihnen können Sie sich zudem über aktuelle Trends, Veränderungen und Techniken austauschen, sodass Sie automatisch beruflich am Ball bleiben.

Von einem strategischen Netzwerken können wir sprechen, wenn Sie den Mix aus beruflichen und sozialen Netzwerken bestens schaffen. Dann nämlich können Sie Ihren Wirkungskreis optimal entfalten.

2.4 Ihr Wirken: Geben, Nehmen und Pflegen

»Erst geben, dann nehmen!«, lautet eine der obersten Netzwerkregeln. Denn Netzwerken heißt auch, Wissen und Tipps auszutauschen, und das sollte keine Einbahnstraße sein, sondern für beide Seiten langfristig gelten. Wenn Sie wissen wollen, mit welchen Eventlocations oder Veranstaltungen andere Firmen bezüglich ihrer Kundenbindung gute Erfahrungen gemacht haben, sollten Sie umgekehrt auch Ihre Tipps preisgeben. Nur so sind Sie auch für andere ein attraktiver Gesprächspartner, mit dem man sich auch bei der nächsten Begegnung gerne wieder unterhält. Leute, die nichts von sich preisgeben wollen, die wird man beim nächsten Treffen meiden und sich lieber mit anderen austauschen.

Kontakte müssen gepflegt werden: Das ist eine weitere Regel, die nicht unterschätzt werden darf. Nur einmal kurz sehen, Visitenkarte tauschen, auch wenn sie sehr interessant sein mag, ist noch kein Erfolg. Deshalb gilt es, Strategien zu entwickeln, wie erneut Kontakt aufgenommen werden kann. Nur so werden die Kontakte zu echten Kontakten, die Ihnen im entscheidenden Moment auch weiterhelfen oder ein professionelles Feedback geben.

2.5 Online-Netzwerke – ja oder nein?

Bloggen und twittern. Fast möchte man meinen, es geht nicht mehr ohne. Muss wirklich jeder zur Facebook-Community gehören oder auf XING Premium-Mitglied werden? Darüber teilen sich die Meinungen. Fazit ist, jeder wird durch die Online-Netzwerke immer transparenter und gibt durch Facebook und Twitter womöglich viel zu viel über seine Persönlichkeit preis. Auf Amazon.de geschriebene Buchrezensionen und andere Meinungsbekundungen können noch Jahre später im World Wide Web aufgefunden werden.

Deshalb haben die Antworten auf folgende Fragen oberste Priorität: Womit wollen Sie im Netz von wem gefunden werden? Wenn ein

Personalberater oder Kollege Ihren Namen in einer Suchmaschine eingibt, was soll er dann über Sie erfahren dürfen? Das ist die entscheidende Frage. Vor allem: Was wollen Sie auch in drei Jahren noch über sich online nachlesen können? Ob Sie als Vorletzter beim Marathon im Ziel eingelaufen sind? Spricht nicht gerade für eine gute Konstitution, wenn alle anderen vor Ihnen schneller waren.

Überlegen Sie sich Ihre Netzpräsenz sehr sorgfältig, denn es könnten falsche Rückschlüsse aus zu vielen Blog- oder Foren-Eintragungen gezogen werden, die z. B. tagsüber zu Office-Zeiten gemacht wurden. Nicht ausgelastet? Falsche Prioritätensetzung? Zu viel Zeit zum Surfen? Wo bleibt die Office-Exzellenz? Prüfen Sie deshalb Ihre Online-Bekenntnisse, bevor Sie die Enter-Taste drücken.

Gleiches gilt für XING. Wollen Sie als Premium-Mitglied dort alle Ihre Freunde um sich versammelt haben oder soll es beruflichen Zwecken dienen? Dann sollten Sie auch Ihre Kontakte auf einer Plattform wie XING entsprechend aufbauen. Doch auch hier gilt: Weniger ist mehr. Klasse statt Masse! Es wird Ihnen kaum jemand abnehmen, dass dies noch ein gepflegtes Netzwerken ist, wenn Sie über 700 oder gar mehrere Tausend Kontakte haben. Wohl eher sieht es nach Einsammeln von Namen und Personen aus, um sie für werbliche Zwecke zu nutzen. Das Gleiche gilt für die Gruppen, denen Sie beitreten. Werden es nur Freizeitgruppen sein oder ist auch das eine oder andere berufliche Netzwerk dabei? Letzteres unterstützt viel stärker Ihren professionellen Auftritt. Deshalb gilt: »Denk, bevor du klickst!«

2.6 Be different and unique!

Als weiblicher Networking-Profi sollten Sie sich, wenn Sie zu einer Veranstaltung gehen, überlegen, welches Accessoire Sie von anderen unterscheidet und trotzdem gut zu dem Anlass passt. Denn Accessoires machen den feinen Unterschied aus und lassen Sie präsenter aussehen. Zudem erinnern sich Menschen viel eher an Sie. Unabhängig davon kann es für andere ein gutes Thema für einen Small Talk mit Ihnen sein, wodurch Sie schnell ins Gespräch kommen und zugleich Sympathie erzeugen können.

Besonders attraktiv und interessant erscheinen Sie zudem, wenn Sie den Abend über nicht an einem Tisch »festkleben«, sondern einmal hier und einmal dort gesehen werden oder mit sehr wachen Augen durch den Raum gehen. Eine positive Ausstrahlung ist dabei selbstverständlich. Denn keiner will sich »after work« mit einer schlecht gelaunten, wenn auch noch so attraktiven Gesprächspartnerin unterhalten!

Sind Sie im Gespräch, dann halten Sie Blickkontakt! Denn dieser verbindet Menschen ausgesprochen gut miteinander. Ein kleiner Spaß hier oder dort ist unterhaltsam und lockert auf. Vor allem an Stehtischen bei Empfängen ist dies eine wunderbare Art, die Aufmerksamkeit auf sich zu lenken.

Überlegen Sie sich kurz, was Sie interessiert. Stellen Sie dazu gute und offene Fragen, die nicht nur mit einem Ja oder Nein zu beantworten sind. Das lässt Sie sehr aktiv wirken. Und Sie wissen ja: Wer fragt, der führt! Dass Sie sich nach der Veranstaltung Notizen auf den Visitenkarten machen, das ist für einen exzellenten Office-Worker selbstverständlich.

Mit einem authentischen und selbstbewussten Auftritt, geschicktem Small Talk und den richtigen Fragen sowie dem eigenen notwendigen Input und anschließender Kontaktpflege bereichern Sie nicht nur Ihre Arbeit, sondern halten Ihr Wissen up to date und können von Fall zu Fall ganz genau einschätzen, wer für Sie wofür der richtige Kontaktpartner oder Türöffner sein kann. Denn ein Networking-Profi hat seine Kontakte nicht nur fest im Blick, sondern auch präsent. So präsent, wie er es ist!

Best Practice

- Haben Sie immer genügend Visitenkarten dabei!
- Machen Sie einen Mix aus beruflichen und sozialen Netzwerken, damit Ihr Wirkungs- und damit Kontaktradius breit gefächert ist.
- In Netzwerken immer erst geben, dann nehmen!
- Treten Sie authentisch und selbstbewusst auf.
- Stellen Sie offene Fragen, damit Sie aktiver wirken.
- Sammeln Sie gezielt Visitenkarten und machen Sie sich Notizen zu Ihren Kontakten.
- Kommen Sie mit fünf Karten von einer Veranstaltung zurück, von denen Sie drei weiterverfolgen.
- Nicht die Masse an Kontakten ist ausschlaggebend, sondern die Klasse!
- Pflegen Sie Ihre Kontakte, damit sie zu echten Netzwerkpartnern werden, auf die Sie langfristig bauen können.
- Ihr Netzwerk ist überall dort, wo Sie sind. Ihr Netzwerk kann Ihnen keiner nehmen!

Teil VII

Betriebswirtschaftslehre

1 Einführung BWL und Rechnungswesen

1.1 Was verbindet BWL und Excellent Office?

Wenn jemand Betriebswirtschaftslehre (BWL) studiert, dauert das etwa vier bis fünf Jahre. Berufsbegleitende Kurse zu diesem Thema, beispielsweise bei einer IHK, dauern etwa zwei Jahre. Zielsetzung ist in beiden Fällen, dem Lernenden detailliertes und anwendungssicheres Wissen zu vermitteln.

Im nachfolgenden Abschnitt dieses Buches wollen wir versuchen, Ihnen einen guten Überblick über das für eine Assistenz wichtigste betriebswirtschaftliche Wissen zu geben und dabei vor allem auch den Zusammenhang zwischen den Abläufen in Ihrem Unternehmen und Ihrem Arbeitsplatz herzustellen. Das Wissen um betriebswirtschaftliche Zusammenhänge ist nicht nur interessant, sondern macht Sie bei Ihren eigenen Entscheidungen, Ihren Aufgaben und der entsprechenden Chefentlastung sicherer.

Folgen Sie uns in das Reich der Zahlen!

Orientierungsfragen:

- Welchen Einfluss haben Unternehmensziele auf unterschiedliche Bereiche im Unternehmen?
- Wie verlaufen Geld- und Güterströme im Unternehmen?
- Welche Aufgaben verbinden sich mit der Kosten- und Leistungsrechnung?
- Was genau verbirgt sich hinter dem »Controlling«?
- Welche Kennzahlen muss ich wissen, was verbirgt sich dahinter?

1.2 Unternehmensziele

Unternehmensziele werden durch den Eigentümer, die Gesellschafter oder die Geschäftsführung meist unter Beteiligung von Führungskräften und Mitarbeitern bestimmt. Die Festlegung und letztendliche Entscheidung liegt jedoch bei der Geschäftsführung bzw. den Gesellschaftern. Gibt es bei deren Zusammensetzung einen Wechsel, werden Sie oft auch Veränderungen bei den Inhalten der Unternehmensziele feststellen.

Monetäre und nicht monetäre Ziele im Unternehmen

Unternehmen haben meistens nicht nur ein Ziel, sondern gleichzeitig mehrere Ziele. Nachstehend eine Auswahl möglicher Unternehmensziele:

Monetäre Ziele (sie sind in Geld messbar)

- Sicherung der Liquidität
- Deckungsbeitrag
- Umsatz
- Wirtschaftlichkeit
- Gewinn
- Rentabilität

Nicht monetäre Ziele (sie sind nicht in Geld messbar)

- Sicherung des Unternehmensbestandes
- Unternehmenswachstum
- Marktposition/Marktanteile
- Image
- Gewinnung politischen Einflusses
- Verpflichtung gegenüber der Familientradition
- Verminderung von Umweltbelastungen
- Sicherung der Arbeitsplätze
- Kundenzufriedenheit

Die genannten Ziele stehen oft in Konkurrenz zueinander und verändern sich auch im Zeitablauf, abhängig von der jeweiligen Unternehmenslage und der Zusammensetzung der Geldgeber.

Man kann auch nicht sagen, dass es »richtige« oder »falsche« Ziele gibt. Bei auftretenden Misserfolgen sind meist nicht die Ziele falsch gewesen, sondern es lag eine fehlerhafte Einschätzung der Umwelt (Entwicklung von Markt, Konkurrenz, rechtlichen Rahmenbedingungen) vor. Ziel Nummer eins ist allerdings in jedem Unternehmen die Sicherung der Liquidität, also der Erhalt der Zahlungsfähigkeit. Das gilt nicht nur für Unternehmen, sondern auch für jeden privaten Haushalt und jeden Staat.

1.3 Das Rechnungswesen als Spiegelbild der Geld- und Güterströme

Die Notwendigkeit eines betrieblichen Rechnungswesens ergibt sich aus zwei Gründen:

Betriebswirtschaftlich erfordert die Vielzahl der betrieblichen Vorgänge als Folge der Leistungserstellung und Leistungsverwertung entsprechende Maßnahmen der mengen- und wertmäßigen Erfassung, Steuerung und Kontrolle. Die Unternehmensleitung möchte wissen, wie es bezüglich der gesteckten Ziele »im Rennen liegt«.

Rechtlich werden bestimmte Anforderungen an das Unternehmen gestellt, die nur mithilfe eines ordnungsmäßigen Rechnungswesens erfüllt werden können. Geldgeber (Banken, Aktionäre, Gesellschafter) und der Gesetzgeber (= Steuerempfänger) haben einen Anspruch darauf, zu erfahren, was mit ihrem Geld geschieht bzw. welchen Anteil am Gewinn sie haben. Im betrieblichen Rechnungswesen wird das Unternehmensgeschehen zahlenmäßig erfasst und zweckgerecht aufbereitet.

Das betriebliche Rechnungswesen gliedert sich in das **externe** (also das nach außen gerichtete) Rechnungswesen mit den Bestandteilen:

- Buchhaltung
- Finanzwesen

und das **interne** (also das nach innen gerichtete) Rechnungswesen:

- Kosten- und Leistungsrechnung
- Controlling.

Unternehmen können nur dann langfristig am Markt bestehen und erfolgreich sein, wenn die Unternehmensführung jederzeit über alle betrieblichen Sachverhalte informiert ist. Das Rechnungswesen liefert der Unternehmensführung die wesentlichen Informationen bezüglich des aktuellen Standes der Erreichung von monetären Zielen.

1.4 Die Aufgabenbereiche des Rechnungswesens im Überblick

Der Begriff »Rechnungswesen« umfasst alle Einrichtungen und Arbeiten, die dazu dienen, die wirtschaftlich wesentlichen Gegebenheiten und Vorgänge im Unternehmen zu erfassen. Die Aufgaben des Rechnungswesens reichen dabei von der Dokumentation (durch die Buchhaltung) bis zur Feststellung von Ergebnissen und Abweichungen (durch das Controlling).

Um dies zu ermöglichen, sind alle Vorgänge zahlenmäßig nach Geldeinheiten und nach Mengeneinheiten zu erfassen. Dies geschieht in der Buchhaltung.

Buchhaltung

Die Buchhaltung erfasst alle in Zahlen festgestellten wirtschaftlich bedeutsamen Vorgänge (= Geschäftsvorfälle), die sich in einem Unternehmen ereignen. Sie erstellt die zeitlich und sachlich geordnete Aufzeichnung der betrieblichen Geschäftsvorfälle. Dazu gehören das Sammeln von Belegen, das Formulieren von Buchungssätzen, die Konteneintragung und schließlich der Kontenabschluss zum Ende eines Monats oder zum Ende eines Geschäftsjahres.

Natürlich werden heute in vielen Fällen nicht mehr wirklich Belege in Form von Papier erfasst und in ein System eingegeben. Viele Unternehmen verwenden Systeme wie SAP, bei deren Verwendung die Geschäftsvorfälle »automatisch« in die Buchführung übermittelt und dort nur noch auf ihre Richtigkeit überprüft werden.

In der Praxis wird heute fast ausschließlich die **doppelte Buchführung** verwendet. Hierbei wird jeder Geschäftsvorfall auf zwei Konten erfasst[1]. Jeder Geschäftsvorfall hat eine doppelte Auswirkung. Man spricht deshalb auch von der Doppik (doppelte Buchführung).

Finanzwesen

Das Finanzwesen ist zuständig für die Liquiditätssituation eines Unternehmens. Der betriebliche Leistungsprozess kann nur dann störungsfrei ablaufen, wenn die Zahlungsströme so abgestimmt sind, dass zu keinem Zeitpunkt Zahlungsunfähigkeit besteht. Unrentable Überliquidität[2] ist jedoch ebenfalls zu vermeiden. Oberstes Ziel ist hier der Erhalt der Zahlungsfähigkeit.

Kosten- und Leistungsrechnung

Die Kosten- und Leistungsrechnung (kurz: KLR) ist ein Teilgebiet des betrieblichen Rechnungswesens. Sie ist eine Zeitabschnittsrechnung. Ihre

---

[1.] Zum Beispiel taucht eine Gehaltszahlung sowohl auf dem Konto „Bank" wie auch auf dem Konto „Lohn" auf.
[2.] Überliquidität ist unrentabel, weil Bargeld bzw. Bankguthaben gar nicht bzw. nur schlecht verzinst wird.

Aufgabe besteht in der Erfassung von Kosten und Leistungen für eine Abrechnungsperiode. Es besteht keinerlei rechtliche Verpflichtung, eine Kostenrechnung zu führen.

Die KLR ist sehr nahe an der Leistungserstellung angesiedelt. Grund: Nur wenn man weiß, wie und welche Leistungen tatsächlich für einen Produktionsschritt erbracht werden, kann man die dabei entstehenden Kosten richtig ermitteln. Daher wird die Kostenrechnung meist nicht von Mitarbeitern der Buchhaltung durchgeführt, sondern von eher produktionsorientierten Mitarbeitern.

Mehr dazu lesen Sie im Kapitel »Das interne Rechnungswesen: Kosten- und Leistungsrechnung« in diesem Teil.

Controlling

In Lehrbüchern findet man Definitionen wie diese:

Controlling ist die »Informationsversorgung und zukunftsorientierte Informationsauswertung zur Unterstützung der Führung bei der Entscheidungsfindung in komplexen Systemen«.

Doch was bedeutet das im Einzelnen?

Vereinfacht lässt sich Controlling als die Zusammenfassung aller Funktionen beschreiben, die die Informationsversorgung von Führungsinstanzen verbessert, also:

- Erkennen von Informationsbedarf
- Versorgung mit Information
- Praktische Anwendung von Analyse- und Bewertungsmethoden
- Vorbereitende Informationsverarbeitung zur Planungs- und Ergebniskontrolle

Im Ergebnis soll das betriebliche Rechnungswesen einerseits die Unternehmensleitung (durch das interne Rechnungswesen), andererseits aber auch unternehmensexterne Personen informieren (durch das externe Rechnungswesen).

Mehr zu diesem Aufgabengebiet des Rechnungswesens finden Sie im Kapitel »Controlling«.

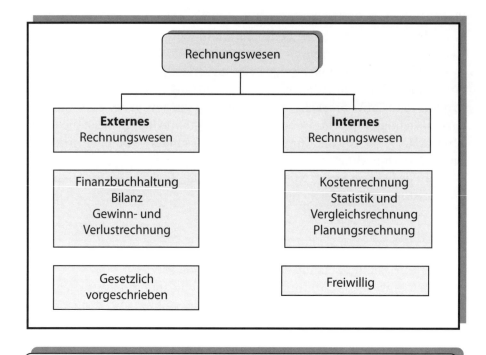

Bilanzierung und Bewertung ➜ Das externe Rechnungswesen

1.5 Das externe Rechnungswesen – Grundbegriffe der Bilanzerstellung

Dieses Kapitel befasst sich mit den Grundlagen des externen Rechnungswesens. Sie erfahren etwas über die wesentlichen Inhalte von Bilanz und GuV (Gewinn- und Verlustrechnung). Bewusst soll dabei auf die Darstellung der unterschiedlichen und vielfältigen Bewertungsmöglichkeiten verzichtet werden. Ziel ist vielmehr, dass Sie beim Lesen der Begriffe in den Geschäftsberichten oder anderen Unterlagen Ihres Unternehmens, wissen, was dahintersteckt.

Der Jahresabschluss

Einmal im Jahr, zum Ende des Geschäftsjahres[1], wird ein Jahresabschluss erstellt. Dies geschieht auf Grundlage der Daten, die in der Buchhaltung

---

[1] Das Geschäftsjahr endet bei deutschen Unternehmen meist zum 31.12., kann aber auch zu anderen Terminen enden.

erfasst wurden. Unter Umständen (abhängig von der Unternehmensgröße) kommen hier auch Wirtschaftsprüfer zum Einsatz.

Der Jahresabschluss ist der Abschluss der Buchhaltung und ist gesetzlich vorgeschrieben. Zum Jahresabschluss gehören Bilanz, Gewinn- und Verlustrechnung (GuV) und je nach Unternehmensgröße und Rechtsform auch Lagebericht und Anhang. Er ist die Zusammenfassung von Einzeldaten des Rechnungswesens. Dazu erfolgt eine Anpassung der buchhalterisch ermittelten Zahlen an die tatsächlichen Gegebenheiten durch Inventur[1].

Neben der Erfolgsermittlung und Erfolgskontrolle dient der Jahresabschluss der Rechenschaftslegung gegenüber Anteilseignern, Gläubigern, Finanzbehörden, Öffentlichkeit und Belegschaft.

Bilanzstichtag

Der Bilanzstichtag ist das Ende eines Geschäftsjahres bzw. der Wechsel in ein neues. Bei deutschen Unternehmen ist dies meist der 31.12. eines Jahres.

Anhang und Lagebericht

Bei Kapitalgesellschaften sind Anhang und Lagebericht vorgeschriebene Bestandteile des Jahresabschlusses.

Der **Anhang** dient vor allem der Information und Erläuterung der Positionen in Bilanz und GuV. Er ist wahrheitsgemäß, klar und übersichtlich zu erstellen und auf wesentliche Sachverhalte zu beschränken.

Der **Lagebericht** dient neben dem Anhang ebenso der Information und Erläuterung. Er soll das Gesamtbild des Unternehmens darstellen.

Bilanz, Gewinn- und Verlustrechnung, Anhang und Lagebericht werden je nach Rechtsform und Unternehmensgröße als Geschäftsbericht veröffentlicht und sind für jeden im Internet unter www.unternehmensregister.de größtenteils kostenlos einsehbar.

Inventur

Inventur ist die körperliche Bestandsaufnahme aller Vermögensgegenstände nach Art, Menge und Wert, die in einem Unternehmen zu einem bestimmten Zeitpunkt vorhanden sind (Bilanzstichtag). Sie ist Vorausset-

---

[1.] Inventur ist die Bestandsaufnahme durch Messen, Zählen, Wiegen oder Schätzung.

zung für eine ordnungsgemäße Buchführung und gesetzlich vorgeschrieben.

Inventar

Das Inventar ist ein aufgrund einer Inventur aufgestelltes Verzeichnis. Es enthält art-, mengen- und wertmäßig die Vermögensteile und Schulden eines Unternehmens. Das Inventar muss lückenlos sein, d. h., es muss auch alle «wertlosen« und voll abgeschriebenen Bestände enthalten.

Bilanz

Zunächst einmal: Wenn hier von »der Bilanz« gesprochen wird, ist die »Handelsbilanz[1]« gemeint. Also die Bilanz, die den Unternehmen vom deutschen Gesetzgeber im Handelsgesetzbuch (HGB) vorgeschrieben wird. Die Bilanz ist eine kurze Gegenüberstellung von Vermögensstruktur und Finanzierungsquellen eines Unternehmens. Sie beantwortet also die Fragen »Wo kommt das Geld her?« und »Was haben wir mit dem Geld gemacht?«.

Die Zahlen der Bilanz beruhen auf den Zahlen des Inventars. Die Bilanz fasst die Angaben des Inventars in übersichtlicher Form zusammen. Im Gegensatz zum Inventar enthält die Bilanz auch Wertangaben. Einzelne Vermögensgegenstände werden zu Bilanzpositionen zusammengefasst. Die Bilanz zeigt auf beiden Seiten[2] gleiche Wertsummen, die »Bilanzsumme« genannt werden.

Bilanzgleichung:	Aktiva = Passiva

Daher ist die Bilanzsumme immer auf beiden Seiten der Bilanz gleich groß. Man sagt dazu auch: »Die Bilanz ist immer formal ausgeglichen.«

Die Bilanz wird bei kleineren Unternehmen in Kontenform[3] dargestellt. Auf der Soll-Seite des Kontos stehen die Aktiva und auf der Haben-Seite die Passiva. Als Saldo verbleibt das Eigenkapital, die Differenz aus Vermögen und Schulden. Damit gilt immer die Gleichung: Summe aller Aktiva = Summe aller Passiva. Insofern ist die wörtliche Übersetzung des

---

[1] Neben der Handelsbilanz gibt es auch die Steuerbilanz, für die wieder etwas andere Regeln des Steuerrechts gelten.

[2] „Seiten der Bilanz": Dies ist heute nicht mehr wörtlich zu nehmen, da Bilanzen meist nicht mehr in der früher üblichen Kontenform, sondern der heute gebräuchlichen Staffelform dargestellt werden, bei denen die „Seiten" von oben (Aktiva) nach unten (Passiva) dargestellt werden.

[3] Kapitalgesellschaften müssen ihre Bilanz in Staffelform darstellen.

aus dem lateinischen stammenden Begriffs Bilanz (= bilanx) mit einer sich in einem Gleichgewicht befindlichen Waage verständlich.

Zusammengefasst kann man sagen: Die Passivseite erklärt die Mittelherkunft (= die Finanzierung) des Unternehmens, die Aktivseite erklärt die Mittelverwendung (= die Investitionen) des Unternehmens. Die Veränderung des Eigenkapitals zwischen zwei Bilanzstichtagen entspricht dem Jahresüberschuss bzw. Jahresfehlbetrag.

Das nachstehende Schaubild zeigt die Bestandteile und den Aufbau der Handelsbilanz. Er ist so vom Gesetzgeber vorgeschrieben.

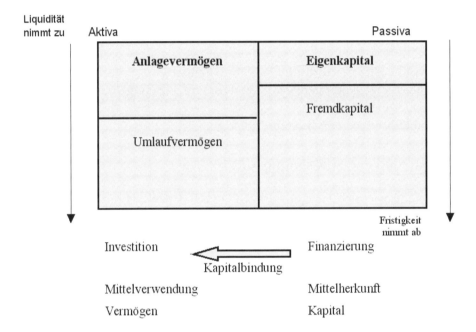

Das Anlagevermögen

Das Anlagevermögen umfasst alle Vermögensgegenstände (das können materielle und immaterielle Güter und finanzielle Vermögenswerte sein), die am Bilanzstichtag dazu bestimmt sind, dem Unternehmen dauernd[1] zu dienen.

Im Anlagevermögen werden aufgeführt:

---

[1] Der Begriff „dauernd" ist im HGB nicht eindeutig bezeichnet. Im Regelfall wird etwas als „dauernd" angesehen, wenn die betreffenden Vermögensgegenstände voraussichtlich länger als ein Jahr im Unternehmen genutzt werden sollen.

- Immaterielle Vermögensgegenstände (erworbene Firmenwerte, Patente, Lizenzen)
- Sachanlagen (Maschinen, Anlagen, Gebäude)
- Finanzanlagen (Beteiligungen, langfristige Kapitalanlagen)

Das Umlaufvermögen

Im Gegensatz zum Anlagevermögen ist das Umlaufvermögen nur kurzfristig im Unternehmen vorhanden. Es umfasst alle Verbrauchsgüter und Vermögensgegenstände, die zur Bearbeitung oder zum Verkauf vorgesehen sind.

Zum Umlaufvermögen gehören:

- Warenvorräte (Rohstoffe, Fertigerzeugnisse)
- Kurzfristige Kapitalanlagen (Wertpapiere, Termingelder)
- Forderungen
- Bankguthaben und Kassenbestände

Gewinn- und Verlustrechnung (GuV)

Das zweite wichtige Rechenwerk neben der Bilanz ist die Gewinn- und Verlustrechnung. Die Gewinn- und Verlustrechnung (kurz: GuV) ist die Erfolgsrechnung eines Unternehmens. Sie ist eine Gegenüberstellung von Aufwendungen und Erträgen eines Jahres und dient der Gewinnermittlung (Jahresüberschuss = Erträge abzüglich Aufwendungen).

Die GuV-Rechnung ergänzt die Bilanz, indem sie nicht nur den Erfolg ausweist, sondern auch die Ursachen für Erfolg und Misserfolg erkennen lässt. Sie können an der GuV die Ursachen für die Veränderungen innerhalb der Bilanz erkennen. Die GuV ist in Staffelform nach dem Gesamtkostenverfahren oder dem Umsatzkostenverfahren aufzustellen.

Beide Verfahren unterscheiden sich dadurch, dass der Aufwand anders gegliedert wird, führen jedoch zu denselben Werten für alle Ergebnisbereiche (Betriebsergebnis, Finanzergebnis, außerordentliches Ergebnis und Jahresüberschuss).

Wird das **Gesamtkostenverfahren** gewählt, gliedert sich der Aufwand nach Aufwandsarten (z. B. Personalaufwand, Materialaufwand, Abschreibungsaufwand). Es weist den Aufwand unabhängig davon aus, ob die im Geschäftsjahr hergestellten Produkte oder erbrachten Leistungen am Markt abgesetzt worden sind oder nicht. Das Gesamtkostenverfahren zeigt damit die Aufwandsstruktur des Geschäftsjahres.

Diese Gliederung der GuV ist leistungsbezogen und bedarf deshalb des Postens »Bestandsveränderung«. Dieser Posten lässt erkennen, welche Leistung nicht im selben Jahr produziert und verkauft wurde. Man bezeichnet die GuV nach dem Gesamtkostenverfahren auch als Produktionsrechnung.

Die Gliederung der GuV nach dem Gesamtkostenverfahren:

1. Umsatzerlöse
2. Erhöhung oder Verminderung des Bestandes an fertigen und unfertigen Erzeugnissen
3. Andere aktivierte Eigenleistungen
4. Sonstige betriebliche Erträge
5. Materialaufwand
   a. Aufwendungen für Roh-, Hilfs- und Betriebsstoffe und für bezogene Waren
   b. Aufwendungen für bezogene Leistungen

Rohergebnis (Größe des Erfolgsausweises: besteht aus den Positionen 1 bis 5)

6. Personalaufwand
   a. Löhne und Gehälter
   b. Soziale Abgaben und Aufwendungen für Altersvorsorge und für Unterstützung, davon Altersvorsorge
7. Abschreibungen
   a. auf immaterielle Vermögensgegenstände des Anlagevermögens (AV) und Sachanlagen sowie auf aktivierte Aufwendungen für die Ingangsetzung und Erweiterung des Geschäftsbetriebes
   b. auf Vermögensgegenstände des Umlagevermögens (UV), so weit diese die in der Kapitalgesellschaft üblichen Abschreibungen überschreiten
8. Sonstige betriebliche Aufwendungen
9. Erträge aus Beteiligungen
   – davon aus verbundenen Unternehmen
10. Erträge aus anderen Wertpapieren und Ausleihungen des Finanzanlagevermögens
    – davon aus verbundenen Unternehmen
11. Sonstige Zinsen und ähnliche Erträge
    – davon aus verbundenen Unternehmen
12. Abschreibungen auf Finanzanlagen und auf Wertpapiere des Umlaufvermögens
13. Zinsen und ähnliche Aufwendungen,
    – davon an verbundene Unternehmen

14. Ergebnis der gewöhnlichen Geschäftstätigkeit
15. Außerordentliche Erträge
16. Außerordentliche Aufwendungen
17. Außerordentliches Ergebnis
18. Steuern vom Einkommen und vom Ertrag
19. Sonstige Steuern
20. Jahresüberschuss/Jahresfehlbetrag

Beim **Umsatzkostenverfahren** werden den Umsatzerlösen nur die Herstellungskosten der im Geschäftsjahr verkauften Produkte oder Leistungen gegenüber gestellt, und zwar unabhängig davon, in welchem Geschäftsjahr die Herstellungskosten angefallen sind. Die nach diesem Verfahren aufgestellte GuV-Rechnung ist somit umsatzbezogen. Das heißt, dass die Bestandsveränderungen an bisher nicht verkauften Erzeugnissen weder als Ertrag noch als Aufwendungen in einer GuV nach dem Umsatzkostenverfahren enthalten sind.

Ein weiterer Unterschied zum Gesamtkostenverfahren ist, dass der Aufwand nicht nach Aufwandsarten, sondern nach den Funktionsbereichen Herstellung, Vertrieb und allgemeine Verwaltung gegliedert ist. Da beim Umsatzkostenverfahren grundsätzlich nur die durch den Umsatz verursachten Aufwendungen berücksichtigt werden, sind hier Bestandsveränderungen und Eigenleistungen nicht enthalten.

Die Gliederung der GuV nach dem Umsatzkostenverfahren:

1. Umsatzerlöse
2. Herstellungskosten der zur Erzielung der Umsatzerlöse erbrachten Leistungen
3. **Bruttoergebnis vom Umsatz**
4. Vertriebskosten
5. Allgemeine Verwaltungskosten
6. Sonstige betriebliche Erträge
7. Sonstige betriebliche Aufwendungen
8. Erträge aus Beteiligungen
    – davon aus verbundenen Unternehmen
9. Erträge aus anderen Wertpapieren und Ausleihungen des Finanzanlagevermögens
    – davon aus verbundenen Unternehmen
10. Sonstige Zinsen und ähnliche Erträge
    – davon aus verbundenen Unternehmen
11. Abschreibungen auf Finanzanlagen und auf Wertpapiere des Umlaufvermögens

12. Zinsen und ähnliche Aufwendungen
    – davon an verbundene Unternehmen
13. Ergebnis der gewöhnlichen Geschäftstätigkeit
14. Außerordentliche Erträge
15. Außerordentliche Aufwendungen
16. Außerordentliches Ergebnis
17. Steuern vom Einkommen und vom Ertrag
18. Sonstige Steuern
19. **Jahresüberschuss/Jahresfehlbetrag**

Die wichtigsten Positionen in der Bilanz und GuV

Wie schon zu Beginn dieses Abschnitts erwähnt, soll die Darstellung auf die Punkte beschränkt bleiben, die im täglichen Arbeitsleben häufiger vorkommen.

Gliederung der Bilanz

Bilanz mittelgroßer und großer Kapitalgesellschaften

Aktiva	Passiva
A. Anlagevermögen	**A. Eigenkapital**
I. Immaterielles AV	**I. Gezeichnetes Kapital**
Selbst geschaffene gewerbliche Schutzrechte	**II. Kapitalrücklagen**
Erworbene Konzessionen, Lizenzen	**III. Gewinnrücklagen:**
Erworbener Geschäfts- oder Firmenwert	Gesetzliche Rücklage
Geleistete Anzahlungen	Satzungsmäßige Rücklage
	Andere Gewinnrücklagen
II. Sachanlagen	**IV. Gewinn-/Verlustvortrag**
Grundstücke und Bauten	**IV. Jahresüberschuss/-fehlbetrag bzw. Bilanzgewinn/-verlust**
Technische Anlagen und Maschinen	
Fuhrpark, BGA u. a.	
Geleistete Anzahlungen	**B. Rückstellungen**
	Pensionsrückstellungen u. ä. Verpflichtungen
	Steuerrückstellungen
	Sonstige Rückstellungen

III. Finanzanlagen

Anteile an verbundenen Unternehmen
Ausleihungen an verbundene Unternehmen
Beteiligungen
Ausleihungen an beteiligte Unternehmen
Wertpapiere des AV
Sonstige Ausleihungen

B. Umlaufvermögen

I. Vorräte

Roh-, Hilfs-, Betriebsstoffe
Unfertige Erzeugnisse
Fertigerzeugnisse und Waren
Geleistete Anzahlungen

II. Forderungen + sonstige Vermögensgegenstände

Forderungen aus Lieferungen und Leistungen
Forderungen gegen verbundene Unternehmen
Forderungen gegen beteiligte Unternehmen
Sonstige Vermögensgegenstände

III. Wertpapiere

Anteile an verbundenen Unternehmen
Sonstige Wertpapiere

IV. Flüssige Mittel

Schecks, Kasse, Guthaben bei Banken

C. Aktiver Rechnungsabgrenzungsposten

D. Aktive latente Steuern

E. Aktiver Unterschiedsbetrag aus der Vermögensverrechnung

C. Verbindlichkeiten

Anleihen
Verbindlichkeiten gegenüber Kreditinstituten
Erhaltene Anzahlungen
Verbindlichkeiten aus Lieferungen und Leistungen
Wechselverbindlichkeiten
Verbindlichkeiten gegenüber verbundenen Unternehmen
Verbindlichkeiten gegenüber beteiligten Unternehmen
Sonstige Verbindlichkeiten

- davon aus Steuern,
- davon im Rahmen der sozialen Sicherheit

D. Passiver Rechnungsabgrenzungsposten

E. Passive latente Steuern

Immaterielle Vermögensgegenstände

»Immateriell« bedeutet »nicht greifbar«, wie z. B. die Software eines PCs. Grundsätzlich werden hier erworbene Patente, Nutzungsrechte/Lizenzen sowie eigene Entwicklungsaufwendungen dargestellt.

Goodwill

Zu den immateriellen Vermögensgegenständen gehört auch der erworbene Geschäfts- oder Firmenwert. Er wird oft mit englisch »Goodwill« bezeichnet. Er kann nur dann entstehen, wenn ein Unternehmen ein anderes Unternehmen kauft. Der Firmenwert ist dabei der Unterschiedsbetrag zwischen dem gezahlten Kaufpreis und dem Reinvermögen des erworbenen Unternehmens. Man kann also sagen, der Goodwill ist der Preis für den guten Ruf, den Bekanntheitsgrad oder die Vertriebswege des gekauften Unternehmens. Auch der Firmenwert unterliegt einer Abnutzung, und wird daher im deutschen HGB und im Steuerrecht abgeschrieben (mehr zum Thema »Abschreibung« lesen Sie weiter unten).

Sach- und Finanzanlagen

Hierunter werden alle Vermögensgegenstände ausgewiesen, die dem Unternehmen längerfristig[1] dienen. Diese Vermögensgegenstände werden über ihre Nutzungsdauer im Regelfall abgeschrieben, da sie durch ihre Nutzung an Wert verlieren. Nicht abgeschrieben werden Grundstücke und Finanzanlagen. Sie unterliegen bei ihrer Nutzung im Unternehmen keiner Abnutzung. Sie werden nur im Falle von einmaligen oder besonderen Wertminderungen außerplanmäßig abgeschrieben. Eine Ausnahme bei den Grundstücken wäre zum Beispiel eine Kiesgrube. Sie wird entsprechend der Nutzung (entnommene Menge an Kies bezogen auf das geschätzte Gesamtvolumen) abgeschrieben.

Nachstehend eine Tabelle mit einem Überblick über mögliche Inhalte des Sachanlagevermögens:

Finanzanlagen sind langfristige Anlagen in Wertpapieren (wie Aktien und Anleihen) sowie Beteiligungen an anderen Unternehmen. Kurzfristige Anlagen in diesem Bereich finden Sie als Bestandteil des Umlaufvermögens.

---

[1] Im Regelfall bedeutet längerfristig „länger als ein Jahr".

Grundstücke und Gebäude	Der Bilanzwert setzt sich aus dem Wert der Grundstücke, die keiner Abnutzung unterliegen, und dem der Gebäude, die der Abnutzung unterliegen, zusammen.
Grundstücksgleiche Rechte, Bauten auf fremden Grundstücken	a) Erbbaurechte, Wohnungs-, Bergwerkseigentum werden wie eigene Grundstücke bilanziert b) Bauten auf fremden, meist gepachteten Grundstücken
Selbstständige Gebäudeteile	Hierzu zählen Einrichtungen wie Heizungs-, Beleuchtungsanlagen und Personenaufzüge
Technische Anlagen und Maschinen	Hier finden sich Anlagen und Maschinen, die unmittelbar dem Produktionsprozess dienen
Betriebs- und Geschäftsausstattung	Dies sind Einrichtungen der Werkstatt, der Fuhrpark, Werkzeuge und Büroausstattung, falls sie nicht unter technische Anlagen oder Betriebsstoffe (Umlaufvermögen) ausgewiesen werden müssen
Anlagen im Bau, Anzahlungen auf Anlagen	Dies betrifft Investitionen im Anlagevermögen, die am Bilanzstichtag noch nicht vollendet sind

Abschreibungen

»Abschreibung« bezeichnet die Erfassung der Wertminderung des abnutzbaren Vermögens im Rechnungswesen. Dazu zählen: immaterielles Vermögen, Maschinen, Gebäude, Büroeinrichtungen.

Hinweis

Im Steuerrecht wird die Abschreibung auch AfA genannt (= Absetzung für Abnutzung). Abschreibungen im externen Rechnungswesen sind Aufwendungen (sie verringern das Vermögen in der Bilanz des Unternehmens) und werden in der Gewinn- und Verlustrechnung erfasst. Sie führen dort zu einer Minderung des Gewinns. Für die Durchführung der Abschreibung gibt es unterschiedliche Verfahren, man unterscheidet: lineare Abschreibung, degressive Abschreibung und die Abschreibung nach Nutzung.

Neben der Abschreibung im externen Rechnungswesen (Bilanz und Steuerrecht), die auf gesetzlichen Vorgaben beruht, gibt es auch die kalkulatorische Abschreibung für die Zwecke des internen Rechnungswesens innerhalb der Kosten- und Leistungsrechnung. Eine Gegenüberstellung finden Sie am Ende dieses Abschnitts, sie erläutert die Unterschiede.

Die Wertminderung eines Vermögensgegenstandes kann auf verschiedenen Ursachen beruhen:

- zeitablaufbedingter Verzehr, d. h. natürlicher Verschleiß
  - Alterung; Beispiele: Rost, Zersetzung, Fäulnis, Einwirkung von Feuchtigkeit und Temperaturschwankungen
- Verschleiß durch Fristablauf
  - zeitlich begrenzte Rechte
- Entwertung wegen des technischen Fortschritts im Zeitablauf
  - Computer
- Entwertung aufgrund wirtschaftlicher Überholung
  - Nachfrageverschiebungen
- einsatzbedingter Verzehr
  - technischer Verschleiß (Abnutzung Verbrauchs- oder Gebrauchsverschleiß, Substanzverringerung)
- einsatzbedingter Katastrophenverschleiß
  - Explosion oder Feuer wegen des Einsatzes des Vermögensgegenstandes

Der Wertverzehr kann planmäßig sein oder außerplanmäßig (beispielsweise beim Katastrophenverschleiß). So weit der Wertverzehr planmäßig ist, werden Abschreibungsverfahren angewendet.

Lineare Abschreibung

Bei der linearen Abschreibung ergibt sich der jährliche Abschreibungsbetrag wie folgt:

Anschaffungskosten-Restwert: Nutzungsdauer in Jahren
= jährlicher Abschreibungsbetrag

Beispiel:
Kaufpreis 30.000,- Euro
Nutzungsdauer 6 Jahre

	Buchwert zum 31.12.	Abschreibung 1/6 von 30.000	Restbuchwert
2010	30.000	5.000	25.000
2011	25.000	5.000	20.000
2012	20.000	5.000	15.000
2013	15.000	5.000	10.000
2014	10.000	5.000	5.000
2015	5.000	5.000	0

Degressive Abschreibung

Bei der geometrisch-degressiven Abschreibung wird jährlich ein konstanter Anteil vom Restbuchwert des Vorjahres, beispielsweise 20%, abgeschrieben. Dieses Verfahren führt nicht zu einem Restwert von null.

Beispiel:
Kaufpreis 30.000,- Euro
Nutzungsdauer 6 Jahre

	Buchwert zum 31.12.	Abschreibung 20%	Restbuchwert
2010	30.000	6.000	24.000
2011	24.000	4.800	19.200
2012	19.200	3.840	15.360
2013	15.360	3.072	12.288
2014	...	...	...

Hinweis: Wie im Beispiel zu erkennen ist, führt diese Form der Abschreibung nicht zu einem Buchwert von null. Daher wird dann zur linearen Abschreibung gewechselt.

Leistungsabhängige Abschreibung

Beim Leistungsabschreibungsverfahren wird entsprechend zur Ausbringungsmenge (z. B. gefahrene km bei einem Pkw oder geleistete Maschinenstunden) abgeschrieben. Statt der Nutzungsdauer muss in diesen Fällen die Gesamtausbringungsmenge (gesamtes Nutzungspotenzial, Totalkapazität) geschätzt werden.

Kalkulatorische Abschreibungen in der Kostenrechnung

In der Regel sind die bilanzmäßigen Abschreibungen für die Kostenrechnung ungeeignet, da sie den gesetzlichen Vorgaben folgen. Diese Vorgaben stimmen aber oftmals nicht mit der tatsächlichen Nutzungsdauer überein. Aus diesem Grund werden Abschreibungen in der Kostenrechnung mit einem anderen Betrag eingesetzt.

Folgende Gründe sprechen im Einzelnen für den unterschiedlichen Wertansatz von bilanzmäßigen und kalkulatorischen Abschreibungen:

Bilanzielle Abschreibung	Kalkulatorische Abschreibung
Bilanzmäßig abgeschrieben werden alle Wirtschaftsgüter des Anlagevermögens, unabhängig davon, ob sie dem eigentlichen Betriebszweck dienen oder nicht.	Kalkulatorisch abgeschrieben werden dagegen nur solche Anlagegüter, die betriebsnotwendig sind. Als betriebsnotwendig gelten alle Anlagen, die laufend dem Betriebszweck und der Leistungserstellung und -Verwertung dienen.
Bilanzabschreibungen werden auf der Grundlage der Anschaffungs- oder Herstellungskosten des Anlagegutes vorgenommen.	Kalkulatorische Abschreibungen werden dagegen von den aktuellen Wiederbeschaffungskosten des Anlagegutes berechnet.
Bilanzmäßig kann ein Anlagegut in der Finanzbuchhaltung nur bis zum Erinnerungswert von 1,00 € abgeschrieben werden	Kalkulatorische Abschreibungen werden dagegen so lange fortgesetzt, wie das betreffende Anlagegut noch im Betrieb verwendet wird, also unabhängig davon, ob es bilanziell bereits abgeschrieben ist oder nicht.

Die Einbeziehung der kalkulatorischen Abschreibungen in den Verkaufspreis der Erzeugnisse bezweckt, dass der Betrieb eines Tages in die Lage versetzt wird, über die in den Erlösen zurückgeflossenen Abschreibungsbeträge neue Anlagen zu beschaffen.

Vorräte und Forderungen

Vorräte

Die wesentlichen Inhalte der Position »Vorräte« bei Produktionsunternehmen sind Roh-, Hilfs- und Betriebsstoffe (kurz: RHB) und bei Handelsunternehmen die Handelswaren, die zum Weiterverkauf vorgesehen sind.

Rohstoffe sind die Stoffe, die unmittelbar in das Endprodukt eingehen und dessen Hauptbestandteil bilden, wie z. B. Stahl bei einem Fahrzeug.

Hilfsstoffe sind Stoffe, die auch für das Endprodukt unmittelbar verbraucht werden, aber nur eine Hilfsfunktion im Vergleich zu den Rohstoffen erfüllen. Ein Beispiel sind hier Schrauben bei einem Fahrzeug.

Betriebsstoffe sind selbst kein Bestandteil des fertigen Erzeugnisses. Sie werden mittelbar oder unmittelbar bei der Herstellung des Erzeugnisses verbraucht. Das können Schmierstoffe im Produktionsbereich sein.

Zu den »**unfertigen Erzeugnissen**« gehören die Vorräte, die noch keine verkaufsfähigen Produkte darstellen. Allerdings sind durch deren Be- oder Verarbeitung im eigenen Unternehmen bereits Aufwendungen angefallen. Das können im Bau befindliche Maschinen sein.

Als **Fertigerzeugnisse** werden nur die verkaufsfähigen Vorräte bezeichnet, die im eigenen Unternehmen be- oder verarbeitet wurden.

Waren sind Handelsartikel fremder Herkunft, die ohne wesentliche Weiterverarbeitung wiederveräußert werden.

Hier enthaltene »**geleistete Anzahlungen**« betreffen nur Anzahlungen auf Vorräte, die noch nicht geliefert worden sind.

Forderungen

Forderungen sind Ansprüche auf die Zahlungen von Geld. Forderungen aus Lieferungen und Leistungen (kurz: LuL) entstehen durch Kaufverträge, Werkverträge und Dienstleistungsverträge. Das Unternehmen hat also Lieferungen und Leistungen am Markt abgegeben und es wurde eine entsprechende Rechnung geschrieben. Durch diesen Vorgang entstehen Forderungen[1].

Die Forderungen zeigen also den Wert für die erbrachte Lieferung oder Leistung, der noch nicht von den Kunden bezahlt wurde. Es sind also die offenen Rechnungen aus Sicht des Lieferanten. Die in einem Jahr neu entstandenen Forderungen aus LuL bilden die Position »Umsatzerlöse« in der GuV.

Sonstige Vermögensgegenstände

Sonstige Vermögensgegenstände sind alle Vermögensgegenstände des Umlaufvermögens, die keinem anderen Posten zuzuordnen sind. Beispielsweise können dies kurzfristige Darlehen an Mitarbeiter sein, geleistete Vorschüsse, Kautionen sowie ausstehende Steuererstattungsansprüche und Zinsansprüche.

Eigenkapital und Rücklagen

Das Eigenkapital eines Unternehmens umfasst mehr als das **Grundkapital,** das die Eigentümer (Gesellschafter oder Aktionäre) zu Beginn des Unternehmens aufgebracht haben:

[1.] Die Summe aller geschriebenen Rechnungen für Lieferungen und Leistungen eines Jahres stellt insgesamt die Umsatzerlöse in der GuV dar.

- Durch die Unternehmenstätigkeit verändert sich das Eigenkapital ständig. Gewinne erhöhen das Eigenkapital, Verluste verringern das Eigenkapital.
- Wenn das Unternehmen neue Gesellschafter oder Aktionäre aufnimmt bzw. verliert, wird sich dadurch das Eigenkapital erhöhen bzw. verringern.

Das **bilanzielle Eigenkapital** ist der aus der Bilanz zu ermittelnde Unterschiedsbetrag zwischen Vermögen (aus der Aktivseite der Bilanz) und Schulden. Man kann es auch als das rechnerische Reinvermögen bezeichnen.

Gezeichnetes Kapital entsteht durch den Verkauf von Anteilen (auch Aktien) an Gesellschafter bzw. Aktionäre.

Neben diesen Bestandteilen des Eigenkapitals, die dem Unternehmen von außen zugeflossen sind (meist durch neue Gesellschafter oder neue Aktionäre), gibt es Bestandteile, die durch unternehmenseigene Mittel entstanden sind. Diese Bestandteile werden Rücklagen genannt.

Bei den **Kapitalrücklagen** handelt es sich um Mehrbeträge, die das Unternehmen bei der Ausgabe von Anteilen, Wandelschuldverschreibungen und Vorzugsaktien von außen erhält. Ein Beispiel hierfür ist die Erstausgabe von Aktien, bei denen der Aktionär einen Kaufpreis bezahlt, der über dem Nennwert der Aktie liegt (Aufgeld oder Agio).

Gewinnrücklagen sind die Beträge, die im laufenden Geschäftsjahr oder in einem früheren Geschäftsjahr aus dem Ergebnis gebildet worden sind. Sie entstehen durch einen Gewinnverwendungsbeschluss der Gesellschafter oder der Aktionäre. Wenn sie beschließen, Teile eines entstandenen Gewinns nicht auszuschütten, sondern im Unternehmen zu behalten, entstehen in Höhe des einbehaltenen Gewinns neue Gewinnrücklagen[1].

Rückstellungen

Rückstellungen zählen zum Fremdkapital (Rücklagen sind dagegen Eigenkapital!). Rückstellungen sind Verbindlichkeiten, drohende Verluste oder Aufwendungen, die hinsichtlich ihrer Entstehung oder Höhe noch ungewiss sind. Das heißt, das Unternehmen weiß noch nicht genau, ob, wann oder in welcher Höhe Aufwendungen fällig werden. Diese Unsicherheit unterscheidet Rückstellungen von den feststehenden Verbindlichkeiten[2].

---

[1] Hinweis: Wie das gesamte Eigenkapital so stellen auch die Gewinnrücklagen kein Bargeld dar. Das Eigenkapital ist nur die rechnerische Differenz zwischen Vermögen und den Schulden eines Unternehmens.
[2] Merksatz: „Verbindliche Verbindlichkeiten – unverbindliche Rückstellungen".

Durch die Bildung der Rückstellungen am Ende eines Geschäftsjahres werden die erst später zu leistenden Ausgaben richtig den Perioden ihrer Verursachung zugerechnet.

Beispiele sind:

- Pensionsrückstellungen (für die Pensionszusagen an die Mitarbeiter)
- Garantierückstellungen
- Rückstellungen für drohende Verluste aus schwebenden Geschäften

Verbindlichkeiten

Verbindlichkeiten gehören zum Fremdkapital und sind (im Gegensatz zu den Rückstellungen) dem Grunde und der Höhe nach gewiss. Nachstehend die wichtigsten Beispiele für die Bestandteile der Position »Verbindlichkeiten«:

Anleihen sind Schuldverpflichtungen, die am öffentlichen Kapitalmarkt aufgenommen worden sind (Schuldverschreibungen, Wandelobligationen, Optionsanleihen und Gewinnschuldverschreibungen).

Verbindlichkeiten gegenüber Kreditinstituten sind erhaltene Darlehen oder in Anspruch genommene Überziehungskredite unabhängig von ihrer Gesamt- oder Restlaufzeit.

Erhaltene Anzahlungen auf Bestellungen: Sie entstehen dadurch, dass ein Vertragspartner (Kunde) Zahlungen aufgrund abgeschlossener Lieferungs- oder Leistungsverträge geleistet hat, für die die Lieferung oder Leistung durch das Unternehmen noch erbracht werden muss.

Zu den **Verbindlichkeiten aus Lieferungen und Leistungen** zählen alle Verpflichtungen aus dem normalen Geschäftsverkehr mit Lieferanten. Es ist die Summe der offenen Rechnungen von Lieferanten, die bezahlt werden muss.

Die Position »**Sonstige Verbindlichkeiten**« erfasst alle Schulden, die keinem anderen Posten der Verbindlichkeiten zugerechnet werden können. Ein Beispiel dafür sind offene Abgaben an die Träger der Sozialversicherung.

Umsatzerlöse in der GuV

Die Umsatzerlöse in der GuV stellen den Wert der am Markt abgegebenen Lieferungen und Leistungen dar, für die im abgelaufenen Geschäftsjahr bereits eine Rechnung geschrieben wurde. Der zugehörige Geldeingang muss aber noch nicht stattgefunden haben.

Finanzergebnis

Das Finanzergebnis ergibt sich aus der Gegenüberstellung von Zinsaufwendungen (z. B. für in Anspruch genommene Kredite), Zinserträgen (z. B. für angelegte Gelder) sowie Beteiligungsergebnissen. Dieses Ergebnis kommt unabhängig vom betrieblichen Leistungserstellungsprozess zustande und wird daher getrennt ausgewiesen.

2 Das interne Rechnungswesen: Kosten- und Leistungsrechnung

Nachdem wir uns bisher mit den Bilanzen und den Gewinn- und Verlustrechnungen nach HGB und IFRS beschäftigt haben, verlassen wir nun die vom Gesetzgeber vorgeschriebenen Bestandteile des (externen) Rechnungswesens.

Die Kosten- und Leistungsrechung (KLR) gehört zum internen Rechnungswesen, für das es keine gesetzlichen Regeln gibt. Die Gestaltung der KLR wird also von jedem Unternehmen selbst bestimmt. Insofern kann man auch nicht von »der« Kosten- und Leistungsrechnung sprechen, es gibt verschiedene Verfahren der KLR. Wie schon bei der Darstellung des externen Rechnungswesens wollen wir uns auf die häufigsten Verfahren beschränken.

2.1 Aufgaben der Kosten- und Leistungsrechnung

Im Rahmen der Unternehmensplanung und Unternehmenssteuerung erfüllt die Kosten- und Leistungsrechnung verschiedene Einzelaufgaben:

- Ermittlung der Selbstkosten und Leistungen einer Abrechnungsperiode (Grundlage der kurzfristigen Erfolgsermittlung)
- Ermittlung der Selbstkosten je Artikeleinheit (Basis für die Ermittlung von Verkaufspreisen)
- Kontrolle der Wirtschaftlichkeit (Kostenentwicklung und -beeinflussung)
- Bewertung von Lagerartikeln/-beständen
- Grundlage für Planungen und Entscheidungen

Zusammengefasst kann man sagen, die KLR will darstellen, welche Kosten bei der Entstehung einer betrieblichen Leistung entstehen.

Die Abgrenzungsrechnung: Das Bindeglied zwischen GuV und KLR

Nun stellt sich die Frage: »Wo kommen die Zahlen her?«

Zunächst kann man feststellen, dass in der Buchhaltung die Zahlen vorhanden sind, die Geschäftsvorfälle betreffen, die bereits stattgefunden haben. Das heißt, für die Zwecke der (Kosten-)Planung können wir dort nur begrenzt Zahlen erhalten. Dazu kommt, dass bestimmte Werte (wie zum Beispiel die Abschreibungswerte[1]) in der Buchhaltung nach gesetzlichen Regeln ermittelt werden, die sich nicht mit den Anforderungen und Zielen der KLR decken. Daher kann der Kostenrechner zwar auf einige Werte aus der Buchhaltung zurückgreifen, andere Werte muss er allerdings für seine Zwecke anpassen. Zahlen, die die Zukunft betreffen (Kostensteigerungen, Risiken), muss er selbst entwickeln.

Das nachstehende Schaubild zeigt, wie aus den Aufwendungen der (Finanz-)Buchhaltung die Kosten in der Kostenrechnung entstehen bzw. entwickelt werden.

Abgrenzung internes und externes Rechnungswesen

Zum besseren Verständnis können Sie der nachstehenden Aufstellung nochmals alle bisher verwendeten Begriffe des Rechnungswesens entnehmen.

Zur Liquiditätssituation eines Unternehmens	
Auszahlungen	Abfluss liquider Mittel
Einzahlungen	Zufluss liquider Mittel
Erweiterte Betrachtung	
Ausgaben	Geldwert der gekauften Güter und Dienstleistungen (der zugehörige Geldfluss »Auszahlung« ist davon unabhängig)
Einnahmen	Geldwert der verkauften Güter und Dienstleistungen (der zugehörige Geldfluss »Einzahlung« ist davon unabhängig)
Ertragssituation eines Unternehmens	

---

[1] Zum Beispiel werden in bestimmten Fällen Abschreibungsdauern vorgegeben, die mit der tatsächlichen Nutzungsdauer nicht übereinstimmen.

Aufwendungen	Wertverzehr innerhalb einer bestimmten Rechnungsperiode Aufwendungen stellen Eigenkapitalminderungen dar, die nach Maßgabe des Gesetzgebers ermittelt werden.
Erträge	Wertzuwachs innerhalb einer bestimmten Rechnungsperiode Erträge stellen Eigenkapitalmehrungen dar, die nach Maßgabe des Gesetzgebers ermittelt werden.

Überleitung der Aufwendungen in die Kosten

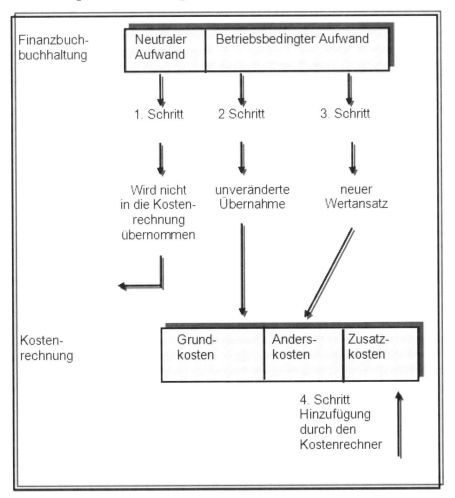

Internes Rechnungswesen:

Kosten	Bewerteter Verzehr von Gütern und Diensten im Produktionsprozess für Herstellung und Absatz der betrieblichen Leistungen sowie zur Aufrechterhaltung der hierfür notwendigen Kapazitäten
Leistung	In Geld bewertete, aus dem betrieblichen Produktionsprozess hervorgehende Güter und Dienste

Hinweis: Im Gegensatz zu den Aufwendungen und Erträgen (Gesetzgeber) werden die Werte bei den Kosten und Leistungen nach den Maßgaben der Unternehmensleitung bestimmt.

2.2 Aufbau der Kosten- und Leistungsrechnung und Kostenarten

Die nachstehende Darstellung gibt Ihnen einen ersten Überblick über die Bestandteile und Abläufe der Kosten- und Leistungsrechung.

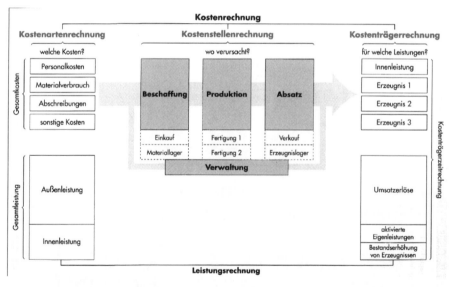

Abbildung 29: Übersicht über die Bereiche der Kosten- und Leistungsrechnung

Unabhängig davon, welches Verfahren der Kostenrechnung das Unternehmen wählt, der grundlegende Aufbau ist immer gleich, wie Sie auch in der oben stehenden Abbildung gut erkennen können:

- Kostenartenrechnung (Erfassung der Kosten)
- Kostenstellenrechnung (Zuordnung der Kosten zur Leistungsentstehung)
- Kostenträgerrechnung (Zuordnung der Kosten zum Produkt)

Kostenarten: Einzel- und Gemeinkosten

Die Kostenartenrechnung ist die erste Stufe der Kosten- und Leistungsrechnung. Sie erfasst alle während einer Periode verbrauchten Kostengüter nach Art, Menge und Wert.

Sie gibt Antwort auf die Fragen:

- Welche Kosten sind entstanden?
- In welcher Höhe sind die einzelnen Kostenarten entstanden?

Die Kostenartenrechnung bildet die Grundlage für alle weiteren Stufen der Kosten- und Leistungsrechnung. Sie ist ein Minimum für die Kostenkontrolle, ist aber sehr grob und bietet wenig Transparenz. Sie kann für interne Zeitvergleiche, Soll-Ist-Vergleiche und externe Unternehmensvergleiche herangezogen werden.

Die Gliederung der Kostenarten ist nach verschiedenen Gesichtspunkten möglich. Sie kann sich am betrieblichen Leistungsprozess orientieren, z. B.:

- Materialkosten, Personalkosten
- Miete und Sachkosten für Geschäftsräume
- Abschreibungen und Zinsen für Fremdkapital
- kalkulatorische Kosten (z. B. Zinsen für Eigenkapital, Mieten für selbst genutzte Gebäude)

Für die Einteilung nach Art ihrer Verrechnung auf die Kostenstellen oder auf Kostenträger ist die Unterscheidung nach Einzel- und Gemeinkosten von besonderer Bedeutung.

Einzelkosten (direkte Kosten)

Das sind die Kosten, die mengen- und wertmäßig für die einzelnen Kostenstellen oder den einzelnen Kostenträger (Artikel, Produkt, Auftrag) ermittelt und diesen unmittelbar (= direkt) zugerechnet werden können. Beispiel dafür ist ein bezogenes Bauteil für ein bestimmtes Produkt.

Gemeinkosten (indirekte Kosten)

Das sind die Kosten, die der einzelnen Kostenstelle oder den einzelnen Kostenträgern nicht direkt oder nur auf unwirtschaftliche Weise zugeordnet werden können. Sie fallen während einer Periode für das gesamte Unternehmen gemeinsam an. Auf die einzelnen Kostenstellen oder Kostenträger (z. B.: einzelne Produkte oder Aufträge) werden sie meistens über prozentuale Zuschläge verrechnet (siehe unten »Vollkostenrechnung«). Beispiel dafür sind die Beleuchtung oder Heizkosten eines Gebäudes. Sie lassen sich nicht einem bestimmten Produkt zurechnen.

Sondereinzelkosten

Die Sondereinzelkosten sind die Kosten, die für bestimmte Aufträge entstehen und direkt zugerechnet werden, z. B.:

- Sondereinzelkosten der Fertigung, wie Modelle, Schnitte, Werkzeuge, Probestücke, Lizenzen
- Sondereinzelkosten des Vertriebs, wie Ausgangsfrachten, Sonderverpackungen, Transportversicherungen, Vertreterprovisionen, Werbemaßnahmen

Kostenstellenrechnung und der Betriebsabrechnungsbogen

Um die Kosten dem Ort ihrer Entstehung zuordnen zu können, wird das Unternehmen in Kostenbereiche eingeteilt. Diese Kostenbereiche werden als »Kostenstelle« bezeichnet.

Bildung von Kostenstellen

Kostenstellen können nach folgenden Merkmalen gegliedert sein:

- nach Verantwortungsbereichen
- nach Funktionen

- nach räumlichen Gesichtspunkten
- nach verrechnungstechnischen Gesichtspunkten

In jedem Fall müssen klare Funktions- und Verantwortungsbereiche vorhanden sein. Das wird erreicht, indem jeder Kostenstelle genau ein verantwortlicher Kostenstellenleiter zugeordnet wird.

Haupt- und Hilfskostenstellen

Abhängig von der Beteiligung am Leistungserstellungsprozess werden Haupt- und Hilfskostenstellen unterschieden:

Hauptkostenstellen: Sie sind selbstständig und erbringen ihre Leistungen direkt für den jeweiligen Kostenträger. Ihre Gemeinkosten werden auf dem Weg über eine Bezugsgröße direkt dem Kostenträger zugeordnet. Bezugsgrößen können dabei z. B. Ausbringungsmengen oder geleistete Arbeitsstunden sein.

Ein Teil der Gemeinkosten kann bereits im Augenblick der Entstehung einer Kostenstelle zugeordnet werden. Dies hängt von der Höhe der Kostenbeträge und dem Aufwand für die organisatorischen Voraussetzungen ab. Je mehr Kosten direkt zugeordnet werden, umso genauer wird die Kostenstellenrechnung.

Hilfskostenstellen: Ihnen werden Kostenarten zugeordnet, die nur mit großem Aufwand oder überhaupt nicht direkt zugeordnet werden können. Sie werden mithilfe von Schlüsseln auf die Hauptkostenstellen verteilt, d. h., die Gemeinkosten werden »im Verhältnis zu .....« aufgeteilt. Es kommt darauf an, Schlüssel zu verwenden, die möglichst leicht zu finden und möglichst verursachungsgerecht sind. Das können beispielsweise Arbeitsstunden, Lohnsummen, Materialmengen oder Materialwerte sein.

Verteilung der Kosten

Um die Verteilung der Gemeinkosten auf die einzelnen Kostenstellen innerhalb des Unternehmens vorzunehmen, wird der Betriebsabrechnungsbogen (BAB) eingesetzt. Er wird neben der Buchhaltung in der Regel monatlich erstellt und ist mit dieser abzustimmen.

Der BAB (siehe Übersicht unten) zeigt in den Zeilen die Kostenarten (Gemeinkosten) und in den Spalten die einzelnen Kostenstellen.

Stufen der Bearbeitung

1. Verteilung der Gemeinkosten auf die Kostenstellen
   - direkte Erfassung und Verrechnung (Stelleneinzelkosten)
   - indirekte Verrechnung mit Verteilungsschlüssel (Steuern, Versicherungen, Zinsen etc.)
2. Kostenverrechnung zwischen den Kostenstellen
   - Die Verteilung der übrigen Kostenarten, die nicht direkt zugeordnet worden sind, und die Umlage der allgemeinen Hilfskostenstellen erfolgen anschließend stufenweise.
3. Gemeinkosten je Hauptkostenstelle
   - Zum Abschluss werden die Endsummen der Gemeinkosten je Hauptkostenstelle gebildet.
4. Errechnung statistischer Betriebskennziffern
   - Aus den Ergebnissen können statistische Kennziffern, z. B. für Zuschlagssätze der Kalkulation, ermittelt werden.

Aufbau des BAB

Kostenstellen ⇒ Kostenarten ⇩	Allgemeine Kostenstellen	Materialstellen	Fertigungsstellen		Verwaltung	Vertrieb
			Fertigungshilfsstellen	Fertigungshauptstellen		
	1 2	3 4	5 6	7 8	9 10	11 12
Kostenart 1 Kostenart 2 … Kostenart n						
Σ primäre Gemeinkosten	Σ Σ	Σ Σ	Σ Σ	Σ Σ	Σ Σ	Σ Σ
Umlage Kostenstelle 1 Umlage Kostenstelle 2 Umlage Kostenstelle 5 Umlage Kostenstelle 6	®	® *	* * ®	* * * * * * â â	* * * *	* * * *
Σ **Gemeinkosten**		Σ Σ		Σ Σ	Σ Σ	Σ Σ

Kostenträgerrechnung

Die Kostenträgerrechnung gibt Antwort auf die Frage: Wofür sind die Kosten entstanden? Aufgabe der Kostenträgerrechnung ist im Wesentlichen die Kalkulation, d h. die Zuordnung von Kosten zu verkaufbaren Produkten (Kostenträgerstückrechnung).

Verfahren der Kostenrechnung: Voll- oder Teilkostenrechnung

Man unterscheidet grundsätzlich zwei verschiedene Vorgehensweisen: Vollkostenrechnung oder Teilkostenrechnung.

Vollkostenrechnung

Der am Markt erzielte Preis eines Produktes muss auf längere Sicht die vollen Kosten des Betriebes decken, nur dann ist dessen Überleben gesichert. In der Vollkostenrechnung werden deshalb die vollen Kosten einer Periode dem Kostenträger zugerechnet. Innerhalb der Vollkostenrechnung können verschiedene Verfahren angewandt werden, die nachstehend dargestellt werden.

Divisionskalkulation

Diese sehr einfache Kalkulationsform setzt ein Unternehmen mit einem einheitlichen Erzeugnis voraus. Das kann ein Industrieunternehmen mit der Massenfertigung für eine einzige Produktart sein, wie zum Beispiel ein Schraubenhersteller. Eine Einteilung der Kostenarten in (direkte) Einzelkosten und (indirekte) Gemeinkosten ist hier nicht erforderlich. Die Selbstkosten einer Leistungseinheit werden durch einfache Division der Gesamtkosten einer Periode durch die erzeugte Menge ermittelt.

Zuschlagskalkulation

In der Praxis sind jedoch meist Unternehmen mit sehr vielen unterschiedlichen Artikeln und Leistungen zu finden. Für die Kalkulation dieser Unternehmen lassen sich die verschiedenen Leistungen einer Periode nicht mehr einfach zusammenzählen.

Um hier die Kosten möglichst verursachungsgerecht zuzuordnen, wird auf die Vorarbeit aus der Kostenstellenrechnung zurückgegriffen, d. h. auf die Zuordnung der Gemeinkosten auf die Kostenstellen. Die so gegliederten Gemeinkosten lassen sich bestimmten Zuschlagsbasen zuordnen. Das können Mengen, Fertigungsstunden oder Materialkosten sein. Die Zuschlagsbasen sollten möglichst in einem Bezug zur Kostenverursachung stehen. Die Beziehung zwischen den umzulegenden Gemeinkosten und der Zuschlagsbasis wird in einem Prozentsatz ausgedrückt, dem »Gemeinkostenzuschlagssatz«.

Als Ergebnis der Zuschlagskalkulation erhält man die Selbstkosten für das kalkulierte Produkt, also die Kosten, die dem Unternehmen selbst entstehen. Darüber hinaus muss für den Verkaufspreis ein entsprechender Gewinnaufschlag vorgesehen werden.

Beispiel für die Zuschlagskalkulation (Industrie)

Einzelmaterial	(MEK)	
+ Materialgemeinkosten	(MGK)	**Materialkosten (MK)**
Fertigungseinzelkosten	(FEK)	
+ Fertigungsgesamtkosten	(FGK)	
+ Sondereinzelkosten der Fertigung	(SEF)	**+ Fertigungskosten (FK)**
		= Herstellkosten (HK)
Verwaltungsgemeinkosten	(VwGK)	
Vertriebseinzelkosten	(VtEK)	
Vertriebsgemeinkosten	(VtGK)	
Sondereinzelkosten des Vertriebs	(SEVt)	**= Selbstkosten (SK)**
Gewinn		
Nettoverkaufspreis		
MwSt		**+ Skonto**
Bruttoverkaufspreis/ Barverkaufspreis		**= Zielverkaufspreis**
		+ Rabatt
		= Listenverkaufspreis

Unterschiede zwischen der Vollkosten- und der Teilkostenrechnung

Vollkostenrechnung

Die Vollkostenrechnung bezieht alle Kosten ein, die in einem Monat oder einem Jahr entstanden sind. Es müssen dabei oft Verrechnungsschlüssel gewählt werden, die zur Leistungserstellung in den Kostenstellen nicht immer in einer verursachungsgerechten Beziehung stehen. Daher ist es nicht möglich, die so ermittelten Werte für Vergleiche zu verwenden. Durch die Verwendung nicht vollständig verursachungsgerecht geschlüsselter Gemeinkosten kann der einzelne Kostenstellenleiter in der Regel nicht allein verantwortlich gemacht werden. Da die Vollkostenrechnung nicht zwischen fixen und variablen Kosten trennt, ist außerdem eine Berücksichtigung von Beschäftigungsschwankungen nicht möglich. Die Vollkostenrechnung ist daher nicht für kurzfristige Entscheidungen geeignet. Kurzfristige Preisuntergrenzen werden nicht ermittelt.

Trotz ihrer Schwächen ist die Vollkostenrechnung für einige Aufgabenstellungen notwendig:

- Verarbeitende Unternehmen müssen in der Steuerbilanz ihre Bestände an unfertigen und fertigen Erzeugnissen zu Vollkosten bewerten.
- Angebotsabgaben bei Ausschreibungen von Aufträgen der öffentlichen Hand sind zu Vollkosten zu kalkulieren (»Leitsätze für die Preisermittlung aufgrund von Selbstkosten«).
- Bei fehlenden Marktpreisen benötigt das Unternehmen Unterlagen zur Kalkulation kostenorientierter Angebotspreise.

Teilkostenrechnung

Im Gegensatz zur Vollkostenrechnung unterscheidet die Teilkostenrechnung zwischen fixen und variablen Kosten.

Fixe Kosten sind Kosten der Betriebsbereitschaft. Sie bleiben auch dann gleich, wenn sich die Ausbringungsmenge (z. B. durch Beschäftigungsschwankungen) ändert. Sinkt die Ausbringung über einen längeren Zeitraum ab, müssen und können fast alle Kosten an die Veränderung angepasst werden. Sinkt die Ausbringung jedoch nur für kurze Zeit ab, sind dann fast alle Kosten fix, da man die vorhandene Kapazität (Maschinen, Anlagen, Gebäude, Mitarbeiter) nicht ohne Weiteres anpassen kann.

Variable Kosten sind Kosten, die sich mit der Ausbringungsmenge ändern. Das können Produktbestandteile oder Lohnstückkosten sein.

Die **Gesamtkosten** setzen sich immer aus fixen und variablen Kosten zusammen. Wenn sich der Auslastungsgrad der Kapazität ändert, ändern sich auch die Gesamtkosten.

Folge: Planung und Beurteilung der Gesamtkosten können nie ohne Beachtung des jeweiligen Auslastungsgrades vorgenommen werden. Der Anteil der fixen und der variablen Kosten ist je nach Auslastungsgrad sehr unterschiedlich.

Folgende Erkenntnisse ergeben sich daraus:

- Das Ergebnis eines Unternehmens hängt nicht nur vom Kosten- und Preisniveau, sondern in erheblichem Umfang auch von der Höhe der Auslastung ab.
- Je höher der Anteil der fixen Kosten ist, umso stärker wirkt sich ein Beschäftigungsrückgang nachteilig auf das Ergebnis aus.

Eine getrennte Betrachtung der fixen und variablen Kosten ist sinnvoll bei:

- der Ermittlung der Preisuntergrenze
- der Optimierung des Verkaufsprogramms/des Sortiments
- der Beurteilung betrieblicher Maßnahmen

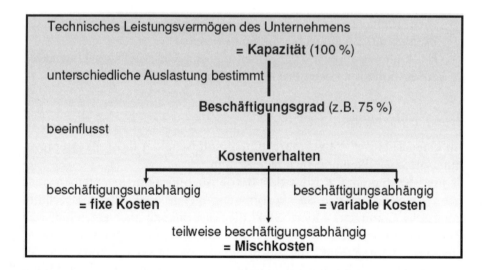

2.3 Kostenrechnungssysteme

Das Steuerungsinstrument in der KLR: die Deckungsbeitragsrechnung

Die Deckungsbeitragsrechnung ist ein Verfahren, das zu den Verfahren der Teilkostenrechnung gehört. Sie ist ein zukunftsorientiertes Verfahren der Kosten- und Leistungsrechnung, das sehr gut zur Wahrnehmung von Steuerungsaufgaben geeignet ist. In vielen Unternehmen ist die Deckungsbeitragsrechnung die Grundlage für kurzfristige Entscheidungen.

Die Deckungsbeitragsrechnung trennt die Gesamtkosten in variable Kosten und Fixkosten auf. Bei der Verrechnung der Gemeinkosten auf Kostenstellen und Kostenträger werden nur die variablen Kosten angesetzt. Vereinfachend wird davon ausgegangen, dass sich die variablen Kosten proportional zur Beschäftigung entwickeln.

> **Hinweis:**
> Die Kostenbegriffe **variable** (Stück-) **Kosten, proportionale** (Stück-) **Kosten** und **Grenzkosten** werden meist sinnverwandt angewendet.

Zur Ermittlung variabler Kosten muss für jede Kostenart in jeder Kostenstelle untersucht werden, wie sie auf Beschäftigungsveränderungen reagiert. Beispiel: Während Energiekosten in der Verwaltung überwiegend fix sein können, werden sie sich in der Fertigung überwiegend als variabel erweisen.

Einfache Deckungsbeitragsrechnung

Die Fixkosten werden in einem Block zusammengefasst:

```
    Umsatzerlöse
  - variable Kosten
  ──────────────────
  = Deckungsbeitrag
  - fixe Kosten
```

Die gesamten Umsatzerlöse müssen zunächst die gesamten variablen Kosten decken. Verbleibt dann ein positiver Deckungsbeitrag, können daraus die Fixkosten abgedeckt werden. Verbleibt dann noch ein Überschuss, erwirtschaftet das Unternehmen einen Gewinn.

Einfache Deckungsbeitragsrechnung und Produktgruppenanalyse

Produktgruppen	A		B		C		Summe	
	T€	%	T€	%	T€	%	T€	%
Umsatzerlöse	300	100	100	100	50	100	450	100
- variable Kosten	200	67	60	60	40	80	300	67
= Deckungsbeitrag	100	33	40	40	10	20	150	33
- Fixkosten	-	-	-	-	-	-	120	27
= Betriebsergebnis (Gewinn)							30	6

Mehrstufige Deckungsbeitragsrechnung

In der Praxis werden meist mehrstufige Verfahren eingesetzt:

- **Zweistufige Deckungsbeitragsrechnung:** Der Fixkostenblock wird in spezielle und allgemeine Fixkosten aufgeteilt.
- **Drei- bis fünfstufige Deckungsbeitragsrechnung:** Die Fixkosten werden in drei bis fünf Stufen aufgegliedert. Dies empfiehlt sich nur für große Unternehmen, da ein erheblicher Aufwand mit der Aufgliederung der fixen Kosten verbunden ist.

Die speziellen Fixkosten können den einzelnen Produktgruppen, Projekten oder Kostenträgern direkt zugeordnet werden. Sie ergeben sich aus den Bereichen Marketing und Vertrieb, Produktion sowie Materialwirtschaft, je nachdem, inwieweit die Produktgruppen die Kapazitäten dort in Anspruch nehmen. Als Bezugsgrößen können die Fertigungsstunden in der Produktion oder die aufgewendete Zeit in den einzelnen Bereichen eingesetzt werden. Die speziellen Fixkosten lassen sich durch Entscheidungen der Führungskräfte während des Geschäftsjahres positiv oder negativ beeinflussen.

Die allgemeinen Fixkosten lassen sich keiner einzelnen Produktgruppe zuordnen. Hierzu gehören Kosten aus den Bereichen

- Unternehmensleitung,
- Finanz- und Rechnungswesen,
- Controlling und allgemeine Verwaltung.

Die allgemeinen Fixkosten werden weitgehend von der Unternehmensleitung gestaltet.

Beispiel für eine Deckungsbeitragsrechnung

    a)   Umsatzerlöse (Preis x Menge)
-   b)   Variable Kosten

           Einstandskosten
           Anteilige Lohn- und Gehaltskosten
           Anteilige Personalzusatzkosten
           Anteilige Reklamations- und Schwundkosten

=   **Deckungsbeitrag I**
-   c)   Werbekosten, Marktforschung
           Vertriebskosten

=   **Deckungsbeitrag II**
-   d)   Fixe Kosten (bezogen auf die Absatzmenge)

           Anteilige Lohn- und Gehaltskosten
           Anteilige Personalzusatzkosten
           Anteilige Reklamations- und Schwundkosten
           Abschreibung auf Gebäude
           Abschreibung auf Sachvermögen
           Sonstige Fixkosten
           Lagermieten

=   **Deckungsbeitrag III**
-   e)   Verwaltungskosten

=   **Deckungsbeitrag IV**

Durch die mehrstufige Deckungsbeitragsrechnung wird die Aussagekraft für die Unternehmensleitung und die Führungskräfte erhöht. Es liegen zuverlässige Basisdaten für Preisentscheidungen, Kosten-, Umsatz- und Gewinnanalysen vor.

Die Deckungsbeitragsrechnung wird in Unternehmen monatlich und kumuliert erstellt oder für Projekte bei Meilensteinen ausgewiesen.

Mehrstufige Deckungsbeitragsrechnung mit Produktgruppenanalyse

Die Prozesskostenrechnung – die Suche nach den Kostentreibern

In den letzten Jahrzehnten ist der Kapitaleinsatz in den Unternehmen, bedingt durch einen immer höheren Automatisierungsgrad, stark gestiegen. Als Folge der zunehmenden Automatisierung sinkt der Lohnanteil, der über Arbeitsplätze direkt den Produkten zugerechnet werden kann.

PRODUKTGRUPPEN	A		B		C		Summe	
	€	%	€	%	€	%	€	%
Umsatzerlöse	1500	100	900	100	500	100	2900	100
Variable Kosten	900	60	400	45	300	60	1600	55
Deckungsbeitrag I	600	40	500	55	200	40	1300	45
Vertrieb	120	8	60	7	40	8	220	8
Lager	80	5	30	3	20	4	130	5
Versand	40	3	10	1	10	2	60	2
Produktion	160	11	100	11	90	18	350	12
Summe der speziellen Fixkosten	400	27	200	22	160	32	760	27
Deckungsbeitrag II	200	13	300	33	40	8	540	18
Summe der allg. Fixkosten	-	-	-	-	-	-	240	8
Betriebsergebnis (Gewinn)							300	10

Das führt zu einem Anstieg des Anteils der Gemeinkosten an den Gesamtkosten.

Die anderen typischen Gemeinkostenbereiche »Verwaltung und Vertrieb« werden ebenfalls immer teurer. Die traditionellen Kostenrechnungssysteme der Vollkostenrechnung (siehe oben) verrechnen die Gemeinkosten über Schlüsselungen und damit größtenteils nicht wirklich verursachungsgerecht.

Die Prozesskostenrechnung will entstehende Gemeinkosten bestimmten Prozessen (das sind betriebliche Abläufe) zuordnen. Sie ersetzt dann die bisher verwendeten Zuschlagssätze.

Funktion der Prozesskostenrechnung

Die Prozesskostenrechnung ist ein Kalkulationsverfahren, das den gesamten Produktentstehungsprozess begleitet und alle produktbezogenen Tätigkeiten verursachungsgerecht zu erfassen versucht. Ein prozessbezogenes Kostenrechnungssystem baut auf den Haupteinflussgrößen auf, die den Prozess bestimmen, und auf den Tätigkeiten, welche die Kosten verursachen (Kostentreiber). Durch die Prozesskostenrechnung kann man insbesondere in den indirekten Leistungsbereichen eine bessere Transparenz von Kosten und Leistungen erreichen.

Beispiel zur Bestimmung der Aktivitätsmengen

Prozess (Vorgang/Aktivität)	Maßgröße	Aktivitätsmenge
Lieferanten finden	Anzahl der Lieferanten	500
Angebote einholen	Anzahl der Angebote	300
Bestellungen aufgeben	Anzahl der Bestellungen	100

In diesem Beispiel leistet der Mitarbeiter im Einkaufsbereich 900 unterschiedliche Aktivitäten pro Jahr. Wenn die gesamten Lohnkosten 90.000 Euro pro Jahr betragen, lässt sich errechnen, dass ein Prozessschritt 100 Euro kostet. In der Folge lässt sich so jeder Beschaffungsvorgang richtig mit den zugehörigen Kosten belasten.

Der Markt bestimmt den Preis: Zielkostenrechnung (Target Costing)

In üblichen Kalkulationsmodellen geht man von der Überlegung aus: Was kostet uns die Erzeugung einer bestimmten Leistung? Die Zielkostenrechnung ist dagegen ein stark marktorientiertes, produktbezogenes System. Sie geht von folgender Fragestellung aus: Was darf ein Produkt kosten?

- Abteilungen erhalten Zielkostenvorgaben, die sie einhalten müssen = abteilungsübergreifend
- Zielkostenspaltung:
  Die Kosten werden in Zielkosten für Produktfunktionen bzw. Produktkomponenten aufgeteilt. Dabei müssen auch die Kosten für

Dienstleistungen (Kundendienst, Garantie, u. a.) berücksichtigt werden.
- Als Ergebnis werden Kosten- und Nutzenanteile der einzelnen Produktkomponenten gegenübergestellt.

Durch die vollständige Markt- und Kundenorientierung bereits vor der Produktentwicklung bieten sich frühzeitig Möglichkeiten der Kostenbeeinflussung, die in anderen Kostenrechnungssystemen entweder vernachlässigt werden oder überhaupt nicht gegeben sind.

2.4 Projektkostenkalkulation und Budgetkontrolle

Moderne Unternehmen haben viele Aufgaben und Leistungsbereiche in Projekten organisiert. Hauptmerkmal von Projekten ist ihre zeitliche Begrenzung. Um realistische Budgets für diese Projekte vorgeben zu können, sind zunächst die geplanten Kosten möglichst detailliert zu bestimmen. Die folgende Übersicht enthält wesentliche Kostenarten. Wie Sie sehen, unterscheiden sie sich nicht von den bisher schon bekannten Kostenarten.

Personalkosten	Personalabhängige Sachkosten	Sonstige Sachkosten	Sonstige Kosten
Löhne	Materialkosten	Instandhaltung	Zinsen
Gehälter	Kommunikationskosten	Energiekosten	Steuern und Versicherungen
Sozialkosten	Reisekosten	EDV-Kosten	Mieten
		Umlagen	Abschreibungen

Für die Projektsteuerung kann es sinnvoll sein, die Kostenarten nach weiteren Kriterien zu gliedern, z. B. nach deren Herkunft oder nach technischen Gegebenheiten.

In einem Projekt der Kommunikationstechnik wurde z. B. folgende Differenzierung gewählt:

Eigen- und Fremdpersonal	Nutzung von DV-Anlagen
Labormuster	Externe Dienstleistungen
Schutzrechte	Änderung der Anforderungen
Dokumentation und Marketing	Produktionshilfsmittel

Die richtige Ermittlung von Personalkosten

Wie schon im gesamten Unternehmen entfällt auch in den meisten Projekten der größte Kostenanteil auf die Personalkosten. Um die Personalkosten zu ermitteln, wird der pro Mitarbeiter geplante Zeitaufwand mit Stunden- oder Tagessätzen multipliziert.

Für die Personalkostenermittlung im Rahmen von Projekten ist es nicht sinnvoll, mit den tatsächlichen Lohn- und Gehaltssätzen zu arbeiten, da die eingesetzten Mitarbeiter verschiedene Aufgaben oder Funktionen wahrnehmen, die mit unterschiedlichen Werten angesetzt werden sollten. Diese Werte sollen der jeweils erbrachten Leistung im Projekt und nicht den Gehaltssätzen entsprechen.

In der Praxis ermittelt man dazu Standardsätze für jede Leistungsstufe. Meist verwendet man durchschnittliche Kosten der Vergangenheit. Bei der Ermittlung der Standardlohn- und -gehaltskosten geht man am besten so vor, dass die Mitarbeiter in Leistungsstufen eingestuft werden:

Leistungsstufe	Mitarbeiter
1	Geschäftsführer, Bereichsleiter
2	Projektmanager, Abteilungsleiter
3	Leitende Techniker, Gruppenleiter
4	Untergeordnete Techniker, Einkäufer
5	Sekretärinnen

Dabei sollte die Anzahl der Leistungsstufen möglichst klein gehalten werden (maximal zehn Leistungsstufen). Die nachstehende Übersicht zeigt die kostenstellenbezogene Errechnung eines Stundensatzes für einen Software-Ingenieur.

Beispiel zur Ermittlung von Stundensätzen

Tage pro Jahr	365 Tage
- Samstage und Sonntage	104 Tage
- Feiertage	10 Tage
- Urlaub	30 Tage
- Durchschnittliche Krankheitstage	15 Tage
Normalarbeitszeit	**206 Tage**

- Verteilzeit (7%)	14 Tage
= Anwesenheitszeit (bei 35-Stunden-Woche)	1.344 Std.
+ Überstunden	20 Std.
- Weiterbildung	80 Std.
Produktivzeit	1.284 Std.
Ermittelte Gesamtkosten des Mitarbeiters	128.400 €
Stundenverrechnungssatz	**100 €**

(Anmerkung: Zusätzlich muss der errechnete Wert noch um den erwarteten oder tatsächlichen Auslastungsgrad korrigiert werden.)

Die Ermittlung der sonstigen Kosten

Sachkosten (z. B. Kosten für den Materialverbrauch) werden errechnet, indem die geplante Einsatzmenge mit dem zugehörigen Kostensatz bewertet wird. Neben Personal- und Sachkosten wird man auch Leistungen von anderen Kostenstellen in Anspruch nehmen. Benötigt man z. B. die Kostenstelle »Qualitätssicherung«, wird die zeitliche Inanspruchnahme mit dem Kostensatz der Qualitätssicherung multipliziert, um die entstehenden Kosten auf das Projekt zu verrechnen.

Zu berücksichtigen sind auch die Kosten für Leistungen, die extern bezogen werden, oder Reisekosten. Diese Kosten können durch eingeholte Angebote direkt ermittelt werden.

Die Planung der Gemeinkosten

Während Personal- und Sachkosten in einem direkten Bezug zu den Projektleistungen stehen und genau geplant werden können, ist dies bei vielen anderen Kosten nicht der Fall. Kosten für die Nutzung des Kopierers, der Büroräume, der EDV-Anlage, der Kantine oder allgemeine Verwaltungsleistungen werden nicht direkt für das Projekt erfasst. Entweder weil dies gar nicht möglich ist (Welcher Gehaltsanteil des Pförtners entfällt auf ein bestimmtes Projekt?) oder weil der Erfassungsaufwand zu hoch wäre. Diese sogenannten Gemeinkosten verrechnet man in vielen Unternehmen pauschal über prozentuale Zuschläge auf die direkt zurechenbaren Projektkosten (siehe dazu »Vollkostenrechnung«). Wenn die Zuschläge aufgrund des großen Anteils der indirekten Kosten sehr hoch ausfallen, sollte man die leistungsorientiertere Verrechnung über die Prozesskostenrechnung einsetzen (siehe oben »Prozesskostenrechnung«).

Aufteilung und Zuordnung der Projektkosten

Die Projektkosten werden am besten pro Arbeitspaket geplant und über die verschiedenen Ebenen des Projektes zu den Gesamtprojektkosten zusammengefasst. Zur Überprüfung der Plausibilität ist es sinnvoll, die Kosten auch »von oben nach unten« zu schätzen und den geplanten Kosten gegenüberzustellen.

Grundsätzlich ist die oben erwähnte Schlüsselung von Gemeinkosten problematisch, da man nicht mehr erkennen kann, welche Kosten wegfallen, wenn ein Arbeitspaket gestrichen wird. Ein Beispiel soll diesen Sachverhalt verdeutlichen:

> Für die Arbeitspakete A (10.000 € geplante Kosten) und B (20.000 € geplante Kosten) muss zusätzlich eine CAD-Software geleast werden. Die Kosten dafür betragen 10.000 €.
> Bei herkömmlicher Verrechnung würden die 10.000 € für die Software entsprechend der Inanspruchnahme der Leasingsoftware durch die Arbeitspakete auf diese verteilt werden. So entfielen z. B. zusätzlich 6.000 € auf A und 4.000 € auf B.
> Arbeitspaket A hätte also Gesamtkosten von 16.000 € und Arbeitspaket B hätte Gesamtkosten von 24.000 €.
> Müsste man nun entscheiden, ob Arbeitspaket A von einem externen Dienstleister kostengünstiger erledigt werden könnte, ginge man von Gesamtkosten in Höhe von 16.000 € für A aus, die bei externer Leistungserbringung nicht anfielen.
> Tatsächlich würde jedoch die Leasinggebühr immer in voller Höhe zu bezahlen sein, sodass die Kosten bei externer Leistungsvergabe nur um 10.000 € reduziert werden könnten.

Ebenfalls sinnvoll ist eine Trennung in fixe und variable Kosten (siehe dazu den Abschnitt »Deckungsbeitragsrechnung«), um die Auswirkungen der zeitlichen Verkürzung eines Arbeitspaketes abschätzen zu können. Vorteilhaft kann eine weitere Trennung der Kalkulation in ein Basisbudget und verschiedene Zusatzbudgets sein. Jedes Zusatzbudget kann separat kontrolliert und gesteuert werden. Bei Budgetüberschreitungen sind die Ursachen dann genau feststellbar.

Regelmäßige Schätzung der Projektkosten

Damit der Projektleiter die Zuverlässigkeit der Kalkulation frühzeitig erkennt, sollte er regelmäßig eigene Kostenschätzungen zur Selbstkontrolle durchführen. Am besten ermittelt er für ein optimistisches, wahrscheinliches und pessimistisches Szenario die jeweilige Eintrittswahrscheinlichkeit und die zugehörigen Kosten. Auf dieser Grundlage kann er frühzeitig erkennen, ob das ursprüngliche Budget überschritten wird. Gegenmaßnahmen können dann rechtzeitig eingeleitet werden.

Die folgende Tabelle enthält die Schätzwerte der Projektkosten zu verschiedenen Zeitpunkten. Sie liegen von Anfang an über der ursprünglichen Kalkulation.

		Juli	August	September	Oktober	November
Optimistisch	Wahrsch.		30 %	20 %	5 %	
	Kosten		800 €	1.000 €	1.200 €	
	Gesamt		240 €	200 €	60 €	
Wahrscheinlich	Wahrsch.		40 %	60 %	80 %	
	Kosten		1.200 €	1.300 €	1.300 €	
	Gesamt		480 €	780 €	1.040 €	
Pessimistisch	Wahrsch.		30 %	20 %	15 %	
	Kosten		1.400 €	1.400 €	1.400 €	
	Gesamt		420 €	280 €	210 €	
Gesamtschätzung			**1.140 €**	**1.260 €**	**1.310 €**	
Leistungsfortschritt			20 %	50 %	80 %	
Kumulierter Istwert			240 €	575 €	960 €	1.300 €
Kosten laut Hochrechnung			**1.200 €**	**1.150 €**	**1.200 €**	
Kalkulierter Wert gesamt		**1.100 €**	**1.100 €**	**1.100 €**	**1.100 €**	**1.100 €**

Tabelle 6: Schätzwerte von Projektkosten

Ergänzt wird die Schätzung durch die Hochrechnung bereits angefallener Kosten. So erkennt man für den August drei Werte:

- ursprüngliche Kalkulation von 1.100 Euro,
- die Prognose aufgrund des Leistungsfortschritts und der bereits verbrauchten Kosten in Höhe von 1.200 Euro
- und schließlich die Schätzung des Projektleiters von 1.140 Euro.

Bereits im ersten Monat ist aufgrund der Schätzung und der Prognose zu erkennen, dass der kalkulierte Wert nicht zu halten ist. Am Projektende im November fielen tatsächliche Kosten von 1.300 Euro an. Kalkuliert waren 1.100 Euro, die letzte Hochrechnung im Oktober ergab 1.200 Euro und der Projektleiter schätzte 1.310 Euro.

Die Liquiditätsplanung bei einer Projektkalkulation

Bei größeren Projekten, die mit erheblichen Auszahlungen verbunden sind, ist die Zahlungsfähigkeit (Liquidität) sicherzustellen. Voraussetzung dafür ist, dass man bereits bei der Kostenplanung eine Differenzierung in auszahlungswirksame und auszahlungsunwirksame Kosten vornimmt. Wird erkennbar, dass es im Laufe des Projektes zu Zahlungsschwierigkeiten kommt, müssen die Vorgänge so verschoben werden, dass die »finanzielle Kapazität« nicht überschritten wird.

Anforderungen an die Genauigkeit der Kostenplanung

Die Projektkostenplanung wird in Abhängigkeit des Projektfortschrittes schrittweise verfeinert. Während man zu Beginn auf der Basis einer groben Aufwandsermittlung Kosten schätzt, können mit zunehmender Projektdauer genauere Kalkulationen durchgeführt werden. In späteren Projektphasen kann man bereits grobe Stücklisten und Arbeitspläne verwenden, um mit den gängigen Kalkulationsverfahren Kosten zu kalkulieren. Je weiter das Projekt fortschreitet, desto genauer wird die Datengrundlage für die Kostenbestimmung.

Zusammenfassung der Vorgehensweise

Die Planung ist kein einmaliger Prozess am Anfang eines Vorhabens, sondern sie muss projektbegleitend durchgeführt werden. Sie umfasst die Definition des Projektauftrags mit den Zielen, die Wahl der Projektorganisation, eine passende Phaseneinteilung, die Erstellung des Projektstrukturplans sowie die Ermittlung des Aufwands, der Termine, der Ressourcen und der Kosten. Das Projektcontrolling hat dafür Standards zu definieren und die laufende Abstimmung vorzunehmen.

Ein Erfolgsfaktor für die Projektarbeit ist die Transparenz der Ziele. Dazu müssen die Projektaufgaben in einem Projektstrukturplan dokumentiert werden. Wichtig ist dabei die zweckmäßige Definition der Arbeitspakete. Neben dem klassischen Projektstrukturplan kann auch ein wertorientierter Projektstrukturplan erstellt werden. Damit ist man in der Lage, den Einfluss der Arbeitspakete auf den Erlös eines Projektes abzuschätzen.

Die Basis der Aufwandsschätzung sind die Arbeitspakete. Die Aufwandsschätzung sollte auch den Aufwand für das Projektmanagement und die Qualitätssicherung berücksichtigen. Für die Terminplanung eignen sich neben Balkenplänen auch Netzpläne. Sie verdeutlichen technische, wirtschaftliche und logische Abhängigkeiten zwischen den Arbeitspaketen. Außerdem zeigen sie den kritischen Weg, also all jene Vorgänge, die sich nicht verzögern dürfen. Eine realistische Schätzung der Arbeitspaketverantwortlichen ist nicht nur bei der Bestimmung des Aufwands, sondern auch bei der Zeitplanung erforderlich. Statt vieler versteckter Puffer ist der Ausweis einer Managementreserve zweckmäßiger.

Kennt man den Einfluss eines Arbeitspakets auf die Projektdauer und ist der Mehr-/Mindererlös für eine Verkürzung/Verzögerung des Projektes bekannt, hat man einen Anhaltspunkt, bei welchen Aktivitäten es sich lohnt, knappe Ressourcen zu verwenden.

Die Ressourcenplanung umfasst die Festlegung des Personalbedarfs, die Ermittlung der zur Verfügung stehenden Personalkapazität, den Vergleich von Kapazität und Bedarf und den Kapazitätsausgleich.

Die Kostenplanung sollte differenziert erfolgen nach:

- Kostenarten
- Einzel- und Gemeinkosten
- fixen und variablen Kosten
- Basisbudget und Zusatzbudgets

Zur Sicherheit sollte der Projektleiter selbst laufend die Kosten schätzen. Zusätzlich ist eine Kostenprognose, welche die bereits verbrauchten Kosten und den Leistungsfortschritt berücksichtigt, sinnvoll.

Bei größeren Projekten, die mit erheblichen Auszahlungen verbunden sind, ist die Zahlungsfähigkeit (Liquidität) zu planen.

Der Projektplan sollte folgende Informationen liefern:

- Mehr-/Mindererlöse bei Verkürzung/Verlängerung der Projektdauer, Projektstrukturplan
- alle kritischen Arbeitspakete
- die Kosten aller Arbeitspakete und das Gesamtbudget

3 Controlling

Nachdem wir uns mit der Herkunft der Zahlen in einem Unternehmen befasst haben (Buchhaltung und Kostenrechnung), geht es nun um die Planung und Auswertung von Zahlen. Dies geschieht hauptsächlich im Controlling.

3.1 Ursprünge und Entstehung von Controlling

Das erste Unternehmen, das die Stelle eines »Controllers« einrichtete, war »Atchison Topeka & Santa Fe Railway System« im Jahr 1880. Diese Stelle hatte eher finanzwirtschaftliche Inhalte. Das erste Industrieunternehmen war »General Electric Company« 1892. Im Jahre 1931 wurde das »Controllers Institute of America« gegründet. Anfang der Vierzigerjahre gingen die Grundfunktionen des Controllers bereits über die Tätigkeiten des reinen Rechnungswesens hinaus. Ein Controller betreute die Buchführung, die Kostenrechnung, den Entwurf von Methoden und Systemen im Rechnungswesen, die Koordination der Verwaltung und der gesamten Unternehmung sowie die Revision und übte darüber hinaus eine Steuerungs- und Interpretationsfunktion aus.

3.2 Was ist »Controlling«?

In Lehrbüchern findet man dazu oft Definitionen wie diese:
Controlling ist die »Informationsversorgung und zukunftsorientierte Informationsauswertung zur Unterstützung der Führung bei der Entscheidungsfindung in komplexen Systemen«.

Doch was bedeutet das im Einzelnen? Vereinfacht lässt sich Controlling als Gesamtheit aller Funktionen beschreiben, die die Informationsversorgung von Führungsinstanzen verbessert, also:

- Erkennen von Informationsbedarf
- Versorgung mit Information
- Praktische Anwendung von Analyse- und Bewertungsmethoden
- Vorbereitende Informationsverarbeitung zur Planungs- und Ergebniskontrolle

TEIL VII   Betriebswirtschaftslehre

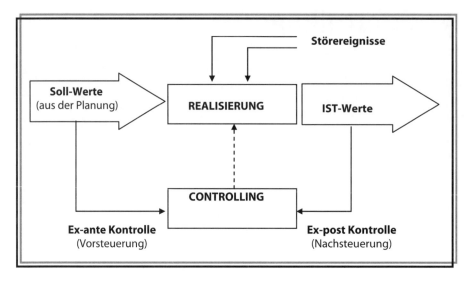

Abbildung 30: Was bedeutet Controlling?

Begriffseinordnung und Elemente des Controlling

Im Folgenden wird ein Hochseeschiff als Beispiel zur Beschreibung des modernen Controlling verwendet:

Kapitän

Er ist mit dem obersten Management vergleichbar, er legt die Ziele in Form von Soll-Werten fest.

Navigator oder Lotse

Das ist der Controller, der die Aufgabe hat, mithilfe von Soll-Ist-Vergleichen Wege zu finden, um die gesteckten Ziele zu erreichen. Hierzu erarbeitet er Aktionsprogramme. Seine Aufgabe ist die Weitergabe von Informationen an die Entscheidungsträger und deren Beratung zur Erreichung der Ziele.

Steuermann

Der Lotse wird bei der Durchführung der Aktionsprogramme durch die Führungskräfte unterstützt. Die Führungskräfte versuchen, Kurs zu halten und Ziele zu erreichen. Bei Abweichungen muss der Kurs korrigiert werden.

Ruderer

Ausführende Kräfte in der Unternehmung, Sachbearbeiter, Arbeiter. Die Arbeitsleistung dieser Beschäftigten wird umgewandelt an die Umwelt weitergegeben.

Umwelt

Da sich die Umwelt nicht immer entsprechend der Planung entwickelt, muss eine laufende Rückkopplung durchgeführt werden, um die Verwaltung flexibel zu steuern. Auf diese Weise werden bei auftretenden Abweichungen durch den Rückkopplungsprozess die notwendigen Informationen an Lotsen und Steuermann weitergegeben.

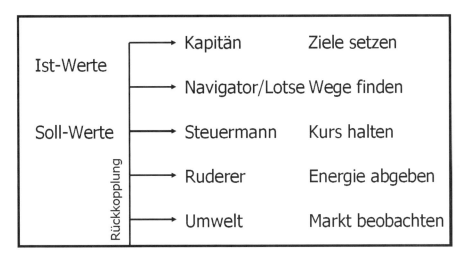

Abbildung 31: Controlling im Überblick

Ist Controlling gleich Kontrolle?

Im Deutschen liegt der englische Begriff »Controlling« sprachlich sehr nahe am Begriff »Kontrolle«. Aus diesem Grunde kommt es daher öfters zu Missverständnissen über den Aufgabenbereich des Controllers. Daher ist zu beachten:

- Controlling bedeutet nicht kontrollieren.
- Der Controller ist kein Revisor (keine Hauptfunktion).
- Aber: Ergebnisse seiner Arbeit können natürlich zu Kontrollzwecken herangezogen werden.

- Controlling ist ein Untersystem von Führung hinsichtlich Koordinations- und Informationsversorgungsaufgaben.
- Controlling ist ein bedeutender Schwerpunkt im Führungssystem.
- Controlling wird durch vorhandene Segmente wie Organisation und Planung nicht abgedeckt.

... und noch ein Vergleich:

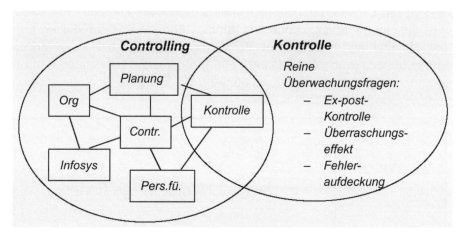

Abbildung 32: Vergleich Controlling und Kontrolle

Der Controller hat auch eine Planungsaufgabe. Er

- erstellt Planungsrichtlinien und Prämissen,
- legt Nebenbedingungen für Einzelpläne fest und

veranlasst die terminliche Abfolge der Planungsstufen und die Koordination der Einzelpläne. Nachstehend eine weiterer Vergleich zwischen Kontrolle und Controlling:

Operatives und strategisches Controlling

Entsprechend der am Anfang dieses Abschnitts gezeigten Unterscheidung zwischen strategischer und operativer Planung, lässt sich auch operatives und strategisches Controlling unterscheiden.

Controlling muss operative und strategische Aufgaben beinhalten. Der Controller muss »blind spots« erkennen (blind spots: blinde Flecken). Je näher man an einer Sache steht, umso enger wird das Blickfeld, man wird

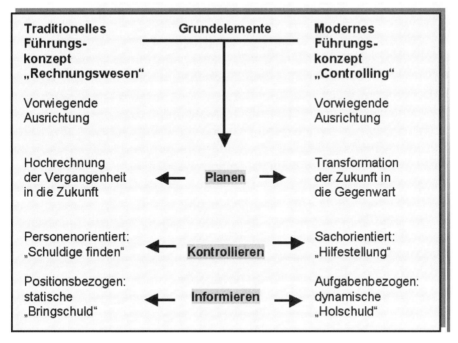

Abbildung 33: Vergleich der Führungskonzepte Rechnungswesen und Controlling

Aufgabe des operativen Controlling:

Planung der Gewinn- und Liquiditätssteuerung ➔ eher kurzfristig

Aufgabe des strategischen Controlling:

Gewährleistung der zukünftigen Liquiditätssicherung ➔ langfristig

betriebsblind. So sind beispielsweise Möglichkeiten für die Verbesserung der Effizienz vorhanden, sie werden aber aus der eigenen Perspektive heraus nicht mehr erkannt. Das Controlling hat solche blinden Flecken zu erkennen.

Der Controller muss sich auch vor unbeweisbaren, unbestreitbaren Grundsätzen hüten (Axiome). Das sind Aussagen wie: »Das geht nicht. Das kann einfach nicht funktionieren. Das haben wir schon häufiger versucht.« Aus der Sichtweise des Controlling ist hierzu zu bemerken: Unternehmensexterne und unternehmensinterne Bedingungen bleiben nicht unverändert, Organisationen sind lebendige Gebilde, sie wandeln sich, um sich der sich laufend ändernden Umwelt anzupassen. Insofern ist der Controller auch eine Art »interner Unternehmensberater«.

Rückwirkungen des Controlling auf die Organisation des Unternehmens

Controlling bedeutet nie Führung, sondern nur Führungsunterstützung. Die im Sinne des Controlling beschriebenen neuen Inhalte des Planens, Führens, Kontrollierens und Informierens lassen sich nicht zu einem bestimmten Stichtag im Unternehmen einführen. Sie zeigen Richtungen auf, in die sich das Unternehmen (und damit Führungskräfte und Mitarbeiter) orientieren müssen. Wie gut und wie schnell hier eine Veränderung im Sinne des Controlling gelingt, hängt im Wesentlichen von der Fähigkeit und Bereitschaft der Führungskräfte und Mitarbeiter ab, das Controlling zu realisieren.

Der Controller möchte eine der Kostenrechnung entsprechende »rechenbare« Einteilung eines Unternehmens. Um dies zu erreichen, werden Unternehmen in »Cost-Center« und »Profit-Center« eingeteilt.

Cost-Center

Cost-Center ist zunächst einmal nichts anderes als ein neues Wort für »Kostenstelle« und ist als Abgrenzung zum Profit-Center eine Unternehmenseinheit, die keinen Umsatz macht. Ein Cost-Center ist damit eine abrechnungstechnische Einheit. Sie kann zudem auch eine organisatorische Einheit sein. Sowohl eine einzige Maschine als auch eine zentrale Forschungsabteilung kann ein Cost-Center sein. Das Cost-Center dient der Verrechnung all der Kosten, die nicht auf ein Produkt zurechenbar sind. Sie nimmt also indirekte Kosten (Gemeinkosten) auf.

Profit-Center

Als Profit-Center bezeichnet man selbstständige Gebilde einer Unternehmung, die meist ein eigenes Produktionsprogramm mit eigenem Einkaufs- und Verkaufsmarkt haben. Profit-Center lassen sich nach folgenden Merkmalen bilden:

- Produktlinien (Sparten, Divisions, Produkte)
- Gebiete (Inland, Ausland, Distrikte, Produkte)
- Vertriebswege (Großhandel, Handelsvertreter)
- Kundengruppen (Industrie, Handel)
- Unternehmensbereiche (z. B. EDV, Marketing, Beschaffung)

Ein Profit-Center ist dadurch gekennzeichnet, dass alle Entscheidungskompetenzen hinsichtlich Verkauf, Produktion, Entwicklung und Einkauf eines Bereichs/einer Sparte (Produktgruppe oder Leistungsgruppe) an den Leiter dieses Bereiches delegiert werden. Profit-Center können sich selbstständig entwickeln, sodass sie (aus Gründen der Risikobegrenzung) in eine juristische Eigenständigkeit führen.

4 Kennzahlen und Kennzahlenanalyse

Nach der Planung kommt die Umsetzung dessen, was geplant wurde. Um zu jedem Zeitpunkt zu wissen, ob man mit dem bisher Erreichten im Zielbereich liegt, ist es notwendig, einen Vergleich des Erreichten mit den Vorgaben durchzuführen. Dies wird als Soll-Ist-Vergleich bezeichnet.

Bei diesem Vergleich der Soll-Werte mit den Ist-Werten treten in der Regel Abweichungen auf. Nun muss eine Abweichungsanalyse angefertigt werden, d. h., für positive und negative Abweichungen müssen die Ursachen ermittelt werden. Folgende Ursachen können für Abweichungen beispielsweise vorliegen:

Fehlerhafte Planung	Schlechte Organisation
Unkorrekte Ausführung	Unrealistische Zielvorgaben
Unvorhersehbare externe Einflüsse	Organisatorische Änderungen
Durchgeführte Rationalisierung	Einsatz neuer Maschinen
Preiserhöhungen bei Rohstoffen	Neue Verfahrenstechniken
Verwendung anderer Wertansätze beim Material	Inanspruchnahme von Fremdleistungen
Mehr- oder Minderverbrauch	Zeitliche Verschiebung des Kostenanfalls
Kontierungsfehler	Erhöhung der Lohntarife
Mangelnde Leistung der Führungskraft	Fehlende Ressourcen (Material, Personal)
Maschinenausfälle	

Der Soll-Ist-Vergleich im Unternehmen ist nur dann sinnvoll, wenn anschließend entsprechende Konsequenzen aus der Abweichungsanalyse gezogen werden. Die Ergebnisse einer Abweichungsanalyse sind deshalb in Berichten zu dokumentieren. Diese bilden eine wesentliche Grundlage für Steuerungsmaßnahmen (Zukunftsorientierung). Die Steuerung ist die Reaktion auf festgestellte Planabweichungen mit dem Bestreben, die gesetzten Ziele doch noch zu erreichen bzw. den aufgestellten Plan zu erfüllen. Korrekturmaßnahmen können z. B. Preissenkungen, Kostensenkungen und Kapazitätsabbau sein. Die einzuleitenden Maßnahmen sind möglichst mit den Betroffenen zu entwickeln.

4.1 Ausgewählte Kennzahlen

Kennzahlen helfen, die aktuelle Lage zu erkennen und die Entwicklung bestimmter Sachverhalte besser abzuschätzen. Auch schon bei der Planung und bei der Verwendung innerhalb von Zielvorgaben ist der Einsatz von Kennzahlen sinnvoll. Wenn man Kennzahlen einsetzt, muss auch jedem Verwender klar sein, wo die eingesetzten Werte herkommen, was sie bedeuten und wie er sie gegebenenfalls verändern kann. Der nun folgende Abschnitt gibt Ihnen einen Überblick über häufig verwendete Kennzahlen.

Liquidität

In welchem Umfang ein Unternehmen zahlungsfähig (liquide) ist, zeigt das Verhältnis zwischen flüssigen Mitteln (Zahlungsmitteln) und kurzfristigen Verbindlichkeiten. Zu den Zahlungsmitteln zählen im Wesentlichen Kassenbestände und Bankguthaben.

Folgende **Liquiditätsgrade** werden unterschieden:

$$\text{Liquidität 1. Grades (Barliquidität)} = \frac{\text{Zahlungsmittel}}{\text{kurzfristige Verbindlichkeiten}} \times 100$$

$$\text{Liquidität 2. Grades (Liquidität auf kurze)} = \frac{\text{Zahlungsmittel + kurzfristige Forderungen}}{\text{kurzfristige}} \times 100$$

$$\text{Liquidität 3. Grades (Liquidität auf mittlere)} = \frac{\text{Zahlungsmittel + kurzfristige Forderungen + Vorräte (UV)}}{\text{kurzfristige}} \times 100$$

Die Kennzahlen lassen erkennen, in welchem Umfang ein Unternehmen zu einem bestimmten Stichtag in der Lage ist, seine in naher Zukunft fälligen Verbindlichkeiten aus vorhandenen Geldbeständen und den mehr oder weniger leicht liquidierbaren Vermögensgegenständen einzulösen. Der Aussagewert dieser Kennzahlen ist allerdings begrenzt, da sie nur für den Bilanzstichtag gültig sind (Stichtagsliquidität).

Zwei weitere Sachverhalte schränken die Aussagekraft der Liquiditätsgrade ein:

- Zum einen fehlen wichtige Daten, z. B. die genaue Fälligkeit der Forderungen und Verbindlichkeiten und der von den Banken gewährte Kreditrahmen.
- Zum anderen können direkt nach dem Bilanzstichtag Aufwendungen, z. B. für Lohn-, Zins- oder Steuerzahlungen, fällig werden, die aus der Bilanz nicht ersichtlich sind. Deshalb wird bei der Beurteilung der Liquiditätslage eines Unternehmens der Finanzplan hinzugezogen.

Nach der Höhe der Liquidität lassen sich diese Aussagen treffen:

- **Optimale Liquidität** liegt vor, wenn das Unternehmen das finanzielle Gleichgewicht erreicht hat, d. h. Einnahmen und Ausgaben übereinstimmen.
- Bei **Überliquidität** sind überschüssige Zahlungsmittel (Kasse, Bank- und Postgiroguthaben) vorhanden. Dies ist ein Zeichen schlechter Nutzung des Kapitals und führt zu Zinsverlusten (Rentabilitätsminderung). Überliquidität kann abgebaut werden, indem man die Fremdmittel verringert oder Investitionen durchführt.
- **Unterliquidität** ist gegeben, wenn die flüssigen Mittel nicht die fälligen kurzfristigen Verbindlichkeiten decken. Ist sie kurzfristig, kann sie durch einen Überbrückungskredit behoben werden. Liegt aber eine langfristige, strukturelle Unterliquidität vor (Überschuldung, Veränderung der Marktverhältnisse), kann sie nur durch eine umfassende Sanierung beseitigt werden. Unterliquidität kann zur Zahlungseinstellung (Illiquidität) und zur Insolvenz führen.

Cashflow

Der Cashflow ist eine Kennzahl zur Beurteilung der Selbstfinanzierungskraft eines Unternehmens. Abhängig von der Herleitung des Cashflow lässt sie erkennen, welche Einzahlungsüberschüsse aus welchen Quellen in einer Periode vorhanden sind, die für die Finanzierung von Wachstum oder zur Schuldentilgung bereitstehen. Ermittelt bzw. dargestellt wird der Cashflow durch die Kapitalflussrechnung nach den Ursachen seiner Entstehung:

- Cashflow aus der gewöhnlichen Geschäftstätigkeit, der operative Cashflow
- Cashflow aus der Investitionstätigkeit (z. B. Vermögensanlage)
- Cashflow aus der Finanzierungstätigkeit (z. B. Darlehensaufnahme)

Aussagekraft des Cashflow

Diese »drei Quellen von Geld« lassen sich zur Beurteilung der Finanzkraft eines Unternehmens heranziehen. Der operative Cashflow spielt dabei die größte Rolle, da er erkennen lässt, in welchem Umfang das Unternehmen aus eigener Kraft Wachstum, Innovation oder Schuldentilgung finanzieren kann.

Um den operativen Cashflow verschiedener Unternehmen vergleichen zu können, ist es sinnvoll, den Cashflow bezogen auf die Umsatzerlöse zu ermitteln und darzustellen. Der entstehende Prozentsatz wird auch als Cashflow-Rate oder Cashflow-Rendite bezeichnet. Dabei gelten Werte über 12% als gut, Werte unter 10% als schlecht.

Beispiel für die Darstellung der Kapitalflussrechnung

Nachfolgend finden Sie ein Beispiel für die Anwendung der direkten Methode:

1.		Einzahlungen von Kunden für den Verkauf von Erzeugnissen, Waren und Dienstleistungen
2.	−	Anzahlungen an Lieferanten und Beschäftigte
3.	+	Sonstige Einzahlungen, die nicht der Investitions- oder Finanzierungstätigkeit zugeordnet sind
4.	−	Sonstige Auszahlungen, die nicht der Investitions- oder Finanzierungstätigkeit zugeordnet sind
5.	+/−	Ein- und Auszahlungen aus außerordentlichen Posten
6.	=	**Cashflow aus laufender Geschäftstätigkeit**

7.		Einzahlungen aus Abgängen von Gegenständen des Sachanlagevermögens
8.	-	Auszahlungen für Anlagen in das Sachanlagevermögen
9.	+	Einzahlungen aus Abgängen von Gegenständen des immateriellen Anlagevermögens
10.	-	Auszahlungen für Anlagen in das immaterielle Anlagevermögen
11.	+	Einzahlungen aus Abgängen von Gegenständen des Finanzanlagevermögens
12.	-	Auszahlungen für Anlagen in das Finanzanlagevermögen
13.	+	Einzahlungen aus dem Verkauf von konsolidierten Unternehmen und sonstigen Geschäftseinheiten
14.	-	Auszahlungen aus dem Erwerb von konsolidierten Unternehmen und sonstigen Geschäftseinheiten
15.	+	Einzahlungen aufgrund von Finanzmittelanlagen im Rahmen der kurzfristigen Finanzdisposition
16.	-	Auszahlungen aufgrund von Finanzmittelanlagen im Rahmen der kurzfristigen Finanzdisposition
17.	=	**Cashflow aus der Investitionstätigkeit**
18.		Einzahlungen aus Eigenkapitalzuführung
19.	-	Auszahlungen an Unternehmenseigner und Minderheitsgesellschaften
20.	+	Einzahlungen aus der Begebung von Anleihen und der Aufnahme von Krediten
21.	-	Auszahlungen aus der Tilgung von Anleihen und Krediten
22.	=	**Cashflow aus der Finanzierungstätigkeit**
23.		Zahlungswirksame Veränderungen aus Finanzmittelfonds = 6. Cashflow aus der laufenden Geschäftstätigkeit + 17. Cashflow aus der Investitionstätigkeit + 22. Cashflow aus der Finanzierungstätigkeit
24.	+/-	Wechselkurs-, konsolidierungskreis- und bewertungsbedingte Änderungen des Finanzmittelfonds
25.	+	Finanzmittelfonds am Anfang der Methode
26.	=	**Finanzmittel am Ende der Methode**

Gewinnbegriffe: EBT, EBIT, EBITDA

Neben der Sicherung der Liquidität als Grundlage des Überlebens eines Unternehmens ist natürlich auch der Erfolg des Unternehmens in einem bestimmten Zeitraum interessant.

Ein Gradmesser für den Erfolg eines Unternehmens sind diese Ertragskennzahlen:

- **EBT:** Earnings before Taxes (wörtlich: Ergebnis vor Steuern, »Jahresüberschuss«)
- **EBIT:** Earnings before Interest and Taxes (wörtlich: Ergebnis vor Zinsen und Steuern, also das Ergebnis, ohne dass das Finanzergebnis und die Steuern berücksichtigt werden)
- **EBITDA:** Earnings before Interest, Taxes, Depreciation and Amortisation[1] (wörtlich: Ergebnis vor Zinsen, Steuern und Abschreibungen)

EBT

Das Ergebnis vor Steuern lässt Vergleiche zu, bei denen der Steuereinfluss nicht berücksichtigt wird. Die Veränderungen in der Steuergesetzgebung und unterschiedliche Steuersätze in unterschiedlichen Regionen spielen so keine Rolle. Damit lassen sich Unternehmen an unterschiedlichen Standorten und zu unterschiedlichen Zeiten miteinander vergleichen.

EBIT

Bei dieser Kennzahl wird zusätzlich noch das Finanzergebnis ausgeblendet. Damit werden Unterschiede in der Finanzierungsstruktur (Verhältnis zwischen Eigen- und Fremdkapital) unbedeutend. Das EBIT drückt somit sehr gut die Leistungsfähigkeit eines Unternehmens im betrieblichen Bereich aus (»operatives Ergebnis«).

EBITDA

Bei dieser Ertragskennzahl werden zusätzlich die Abschreibungen ausgeblendet, deren Höhe sich oftmals durch die Steuergesetzgebung und nicht durch Entscheidungen des Managements ergibt. Damit ist das EBITDA der Überschuss der operativen Erträge (Umsatzerlöse) über die operati-

---

[1] Depreciation lässt sich mit „Abschreibung auf Sachanlagen" übersetzen. Amortisation bedeutet „Abschreibung auf immaterielle Vermögensgegenstände".

ven Aufwendungen (Materialaufwand und Personalaufwand). Dieser Betrag steht dem Unternehmen für den Kapitaldienst, die Steuerzahlungen, die Ausschüttungen sowie zur Investitionsfinanzierung zur Verfügung.

Wie der Cashflow ist damit auch das EBITDA eine Ertragskennzahl, die gleichzeitig eine Aussage über die Selbstfinanzierungskraft des Unternehmens liefert. Im Unterschied zum Cashflow sind beim EBITDA das Finanzergebnis und die Steuerzahlungen noch nicht berücksichtigt.

Vorteil: Unterschiedliche Finanzierungsstrukturen beeinflussen die Höhe des Wertes nicht. Damit bietet sich die Betrachtung des EBITDA auch bei wesentlichen Änderungen der Finanzierungsstruktur sowie bei einer branchenübergreifenden Bewertung von Unternehmen an. Mehrere andere Kennziffern greifen auf den EBITDA-Wert als Bezugsgröße zurück.

Rentabilitätsbetrachtungen

Im Gegensatz zur Liquidität, die die Zahlungsbereitschaft kennzeichnet, misst die Rentabilität die Ertragskraft eines Unternehmens. Die Rentabilität ist das Verhältnis des Gewinns zum eingesetzten Kapital oder zum erzielten Umsatz. Sie drückt aus, wie viel Prozent Gewinn mit dem eingesetzten Kapital erwirtschaftet wurde. Unter dem eingesetzten Kapital wird das durchschnittlich dem Unternehmen während einer Periode zur Verfügung stehende Kapital verstanden oder auch das Anfangskapital einer Periode. Unter Gewinn wird der Reingewinn vor Steuern verstanden.

Je nachdem, zu welcher Größe der Gewinn in Beziehung gesetzt wird, werden folgende Rentabilitätskennzahlen unterschieden:

- Eigenkapitalrendite (Verzinsung des eingesetzten Eigenkapitals)
- Gesamtkapitalrendite (Verzinsung des gesamten eingesetzten Kapitals, also der Bilanzsumme)
- Umsatzrendite (Gewinn bezogen auf die Umsatzerlöse)

Abhängig vom Unternehmen und dem Tätigkeitsgebiet des Unternehmens können sich hier stark unterschiedliche Werte ergeben, die sich daher nicht ohne Weiteres mit denen anderer Unternehmen vergleichen lassen. Am ehesten sind noch direkte Vergleiche mit Unternehmen derselben Branche möglich.

Teil VII Betriebswirtschaftslehre

Best Practice

- Prüfen Sie Ihre Einstellung zu »betriebswirtschaftlichem Know-how«. Es liefert wertvolle Erkenntnisse darüber, wie sich die Zahlenwelt um Ihre Arbeit herum erklärt.
- Legen Sie sich bei Ihren Internetfavoriten einen Ordner an, wo Sie interessante und aufschlussreiche Links zur Betriebswirtschaftslehre sammeln.
- Gehen Sie unbekannten Begriffen, die Sie lesen oder hören, zeitnah auf den Grund. So halten Sie sich kontinuierlich auf dem Laufenden.
- Integrieren Sie die betriebswirtschaftlichen Begriffe in Ihren normalen Sprachgebrauch und signalisieren Sie auf diese Weise, dass Sie dieses Metier interessiert und Sie damit selbstverständlich umgehen.

Literatur

Baguley, P.: *Optimales Projektmanagement.* Falken 2000

Bischoff, I.: *Körpersprache und Gestik trainieren. Auftreten in beruflichen Situationen.* Beltz 2007

Boy, J./Dudek, C./Kurschel, S.: *Optimales Projektmanagement.* Gabal 2000

Boyce, J.: *Microsoft Office Outlook 2007 auf einen Blick: Jubiläumsausgabe. Leicht verständlich. Komplett in Farbe. Am Bild erklärt.* Microsoft Press Deutschland 2008

Dehner, R./Dehner, U.: *Schluss mit diesen Spielchen: Manipulationen im Alltag erkennen und wirksam dagegen vorgehen.* Campus 2007

DeMarco, T.: *Der Termin.* Hanser 1998

Geißler, K.-H. A.: *Alles. Gleichzeitig. Und zwar sofort.* Herder 2004

Hahn, L.: *Persönlichkeitstypen erkennen, verstehen, begegnen – mehr Sicherheit im Umgang mit Menschen.* Books on Demand 2007

Hansen, H.: *Respekt. Der Schlüssel zur Partnerschaft.* Klett-Cotta 2008

Hein, H.: *Lebe mit Verstand und Gefühl: Wegweiser für eine ausgewogene Lebensführung.* Books on Demand 2009

Hoffmann, E.: *Manage Dich selbst und nutze Deine Zeit!: Effizienz & Effektivität durch bewussteren Umgang mit der Zeit und mit sich selbst.* W3l 2007

Külpmann, B.: *Pocket Business: Grundlagen Controlling: Unternehmen erfolgreich steuern.* Cornelsen 2008

Lessel, W.: *Projektmanagement. Projekte effizient planen und erfolgreich umsetzen.* Cornelsen 2002

Märchy, B.: *Zeit ist Leben. Individuelles Zeitmanagement.* SmartBooks 2001

Nausner, P.: *Projektmanagement.* UTB 2006

Nussbaum, C.: *Organisieren Sie noch oder leben Sie schon? Zeitmanagement für kreative Chaoten.* Campus 2008

Probst, H.-J.: *Kennzahlen leicht gemacht.* Redline Wirtschaft 2004

Schelle, H.: *Projekte zum Erfolg führen.* C.H. Beck 1999

Schultz, V.: *Basiswissen BWL: Ein Schnellkurs für Nicht-Betriebswirte.* C.H. Beck 2008

Schultz, V.: *Basiswissen Rechnungswesen: Buchführung, Bilanzierung, Kostenrechnung, Controlling.* dtv 2011

Seiwert, L. J./Wöltje, H./Obermayr, C.: *Zeitmanagement mit Microsoft Office Outlook: Die Zeit im Griff mit der meist genutzten Bürosoftware – Strategien, Tipps und Techniken (Version 2000–2007). Mit zusätzlichen Videolektionen im Web.* Microsoft Press Deutschland 2008

Seiwert, L. J.: *Wenn du es eilig hast, gehe langsam: Mehr Zeit in einer beschleunigten Welt.* Campus 2005

Steinbuch, P. A.: *Projektorganisation und Projektmanagement.* Friedrich Kiehl Verlag 2000

Thun, F. Schulz von: *Miteinanderreden 1–3. rororo* 2006

Walter, S.: *Präsentationen mit PowerPoint 2007: Sehen und Können. Bild für Bild.* Markt und Technik 2007

Wehrle, M.: *Der Feind in meinem Büro.* Econ 2005

Zelazny, G./Delker, C.: *Wie aus Zahlen Bilder werden: Der Weg zur visuellen Kommunikation.* Gabler 2005

Register

A

A-Aufgabe 36
Abgrenzungsrechnung 348
Ablagekörbchen 47
Abschreibung 338
Abstimmungsschaltfläche 176
Abwesenheit des Chefs 145
Anhang 329
Anlagevermögen 331
Anspruch 287
Anti-Stress-Tipps 61
Antwort-Adresse 178
Arbeitspaket 88
Argumente 217
Assertivität 44
Assistenz, Berufsbild der 19

B

BAB, Aufbau des 354
B-Aufgabe 36
Berufsbild der Assistenz 19
Bilanz(-) 330, 335
   -stichtag 329
Buchhaltung 326
Bürospiel, psychologisches 273

C

Cashflow 381
C-Aufgabe 36
Chefs, Abwesenheit des 145
Controlling 327
   –, operatives 374
   –, strategisches 374
Cost-Center 376

D

Deckungsbeitragsrechnung 359
DISG-Persönlichkeitsprofil 278

E

EBIT 384
EBITDA 384
EBT 384
Eigenkapital 342
Einleitung 220
Einzel- und Gemeinkosten 351
E-Mail-
  -Flut 49
  -Management 146
Enneagramm 279
Etappenplan 86

F

Faden, roter 223
Fähigkeiten, kommunikative 251
Farbeinsatz, optimaler 239
Farben 238
Feedback 45
Finanzergebnis 345
Finanzwesen 326
Folie 232
Folie(n-)
  -satz 230
  -text 234
Forderung 342
Frage, offene 302

G

Gespräch, gutes – schlechtes 266
Gewinn- und Verlustrechnung (GuV) 332
Goodwill 337

H

Hauptkostenstelle 353
Hilfskostenstelle 353

I

Informationsfluss 52
Internet, Netzwerke im 136
Inventar 330
Ist-Situation 59

J

Jahresabschluss 328

K

Kernbotschaft 215
KISS 216
Komfortzone 315
Kommunikationstipp, nonverbaler 301
Konflikt mit Kollege 292
Konfliktfälle 295
Kosten(-)
 –, Ermittlung der sonstigen 366
 -trägerrechnung 355
Kosten- und Leistungsrechnung 326

L

Lächeln 264
Lagebericht 329
Leistungsrechnung, Kosten- und 326
Lesbarkeit 235
Lesebestätigung 169
Liquidität 380
Liquiditätsplanung 368

M

Märchy, Zeittyp nach *Beat* 279
Meeting 46
Meilenstein 89
Messevorbereitung 93
Mindmapping 23
Myers-Briggs-Typenindikator (MBTI) 279

N

Netzpräsenz 319
Netzwerk,
 –, effektives 313
 – im Internet 136
 – mit Person 136

O

»Office-Infothek«-Projekt 117

P

Panikzone 315
Personalkosten 365
Personen, Netzwerke mit 136
Präsentation(s-) 197, 201, 209
 -programm 229
Priorität(en-) 37
 -check 39
Profit-Center 376
Projekt »Office-Infothek« 117
Projekt-
 -art 76
 -kontrolle 100
 -kosten 367
 -phase 77
 -statusbericht 97
 -strukturplan 87
 -ziel 82
Prozesskostenrechnung 361

R

Regel-Assistent 179
Rücklage 342
Rückstellung 343

S

Schreibtischtyp 279
Schulz von Thun, Friedemann 257
Selbstachtung, geringe 260
Seriendruck-Funktion 185
Situation, unerfreuliche 285
Sprechweisen, Verhaltens- und 271
Stressfaktor 59
Suchmaschine 137

T

Target Costing (Zielkostenrechnung) 363
Teamentwicklung, Phasen der 104
Teilkostenrechnung 357
Terminplanung 53
Thun, Friedemann Schulz von 257
Typ nach *Beat Märchy*, Zeit- 279

U

Umgang, respektvoller 283
Umlaufvermögen 332
Urlaubsvertretung 124

V

Veranschaulichung von Zahlen 241
Verbindlichkeit 344
Verhaltens- und Sprechweisen 271
Verlustrechnung, Gewinn- und (GuV) 332
Vier-Ohren-Modell 257
Visitenkarte 316
Vollkostenrechnung 357
Vorrat 341

W

Wertevorstellung 276
Wiedervorlage 167
Wortwahl 269

Z

Zahlen, Veranschaulichung von 241
Zeit-
  -dieb 32
  -fresser 31
  -protokoll 27
  -typ nach *Beat Märchy* 279
  -verlust 33
Ziel(-) 291
  –, monetäres 324
  –, nicht monetäres 324
  -kostenrechnung (Target Costing) 363
Zuschlagskalkulation 355

Autoreninformation

Marion Etti ist Inhaberin von ETTI + PARTNER Training Beratung Coaching in München und seit 1990 Beraterin und Trainerin in den Bereichen »professionelles Office-Management« sowie »kundenbewusste Kommunikation«.

Claudia Behrens-Schneider ist seit 1996 erfolgreich als selbstständige Beraterin und Trainerin. Zuvor arbeitete sie viele Jahre als Sekretärin und Assistentin auf unterschiedlichen Hierarchieebenen in namhaften Industrie- und Dienstleistungsunternehmen.